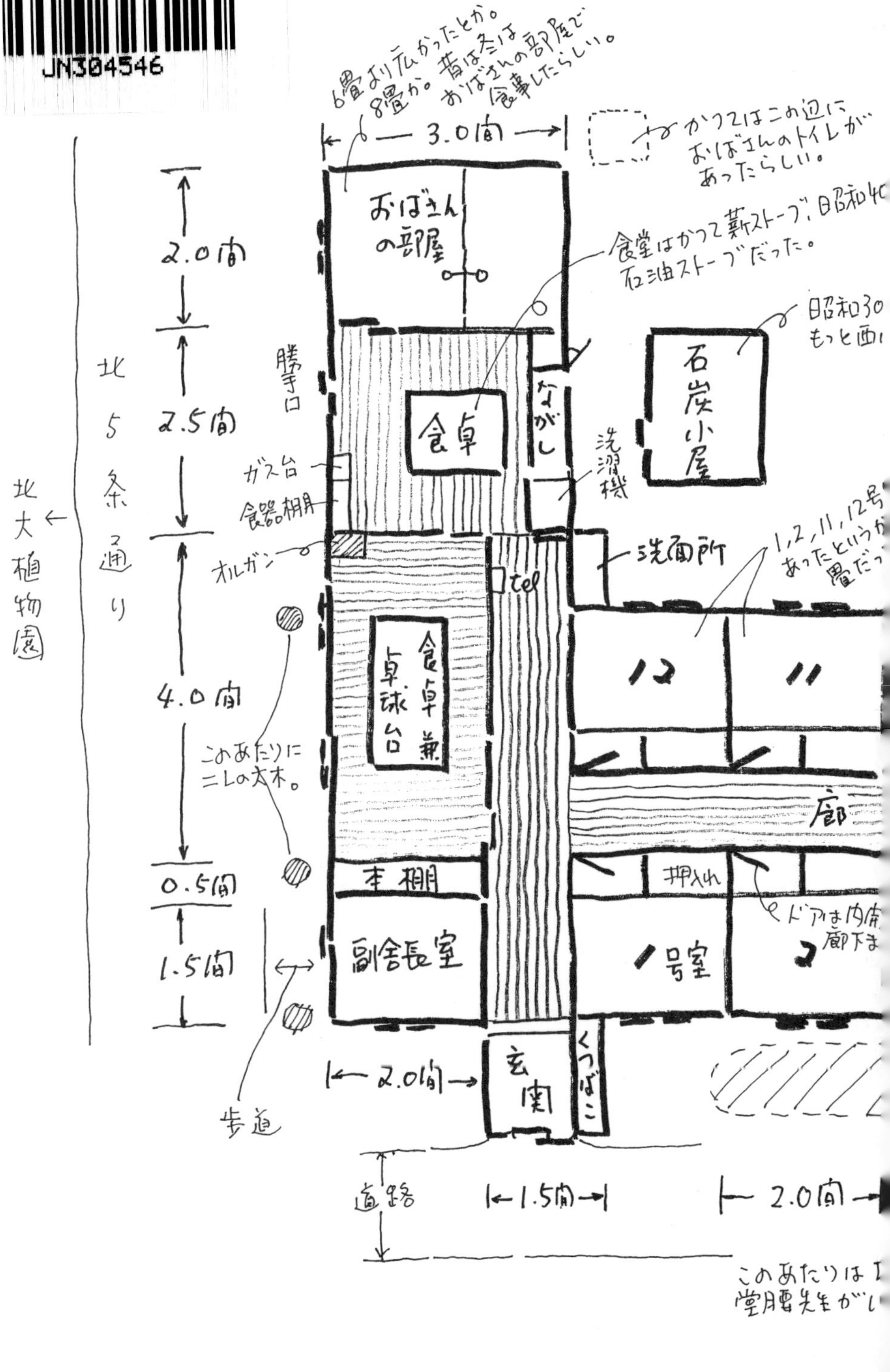
6畳より広かったとか。8畳か。昔は冬はおばさんの部屋で食事したらしい。
3.0間
かつてはこの辺におばさんのトイレがあったらしい。
おばさんの部屋
食堂はかつて薪ストーブ、昭和40
石油ストーブだった。
昭和30
もっと西に
2.0間
北5条通り
北大植物園
勝手口
2.5間
食卓
ながし
洗濯機
石炭小屋
ガス台
食器棚
オルガン
tel
洗面所
1,2,11,12号
あったというか
畳だっ
食卓兼卓球台
12
11
4.0間
このあたりにニレの太木。
廊
0.5間
本棚
押入れ
ドアは内側
廊下ま
1.5間
副舎長室
1号室
2
2.0間
玄関
くつばこ
歩道
道路
1.5間
2.0間
このあたりは
堂腰先生がい

宮部金吾と舎生たち

青年寄宿舎107年の日誌に見る北大生

大正１１年の大修繕前の寄宿舎。池の対岸から

宮部金吾と舎生たち

青年寄宿舎107年の日誌に見る北大生

青年寄宿舎舎友会［編］

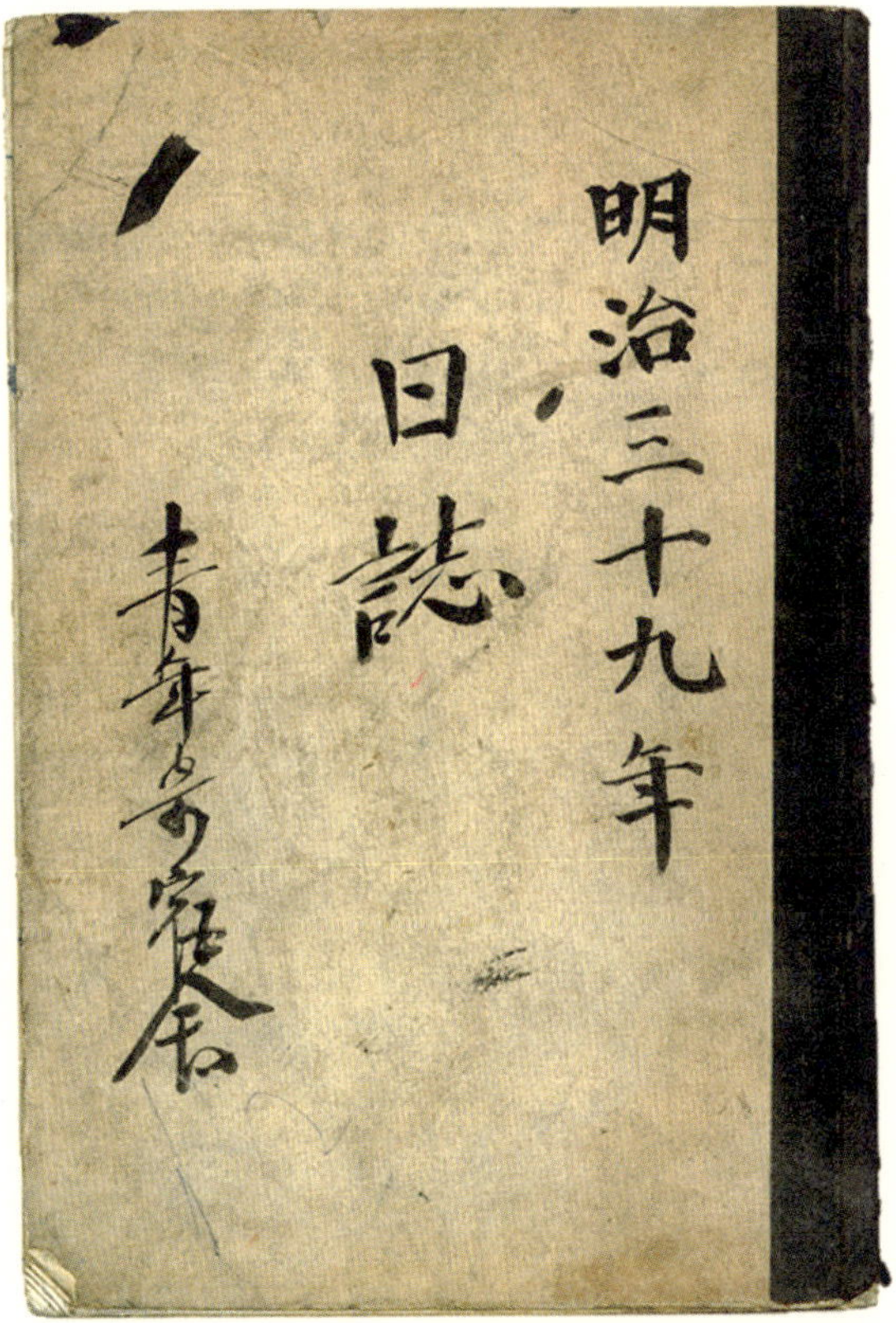

北海道大学出版会

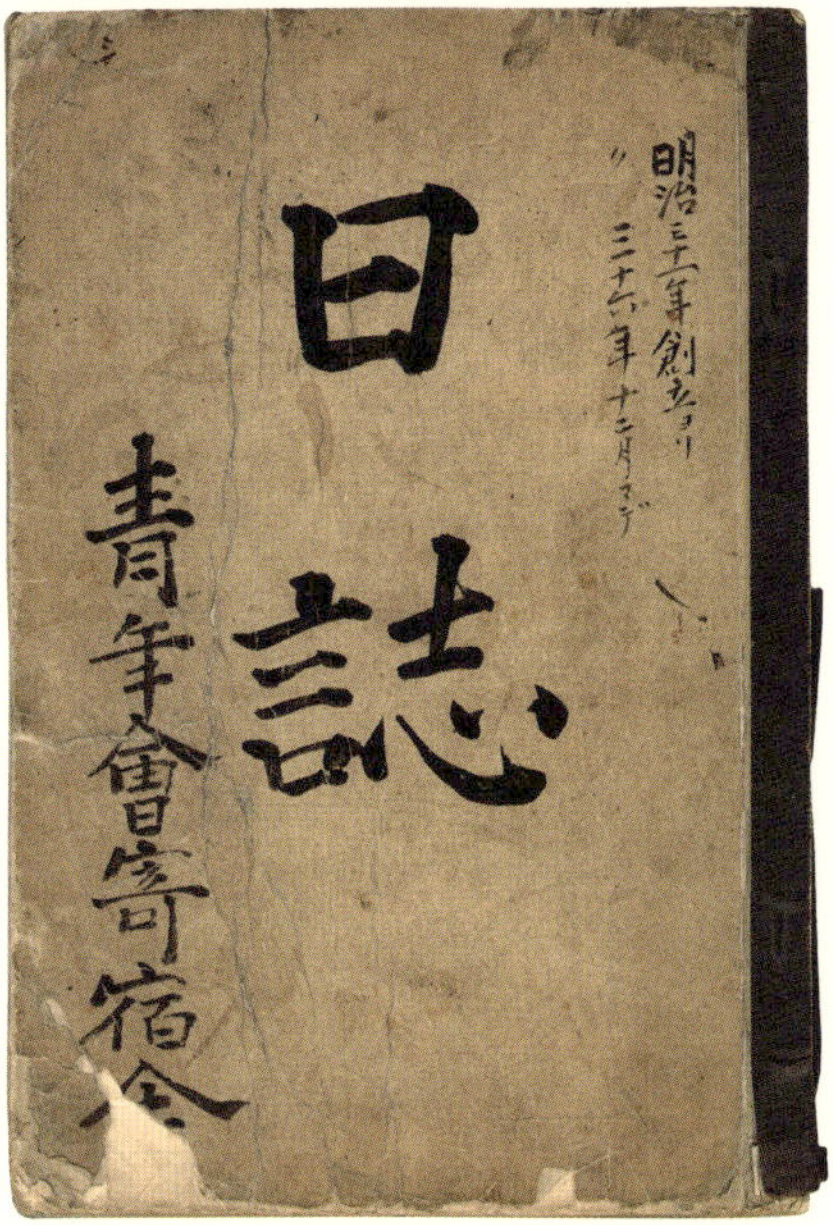

最初の寄宿舎日誌（明治 31-36 年）の表紙

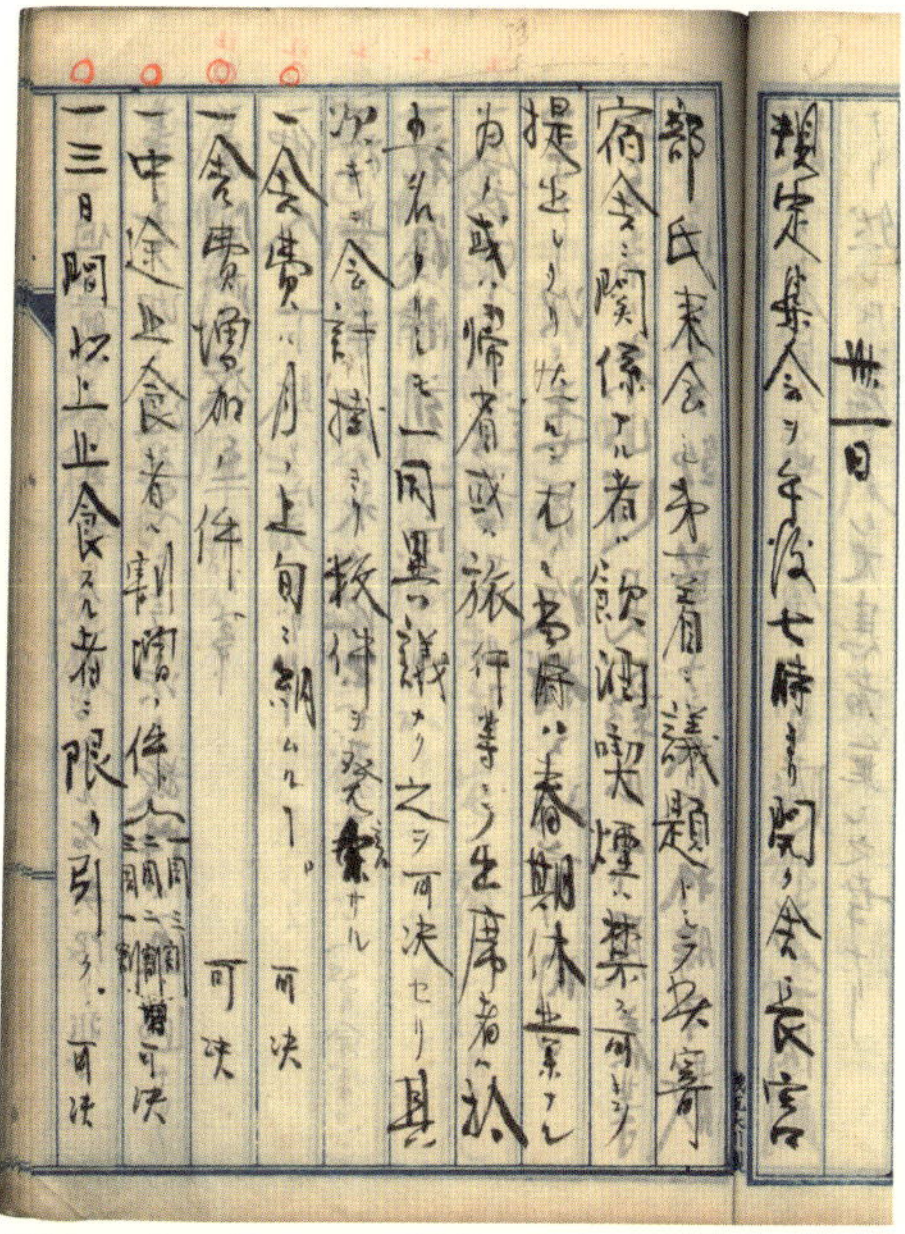
明治 33 年 3 月 31 日の記事。舎生の会議に宮部舎長が禁酒禁煙を提案

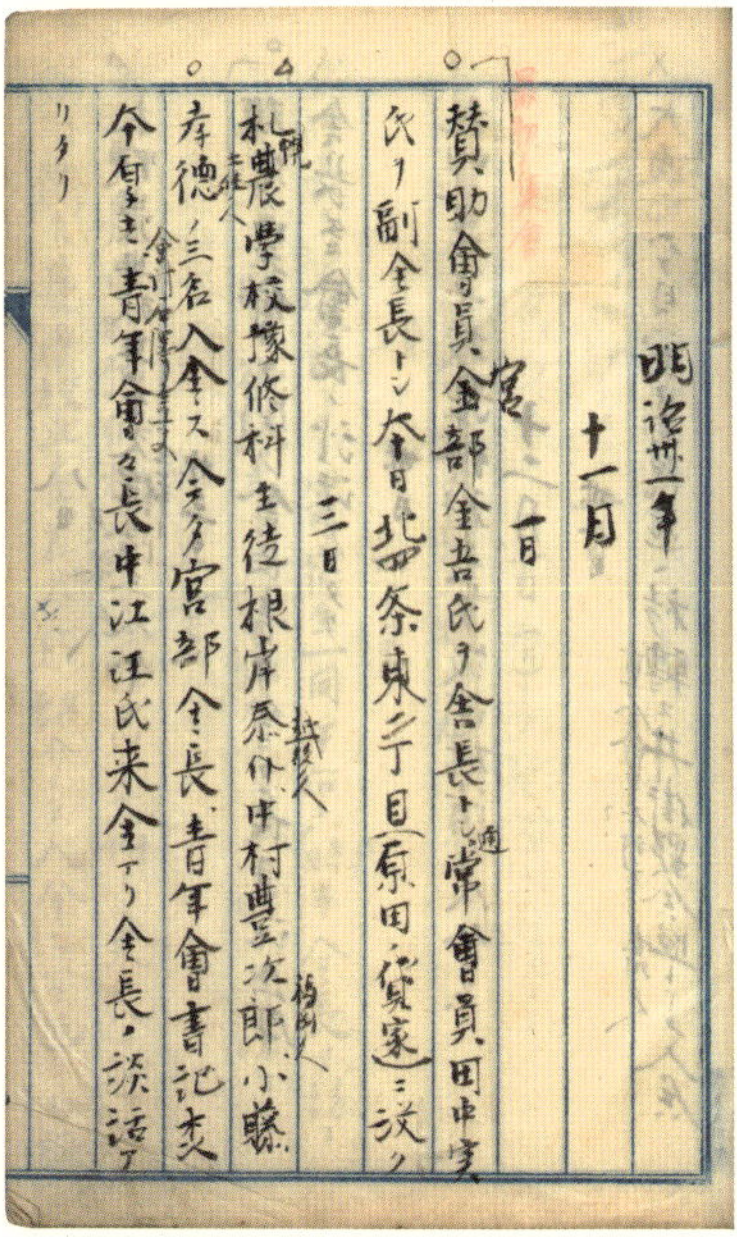
日誌の最初の頁，明治 31 年 11 月 1 日

舎生の論説ノート『漫録』(明治 39-40 年)の表紙。寄宿舎論，修養論，科学と宗教論等が書かれている。

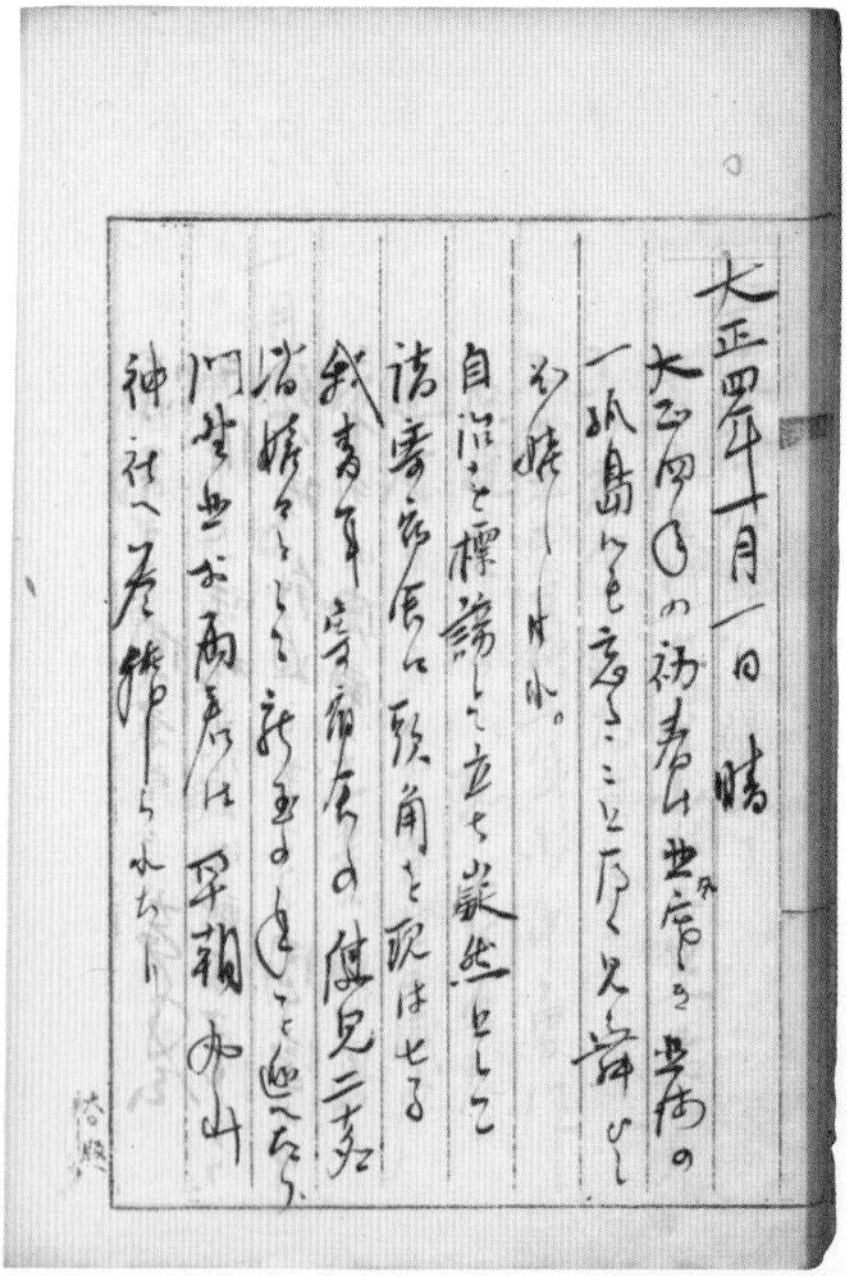

大正 4 年 1 月 1 日の日誌。達筆な文芸部員の手で「自治を標謗して立ち巖然として諸寄宿舎に頭角を現はせる我青年寄宿舎の健児」と舎を誇る言葉が綴られている。

昭和 20 年 8 月 8 日の日誌記事。「新型爆弾」の威力のこと，彼我の生産力の違いのこと等が書かれる。

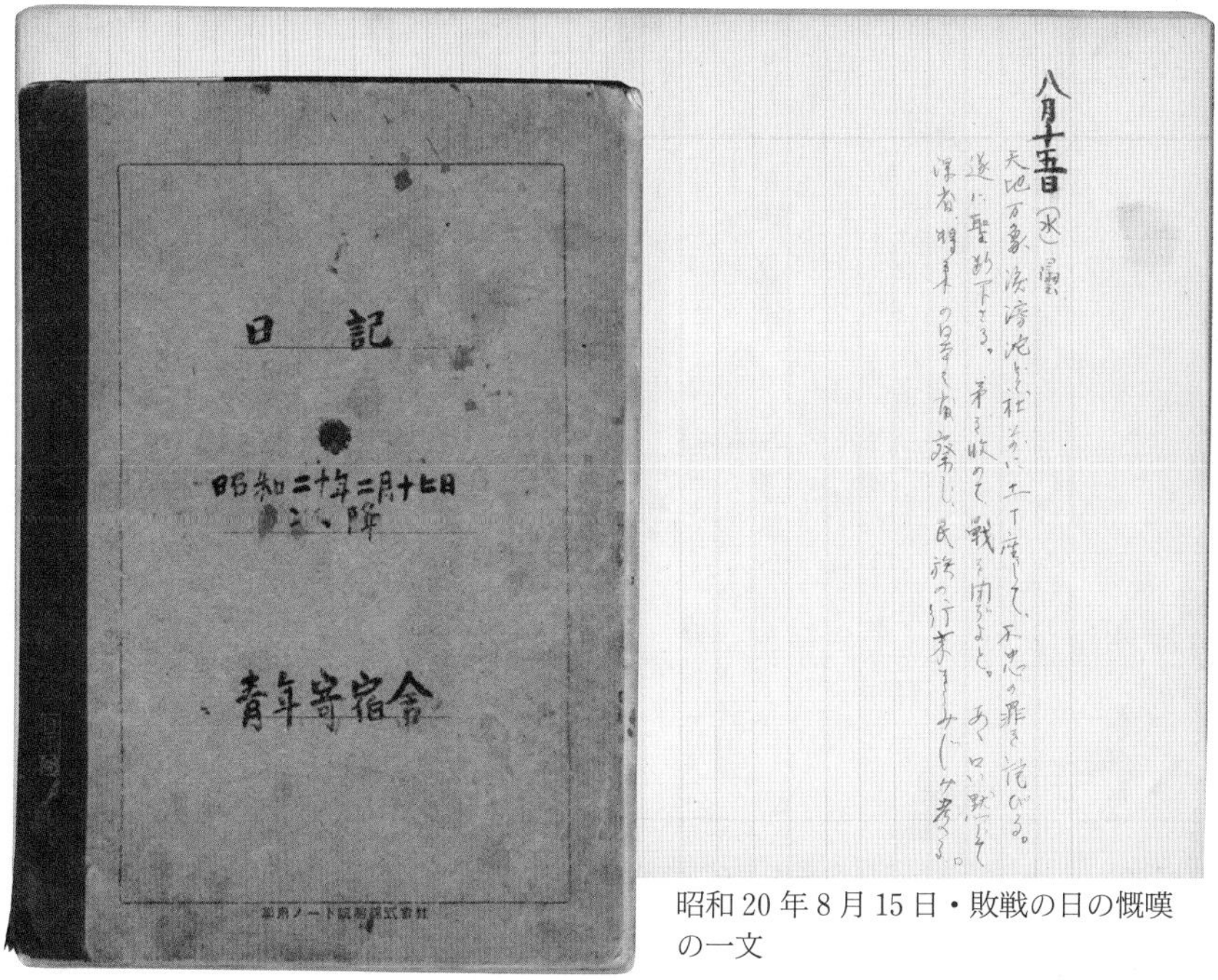

昭和 20 年 8 月 15 日・敗戦の日の慨嘆の一文

大学ノートの昭和 20 年の日誌。表紙

札幌農學校 出身者逸話（11）

北海道帝國大學が來る五月十四日を以て開校五十年祭を擧行することゝなつたのを機とし札幌農學校時代からこゝを巣立つた人達の興味ある逸話を紹介することにした（投書歡迎――札幌支社逸話係宛の事）

◇人格で家畜を作った 故人石澤達夫さん

今日本道に於て牛馬百萬頭計畫樹立の隆盛を見るに至つた事は正に長足の進歩で、當局苦心の程が十二分に思ひやられる、而してこの百萬頭まで積み重ねて見やうとする大きな土臺を築いた人は一體誰であらうか、それは實に故人石澤達夫さんその人である。

◇人格頗る高潔、而も良心の欲求から生れ出でた徹底的宗教家だつただけに人と爲り極めて謹直嚴格酒も嫌ひなら女も嫌ひ、更に一層煙草が嫌ひとあつて、過まつて煙でも喫がせやうものなら憤慨する事夥しい、宗教に歸依する事深かつたためでもあらうが、石澤さんの眼に映る人間の凡ては餘りに汚いもので、從つて人間は如何に偉くとも虫ケラ同樣なものだといふのが石澤さんの人生觀だ

◇正義のためには頗る硬骨何者にも一歩も讓らない曾て第三部長（勸業部長）濱田恒之助氏と指導上の根本意見を異にし、即ち部長は利を以て導くべきものとなし、石澤さんは道を以て導くべきものであると主張し、激論數時間に亘り頑として降らない、遂に自ら信ずる處に從つて大方針を定めた、濱田氏が轉任に際し君を道廳の至寶として後任部長に引繼いだといふ

◇道廳では農事講習會の教科書として作物篇、果樹篇、蔬菜篇、土壤肥料篇等々あらゆる必須科目に亘つて別々に之を編纂したものだ、それには先づ道廳の指導者が原稿を作つてそれを農事試驗場に廻し大島場長以下各專門家の査定を受けて始めて編纂にかゝつたものだが査定の結果はタコ足のやうに符箋をつけて訂正し殆ど原形を失はれたものだ

◇然るに石澤さんの畜産篇には一枚の符箋もつかずその儘パスだ、聞いて見ると査定者凡てが「あとが面倒だからヤメロ／＼手をつけるな」と恐いものに觸れでもするやうにお互に警戒し合つて石澤さんの誹謗を免れやうとしたからだ、それだけ石澤さんは他から見ての難物で主張に對しては斷じて他の制肘を受けないといふ硬い信念のあつたことが窺はれる、曾て内村鑑三氏が「吾が母校に石澤あり」と叫んで世に誇つたといふが内村にして石澤を知る亦偶然であるまい

◇石澤さんは常に部下の指導員に諭へて曰く「家畜は飼料や單なる技術を以て造るものではなくて實に人格が造るものだ」と曾て同僚が忘年會を開いた、際石澤さんが出席しなかつたのを幸ひ一座盛に狂躍亂舞の限りを盡してゐた矢先、杯盤狼藉の間に起立して演説をする者がある、何者ならんと聲する方をふり向けばこはそも如何に、酒も女も嫌ひで人間が汚く見えるといふ吾が石澤さんではないか

◇そして曰く「家畜の形質はその國民性の反映であつて、英國のサラブレットが氣品高尚なのは一に英國民の人格の閃きである、こんな醜態を平氣でやるやうな人格の下劣な人間の指導に依つて善良な家畜が出來るかツ」と大喝、滿座一時に醉ひをさまして恐縮、俯向いてゲップをつき吐息をつきながら謹んで傾聽した悲喜劇があつた。

◇石澤さんは非常な讀書家であり從つて該博なる智識の所有者であつた、内外新刊の書籍雜誌類は片つ端から讀破したものだが、概ね用便中に讀んで了ふのが常であつた、只内村鑑三氏の「宗教の研究」だけは餘りに有がたいやら勿體ないやらでどうしても便所には持ち運ばれなかつたといふ

◇本道畜産界の恩人宇都宮仙太郎氏、競馬界の大立物神八三郎氏等が常に夫々の專門に對して石澤さんと意見を異にし、論戰互に降らず、ために石澤さんを非常に頑固な男と誤解したものだが、今日斯界の大勢が當時石澤さんの説いた根本原理にぴつたりと合つて小搖ぎもない處から今日では兩氏とも君の炯眼よく百年の大計を誤らなかつた事に非常に敬服して居る

◇畜産指導には指導者自身動物を飼育せねばならないといふ持論から石澤さんは多くの鷄を飼つたある夏鷄舍の消毒をなし火氣の跡仕末が惡かつたため鷄舍を烏有に歸して了つた、そのため警察に召喚された石澤さんは「世間を騷がした罪識に申譯がない、願はくば出來るだけの重罰を此の身に科して頂きたい」と嘆願し眞實表に現はれてゐたので警官もその崇高な大人格に打たれ、寧ろアベコベに恐縮して了つた事がある（寫眞は大正二年の石澤さん）

日誌の大正15年4月12日の箇所に貼付されていた，舎の恩人・石澤達夫氏を紹介する「小樽新聞」の切り抜き

明治 40 年新春
[最後列左より]谷藤(?)，荘司経雄，金子貞治，曲尾寅雄。[後列左より]若木恕依，田中貫一郎，石津半治，和田梓之助，山中道一，中村正寿。[中列左より]松前亮広，角野与一郎，三田村正孝，山下太郎，松本純爾，柳川秀興。[前列左より]工藤蔵之助，江川金吾，今興太郎，宮部先生，吉田守一，丹羽八郎，近藤俊二郎
注：しみ，汚れは原資料のママ。宮部先生以外敬称略。以下同

大正 11 年 10 月 31 日　創立 25 周年記念大修繕の後
[後列左より]梅津元昌，波木居修一，山田壬三，時田郇，多勢俊一，坂本文雄，今井三子，矢田茂夫，松島景三，土井久作，山口千之助。[中列左より]亀井専次，奥田義正，中村弘志，飯島護凱，井澤孝三，板緑秀太郎，山縣汎，山田弥三郎，小林作五郎，富永長久，笹部義一，樋村五郎。[前列左より]足立仁，田中銀次郎，内田平次郎，伊藤豊次，宮部先生，小田切栄三郎，鈴木限三，(不明)

宮部金吾先生(昭和 10 年頃)

昭和 11 年 11 月　第 39 回創立記念祭
[後列左より]木村一郎，花島政人，角讓，大鐘晶，細川弘，手塚太郎，大坪艶夫，田原正明，平山常雄。[中列左より]平野浩也，柳川洋一，若松不二夫，植岡静雄，桜林繁，辻秀人，池谷理，玉山和夫，田村光世。[前列左より]亀井専次，犬飼哲夫，鈴木限三，宮部先生，前川十郎，笹部義一，平戸勝七

木造の寄宿舎全景(昭和初期)

昭和 18 年 7 月 27 日の日誌に貼り付けられた写真(原寸：29×38 mm)
勤労動員で樺太に出発する舎の予科生，玄関前で。この 8 名は日誌の記録から岩瀬衛司，北野康，河瀬登，河村宏一(以上 17 年入舎，予科 2 年)，野尻慎一，熊谷哲夫，石川夏生，山本雄二(以上 18 年入舎，1 年)の各氏と思われる。

昭和 21 年 9 月　宮部先生文化勲章受章記念祝賀会
[後列左より]4 人目：村上宏，5 人目：草地良作。[中列左より]2 人目：平巌，4 人目：河瀬登，5 人目：平戸勝七，右端：飯田尚治。[前列左より]奥田義正，高松正信，宮部先生，亀井専次，時田郇

昭和 30 年 3 月
[後列左より]田端宏，山本信雄，蔀明，森山竜太郎，加藤正道，安孫子保，本橋幹久，浜田竜夫，宮野貢，近藤勲。[中列左より]牧田章，麻生徹，藤井農夫也，佐藤章，鶴田忠孝，平山秀介，吉田(?)，奥田利恒，繁英一，後藤史郎。[前列左より]亀井専次，黒嶋振重郎，奥田義正，辻功，青木三哉，三角亨

宮部金吾と舎生たち　青年寄宿舎一〇七年の日誌に見る北大生——目次

凡例

一、本書は北海道大学の青年寄宿舎(一八九八〜二〇〇五年)の舎生達が書き残した『日誌』『庶務日誌』『漫録』を資料として書かれている。

二、資料から採った文章は基本的に、読みやすくするために編集委員会が手を加え(旧漢字・正字《せいじ》は新漢字に(たとえば國→国)、旧仮名づかいは現代仮名づかいに、接続詞・副詞などの漢字表記は出来るだけ平仮名表記にそれぞれ改める、句読点を増やす、等)、また、本書全体としての統一に努めたが、他方では、各時代の学生達の「常識」や言葉づかいを味わうために、カタカナ書きの(あるいは意識的に混ぜた)文章や、表記の揺れ(たとえば我々と吾々)などを残した場合もある。

三、重要な記録あるいは格調の高さを味わうべきかと思われる紀行文・挨拶文等の資料引用で、原文に忠実に掲載した場合がある。その場合は引用末に〔原文〕と断りを付けて区別した。

四、資料から採った文章には、表現や観点において現在の私達の通念から見て首肯し得ないものが含まれている場合があるが、これらもまた歴史資料としての側面を尊重して、当時の学生の記述をいかした。(たとえば戦争や外国への態度、女性の見方等)。

五、資料の本文には人名特に寄宿舎生の個人名が多数出てくるが、これは残した方がこの出版にふさわしいと考えた。しかし、伏せたほうが適当と思われる事例ではイニシャル化するなどした場合がある。

六、資料の抜粋の仕方と事項のタイトルは編集委員会の責任であり、また人名、地名等への読み仮名(ルビ)や、脚注も編集委員会が作成したものである。
七、本書の中で名前が登場した旧舎生の全ておよび関わりの判明している旧舎生、計三〇〇余名の正確な氏名と在舎した時期、専門、卒業年および就職先・所属等の基本情報をまとめて、「青年寄宿舎生の群像」と題して第六章に掲載した。その方の入舎の年と名前の五十音順の両方から検索・接近が出来る。
八、『青年寄宿舎日誌』『庶務日誌』『漫録』資料の原書は、北海道大学大学文書館に寄贈された。
九、これらの手書き資料のうち解読され電子ファイル化された分のテキストは、青年寄宿舎舎友会のホームページ(seinen-kishukusha.com)でじかに読むことが出来る。

発刊のご挨拶

青年寄宿舎第六代理事長・青年寄宿舎舎友会会長　奥田　利恒

北海道大学の学生寮、青年寄宿舎は明治三一年一一月三日に創立されました。宮部金吾先生の指導の下に禁酒・禁煙を舎是とし自律・自制の自治で運営されてきたユニークな学生寮でありました。それから一〇〇余年、学生を取り巻く環境は大きく変化し、寄宿舎の維持は困難となり、平成一七年一一月三日の閉舎記念式典を以てその歴史を閉じました。

跡地に建立された記念碑と、記念誌『我が北大青年寄宿舎―青年寄宿舎一〇七年の歴史』が残されています。そのほか、創立以来舎生が書き続けてきた『日誌』が保存され伝えられております。『日誌』は六九冊の存在が確認され、明治三一年から平成七年九月までの生活をカバーします。通常の日誌のほかに『漫録』、『庶務日誌』、『会議録』という表題で、内容も『日誌』とは異なる性質のものも含まれております。

これらの舎生の手で書き継がれてきた六〇冊余りの日誌には、宮部先生の薫陶、先生並びに先輩と舎生との交流、寄宿舎生活の特徴・諸相が具体的に記されております。学生達の人生観、学問論等が論ぜられ、戦時下の厳しい情勢の下で死生観が語られているのであります。

『日誌』の翻刻・出版は舎生OBにとっては懐旧の資として何にも代え難い所があるのはもちろんですが、それにとどまらず、そこにおいて明治～大正～昭和の学生生活について具体的な有様が、また、その中での学生の思惟、思想の様相が舎生一般の執筆する文章として遺されていることには、やや特別な意味が感じられます。刊行に思いをいたす所以であります。

こうした歴史的環境の下で平成一八年一一月三日、寄宿舎で青春を過ごしたOBたちは、「日誌の翻刻・出版計画」を策定し、編集委員会を組織して、解読・原稿化・編集会議など編纂に取組んできました。

ここに、『宮部金吾と舎生たち』を発刊する運びとなりました。この発刊にあたり、北海道大学前総長佐伯浩先生から巻頭を飾る玉稿をいただき身に余る光栄であります。心から感謝の意を表します。また、北海道大学クラーク記念財団並びに札幌農学振興会より、本書の刊行への助成として多大なご配慮をいただきました。ここに深く謝意を表します。

この六年余、本書の編纂に苦楽を共にした委員の方達、特に第五代青年寄宿舎理事長黒嶋振重郎、北海道教育大学名誉教授田端宏、北海道大学名誉教授所伸一の諸先生はじめ編纂に関係された方々の甚大なご努力、そして寄宿舎OBの温かいご協力・ご支援があったればこその本書刊行であります。深甚なる敬意をここに表します。

発刊に寄せて（祝　辞）

北海道大学前総長　佐伯　浩

このたびは青年寄宿舎の関係者の方々多年の努力により、このように立派な本が上梓された。まずもってこのことを心から慶びたく、お祝い申し上げたい。

本書の表題にもなっている宮部金吾先生は数々の学問上の成果を上げられた優れた植物学者にして且つ人格者をもってなる方、そして研究後継者を多数育てられた方であった。それは比較的知られている。しかし学生指導でも成果を上げられた方であったことは残念ながらあまり知られていない。

青年寄宿舎は「禁酒禁煙」の宮部先生の寄宿舎だという端的な受け止め方は長年あった。だが実際そこで先生の指導と学生生活がどのように行われていたのか、これは知りたいところであった。

本書は宮部先生のことを知らせるのと同時に、本学の特色として私たちがモットーにしていたフロンティア精神、全人教育、国際性の涵養、実学重視が、先生の指導下の寄宿舎ではどのように現れていたのか、これも示して見せてくれるはずである。

さてこの青年寄宿舎は明治、大正、昭和、平成と各時代を乗り越えてきたが、惜しいことに平成一七年で一〇七年の歴史の幕を閉じた。

北大植物園から道路一本はさんで北側のこの寄宿舎のあるあたりは私が毎日大学へ出勤してくる通り道でもあり、昔から青年寄宿舎のことは知っていた。その平成一七年の閉舎の時も、巡り合わせで私自身は副学長をしていた頃だったが、記念式典に立ち会ったし、その後の寄宿舎跡地の歴史記念碑の取り扱いにも関わった。

青年寄宿舎には興味深い資料が残されているとは仄聞していたが、OBの皆さんが協力されて、それを生かし読み応えある歴史にまとめられた。宮部先生という偉大な学者が学生達に薫陶を及ぼした、そのやりとりが一冊で読めるようになるとは素晴らしい。

これは、私もこの寮との右のような思い出があるだけに、感慨もひとしおである。

これからの持続可能な社会を作っていく上で、また、複雑になっている国際関係をリアルにとらえつつ平和な世界をめざす上で、北大のような基幹大学にはある種のエリート教育というものが課題として期待されている。こういうときに学生教育はどうあるべきか、そこで学生寮というものはどういう役割を果たせるのか、まだまだ知恵を出してゆかなければならない。

本書は、本学の誇るべき歴史の一側面を明らかにしてくれると同時に、そのような新しい局面の教育課題に直面している私達になんらかのヒントを与えてくれるのではないか。

青年寄宿舎関係者の方々には再度のお祝いと共にお礼を申し上げたい。

平成二五年七月二六日

青年寄宿舎　略年表

一八九八（明治三一）年

一一月　三日　札幌基督教青年会の有志、宮部金吾先生を監督に同青年会寄宿舎を設立

一二月三一日　青年会寄宿舎、大通西五丁目に移転

一九〇〇（明治三三）年

三月三一日　宮部舎長の提起により禁酒禁煙を決める

六月　新舎屋（木造平屋）竣功（北五条西九丁目　札幌農学校付属地貸与）

七月二一日　新築落成式

一九〇四（明治三七）年

六月　新築時の負債を完済、札幌基督教青年会より独立して、「青年寄宿舎」となる。

一九〇八（明治四一）年

一二月　『創立十周年記念　青年寄宿舎一覧』発行。舎是として信仰の自由、禁酒禁煙の二か条を明記する。

一九一三（大正二）年

一二月二八日　富貴堂よりオルガンを購入

一九一八（大正七）年

一月　八日　電灯つく（各室一灯ずつ）

一一月　八日　この頃インフルエンザ猛威を振るう、舎生一名亡くなる。

一九二二（大正一一）年

七月一七日　創立二五周年記念事業大修繕着工

九月二五日　創立二五周年記念式典（大修繕完成）

一九二三（大正一二）年

三月三一日　『青年寄宿舎大修繕報告』発行

一二月三〇日　石澤達夫氏逝去

一九二七（昭和二）年

一一月　三日　創立三〇周年記念祝賀会

『青年寄宿舎一覧』発行

一九三〇（昭和五）年

一月　三日　春香山で舎生遭難、一名亡くなる。

一九三三（昭和八）年

四月一五日　財団法人青年寄宿舎設立認可

一九三七（昭和一二）年

一月二二日　宮部先生　宮中講書始めで進講

一九四六（昭和二一）年

五月　四日　宮部先生、理事長ならびに舎長を辞任

奥田義正（一九一九〜一九二六年在舎）第二代理事長および舎長就任

宮部先生文化勲章拝受祝賀会

一九四八(昭和二三)年
一一月　三日　創立五〇周年記念祝賀会
一九四九(昭和二四)年
一一月　　　『青年寄宿舎五十年史』発行
一九五一(昭和二六)年
三月一六日　宮部先生逝去(九〇歳)
一九五四(昭和二九)年
六月　　　　寄宿舎改築計画着手(一九五六年、中止となる)
一九七三(昭和四八)年
春　　　　　札幌財務局より青年寄宿舎借用地の払い下げ通知、土地の購入。
一九七四(昭和四九)年
四月　　　　寄宿舎改築着工
一〇月一五日　改築(鉄筋コンクリート造り)落成
一一月　　　『青年寄宿舎　喜寿・改築記念誌』発行
一九七八(昭和五三)年
四月　八日　奥田義正理事長、逝去
四月　　　　若松不二夫(一九三〇～一九三七年在舎)第三代理事長就任
一一月　三日　創立八〇周年記念祝賀会
晩秋　　　　『青年寄宿舎八十周年記念誌─奥田先生を偲んで』発行
一九八五(昭和六〇)年

八月　加藤正道（一九五四〜一九五七年在舎）第四代理事長就任

一九九一（平成三）年

秋　寄宿舎の賄い制度を廃止

一九九五（平成七）年

四月　黒嶋振重郎（一九四八〜一九五五年在舎）第五代理事長就任

一九九八（平成一〇）年

一一月　三日　青年寄宿舎創立百周年記念祝賀会

一九九九（平成一一）年

一一月　三日　『青年寄宿舎創立百周年記念誌　一八九八〜一九九八年』発行

二〇〇二（平成一四）年

四月　奥田利恒（一九五四〜一九五七年在舎）第六代理事長就任

二〇〇四（平成一六）年

二月　理事会、閉舎の準備を開始

三月　理事会、残余財産寄付について財団法人北大クラーク記念財団と折衝を始める。

二〇〇五（平成一七）年

三月三一日　青年寄宿舎閉舎、財団法人青年寄宿舎解散　四月、『官報』に公告

三月三一日　青年寄宿舎清算人置かれる。

五月　舎屋の解体

一一月　三日　青年寄宿舎跡の碑建立。閉舎記念式典挙行

『我が北大青年寄宿舎—青年寄宿舎一〇七年の歴史—』発行
青年寄宿舎舎友会設立

二〇〇六（平成一八）年

四月一二日　舎友会幹事会　解読のため日誌等資料の画像化を承認
五月三一日〜一〇月二三日　日誌資料復刻出版（仮）準備会
一一月　三日　青年寄宿舎舎友会総会（第一回）会則を確認
目的を会員の親睦と研鑽ならびに青年寄宿舎に関する調査・出版事業と支援とする
一二月一八日　青年寄宿舎日誌資料編集委員会　活動開始

二〇一三（平成二五）年

一一月　三日　『宮部金吾と舎生たち』発刊（北海道大学出版会）

付録年表　北海道大学の私設寮
〔大学・学寮関連事項を並記〕

1876(明治 9)年 8 月　〔札幌農学校が開校。寄宿舎(北 1 条西 2 丁目)に本科生は原則全員入寮。じきに入学者拡大により施設不足が問題化し，下宿や民間宿舎の必要が浮上〕

1898(明治 31)年 11 月　**青年寄宿舎，**設立。民間家屋借上げ。1900 年，北 5 条西 9 丁目(札幌農学校付属地を貸与)に舎屋新築。舎長・宮部金吾名誉教授。(収容予定数 22 人)(通算 356 人)。【1973 年土地購入，1974 年改築】

1903(明治 36)年 1 月　**北海尚志社，**設立。尚志社* 員・農学校学生が民間家屋借上げ。1910 年、北 7 条西 12 丁目(同上付属地)に舎屋新築。長野県出身者の寮になる。理事長・犬飼哲夫教授。(12 人)(通算 57 人)

1903(明治 36)年　〔札幌農学校，北 8 条に移転。1905 年北 11 条西 7 丁目に新寄宿舎開設。1907 年「恵迪寮」と命名〕

1908(明治 41)年 1 月　**札幌荘内館，**設立。北 8 条西 6 丁目(民有地借用)。1910 年同地を購入，1923 年，財団法人札幌荘内寮に。理事長・星野勇三教授。(15 人)(通算 118 人)。【現在も存続】

1909(明治 42)年 9 月　**札幌農科大学基督教青年会寄宿舎，**設立(別名，汝羊寮*)。北 12 条西 2 丁目(大学付属地)。理事長・新島善直名誉教授。(15 人)(通算 170 人)。【現在も存続】

1910(明治 43)年 12 月　**埼玉県学生寄宿舎，**設立。北 12 条西 2 丁目(同上)。渋沢栄一* の寄付金による。1929 年，財団法人埼玉武曠寮に。理事長・井上善十郎教授。(19 人)(通算 79 人)。【1945 年前後に閉寮か】

1918(大正 7)年〔北海道帝国大学が置かれる。1919 年医学部設置〕

1921(大正 10)年 10 月　**第三進修学舎，**設立。北 7 条西 13 丁目(大学付属地)。南葵育英会*。和歌山県と旧紀州領出身者の寮。監理者・鳥山嶺男教授。(16 人)(通算 51 人)

1922(大正 11)年 6 月　〔恵迪寮，予科生のみの寮となる。収容予定学生 136 人前後〕

1923(大正 12)年 9 月　**秋田北盟寮，**設立。北 7 条西 12 丁目(同前)。理事長・田所哲太郎教授。(28 人)(通算 114 人)。【1950 年，秋田県に移管】

1924(大正 13)年　〔工学部設置。1930 年理学部設置〕

同年　10 月　**仙台学寮，**設立。北 7 条西 12 丁目(同前)。理事長・半澤洵教授。(24 人)(通算 93 人)。【1980 年土地購入，1981 年琴似に移転，学生アパートに転換】

1927(昭和 2)年 11 月　**巌鷲寮，**設立。北 8 条西 7 丁目(大学付属地)。岩手県と旧南部藩出身者の寮。監理者・葛西勝弥講師。(20 人)(通算 52 人)。【土地購入後，1969 年移転(北 7 条西 18 丁目)。現在も存続】

尚志社＝旧制松本中学(後の松本深志高校)の同窓生を中心にした、ゆるやかな組織原則の修養団体で、主に東京と長野県内の寄宿舎運営を実際の事業とした。一九〇〇(明治三三)年結成、一九四八(昭和二三)年解散。北海尚志社はその支部をなすまでに至らず独立していた。

汝羊寮＝学生サークル・北大キリスト教青年会(ＹＭＣＡ)の本部の置かれた私設寮に佐藤昌介が一九三二年頃命名した。なんじらは羊のようにさまよえる者とのキリストの言葉から取られたとされる。

渋沢栄一＝(一八四〇〜一九三一)。埼玉の富農出身の実業家で、道徳・経済の合一主義を唱道した社会事業家。一九〇八(明治四一)年の彼の札幌巡行時と開設時の寄付金を元に在札幌埼玉県人会が札幌農学校に学ぶ同郷人学生のための寄宿舎を開設した。出典―設置者代表・吉岡佐一の談話、『渋沢栄一伝記資料』第四六巻収録。

南葵育英会＝紀州徳川家の資産を元に一九一一(明治四四)年に設置された育英団体。札幌には東京(同家江戸屋敷跡)・京都に次いで三番目に学生寄宿舎を開設。一九二二(大正一一)年財団法人化。

1930(昭和 5)年 9 月　**米沢寮札幌興譲館**，設立。北 7 条西 12 丁目(同前)。法人・米沢有為会。監理者・須田金之助名誉教授。(10 人)(通算 26 人)
1931(昭和 6)年〔恵迪寮，改築・拡張，北 17 条西 8 丁目に移転。収容学生数 240 人前後〕
1932(昭和 7)年 9 月　**札幌会津学寮**，設立。北 8 条西 12 丁目(大学付属地)。監理者・岡村信雄〔北大事務官〕。(10 人)(通算－)。【1970 年頃，福島学寮と改称。現在も存続】
1933(昭和 8)年 12 月　**新潟寮**，設立。北 14 条西 2 丁目(同前)。理事長・伊藤誠哉教授。(40 人)(通算－)
1947(昭和 22)　〔北海道大学が置かれる。1947～1953 年文系 4 学部，水産学部，獣医学部設置〕
1949(昭和 24)年 3 月　新潟寮が北大に寄付され北学寮となる。(土地は返地)
1951(昭和 26)年 3 月　進修学舎を北大が購入し進修学寮とする。(土地は返地)
1960 年代中頃か　北海尚志社，閉寮。
1983(昭和 58)年 3 月　〔恵迪寮，進修学寮，北学寮等 7 学寮，廃寮に。4 月新学寮(北 18 条西 13 丁目。1989 年恵迪寮と命名)，1984 年霜星寮(北 14 条西 2 丁目)，開設〕
1987(昭和 62)年 9 月　米沢寮，閉寮。
1998(平成 10)年 3 月　秋田北盟寮，閉寮。
1999(平成 11)年 4 月　新巌鷲寮「**佐藤・新渡戸記念寮**」開寮。
2004(平成 16)年 3 月　仙台学寮，閉寮。
2005(平成 17)年 3 月　青年寄宿舎，閉寮。

監理者名，収容予定学生数，通算寮生数は昭和 9 年資料のもの。

◎出典
北大学生課「学寮調。昭和 9 年 7 月現在」〔12 の私設寮の組織・財政構造等の一覧表である：所〕－北大大学文書館「星野勇三博士関係資料」。『尚志社五十年史』(1953 年)。『渋沢栄一伝記資料』第 46 巻(1962 年)。『新潟寮と伊藤誠哉先生』(1966 年)。『荘内寮と星野』(1969 年)。『米沢有為会札幌興譲館の六十年』(1990 年)。『香蘭・第 43 号・秋田北盟寮創立七十周年記念特別号』(1993 年)。『財団法人仙台学寮 1924-2004』(2004 年)。『我が北大青年寄宿舎』(2005 年)。『巌鷲の秀麗なるが如く(巌鷲寮創立 80 周年記念誌)』(2009 年)。土屋博・寺岡宏『北海道大学キリスト教青年会の歩み：羊たちの群像』(2009 年)、および各私設寮の関係者の回想。『北海道大学創基八十年史』(1965 年)。『北大百年史・通説』(1982 年)。『北海道大学学生寮新設・閉寮記念誌』(1983 年)。『北大百二十五年史』通説，論文・史料編(共に 2003 年)。　(作成　所　伸一)

はじめに

編集副委員長　所　伸一

　北海道大学の前身である札幌農学校には、明治期末にほぼ現在地の一角に本格的な学寮が設置されるが(たとえば一九〇七年の恵迪寮)、実はその以前から、種々の寮が存在した。その中で異色の私設寮が、人格者としても知られる植物学者、宮部金吾が一八九八(明治三一)年の設立時から五〇年近く「舎長」として指導した「青年寄宿舎」である。この寮は、北海道大学の変遷・拡大の下で、最大収容学生数二四名程の小さな規模のままに一〇七年存続し、九〇〇余名を輩出した。

　この長命な学生寮のコンパクトな沿革やその出版活動一覧、写真資料、もと舎生達の回想などは二〇〇五(平成一七)年の閉寮に際して作成された関係者向けの記念誌としてまとめられている。これは、ある意味では、普通の記念出版の一つともされよう。

　今回の本書『宮部金吾と舎生たち』は、しかし、それとは別の素材と着想になる。すなわち、六〇冊余のオリジナル文書資料として残された、この寮創立以来学生の手で書き継がれた『日誌』(および『庶務日誌』等)を舎のOBたちが解読・編集し、それをより多くの人々に読まれる体裁の本にしようとしたものである。およびそれによって、この寮の経験を通じ、往時の北大生の生活と思想をよみがえらせることと、内村鑑三・新渡戸稲造らと共に札幌農学校「三秀才」の一人でありながらも比較的知られていない宮部金吾の活動と思想を、その学生教育を中心にして浮かび上がらせることを目指したものである。これはユニークな出版であると思われる。

資料とした日誌のことに少し触れよう。

そこでは、宮部金吾の寄宿舎への関与、宮部および寄宿舎出身者(「先輩」)達と舎生の交流、寄宿舎生活の細事と特徴が具体的に書き込まれ、学生達の人生観、宗教観、科学・技術観などが論ぜられ、戦時下の抑圧された社会情勢の中での死生観が吐露され、また勤労動員・学徒召集や食糧・燃料確保に振り回されて学業が空洞化しかけた時期と戦後の混乱期の哲学・学問観の混迷が綴られ、引き続く戦後占領・独立期における学生の世界観・国家観・大学観が語られている。さらにまた、宮部金吾に対する評価や大学の在り方への批判も語られているのである。このように、青年寄宿舎日誌は、「公的な日誌」にありがちな形式主義とは無縁の、自由に綴られ、かつ質を落とさない、私設寮の公的日誌であった。

では私設寮、青年寄宿舎とはなんであったか。ここであらかじめ触れておけば、それは、大学から借りた土地に民間から募った資金で建てた、自賄いの独立寮であった。ただし、そのうえ理念をもった寮、すなわち宮部金吾の教育哲学、道徳哲学と呼ぶべきところに導かれた寮であった。

その当時(明治二〇年代後半—三〇年代)札幌農学校においては、付設の寄宿舎は本科生の一部しか収容出来ない規模であったため、学生達はこのほかに、下宿と共に郷土単位の人脈を基礎とした私設宿舎を利用していた。たとえば青森県人の鴻鳴館、岩手県人の逍水《しょうすい》倶楽部、宮城県人の仙台倶楽部、鹿児島県人の独立館等である。しかし、これらの「県人寄宿舎は経営上の支障を来して閉舎するに至」っていたため(『青年寄宿舎一覧(三〇周年記念)』の指摘)、全国から学府・札幌に集まってきた学生達は宿舎不足に窮していた。このような中にあって、この青年寄宿舎は、「単に郷党をもって集まると趣を異にし、門戸を広くして」（創立三〇周年の宮部金吾の挨拶）青年に家庭的生活や修養の場を供するため、札幌基督教青年会の発意と財源で設置されたのだった。門戸を広げて受け入れ修養させようということの理念は発展させられ、その後一一二年の歩みを経て、青年寄宿舎は、信教の自由と禁酒禁煙の二か条を舎是として掲げるようになる。また、経営上の理念は、一口に自治とは言うが、経費・維持費をほとんど寮費で賄い、その経理まで寮生自身の手で行うものとなる。この寄宿舎にあっては、大学所管の学寮における一定の物的基盤の上になる自治とは異なる、文字通りの自立・自律を伴なった自治的運営を探求していた。

さらにこの寮の特色とするべきもう一つは、当該大学の教授である宮部金吾が「舎長」として監督したことと、彼がその学問上においても教え子として成長した舎生ＯＢの教員・社会人と共に、共同で生活指導をしたことである。

先述のような自由と質とを保持した寄宿舎日誌は、舎の自律・自治に加えて、自制の理念をこのような大人集団から指導された生活の中でこそ、書き継がれることが出来たのだと考えられるのである。

この寄宿舎で青春を過ごしたわれわれは、「このような営みを学生が書き付けた日誌を書庫の中に資料遺産として眠らせておくわけには行かない、この資料に基づいてかつての北大生の生活や意識をえがいてみよう」と思い立ち、読解と編集の作業に取りかかった。しかし事を進めるうち、結局我々は、ただ懐かしい、いとおしいから出版するというだけではなく、先人の知恵と努力、理想への挑戦に対してより敬意を払い、丁寧に寄り添いつつ再構成することによって現在の人々に一つの大学像を投げかける――つまりこれも歴史を書くという営みなのであろうが――ことを目指さなければならないのだと気づくに至った。かくして、いささかは加工・介入したうえで、このような一書を世に問うこととしたのである。その成否の程はもちろん読者の評価にゆだねられる。

本書のメインをなすのは全体約四〇〇頁のうち二〇〇頁以上を占める次の二つの章であるが、ここでは、五〇〇〇枚(四〇〇字換算)に及ぶ膨大で話題も多岐にわたる日誌記載の中から歴史的な興味を引く部分が適宜抜粋され、以下のような章と節をなす論題ごとに集められている。

第二章「宮部先生の薫陶と時代」は、一 創立・移転新築・禁酒禁煙、二 月次会と宮部先生、三 宮部先生と記念祭、四 キリスト教と舎生、五 内村鑑三、新渡戸稲造、有島武郎と舎生達、の五節から構成される。

第三章「寄宿舎の青春」は、一 青年寄宿舎論、二 青年寄宿舎日誌論、三 学問、勉学と青春、四 青年の主張、五 戦局と舎生、六 食料と食欲~晩餐会と味噌樽~、七 おばさん論、八 メッチェン論、九 学僕、一〇 兎狩り、一一 遠足、一二 登山・スキー、一三 「吾がグランド」でテニス、一四 オルガン レコード 蓄音機、一五 美文・珍談で見る寄宿舎生活、の各節で構成される。

この論題を一瞥するだけで、またこのように多彩なサブテーマが成り立つことを知るだけで、読者はおそらく、この青年寄宿舎にあっては、先生と学生達が、また学生同士がいかに深く親密な関係で結ばれていたか、学びにも遊びにも多面的でいかに活発だったか、そして日記には自由な、学生たちの才気溢れる記述を残したらしい、と想像していただけるであろう。

ただし、そのようなサブテーマで系統立てるには収まりにくい、知性や生活の工夫、若さ、遊び心、また各時代の「空気」とでもいうものがにじみ出てくる、長短さまざまな日誌記述は、時間順に配置し、第五章「百年の逸話」に集めた。

これと前後するが、第四章の「青年寄宿舎の系譜」においては、この寄宿舎の従来の出版物ではあまり触れられなかった歴史論題を述べている。節は多いがいくつかの題材群になる。一つは、舎の財政・建築関係のことが中心であるが、開設三年後の移転・新築、二五年後の「大修繕」、戦後の一九七四年の「改築」のことが、寄宿舎・大学関係者のみならず、教会関係者および広く市民・技術者・地元財界人等から支援を受けて行われてきたこと、途上でこの青年寄宿舎が基督教青年会から独立したことが書かれる。(この独立は、大学の寄宿舎という一つの教育施設の脱宗教化を意味し、一八九〇年代日本の学校教育と宗教を分離する政策に対する宮部金吾の対応であった)。次には、青年寄宿舎では北大の学生寮の一つとして、毎年、独自の記念祭歌・寮歌が作られていたことが発掘された楽譜と共に紹介される。第三に宮部金吾の舎生への訓育が紹介される。彼が、比較的よく知られた舎是——禁酒禁煙のほかに、しばしば制欲(control appetites)を強調したこと、勉強・研究において精神・知力を集中させる重要性を語ったこと、等である。第四に、舎生たちが講演(一九三九年)を通してじかに物理学者、中谷宇吉郎の科学的・合理的な思想に触れたことが、戦時下の大学にもある程度学問の自由があったことを示唆するエピソードや当時の舎生の知的な興奮・感動と共に紹介されている。

最後に本書は巻末に、「青年寄宿舎生の群像」と題し、本書において日誌の中の友人・記入者の姓として書き留められるだけの形で登場した青年寄宿舎生の一人ひとりについて、その出身地、修学段階、学部学科、就職・所属先を示してある。これらのデータは、かつて青年寄宿舎が独自の教育効果を上げたと自負してきた際にその要因の一つとされた、在舎生の出身、専門、学年等における構成の多様さについて、初めて——従来の本寄宿舎の記念誌刊行時における「在舎生名簿」作りでは充分成し得なかったという意味で――一定のレベルで証拠だてるものである。またデータは、この「初めて」の調査の結果、北海道大学が戦前日本の学校制度の下で、一つの高等教育機関としてその内にいかに多段階で多様な教育課程をかかえ込んでいたか、また、臨時の養成まで含めていかに多層で多分野の専門要員を送り出していたか、青年の地理的・社会的な移動をいかに促していたかを、一つの学生寮の出身者達という限られた範囲から、日本の縮図のように分かりやすく示してくれている。

さて昨今は、種々の歴史展示や宮部金吾の資料を含む北海道大学関係の出版等が相次いでおり、大学のさまざまな経験を振り返りそのアイデンティティを確かめたいという期待に応える企画もしばしば見られるが、その中にあってなお、青年寄宿舎ＯＢ達のこの出版は、ほかにあまり例のない、長年にわたる学生生活を詳しく生き生きと伝え、しかもリベラルな人間形成が行われていたことを知らせる試みとされると思われる。

宮部金吾は、札幌農学校の三秀才の中で一人母校に踏みとどまって国際レベルの研究と後継者育成をなすと共に、学生の教育・訓育を実践し続けた。その実践は、宮部が生前より「大学の教室関係、独立教会、青年寄宿舎」の三つが自分の生活の「狭いサークル」であったと自ら語っていた（米寿祝賀会における挨拶、一九四七年）ように、重要な領域であった。それにもかかわらず、この活動のことが分析はおろか、紹介も充分ではなかった。今回の出版によって、その発掘と検討が、ようやく始まったと言えるのではないかと自負するものである。

本書は、青年寄宿舎のあるいは北海道大学の関係者にとってばかりでなく、多くの学生、広く大学教育関係の人々にも読んでいただいて有意義なところがあると信じる。

第一章　青年寄宿舎と舎生

青年寄宿舎第五代理事長　黒嶋振重郎

宮部先生と寄宿舎

わが北大青年寄宿舎の歴史を語る時、禁酒禁煙の舎是の下、その発足に尽力されました宮部金吾先生と、戦後のわが国の社会情勢から全く不可能と考えられた新築事業を、激しい情熱と信念の下に、見事に実現された奥田義正先生のご功績を決して忘れることはできない。

私の入舎した昭和二三年頃には、ご高齢にもかかわらず、宮部先生は毎回の月次会に出席され、やさしい笑顔で、舎生の発表に耳を傾けられておられました。

私は入舎して間もない頃、指名された月次会で「道徳と経済」という題名で発表したように記憶しています。

年が経て、宮部先生は、舎出身の奥田義正先生(北大医学部第一期生で当時北大外科教授)を次期理事長として指名され、その奥田先生は、同じく舎出身の、当時北大整形外科助教授で、後に美唄労災病院々長になられた、若松不二夫先生に次の理事長職を託した。

奥田先生が教授定年を迎えられた昭和三六年に、北大第二外科同門会による送別の会が催されましたが、大任を終えられた先生がリラックスされて、私に話された言葉を今でも憶えております。

その言葉は、「私は酒は飲めるんだよ。ただ、宮部先生の教え、即ち control your appetites and passions の精神を忘れることのないように禁酒禁煙を守ったのだよ」という内容でありました。

その後、私自身、第五代理事長職に就くことになりましたが、戦後のわが国の回復と成長と共に入舎希望者が減少し、舎の運営は経済的に困難を極め、残念ながら閉舎へと進むことになりました。この際閉舎に伴う複雑な事務的業務については、現舎友会々長の奥田利恒先生なくしては全く不可能であったことを思い起こし、感謝の気持ちで一杯であります。

また幸いにして奥田さんを始めとする多くの舎友有志により、舎友の絆が絶えることなく続けられていることも大変嬉しく思っております。

もちろん、わが舎友会には、残念ながら、限りがあることも事実でありますが、毎年の記念祭には多くの舎友との絆を確かめるために、札幌に集まり、若返りましょう。

宮部金吾先生と舎生

編集委員長　田端　宏

北海道大学総合博物館には北大の歴史を紹介するコーナーがある。その最初の部分に「リベラリズムからの出発」と表題する部分があり、一九五二年当時の東京大学総長矢内原忠雄博士の言葉が書かれている。「明治初年において日本の大学教育には二つの大きな中心があって、一つは東京大学で一つは札幌農学校でありました。」という書き始めの言葉に続いて次のような内容が触れられている。二つのうち主流となったのは東大に発した国家主義的、皇室中心主義的な教育理念であったが太平洋戦争をひき起し破綻する。クラーク博士が伝えたアメリカ民主主義の教育思想、その実践であった札幌農学校における「人間をつくるというリベラルな教育」が大学教育の中で重要視されなければならない。このコーナーの解説文の結びは「自律心を持った個の確立をめざす自由な人間教育」が「北大の全人教育の基」となっている、というものである。

宮部金吾先生は、ここに出てくる「リベラリズム」「自律心を持った個の確立」というような言葉を体現される人格で学生に強い影響を与えられた。先生は札幌独立教会を支える基柱の役割を担っていた真摯なキリスト者であったが、青年寄宿舎創立の時、舎長の任を引き受けるに当たって「宗教を強ひない事」を条件とされていた。「禁酒禁煙」も先生が提起した舎是とされるが、「日誌」の記事には「規定ノ集会」や「常集会」で舎生達が繰り返して相談する機会のあったことが見られる。この信教の自由、禁酒禁煙の生活規律は前記の「リベラリズム」、「自律心」の文字どおりの実践だったのである。

宮部金吾先生は、長い生涯の生活のうちで「重要なもの」は「大学の教室関係、独立教会、青年寄宿舎」であったと述べられたことがあった（宮部金吾博士記念出版刊行会編『宮部金吾』岩波書店 一九五三年）。植物学研究者として国際的に著名であり、宮中講書始のご進講を担当したこと（一九三七年）、文化勲章の受章（一九四六年）でも知られる学術研究の生活、独立教会の創立に内村鑑三ほかの人々と共に関わり、長くその信教活動を支えてこられた敬虔なキリスト者としての生活と並んでやはり創立（一八九八年）以来、舎長の任にあった青年寄宿舎における学生との関係、訓育、敬愛の生活が挙げられていることは青年寄宿舎ＯＢなどの関係者に特別の感懐を与えている。

この日誌の中に見られる舎生たちの宮部金吾先生観は厳父にして慈母の如くというようなところであった。

多くの植物の学名に Miyabe の名を残す研究業績、時に大学総長に替わって全学の学生の前で教育勅語の奉読を行う大学の重鎮としての先生、その謹厳な生活・姿勢は何も語らずして舎生達に畏敬の思いを抱かせる厳父の在り方なのであった。厳父としての言葉の片々は日誌に繰り返し表われている。「Many a phenomenon in physiology is investigated at present, but most of the fountain of it remains unknoun.」。科学に邁進する若人を励まして「Life is short, art and science are long」と。「コンセントレーション オブ エナージー」の言葉に励まされ「オリジン オブ スピーシーズ」を耽読した、と。

厳父の激励の下で青年寄宿舎は「特別な秀才、特別な勉強家の集まり」と見られていたことがあったのである(日誌記事 昭和一三年一〇月四日)。

宮部先生の「唯一の主義」禁酒禁煙(同前 明治四五年一一月二日)については、創立以来、月次会、記念祭等の機会に先生の、あるいは諸先輩の訓話として繰り返し説かれている様子が日誌記事に多く見られ、第二章の一〜三節で日誌記事も紹介してあるのでここで詳しく触れることはしないでおくが、「Control your appetites and passions」とも言われた自律自制の理念が舎生の生活規律として最重要の意味を長く持ち続けたのであった。

慈母(慈父)の如くという面も舎生にとって大変有り難いものであった。

毎年の正月、舎生全員が先生の自宅に招かれる、という舎生の楽しみの行事は大正・昭和の始めにしばらく続けられていた。先生も舎生にまじってトランプ、かるた、その他ゲームで楽しみ、負ければ先生の顔にも墨で×印を付けるという「近来の見もの」に大騒ぎとなっていた(大正四年一月八日)。果物、菓子、寿司などを山ほど御馳走になって先生も満腹して「アブドーメン」(Abdomen)と言って腹をなでさするポーズが滑稽で、このアブドーメンポーズは寄宿舎内でしばらく流行ったものだった、という(『青年寄宿舎五十年史』)。アブドーメンは伝記『宮部金吾』にも出ているのでよほど流行ったものらしいのである。謹厳な重鎮の先生が「城府を構へず」(格式などにとらわれず)舎生に接するのは寄宿舎生活の中では珍しいことではなかったが正月は特別で大騒ぎが午前零時に及ぶほどになっていた。

舎生が先生のお世話になることは正月の「お招き」のほかにも色々あった。記念祭などの行事の折りには必ずなにがしかの金員を寄せられ、様々な図書を寄贈され、舎生の病気療養の手配に心を配る、外灯の電灯料金を負担され、大規模修繕のための寄付集めに自らOB舎生の所を訪れる、月次会には必ず出席して舎生の「演説」に耳を傾け、ディベート風の論戦となれば、その優劣の判定を行う……先生が欠席された月次会の記事には「残念」の文字が書かれる、行事がなくても寄宿舎を突然訪れることもあって、呼び鈴に裸の舎生が出て行くと先生の来訪だったのであわててヘソを隠したというような珍風景も生じていた。

慈父の面影が様々に見られたのである。

舎生も何かと先生の自宅を訪ねていた。年末・年始の御挨拶などはもちろんであったが、鶏を持っていって、そういうことはしないようにと嗜められたりもしていた。戦時下の食糧難時代には先生の自宅の庭も畑になって馬鈴薯などを作っていたが畑を耕す作業には舎生が駆けつけていた。

先生はいわゆるお金持ちではなかった。年末に門松や餅の準備も出来ないこともあった、と伝記『宮部金吾』にある。寄宿舎のこと、教会のことなど普通の人の例にはない出費があってのことと思われるが、舎生は恐縮しつつも甘えた状態で過ごしていた。

北大総合博物館の「リベラリズムからの出発」コーナーの展示や解説の中に宮部先生は登場しない。この後に続くコーナーの「FIELD-ISM」に先生の綿密な植物分布調査の記録等が展示されている。北大の実地研究主義、その実践の代表の一人として登場するわけである。しかし、先生のフィールドは自然科学の分野における実地研究という視野におさまるものではなく、社会・人間の在り方を含めて考えなければならない広さをもったフィールドであった。青年寄宿舎日誌には、その広いフィールドの実態が表されているのである。

宮部先生の経歴、業績などについては前出の伝記『宮部金吾』に詳しい。また、宮部記念館(北大植物園内に一九九一年開館)には先生の遺品、関係資料が所蔵、展示されており、旧宮部邸跡地(札幌市中央区北六条西一三丁目)は宮部記念緑地として先生ゆかりのクロビイタヤなどの植物が植えられている小公園となっている。

筆者の在舎は昭和二九年九月〜三二年三月だったので、宮部先生の謦咳に接する機会はなかったのであるが、当時でもすでに老朽化甚だしかった舎屋のイメージに、日誌から伝わってくる宮部先生と先輩舎生諸氏の息づかいを重ねることが出来ると青年寄宿舎への思いが重みをましてくる。「酒、歌、煙草、また女／外に学びしこともなし」という歌詞の学生歌が一九六〇年頃までよく歌われていたという(北海道新聞 二〇一一年一月三一日朝刊)、反骨精神を頽廃感で飾った歌詞と思われるのだが、これに見られるような装飾を意識しない学生生活、「特別な秀才、特別な勉強家の集まり」の青年寄宿舎に強く惹かれることになるのである。

青年寄宿舎の現代的意義

編集副委員長　所　伸一

いま世界は種々の問題に見舞われ、相互の絡み合いから解き口は見いだしがたく、混迷の中にあるようにも見える。こうした中で、「知の装置」である大学への期待は高まっている。わが国においても近年、大学の在り方に関する議論が盛んになっている。そしてその中で学生教育の強化の必要を訴える声が高まりつつあり、これに付随して学生寄宿舎の役割も注目されているようである。

このような時代、今からちょうど十年前に出された『北大百二十五年史』は国立大学再編の情勢下、大学のアイデンティティを確かめたいとの関心に応えようとする意欲的な研究成果であり、教育内容分析面の充実等と共に学生の入学志願や就職の動向等の論題にも切り込むなど野心的なところがあった。時に、この大学史としての前進と共に印象的だったのが、編集委員会が「あとがき」で、「北海道大学ほど、実に多くの人々によって、多様な関心からその歴史が語られ続けている大学は他に例を見ないであろう」と書き記したことである。*

この点には小論の筆者も同感であった。しかし、同時に、北大のアイデンティティを論じる上でまだ取り上げられていない遺産があると付け加えたくもあった。そういう遺産の一つがまさに、青年寄宿舎が在り方を切り開いた北大の「私設寮」のことである。すなわち、「公設」寄宿舎として大学キャンパス内に設置された恵迪寮を取り巻くかのようにキャンパス周縁に多数設置されていた北大生の寮のことである。

これまで何度か出版された北大史においてこの私設寮のことが触れられなかったわけではない。しかし、その言及たるや、「秋田、会津、岩手、長野など県出身の学生を収容する寮〔があり、その――引用者〕外に青年寄宿舎、基督教青年〔会〕寄宿舎などがあったが、その規模は極めて小さなものであった。*」とか、あるいは「これらは〔中略〕県人会その他有志により、一九三三年以降相次いで設立されたもの*」というものであり、端的に言って、事実を見てないもの

* 『北大百二十五年史　論文・資料編』（二〇〇三年）一〇九二頁。

* 『北海道大学創基八十年史』（一九六五年）一四四頁。

であった。これは集団的な作業の種々の事情による何かの結果だったのかも知れない。それはともかく、事実は、私設寮は一九三〇年代半ばの一二寮をあわせるなら収容可能学生数は二二〇名以上に達し、施設規模の点だけでも恵迪寮の二四〇名と並ぶほどの重要な役割を担っていたのであり、他方、設立された年月は一八九八年から一九三三年にかけての、ほぼ二〇世紀始めの三分の一、北大の急速な拡充・発展期と重なる長い期間にわたったのであった。(したがって、その基礎的な事実がまず知られるべきであろうと考え、本書ではその輪郭を「付録年表　北海道大学の私設寮」として示した。)

北大史の刊行物において、恵迪寮については紙数が割かれるにもかかわらず、私設寮の関連ではこのような欠落と誤解が続いた理由はなんであろうか。私見によれば、それは以下のような諸点に目が届かなかったからということになろう。すなわち、青年寄宿舎などの私設寮は、第一に開拓地に設置された高等教育機関・札幌農学校が有した、広大にして多様な付属地という条件の一つ(つまりアメリカの第一次モリル法*(一八六二年)を手本にした日本の公有地交付大学であったこと)を生かした施設だったこと*、第二に大学人が多様な社会的資源に依拠して学生生活の物的保障を工夫した産物だったこと、第三には関わった大学教員が職務外でその学生指導に献身したものであったこと、そして第四に、郷党的結束がまだ重視された当時にあって社会から北大生への期待が独自に表出された結果であったこと(とりわけキリスト教青年会の社会事業に起源をもつ青年寄宿舎などを除けば)、に視野が及ばなかったのである。

小論は研究史上の観点から従来の大学史を書き換えようと意図するものではなく、ただ、北海道大学に青年寄宿舎が存在した意義について、大学との関係や学生の自律など幾つかの点を中心に、他の私設寮の刊行物から拾い上げることが出来た若干の経験も交えながら、いささか

『北大百二十五年史　通説編』(二〇〇三年)一三二頁。

『世界教育史大系一七・アメリカ教育史I』(講談社、一九七五年)の「州立大学の普及と高等職業教育の進展」(大浦猛執筆)の節参照。しかしこの世界教育史も札幌農学校の佐藤昌介が日本で最初の紹介者だったことに触れていない。

『北海道大学創基八十年史』(一九六五年)第4章「北海道庁管轄時代」、および『北大百年史・札幌農学校資料(一)』(一九八二年)

吟味してみたいのである。とはいえ、私設寮の一つである新潟寮のOB達が恩師追悼の記念出版物を、「編集しながら、他の県人寮がどんな経緯で建てられその後どうしているのか、私設寮の存在意義が何であるのだろうか等という話も出ましたが調べることもできませんでした。」「北大を中心とする記録の中に、そのような事柄が、充分には留まっていないようである。*」として「残念だ」と結んでいた、その想いは引き継がねばならない。そこで小論ではその「宿題」を代わって引き受けることも一部試み、私設寮全体を概説してみた。

ところで歴史は史料が無ければ書けない。にもかかわらず私設寮の史料は、概して散逸されがちではあるが、加えて今回の対象の中には既に閉寮となってから時間がかなり経過したところもあるため、その収集には苦労無しとしなかった。それだけに、先の『百二十五年史』刊行の後さらなる北大史研究の推進のインフラとして北海道大学が設置した「大学文書館」は小論の準備にとってかなり有益であった。しかし、それでもなお私設寮に関する情報の中にはその閉寮・解散等の日時を特定できないものさえ残っているごとく、この点では小論もまだ調査作業にピリオドを打てないまま執筆される。この機会で一つのまとまりを付けなければならなかった。ご了解を戴きたい。

* 「編集後記」――『新潟寮と伊藤誠哉先生』(新潟寮寮友会編・刊、一九六六年)一二五頁、一二三頁。

一　大学付属地を貸与した最初の寮――青年寄宿舎

まず第一には、青年寄宿舎など北大生の私設寮が多数成立した背景には札幌農学校――北海道大学が「実習用地」ないし「財源」として所有する付属地のうちキャンパスの周辺に有する土地を学生寮のための用地として提供できた事実があった、これを指摘しなければならない。

そして宮部金吾が主導した一九〇〇(明治三三)年の青年寄宿舎の土地使用が最初の途を切り

開いたのであった。その「沿革」として書かれたところによれば、青年寄宿舎は「札幌農学校の付属地にして北五条西九丁目の地」を最適地として同年(一九〇〇)三月に選定し、これを「大学に交渉した」結果「全敷地一二〇〇坪」を使用できたのである。*

こうして札幌農学校においては、それから数年を経て東北帝国大学農科大学への格上げ・地位確定の時代に入ると共に、大学からの借地を条件として一気に連続して四つの寮が開設されることとなる。すなわち、農科大学教授・星野勇三(一八七五〜一九六四)の札幌荘内館(一九〇七年設立)、同・森本厚吉(一八七七〜一九五〇)らの札幌農科大学基督教青年会寄宿舎(一九〇九年設立)、学外者の主導による埼玉県学生寄宿舎(一九一〇年設立)、そして学生・北澤小八郎ら松本中学校出身者達の北海尚志社(一九一〇年新築)、であった。

これらの私設寮の開設という、新時代の北大生に期待した先人達の多彩な取り組みはそれだけでも興味深い事象であるにもかかわらず、ほとんど歴史の視野の外に置かれてきた。だが本書の資料、青年寄宿舎日誌をひもとけば、ここには舎生の転寮、テニス・野球の対抗戦や道具の貸し借り、各寮の記念祭の訪問等の出来事として、各私設寮との交わりの経験が書き残されているのである。これらの私設寮の起こりについて触れてみたい。

札幌荘内館は、その名から察せられる通り、山形県庄内地方の郷党人脈の後押しにより農科大学生のための県人寮として設置の準備が進められたものである。実際には土地関係の決着は設置直前に大学外のところで着けられたのだったが、設立の構想は農学校付属地の借用を前提とするものであった。この事情に少し立ち入る。一九〇七(明治四〇)年三月の設立趣意書に「荘内館は札幌区内農学校敷地を借受け之を建設するものとす」とうたったが、これを「印刷した直後に、札幌農学校が新に畑地を宅地として開放せる箇所に於て、約五〇〇坪(北一〇条

*『創立十周年記念　青年寄宿舎一覧』(一九〇八年)八頁。『青年寄宿舎三十周年』(一九二八年)二頁。前掲『創立十周年』一七頁。

西一丁目創成川沿）を借受けたと言うことで」「既に借地契約を結んで有った。しかし現在の箇所（北八条西六丁目――所）に敷地を変更した後に該借地の権利を幾らかの金にて他に譲り渡」すという経過を踏んで、関係者達の行きがかりから、北八条西六丁目の民有地にして「北西隅に三方農学校の土地に囲まれた、約五〇〇坪の飛び地」を借用することとし、ここに寮を新築したのであった。さらにまたその所有者の急死など不測の事態への対応の結果一九一〇年同地を購入することを余儀なくされ、中心人物・星野勇三は借金返済の責任を負って長年苦しみつつ寮を運営・指導して行くという経過をたどるのである。*

星野は後年自伝の中で、「荘内館の借金の為め大に苦しみ出した時の或日」、恩師の一人であり、また自身のドイツ留学帰国後（一九〇七年）は同僚として一年半毎日昼食を共にする間柄になった「宮部先生が『星野君、学者にはカネの心配が一番毒だヨ』と申された。此の一言実に五〇余年を経た今も、なお鮮かに星野の耳底に残って居る」と、また「本職よりも、その方に苦しむ」とも書き遺している。*

星野は大学の仕事（農学研究・教育）と、故郷・庄内の人々との関わりを意味する札幌荘内寮の経営関与との両立に「苦しんだ」ことを率直に書いたのだった。

次に埼玉県学生寄宿舎の設立について。これは札幌麦酒会社の開業ほか北海道にも関わりのある埼玉出身の実業家、渋沢栄一（一八四〇～一九三一）の一九〇八年八月の北海道視察旅行時に彼から土産金を得た埼玉県人会の着想になるもので、準備期間を経て一九一〇年一二月に開舎に漕ぎ着けたものである。その準備は、「敷地に関しては農科大学と交渉の上其の付属地三四〇坪内六七坪は一坪につき借地料一か月金六厘づつの割、他は無料にて借入の約成立せり。」と設立趣意書に明記して寄付集めをしたものである。実際に北一二条西二丁目二番地の四〇七

* 『荘内寮と星野』（財団法人札幌荘内寮、一九六九年）九、一五、一六頁。

* 前掲『荘内寮と星野』一二九、一二四頁。星野の遺稿の箇所。なお一九一〇年の荘内館の写真が星野の三男・星野達三氏の提供により、『写真集北大百年』（一九七六年）八五頁に掲載されている。

坪を借地することが出来たのであった。*

さて札幌農学校には青年寄宿舎のほかにも、独立心・自律精神の旺盛な学生達の発議になる寄宿舎が存在した。一九〇三年から「北海尚志社」を名乗り*民間借家に集まって共同自炊生活を行っていた農学科二年北澤小八郎と橋都《はしづめ》正農夫、濱島彦十ら長野の松本中学出身者三名の場合は、農科大学への再編・改革後の一九一〇年、松嶋鑑《かがみ》(一九一三年畜産卒)が「社の中心」となる時代に入り、北澤に相談しつつ、自前の宿舎を「敷地三〇〇坪(北七条西一二丁目、農科大学付属地のこと——所)を借地して」新築するに至っている。*(彼らの行動理念や資金の関わりは後段で述べる)。これなども、用地取得の心配はせずに大学の所有地において自治的な学生寮を建てることができると若者に思わせたほどの北大の条件があったればこその経験だったと見なせる。

この頃の「借地」の手続きや当初の地代の子細を知ろうと思えば、以上の四寮設立の約一〇年後、一九二〇年代に作られた秋田北盟寮と仙台学寮の資料にうかがうことが出来る。秋田寮の設立に関わっては、「先生(田所哲太郎教授)は北大と交渉して(大正)一二年四月一日北七条西一二丁目農場の一部六五一坪を満一二カ年の期限で先生と工藤佑舜先生の名義を以て借地契約し借地料は坪一銭であった。」との回想記述がある。*また、仙台学寮の場合では、設立関係者は一九二四年六月に北大の「農地部」に借地の契約書を提出し、七月一日佐藤昌介総長と一二年間の貸借契約を締結、借地料は一か月六円七二銭(坪一銭の割)、と記録されている。*

これらの私設寮の借地の面積のことにも注目してみるならば、事の性質の別の面が分かる。

青年寄宿舎(一九〇〇年借地)は数字の上では、先に一部触れたが、「全敷地一二〇〇坪、内建坪数一〇八坪」という大きさを有した。この頃の寄宿舎は池を湛《たた》え、「恰も小公園内にある

『埼玉県学生寄宿舎設立趣意書』(在札幌埼玉県人高誼会、一九〇九年)八頁。『渋沢栄一伝記資料』第四六巻(渋沢栄一伝記資料刊行会、一九六二年)所収、設立委員・吉岡佐一の談話、二〇三〜二〇四頁。

北海尚志社の創立メンバーのうち北澤小八郎は札幌農学校二二期・一九〇五年卒で、朝鮮半島・水原で農業を営んで帰国後、一九二四〜一九四五年長野県伊北農商学校(後の県立辰野高校)校長を勤めた。橋都正農夫は同二四期・一九〇七年農学甲科卒で、庁立空知農業学校教諭の後青森、和歌山農事試験場等に働く。濱島彦十は橋都の一期後輩で卒業後兵役、鳥取農事試験場長等を経て下伊那農学校長(初代)となった。出典——『札幌農学校一覧』ほか。

『尚志社五十年史』(三澤寛一編、尚志社清算人団、東京、一九五三年)六三頁。なお松島鑑は青年寄宿舎にいた石津半治らと農学科で同期で、卒業後、南満洲鉄道興業部農務課・公主嶺農事試験場等に勤め、これも石津同様、各種報告の執筆・編集等を行っている。

花田緑朗「田所先生を憶う」『香蘭・三八号(故田所哲太郎先生追悼

が如く＊」と書き誇ったほどの、恵まれた立地環境にあった。ただし、舎の敷地内の池は一九三八年頃に埋め立てられ、さらに戦後に入ると新制大学整備の急務のもと一九四八～四九年始めにかけて、その土地も含む舎の周囲に大学の職員官舎が建てられ、＊舎の借地面積は大幅減となった。一九七〇年代、大蔵省から「払い下げ」が持ちかけられた頃まで時代が下ると当該面積は二〇〇坪ほどまでになっていた。

このように青年寄宿舎はその敷地の削減など問題に上らないほどに北大の一部を成す施設だったということが出来る。

自前の用地を所有した荘内寮を除く各私設寮の貸与面積を住所と共に、ここで挙げてみよう。一九一〇年前後設立のグループでは、基督教青年会寄宿舎が北一二条西二丁目一番地の四〇五坪、＊埼玉県学生寄宿舎は同二番地の四〇七坪、および北海尚志社が桑園地区の貸与の始まりで、北七条西一二丁目の西南端、三〇〇坪であった。

次に、北大が独立の帝国大学となり医学部と工学部を増設される時代に入り連続して設置された私設寮、すなわち桑園地区の三つの寮、第三進修学舎（一九二一年）が五八〇坪、秋田北盟寮（一九二三年）が七〇〇坪、仙台学寮（一九二四年）が六七〇坪をそれぞれ貸与され、巌鷲寮（一九二七年設置）は「大学キャンパスの南にあたる偕楽園の小高い北側に」＊つまり北八条西七丁目に、六〇〇坪以上（推定。われわれの確認できた一九六一年時点の四〇〇坪プラス〈一九五七～五八年に七丁目以西に延長された北八条道路として国から札幌市に移管された面積〉である）を割り当てられた。

さらに理学部が増設される頃以後に設置の波を成す郷土寮、米沢有為会札幌興譲館（一九三〇年設置）には北七条西一二丁目東端の約四〇〇坪＊であり、（一九三二年設置で北八条西一二丁

号）」（秋田北盟寮、札幌、一九八一年）一〇頁。

『財団法人仙台学寮　1924―2004』（同法人、札幌、二〇〇四年）二三～二四頁。同書に締結文書の史料画像が掲載されている。

『青年寄宿舎大修繕報告』（青年寄宿舎、一九二三年）一〇頁。

『青年寄宿舎日誌』昭和一三年一月二五日、五月三〇日。同二三年六月～七月、一〇月および二四年一月の諸記事。

土屋博、寺岡宏著『北海道大学キリスト教青年会の歩み：羊たちの群像』（北海道大学キリスト教青年会刊、二〇〇九年）五一頁。

南浦邦夫「巌鷲寮創設当時の想い出」――『巌鷲寮創立五十周年記念誌・上篇』（財団法人巌鷲寮、札幌、一九八三年）五頁。

『米沢有為会札幌興譲館の六十年』

目西端を割り当てられた会津学寮の当初敷地面積は資料焼失などにより不詳）、新潟寮（一九三三年開寮）には北一四条西二丁目の四〇五坪であった。

これらの住所と面積からは、いずれの寮にも通学に至便の場所と、余裕ある広さが与えられたことが理解されるのである。

ちなみに第三進修学舎はその設立母体の本部機関誌『南葵育英会々報』において所有寄宿舎の所在地として「札幌市北七条西一三丁目一番地北大構内」と記されていた。*

以上のように、北海道大学の私設寮は、借地の「契約」や「面積」「地代」が問題化する余地の無いほどに大学当局から配慮を受けた公的な学生福利施設だったのである。

二　私設寮の設置とその理念（一）

1　青年寄宿舎

青年寄宿舎は設立当初、札幌基督教青年会がその事業として二度ほど民間家屋を借家した学生寮であった。この点では、明治期後半、一八九〇年代の東京においても寄宿舎・下宿不足を解消するために「様々な団体が乗り出」す動きがあったことも想起したい。読売新聞はその動きを次のように伝えていた。

「府下の基督教徒中にて今度神田錦町近辺へ宏大なる数軒の下宿屋を新築し品行方正なる学生の止宿に供せんとの目論見ある由」（一八九二年四月一七日付別刷）。*

こうしてみれば札幌の基督教青年会が一八九八年札幌農学校生のために安価で家庭的な生活を送り得る宿舎を提供しようとして民家を借り上げこれを青年会寄宿舎と呼んだことは、単にその布教のための新たな戦略ということではなく、全国の大学街に見られた社会事業の勃興と

（札幌興譲館同窓会・米沢有為会北海道支部、札幌、一九九〇年）三八頁。

『南葵育英会々報』二八～五一号「北大に所蔵分」（東京、一九二四～一九三六年）参照。なおこの育英会の維持予算による「第三進修学舎」は一九二〇年京都大学農学部の近くの学外に開設されたが、土地の確保の困難のため、適してるとは言えない民家の借用の状態を戦後まで余儀なくされたのであった。『南葵育英会々報』四七号（一九三三年一二月）七頁、『南葵育英会創設百年記念誌』（財団法人南葵育英会、東京、二〇一一年）「沿革」の章、ほか。

読売新聞・電子版、二〇一〇年四月二日記事より重引。

ほぼ足並みをそろえたものだったと見なすべきであろうし、札幌農学校生の住居の確保という点では、学生のために国や学校（・大学）に代わって社会の力で宿舎を作る事業を意味したということのほうが重要であろう。

　ただし札幌では宮部金吾が寄宿舎「監督」を引き受けたところに独自の歩みが始まる。

　宮部は、（一）学生寄宿舎を建てるため農学校の付属地を利用することを思い立ち校長の佐藤昌介を説得する（これは直接の資料がないので私の推測である）、（二）一八九〇年代日本における宗教論争（いわゆる条約改正に伴う）*と関連した文部省の学校教育と宗教の分離政策を彼なりに受け止め、大学の寄宿舎（これも教育施設）をキリスト教布教の場とはしない方針を明確に打ち出す、（三）その前提として、信仰は私事として確立され、学校は公事として学問・社会活動を行う場、との認識を固めたのである。

　宮部はそれと共に学生に科学的な思考法の獲得と生活規律の形成を両立させる方途の模索を続けるのである。これは成果を上げたのか。寄宿舎創立三〇周年（一九二八年一一月）の宮部の挨拶に要約されたところを引く。

「本寄宿舎建築の時もまた創立二五年度の大改築（一九二二年の「大修繕」）の時も、その費用のほとんど全部は、札樽間有志諸氏の悦んで与えられし同情と援助とに仰ぎ得たるは一にこの舎が単に郷党を以て集まると趣を異にし、門戸を広くして青年に安住の場所を供すると共にその情操の薫育に寄与するところ多きを賛せられしに出でしものと信ず。ここにおいてか此の舎が永く存続して使命をになうべき意義ありと云つべし。*」

　これは青年寄宿舎が脱宗教化と共に脱郷党主義の基礎に立ったことが広く評価されたこと、その上で学生の情操を育む安心できる宿舎を提供することで勉学の基盤をしかるべく作り得た

*キリスト教・仏教・神道を対等に扱わなければならない中で政治・学校と宗教の関係をどうするかということ。一八九九年三月の文部省訓令は学校教育と宗教の分離をはかるものであった。

*『青年寄宿舎一覧（創立三十周年記念）』（一九二八年）二八頁。原文片仮名書きを平仮名に改めた。

こと、これらが社会から承認を得ているという自負を表明したものではないだろうか。

他方で舎生ＯＢの北野康氏は、以下のように、「禁酒禁煙」という舎是を「一見封建的」と呼び、これに関わらせて青年寄宿舎の特色について回顧した。

「ふり返って見ますと、混沌たる世の中を宮部先生や奥田先輩（奥田義正第二代舎長）を中心として一見封建的に感ぜられる禁酒禁煙を守り之を誇りとして、古い中に毎年毎年新しい力を漲《みなぎ》らせつつ発展して参りました。*」

* 「（創立五十周年記念集会の）先輩祝詞要旨――北野（康）先輩」。『青年寄宿舎五十年史』（一九四九年）三二頁。

北野氏は、禁酒禁煙に代表される、近代原則（これは端的には欲望の個人開放・個人責任も意味する）に反するかも知れない、分かりやすい生活規律の標語が「しばり」と一定の緊張感をもたらし、これが青年寄宿舎の学生の自覚と刷新や勉強への精神を育む上で効果を上げたという主旨を述べたのではないだろうか。

以上のことから青年寄宿舎は出身地・旧身分・宗派を問わないことを理念に広く学生を受け容れ、世俗道徳の目標を掲げ、その同じ理念で市民・個人から物的支持を得る、市民型ともいうべき在り方を模索し続けた寮であったということが出来そうである。

2 北海尚志社

長野・松本中学出身の札幌農学校生達が始めた寄宿舎――北海尚志社は、その学生が本部宛の「通信」に書いたところによれば、「同志相会して尚志社的自炊生活を為し、他日適当の発達を遂げたとき尚志社に合同」することを主旨として「共同して自炊生活を開始し」たのであったが、「主旨綱領及び舎生心得は全く尚志社と同じもの」すなわち「毎日曜日には年長者が論語の講義を為す事に定め、少くとも各日曜日には社中一同会合致す事」というものであった。*

* 前掲『尚志社五十年史』六二～六三

この北海尚志社は自前の舎屋を建設（一九一〇年）するに至ったがその事情に立ち入れば、それは「小樽在住の本社（尚志社のこと…所）賛助員山本厚三氏*の厚意に依って金七百円を借用し、之に若干の寄付金を加へ、敷地三〇〇坪を借地して木造平屋建五十五坪のものを新築した。費用は建築費諸設備合せて千百四十六円であったが、舎生一人毎月二円づゝを積立で、六ヶ年賦を以て償還するの計画は見事に実行せられた。」*というものであった。

結局、北海尚志社は「尚志社に合同」することなく独立のまま、その後「その名と（中略）建物と共に、北大教授社員犬飼哲夫氏等の世話を受けて、北大在学生の寄宿舎として存続し」*たのであった。

こうしてみると寄宿舎・北海尚志社の場合は、学生の自治・自律・修養の理念と名称を掲げた小規模寮（定員十人）を、郷土人脈を生かし、かつ教育に理解ある地元資産家の協力を得て設立した類型に属すると言えそうである。

3　埼玉県学生寄宿舎

この埼玉県人会による札幌農学校学生寄宿舎の設立（準備期を含めて一九〇八〜一〇年）は、経済人の社会事業の試みと見なせるようであった。ここでは先に土地の確保に関わる段で触れた際に既に現れたように、日本有数の実業家にして社会事業家の渋沢栄一の来札時の寄付（五〇円）がきっかけで埼玉県人組織が動いた。その設立委員の顔ぶれを『設立趣意書』資料で見るなら、代表格は吉岡佐一（一八六三〜没年不詳）であった。吉岡は渋沢と同郷（埼玉県大里郡八基村血洗の生まれ）にして親戚であり、東京・深川の回米問屋・渋沢商店で長年働いた後、彼の慫慂で北海道製麻株式会社に勤務した。退職して一八九九年以来札幌市内で米穀肥料商を営なみ隆盛を見ると同時に札幌商業会議所議員（一九〇七年より）にも選ばれた成功者であった。

頁、濱島彦十から尚志社に宛てた通信。

山本は一九〇七年より小樽倉庫株式会社取締役。長野県飯田の生まれで東京高商（後の一橋大）卒。小樽倉庫社長の山本久右衛門の養子となって来道し、各種の企業経営、農地開拓、政治などで手腕を発揮した。『北海道歴史人物事典』（北海道新聞社、一九九三年）ほか参照。

前掲『尚志社五十年史』六三頁。

同前『尚志社五十年史』六三頁。

同設立委員の二人目に名を連ねたのは後藤鉎太郎であったが、彼は開拓使御用達の料理屋として知られた割烹「東京庵」の創業二代目経営者にして当時札幌料理店業組合長もつとめる有力者であった。他方ではこの寄宿舎の設立委員と賛助員には、札幌農学校卒業者の道内就職者は名を出しているものの農学校教授は含まれていなかった。* 吉岡はこの寄宿舎開設の資金集めの中心として奔走したが、* 工事後半の建築資金の不足に困り、北海道選出代議士、浅羽靖を介して寄付を渋沢栄一に願い出て、三千円を得ている*（一九一〇年一二月の開設時）。

この設立運動と大学内をつなぐものは何であったか。それについては吉岡の「丁度当時（一九〇九年頃）の学校長、後の北大総長佐藤昌介さんが渋沢さんとご存知だったので、此の寮の建設には特に他の教授方をも勧誘して、寄付金等を集めてくれました。*」との話に集約されている。

吉岡佐一は設立から三〇年近く経った一九三七年の回顧談の中で自らの事業の早い時期の着手を誇る一方で、この寄宿舎が今や衰退期に差し掛かっていることを示唆する。すなわち、埼玉県学生寄宿舎は「それ迄に出来ていた北大生の為の私寮では」三番目のものだが「県人の寮」としては荘内館に次ぐ二番目だったことを誇りとしたものの、設置一〇～一六年後の改築時に必要とされた「法人化」に際しての自己財産不足の不備解消（吉岡の所有原野の寄付）も、申請手続きも、その後の管理業務も「事実上（中略）引き続き私が全責任を負って、ずっと一昨年（一九三五年――所）病気で辞める迄やって来た」と語り、その維持・経営で支援範囲を広げることが出来なかった内情を打ち明けると共に、話の結びでは、「此寮が一番盛んだったのは大正七年札幌農学校が北海道帝国大学となった頃で、七～八年頃は狭い此寮に二二～三人も学生が居て、六畳の部屋に三人も居た事もあった様ですが、今はもう古く汚れて、五～六人の学

前掲『埼玉県学生寄宿舎設立趣意書』五～八頁。前掲『渋沢栄一伝記資料』第四六巻、二〇六頁。『最近之札幌』（札幌実業新報社、一九〇九年）、七五、七八頁。

『札幌紳士録』（一九一二年）一三八～一三九頁。

前掲『渋沢栄一伝記資料』第四六巻、二〇五頁。

同前資料、二〇四頁。

生しか居ないようです。自治寮制度が出来た大正九年頃がまあ盛んだった頃の峠でしょう。」と、この埼玉武曠寮（法人化後の名称）が不振に陥っており衰退期に入っていると感じていることを告白するのであった。* ちなみにこの頃の埼玉寮の木造の建物が古くなり、かなり傷んだままだったらしいことは、この近くに一九三三年暮れに開設されていて、寮生同士の交流もあった新潟寮の初期の学生が「埼玉寮は我々の寮よりバラックで古く、ストームをすると床板がスプリングの様に弾んで地面にまで下った。*」と特に書き残しているところからもうかがえる。

吉岡は、自身では言葉にしていないものの、商店経営と社会事業の両面で師と仰ぐ渋沢栄一の開始した育英事業・寄宿舎設立の団体「埼玉学生誘掖会」（一九〇二年設立）の札幌における展開のようなことを念頭に置いて、一人で奮闘したのではなかったかと想像されるのである。

4　札幌農科大学基督教青年会寄宿舎

この寄宿舎は、かつて一八九八年には青年寄宿舎の設立発起人学生の一人でもあった行動的な教授、森本厚吉らが、青年寄宿舎が宮部金吾の指導下に「信教の自由」を舎是とし、また舎名も「青年会寄宿舎」から「青年寄宿舎」と改めるに至った（本書第四章第一節を参照）後を受けて、新島善直（林学科教授）を押し立て、「（北海道大学）基督教青年会本部を当舎に置き学内伝道の一機関とす」* ることを掲げて一九〇九年に設立した寮であった。

ここには開寮時（九月）、しばらく前に青年寄宿舎を退舎していた石津半治、和田梓之介*（共に農学科一年）らが入寮している。和田氏は以前から基督教青年会（ＹＭＣＡ）の活動を続けていたようである。この関連で触れると、かなり後のことになるが、母校の教授（水産学）となった青年寄宿舎出身の時田郇氏（一九二七年農業生物学科卒、退舎）が一九三三年以降こちらの寄宿舎におけるＹＭＣＡの行事に指導的な役で参加しており、さらに寮長・理事長の新島名誉教

「吉岡佐市談話筆記」——前掲『渋沢栄一伝記資料』第四六巻二〇五頁。

高鳥一男「寮前期」——前掲『新潟寮と伊藤誠哉先生』六七頁。なお「新設」の新潟寮の学生が古い埼玉寮のことを自寮との比較で「我々の寮よりバラックで」と書いているのは、新潟寮が建設経費節減のため苫小牧の王子製紙の社員寮を引き取り移築した「中古」である事実を念頭に置いての記述であろう。

一九三四年九月現在の北海道帝国大学学生課作成「学寮調」（北海道大学大学文書館「星野勇三博士関係資料〇九五六」）に記載された言葉。

本書第六章　資料　青年寄宿舎生の群像を参照。

授の没後、一九四四年からは寮長を引き受けている。* このような人的なつながりの事例が見られたものの、それ以外ではこのYMCA寮と青年寄宿舎の間の関わりは、『日誌』に残された限り、ほぼテニス・野球・卓球の試合などが主であり、私設寮同士の間で長年盛んだった交流と同様であった。

話をもどして、この寄宿舎にあっては、青年寄宿舎と異なって、舎内で宗教教育、すなわちキリスト教青年会の活動を行った。この青年会が発行した寄宿舎一〇〇周年記念誌では、その設立そのものと理念に関する記述は意外と簡潔であり、青年寄宿舎との関係には言及していない。設置の住所と土地面積に関する事項のほかは「木造平屋一一五坪。部屋数一一室。学生二〇名収容。総工費一九五〇円。同盟財団に帰属」と記すのみである。* この「同盟財団に帰属」とは、寄宿舎建物が基督教青年会同盟の法人組織の所有する施設であることを意味したのであろう。宮部金吾と青年寄宿舎が設立後数年にして掲げた「信教の自由」「舎内では宗教を強制しない」などの意義を論じてきたわれわれには、大学貸与地の施設内における諸活動の範囲についての理解如何なども関心の対象となるが、基督教青年会寄宿舎史は、青年寄宿舎の舎是と議論を交差させることはなかった。設立者も土地を貸与した大学当局も共にこのような「私設寮」においては宗教教育であれ自治の範囲に属すると理解するほうを採ったと考えられるのである。

* 前掲『北海道大学キリスト教青年会の歩み』五一、七八頁。

* 同前『北海道大学キリスト教青年会の歩み』五一頁参照。

三　郷土団体による学生寮の建設――私設寮の設置とその理念(二)

1　札幌荘内館

郷土団体による北大生の寮建設において最初の例は荘内館であった。その設立の経過については先に土地問題に関する段で述べたところに代えさせていただく(人脈・経費・借財返済などに関わる諸問題については荘内寮の出版物を参照されたい)。

この寮の指導者・星野は生前、「郷里育英の為めの荘内館は、実に札幌に於ける郷党育英学生館の最初のもの、即ち元祖であって、其後設立せられる仙台学寮や秋田北盟寮等は凡て本館に倣い、資を郷党出身者に募り設立せられたものである。」と言い切り、「郷党育英」の寄宿舎建設の「元祖」であったとしてこれを誇りにしていた。*

「資」の性質を含め右のような設立背景を持ったため、この寮は、その当初、一九〇七年の「寄宿規則」に荘内出身の学生の寄宿のほか「学生にあらざる荘内出身者を寄宿せしむることあるべし」*とうたったように、学生寮としてのみならず、同郷関係者のいわば札幌宿泊所の役割も担わされたのだった。

2　第三進修学舎の設置

東北・北陸の諸県に比して和歌山県出身の北大生は特段多かったわけでは無いはずだったが、その要望に応えるかたちで郷土寮を設立(一九二一年)、維持したのが南葵育英会であった。この南葵育英会とは何か。それは、私見によれば、日露戦後の学校教育と共に青年教育を「重視」する機運の下で、(一)徳川家の資産の社会事業活用による身分制イデオロギーから能力主義への転換促進、(二)紀州徳川家のブレーンだった鎌田栄吉(彼は第一五代当主、徳川頼倫の指南役(教育係)であり、当時貴族院議員)の社会改良思想、(三)軍人養成と文人養成の奨学金給貸与事業を統合し*たい地方団体・和歌山県の意図――これらの思惑の合流するところに組織された半官・半民の奨学団体であった(一九一一年結成)。

この南葵育英会が民間寄付者(参助会員)を募るため総裁の徳川頼倫侯に「全国行脚」を行わ

星野の遺稿「荘内寮と星野」(竹越俊文編)――前掲『荘内寮と星野』二〇頁。

同前。四二頁。

この育英会を設立し、ここで「和歌山学生会(文学生)と伏虎会(武学生)の育英事業を引き受ける」こととしたこと、および同育英会設立趣旨のせ、一九二〇年九月その来道の折りに和歌山出身の北大生達が彼に陳情し、ただちに四〇〇〇円の寄付金を得たのが和歌山の学舎建設の発端であった。*

ただし発端はそうであったとしても、同育英会が経営する全国で三つ目の大学生寄宿舎を設置・建設するに至った真の要因は、北大を拡大・発展の軌道に乗った将来性ある帝国大学と見込んだことと高価な土地取得の経費を免れられたことにあったと思われる。

さらにこの後、北大の拡大期のほぼ十年の間に六つの地方寮が連続して作られた。すなわち、秋田北盟寮、仙台学寮、巌鷲寮、米沢寮札幌興譲館、会津学寮、新潟寮が設置された。これらの事実の背景には、その出身学生が相対的に多かったことと宿舎の不足、そして東北諸県および新潟の人々における比較的強い同郷人意識、英才支援願望とでも言うべきものがあった。他面ではこれは郷土・社会団体の寄宿舎普及方針と、社会奉仕意識・愛郷心の高い教員有志とが共同した結果でもあった。中には地方団体、育英組織、県人会など、要するに郷土から財政的な支援が続いた寮もあった。

3　秋田北盟寮

この寮は一九二二年頃の秋田出身の北大生達の発意によるもので、秋田は能代出身の田所哲太郎教授(農芸化学)を先頭に設立準備が進められたのであった。一九二二年四月の「秋田県人学生寄宿舎建設趣意書」はその一節に、「凡そ郷国を愛し郷人相親しむは人の自然に出ず。」「近来我が大学の独立拡張以来諸県学生寄宿舎の建設せらるるもの多々あり、既に山形、埼玉、長野、和歌山等の数個を算す。一郷の文化の隆昌と産業の盛衰が一にかかって後進者の養成とその指導如何にある思わば(中略)『百歳の計は人を作るにあり』との古哲の言ここに至りて真に味わうに足りる」と言う。*

作成は鎌田栄吉が担当したこと(前掲『南葵育英会百年記念誌』一五一〜一五二頁)が知られる。

川村源四郎「第三進修学舎建設当時の思い出」——前掲『南葵育英会創設百年記念誌』九〇頁(『第三進修学舎の想い出文集』(一九八四年)より転載という)。

『香蘭・第四三号(七〇周年記念特別号)』(一九九三年)一〜二頁収録。

ここでは他県との横並び競争意識も隠してない。だが、これは、国レベル・大学レベルで学生の勉学条件の平等化に資するような学生宿舎の保障がごく不十分だった当時、「悪」と片付けることは出来ない。ところで、「一郷の文化の隆昌と産業の盛衰」が「後継者の養成」に懸かっているというのは設立趣意書に言う通りだとして、帝国大学は「国家須要の」人材育成のための機関であり「一郷の」隆昌とは必ずしも結びついていなかった(「出世」して故郷を捨てることが多かったという意味でも)のではないか、その対応の不一致はここで自覚されていたのであろうか——これは秋田のみならず全ての県人寮について問われたことであった。

秋田北盟寮は一九二三年秋に完成・開寮。維持費には県から補助金が出された。*

ここでは、田所理事長の方針により、運営で学生自治を原則とすると共に、家庭的な生活の創出が強く目指された。

4 仙台学寮

この仙台の名を冠した学生会館の建設は一九二三年五月「貞山公(伊達正宗公)祭典」において半澤洵*教授、平塚直治(札幌農学校第一四期生、帝国製麻株式会社取締役札幌支店長)、佐々木啓七(北海道庁地方統計主事)の三氏によって発議された。*まずその「仙台学生会館建設事業報告書」から一九二三年の寄付金呼びかけの文書を引こう。いわく、「吾等の郷里旧仙台藩方面からは札幌農学校時代より笈を当地に負ふ青年が多いのでありますが、近年殊に著しく其数を増加し、現に北海道帝国大学に在学するもの年々四十名乃至五十名に達する盛況を呈して居ります。而して吾等は之等青年学生を収容すべき完全なる寄宿舎の設けなきは実に吾等同郷人の恥辱にして又後進子弟を遇すべき道でないと思ひます。於此乎吾等同郷人相計り札幌に之等青年学生を収容すべき一大寄宿舎の建設を計画することになりました*(以下略)」。

一九二九年度の寮収入決算の例によれば、寮生納入金六七四五円九一銭(寮費は一人一か月二一円五〇銭)、県費補助金五〇〇円、その外である。『香蘭・第四三号(七〇周年記念特別号)』六頁。

半澤洵(一八七九〜一九七二年)、札幌近郊・白石村生まれ。一九〇一年札幌農学校卒。植物病理学。宮部金吾の弟子。一九一六年教授。一九三八年農学部長。

杉野目浩「財団法人仙台学寮関係資料・解題」一八六頁。『北海道大学大学文書館年報』第三号(二〇〇八年)。

『仙台学生会館建設事業報告書(第

この呼びかけには、独自の寄宿舎を持たない現状を「同郷人の恥辱」とまで形容して寄進を喚起するなど、旧仙台藩関係者達の「誇り」高さがにじみ出ていた。この寮にあっては、設立時が関東大震災後の苦しい時期に当たり、宮城育英会などからも寄付を得られず、資金捻出には苦労が大きかったこと、また「仙台学寮」という名は半澤らの依頼により宮城出身で国政に名を残した人物・高橋是清の命名になるものであったことなどが語り継がれ、寮生に誇りと自主性が喚起されたのである。

しかし日常の在り方について反省するところが生まれるに至り一九三六年頃には「寮生相互*の親睦、知識の交換などを目的に」年に七回ほど会を開く(「一位会」と命名)ことに決めたことなどにうかがえるように、「小さな自己に閉じこもり理想と情熱を忘れた」*寮生達の状態を改める意識的な取り組みが絶えず求められたのだった。

5　岩手県学生寄宿舎としての巌鷲寮

この寮の設立は、その「五十年史」によれば、「庄内寮(ママ)、秋田寮、さらに大正十三年には仙台寮も建設されて、その刺激を受けて当時の県人北大学生谷藤八太郎、南浦邦夫」*ほかが一九二四年一一月「岩手県学生寄宿舎」の設立運動を開始したことに始まる。その一人、南浦氏は回想記で、学生達が岩手出身である総長・佐藤昌介宅に押しかけここで紹介された新任の葛西勝哉講師(獣医学)の元に回ったこと、その岩手県学生寄宿舎設立委員の就任要請に対して葛西氏から発せられた第一声は、「今学問が国際的になり、国際的な人事の交流も行われるという時代に、ちと舞台が小さいな」*であったと特に記している。これは青年寄宿舎の「脱郷党主義」にたつ学生受け入れ理念を是とするわれわれからすれば、それなりに筋の通った思考法と対応だったようにも思えるが、ただし葛西氏は「学生達の熱意」に押されて同意し、以後

一)自大正十二年七月一日・至大正十三年十二月三十一日』(一九二五年)二〜三頁、杉野目浩、同上「解題」一八六頁。

『仙台学寮四十年史』(財団法人仙台学寮、一九六五年)七一頁。

同前、九四頁。

「巌鷲寮五十年史」――『巌鷲寮創立五十周年記念誌・上篇』(財団法人巌鷲寮、札幌、一九八三年)八頁。

前掲、南浦邦夫「巌鷲寮創設当時の想い出」――同前誌五頁。

準備に奔走したという。大学教員は進歩と伝統の板挟みを強く感じつつ生きたのである。

ともあれこの寮は一九二七年一一月後半には学生が入寮する運びとなった。寮の管理責任者は葛西講師であったが一九三三年の転出後は島善鄰《よしちか》（のち第六代北大総長）が事実上の主宰者となった。この寮は、岩手県出身者が経営する東京の大手建設会社が設計・施行を引き受け完成させたが、その「スチーム、水洗便所、炊事も風呂も電化施設の一人一室の文化的学生寮は札幌に最初のものであった」*ことや、札幌農学校出身の大先輩、新渡戸稲造の訪問を受けたことを含め、岩手関係者との関係、建物修繕などへの支援ほかを矜持と感謝の源泉としつつ、自治寮であろうとした。

6　米沢有為会札幌興譲館

このいわゆる米沢寮の設立は郷土の育英団体の支部設立として始まる。その設立決議は、「着々総合大学の完成途上にある北大に学ぶ（中略）若人のために大正一四年一二月札幌の米沢人会は寄宿舎設立の議を決し（中略）実現を期さんがため米沢有為会札幌支部を設立してその後援を仰」ぐと訴えた。*

この米沢有為会は山形県置賜地方を人的な地盤とする育英組織であり、主要な事業の一つとして学生寄宿舎の運営を続けている。東京興譲館（一九〇七年設置）、仙台興譲館（一九一四年設置）に次いで札幌興譲館を開設（一九三〇年）したのであった。したがって札幌の寮の設立資金も、財団（米沢有為会）より七〇〇〇円負担、札幌有志の寄付金五〇〇〇円ほか、という構成になった。建築費は七〇〇〇〇円であった。*

この米沢寮も自治寮を標榜した一つであったが、その初期の生活の特徴は第一期（一九三〇年）入寮者の回想記に「寮内生活は質素なものだった。自由な完全自主生活だった。特別な規

前出「巌鷲寮五十年史」八頁。

前掲『札幌興譲館の六十年』三〇頁。機関誌『有為会会誌』四二八号（昭和八年一二月）より。

前掲『札幌興譲館の六十年』三三頁。東京と仙台の二寮は現在も存続。

則もなく館長(当時、須田金之助教授…引用者)、有為会札幌支部長(人名略)が時々来て寮生徒「と」の意味…引用者)歓談して帰っていった。(後略)」と書かれた*所にうかがえそうである。この寮にあっては、もうしばらく経って後、「図書部」*が設置され、著名教授(たとえば宮部金吾名誉教授)を招いての講義などが計画されるなど組織だった文化活動が試みられるようになる。

7　会津学寮

この寮は、予科の恵迪寮を終えてのち学部段階で適当な下宿・宿舎が不足しているのを見かねた会津出身の予科・小林勇教授が私財を投じて一九三〇年より民間借家を試みることを実践して失敗に終わり、それから組織的な準備が取り組まれ、大学より借地して一九三三年九月開設(定員十人)の運びとなったものである。*最初の入寮生には工学部三年の星光一*ら十名が選ばれている。

この寮の最初の刊行物『学寮報告』には寮「綱領」が掲げられている。それは、「会津の美風を発揚する」ためにと前置いて、「一、質実剛健の気風を養成。二、人格の向上を期す。三、自治の精神を涵養。四、敬長友愛の情を篤く。五、摂生を重んじ清潔整頓に留意」に努めよという構成であった。*そこには「会津の美風」の曖昧性およびこれが上位に置かれたこと、あるいは江戸時代の武士道徳を起源とする「質実剛健」が第一の目標とされ、従って(と言うべきか)文化・教養に関する独自の目標が欠落するなど、郷土愛を下敷きにしたためかとも思われる学生教育の目標の論理の逆立ちが見出される。しかし、普遍性を持つ「人格」「自治」「敬重友愛」「摂生」はうたわれている。この下りでは〈Be Gentleman!〉、〈Control appetites〉等のモットーと内容はそんなに違わないとも言えるが、この綱領ではクラーク博士の言とも結びつ

* 前掲『札幌興譲館の六十年』四一頁。あるOBの一九八八年の回想書簡。
* 同書、四七頁。
* 『札幌会津学寮報告　第一回』(札幌会津学寮々友会、一九三二年)一～二頁。
* 星光一は後年、北海道大学工学部教授(精密工学)、学生部長などを務めた。また会津学寮(のち、福島学寮と改称)理事長も務めた。
* 前掲『札幌会津学寮報告　第一回』一三頁。

けられず、洗練されてないというより内在矛盾をはらむとされたのではあるまいか。もちろん、掲げられた理念の文言のみで断定的な評価をすべきでない。ただし設立関係者たちが「質実剛健」を綱領の実質の筆頭に掲げたことについては、この頃昭和初期は、予科生のみの恵迪寮に自治能力の低下や風紀の悪化と結びつけられ、世間の「厳しい」眼が向けられていた情勢であったことを理解し、設置者の「親心」に思いを致すべきなのかも知れない。

8 新潟寮

この郷土寮は在札幌新潟県人会・奥田良平らの発意により、建物と賄い人の調達で県人会側が引き受け、大学と調整しての土地確保には新潟出身の伊藤誠哉教授*が協力して、成ったものである。

この新潟寮は文字通りの県人会寮であったが、設置準備の過程における種々の人的および物的な事情を反映し、設立後もこれをぬぐい去ることは出来なかった。建物は大きかったが苫小牧の社員寮の施設を移築したもので壁は薄く決して「立派」とは言えず、加えて、運営(賄い人との協力)と財政(創立時の債務、寮生未充足と賄いの冗費等による毎年の会計赤字)、および周辺住民との調和等に苦労は絶えなかった。*だが、寮生は若い大学生活を楽しむと共に日々の苦難を前によく団結し、また、寮生自治と県人会の間に立ちつつ学生の勉学条件確保に努める理事長に感謝の念を抱き続ける。そしてこれらの経験を歴史モニュメントとしての記念誌にまとめる共同精神を自己形成したようであった。

以上ごく簡潔にしか触れられなかったが、そこからでも分かるように、北大の私設寮は設置の母体・手法、理念において多彩であった(北大史におけるように「県人会等による」と一括

伊藤誠哉(一八八三〜一九六二年)は植物病理学専攻。宮部金吾の弟子。一九一八年教授。新潟寮の指導途上で一九四一年に農学部長、一九四五〜一九五〇年には北大総長。

参照、「寮務日誌抄」——『新潟寮と伊藤誠哉先生』一八〜五五頁。

りにされては早計に過ぎるであろう)。その多彩さは戦前日本社会の多面的・重層的な性格あるいは社会・制度の機能未分化の状態を反映すると共に、寮の運営、学生生活・気風(たとえば先人の「思い」と学生生活の質など)にも影響した。また、いずれの寮も「自治寮」であったとほぼ一様に回想で語られては来たが、学生の自律、勉強・文化との関係などに立ち入ると相違があったようである。(個別の寮の原資料に立ち入って詳論することは今回かなわなかった)。

四　学生を前面に立てる指導と先輩の学問的刺激と——青年寄宿舎から

この節では、青年寄宿舎における指導・人的な交流のスタイル等を二、三の特徴として取り出し、その意義や影響を論じてみよう。

1　多様な構成の学生達による共同生活

青年寄宿舎では、舎生達の構成という点ではいわゆる本科(高等専門教育)と予科(同前の準備教育)の学生に加え、実科(中等以後の専門教育)、農芸科(中等実業教育)、臨時教員養成所等の、第二次大戦前の主要な大学では北大だけが抱え込んだ種々の課程を含む、多様に格差づけられた教育機関の学生・生徒を共同生活させた。

この寄宿舎生の多様性・広い年齢幅を称えて、舎のOB藤田氏(一九三六年理学部卒)が次のように書いている。

「〔誇りは〕各部各科の学生が共に生活して居ることです。居ながらにして各方面の智識に、情勢に耳をかたむけられることです。学生同士ではあっても、各専門家の卵としてお互いに各方面の動きを紹介する先生にもなるわけです。(中略)これと同じことですが、〔誇りは〕舎生の年齢の幅が広いことです。予科生が本科生と共に生活できると云うだけで(中略)〔そ〕の効果はすばらしいものだと思います。(中略)あるときは中学生も居たことがあるというし、青年寄宿舎のこの(中略)誇りを、僕は高く評価して居ます。
そしてこの(中略)誇りが、萬延生れの宮部先生にまで連なる、多くの先輩諸先生の年齢の幅の広さにまで及ぶの〔です〕」*。

このような多様な構成の学生達の共同生活は、北大ではほかの多くの私設寮においてもおそらく見られたのであろうが、それが、単に共住したというだけでなく、親密な交流や自治的運営への積極的参加もあいまって、さらに継続的な行事(例、月次会等)で広い年齢幅の先輩・先生と接することで、人間的・社会的・学問的な刺激を与え合ったと言えるほど有意な意味を持つことになったところは、多くなかったのではないか。

2　学生寮におけるリーダーと兄弟的関係のこと等

この寄宿舎にあっては、「慈父」のごとき宮部金吾の存在に加えて、舎生の「兄」的な副舎長(舎生代表)の存在と役割が大きな意味を持った。寄宿舎史の始めの頃に優れた人物とそれによる明快な人物像を得られたのも宮部金吾の何かの力に依ったか。

札幌農学校を卒業後、五年余、副舎長を務めた石澤達夫《みちお》はそうした「像」の一つを作った。そしてブラザフッドをなす必要を訴えた。当時の舎生の回想がある。

「副舎長として宮部先生を援《たす》け、舎の指導運営の実際に当たられたのが北海道庁畜産技師で私達より約十年先輩の石澤達夫様であった。石澤様は技術家として秀でていられたのではなく人格の非常に高いお方で舎生の衆望を一身に担われ、舎の歓迎会や例会の席上醇厚瀟洒《じゅんこうしょうしゃ》なる態度で諄々《じゅんじゅん》と身に沁《し》む訓話をされる時によくブラザフッドという英語を挿まれたことを今に

* 藤田康「思い出」――『青年寄宿舎五十年史』(一九四九年)四三〜四四頁。原文を引用者が現代仮名遣いに改め、漢字表記も増やした。以下同様。

記憶している」*。

「その頃の副舎長石澤さんがこの寄宿舎が持つ特別の使命について、友情(フレンドシップ)より兄弟的(ブラザフッド)にありたいと語られた語が今に忘れられない。*」

ここで時代を超えて、「兄弟的な関係」を学生が体験する重要性へ、一時話題を転じたい。遙かに時代を下った現代、それは改めて意味を持っていると思われるのである。

一九六〇年代初頭に恵迪寮と進修学寮で学生生活を送った太田原高昭教授(農業経済学)のその二〇年後の指摘と提言を聞いてみよう——「あれから二〇年、寮も学生も大きく変わった。何が変わったのだろうか。(中略)根本的な変化は『長男の時代』が訪れたことである。(中略)今は(略)平均的に云って長男と長女しか存在しない」。「いま時の学生はおとなしくなった、保守化した、安定志向だ、ふるさと志向だ、と嘆く者は、かつての学生が次三男であり、それ故に、やんちゃも出来、勝手に道も選べたのだということに思いをいたすべきである」。「大学が彼らにしてやれることの一つは兄弟(姉妹)を与えることである。そして、その役割を負うのが学寮なのだと私は思う。建物だけを与えるのではない。寝起きを共にし、食事を共にする兄弟姉妹を与えるのだ。*」

学生の育ちの変化にかんがみて、学生寮の役割に期待するところも変えざるを得ない。これに係わって最近の味わうべき言葉ではないかと思われる。

青年寄宿舎に話題をもどすと、次に、この寄宿舎にあっては、リーダーシップの必要は承認され人物が求められたとしても、形式的権威主義や非合理性は無縁であり(たとえば年長と言うだけで偉いわけではない等)、互いに地理的に多彩な出身者同士の学習共同体的な寮生の親

中島九郎「想出」——前掲『青年寄宿舎五十年史』四四〜四五頁。中島氏の在舎期は一九〇三(明治三六)年の札幌中学校生徒時代である。

松本純爾「思い出」——同前書、四五頁。松本氏の在舎時代は農学実科生時代の一九〇五〜一九〇八(明治三八〜四一)年である。

太田原高昭「寮生活の思い出と学生のために計るべきことと」——『北海道大学学生寮新設・閉寮記念誌』(北海道大学学生部、一九八三年)収録、九九頁。

密さが特徴であった。もと舎生の回想を再び引用する。

「ちょこちょこと習いに来た者を一堂に集めて一からげに教えてやると云う学校というこの教育形体〔ママ〕は、最も手軽な、間に合わせ的教育施設に過ぎません。わざわざ出かけて行かなくても朝から晩まで生活していられたらどうでしょう。われわれが一緒に生活していたい人は、先生ばかりではありません。先生も一人や二人ではありません。各方面の知りたいこと、聞きたいこと、習いたいことを教えてくれる多くの方々と朝晩共に暮らしていたいのです。これが果たして可能でしょうか。青年寄宿舎は現在過去を通じて、日本で可能な最大限度に、この形体を実現した、唯一の教育施設だと誇りうると思います。」「そこに集まる者がなんと心から親しみ合っているではありませんか。」*

以上のように、ここでは、舎という共同体における非強制的な関係と親密さを基礎として、勉強上の知識で助け合い、互いに先生になり合う、学習・教育施設的な宿舎が形成されていたと言うことができる。

3　自治・自主規律育成と指導とにおいて模範

青年寄宿舎の学生生活の在り方は、学生達および大学関係者から、模範と見られていた。これは特に一九一〇〜三〇年代の『日誌』や周年記念行事関係の資料類の中に容易に読み取ることが出来た。二つだけ事例を挙げたい。

犬飼哲夫は一九二四年、舎の出身者としてかつ長野県人寮・北海尚志社のＯＢにして若き監理者（氏は当時農学部助教授）として、青年寄宿舎の創立記念祭に招かれて挨拶している。青年寄宿舎の『日誌』に記録されたところを引用する。

「犬飼氏は〔青年寄宿舎〕入舎当初の印象を語られ、現代学生寄宿舎の続々として建てらる

＊藤田康「思い出」——前掲『青年寄宿舎五十年史』四三頁。

るに当り、慨嘆に堪えざるは、それら寄宿に何らの主義主張あるなく、唯学生を最楽に暮させようという享楽的惰気に変じておることとなりと叫ばれ、此舎の如く一ツの主張に立つものの存在を喜ばれ、氏の監理せらるる尚志社と提携して質実剛健を全うせんことを希わる。*」

つまり、言葉を補って読み取るならば、犬飼は(一)恵迪寮のほか生まれつつある私設寮を含む多くの寮において学生は「享楽的惰気」に陥っていると憂い、(二)「一つの主張」を持った青年寄宿舎のような在り方は「喜」ばしいと見て、(三)それを青年寄宿舎との交流によって尚志社にも広めたいというのであった。

これは当時、多くの関係者に共有されたところであったと思われる。その数年後の、秋田寮を指導することになった田所哲太郎教授の宮部金吾讃と青年寄宿舎評も引用して、この項の結びに代えたい。

「碩学宮部先生よく三〇年の昔、既に青年養育上の一大欠陥を看破して寄宿舎を設立し(中略)相互扶助自治の精神を涵養すると同時に(中略)人生の至善を教えたり。果せるかな、人格の高潔稀に見る故人石澤達夫兄を出し、あるいは三百数十名の皆畏敬すべき人物を成学せしめて今日に至れり。けだしまた先生の霊的感化は全舎生の胞裡に印刻せられ巍然《ぎぜん》*他の幾多の宿生の範たる所以ここに存すと言うべし。*」

五　戦後の私設寮の維持と苦難

1　青年寄宿舎

青年寄宿舎においては師と仰ぐ宮部金吾を一九五一年に失ったものの、伝統の寮生活を比較

青年寄宿舎『日誌』大正一三年一〇月三〇日付。片仮名書きを平仮名化。

巍然＝高くそばだつこと。

前掲『青年寄宿舎一覧(三十周年記念)』三〇頁。一九二八年一一月、青年寄宿舎創立記念祝賀会で秋田寮の田所教授が各寮からの来賓代表として朗読した挨拶原稿。原文の一部を引用者が平仮名化。

的よく継続した（自主的運営、日誌や月次会、先輩の関与、記念祭の継承等）。改築の必要と共に経営の展望に関わり、一九五〇年前後には、ほかの私設寮と同様、大学への移管の可能性をめぐる議論が行われたが、結局、禁酒禁煙の舎是を中心とする自治・自由に大学当局から干渉されたくないという「誇り」ないし原則論が勝り、独立私設寮の途を歩み続けた。しかしそれでも建物の傷みと地代の高騰（一九七三年頃の地代は年間二九万円／二〇〇坪）には勝てず、舎は、国から土地の購入、改築に踏み切ることにし、その資金捻出、諸工程、設計・施工発注などにおける二代目理事長・奥田義正の個人的な献身・奮闘により乗り切ったのであった（詳細は本書第四章第三節を参照）。

一九七〇〜八〇年代においても理事長の指導の下、学生達はこの寄宿舎の伝統を想起して理念論争を行いつつ生活し（たとえば寄宿舎内では禁酒禁煙を守ろうと決議）、また記録も残していたが、以後は社会と気風の変化に押されて伝統の要素を急速に失なうと共に、入寮者も減少して舎は衰退していった。このような状況の中で二〇〇四年、OB達からなる理事会・評議会は理念の見られぬ施設は存続理由なしとして「栄光ある撤退」の途を選択し*、設立一〇七年にして二〇〇五年閉寮とした。

次の二つの私設寮は孤立していた事情から比較的早期に閉寮となった。

2　埼玉県学生寄宿舎のちの埼玉武蹟寮

この通称埼玉寮は、支援組織無き状態、支援教員群無き状態のため第二次大戦中の諸困難を乗り切れず、おそらく戦争終了の前後で閉寮となったと思われる*。

3　北海尚志社

この宿舎は学生の「自主管理」寮になったと想像される。戦後に入り関連の税負担や上昇し

＊理事長挨拶――『我が北大青年寄宿舎』（二〇〇五年）五頁。

＊北大の学生向け「学習の指針」（一九四九年度）に学寮一覧と共に掲載された私設寮の一覧に、戦前一二あった私設寮中、唯一掲載されていない。

た地代には大いに苦しんだと推察されるが、残念ながら、一九五三年の「尚志社史」刊行時においても北海尚志舎の指導者であった*犬飼哲夫氏の関係も含め資料が残されていないため、確実なことが言えない。ただ、ごく最近手にすることが出来たものからうかがえる限り、戦前には信州寮の別名で呼ばれたことも含めて、学生達には自寮の存在意義や歴史は「忘れ」られていたようであった。*こうした中で北海尚志社は閉寮・法人解散となる。それは一九六〇年代中頃*と思われる。

4　基督教青年会(YMCA)寄宿舎(汝羊寮)

この寮は、地代の高騰と改築資金捻出に苦しんだ末、使用地取得ののち、土地の切売りと法人YMCA同盟会からの支援とにより一九七一年、鉄筋コンクリート造り三階建てに改築される。二〇〇九年には寮OBの手で一〇〇年史を刊行する。だが、冒頭より、「挫折した」学生キリスト教運動の歴史は「書くに値するか」として、立ち位置への悩みを表明する。*同書の「資料・年表」の部では一九五八年の段に、寮生の「日誌を眺めて感ずるがresponseが全くない。この寮をアパートだと思っている人間はいないだろうか。(中略)もっと欲を出して人間を創ることに精を出したらいかがか。」との記述が、また一九七二年の段には「『寮のアパート化』がささやかれている。本当とするなら『学問と信仰を通じて互いに人格を錬磨することを目的とする』(汝羊寮寮則二条)こと、真の『自由と規律』のある『自治』ということを、いまさらながら考えなければならない。」という意見がそれぞれ抜粋掲載されている。*YMCA寮はとりわけ理念を持つ寮の経営への難しさを抱えたまま存続しているのだと思われる。

次の二つの私設寮は第二次大戦後、北大に移管された。

――『北大百年史(通説)』(一九八二年)三八二～三八三頁。

前掲『尚志社五十年史』六三頁。

一九六〇年に謄写版刷りで作成された「同窓会名簿」が最近、北大大学文書館に収書されたが、ここでは自寮の名が「北海尚志舎」と誤記されているのである。

この近くの会津学寮に入寮して(一九五八～一九六二年)いて、とても傷んだ建物の尚志「しゃ」に頻繁に遊びに行ったという、もと北大生の回想(証言)から。

土屋博「はじめに」――前掲『北海道大学キリスト教青年会の歩み』。

同書『北海道大学キリスト教青年会の歩み』一〇一、一二八頁。

5　第三進修学舎

南葵育英会の第三進修学舎は戦後、北海道大学に売却という移管の決着に至った。その理由は、第二次大戦中・戦後に関わる元寮生の回想と同育英会「百年記念誌」の沿革から解するならば(じかに記す資料は無い)、手入れが良く建物の状態が比較的良好だったことと、和歌山関係者の入寮が減少し空室が多かったこと、および戦災による東京本部の機能低下があったことかと思われる。*

この和歌山寮の移管は、一九四八年四月から北大の斡旋で県外学生を受け入れ開始、一九四九年七月大学が正式に建物「借用」を申入れ、一九五一年三月末大学に売却成立、敷地を返地、という経過をたどった。これは進修学寮と名付けられた。

6　新潟寮

この新潟寮は進修学舎よりも先に一九四九年三月、伊藤誠哉理事長(当時北大総長であった)の決断で大学に寄付・移管、敷地の返地を行っている。これに先立ち寮生の間でも是非をめぐり議論されたものの、承認せざるを得なかった理由は(一)中古の材料で建築されているため年数の割に老朽化が進行、(二)新潟県人の北大入学者が戦争の影響ほかにより戦前に比較して減少、(三)学生を含め住宅事情が極めて困窮、である。元寮生は「伊藤先生は北大学長としての立場からも、私設寮の新潟寮を北大寮として、大学からの経費にて修理改造し、新潟県人のみならず、広く北大学生の宿舎として利用したいという、お考えであった。*」と書く如く、了解したのであった。

もと新潟寮生達は、理事長伊藤誠哉(一九六二年没)への追悼と寮の記憶モニュメントとすることをかねた記念誌で、寮生時代の反省を吐露する。「札幌農学校はBe gentleman!がもう一

* 「(一九四五年)五月頃第一進修学舎(東京)が戦災のため焼失し閉舎となる。育英会本部と第一進修学舎の焼失、閉舎により一切が烏有に帰し、南葵育英会の奨学事業は休眠状態となる。」——前掲『南葵育英会創設百年記念誌』一五二頁。

* 前掲『新潟寮と伊藤誠哉先生』七三頁。

つの指導原理であったわけですが〔新潟寮の〕開寮期の寮務日誌からそのような面を強く感じました。その伝統の良い継承者でなかったことが残念です。*」と。

7 札幌荘内寮

この寮は、自寮の周囲が都心の「高級」住宅地に変化した条件を活用して運用益を得ることで法人経営を持続するなど*タフなところを持ち合わせた。設置者の意志を引き継いで、低廉な宿所を提供しうる北大生向けの私設寮として存続している。

8 秋田北盟寮

この秋田寮は設立当初より県側から補助金を受けてきた施設であったが、ここでは一九四九年夏から寮生による県移管運動が行われ一九五〇年末から県営に移された。さらに一九五五年一〇月からは県直営から秋田県育英会の管理へと移され、*改築を経て、北大生ほか札幌市内の大学へ通う学生を収容していた。しかし一九八九年春には老朽化のため閉鎖された。

秋田寮のOBたちが編集した存在末年の幾度かの記念誌には、秋田北盟寮を家庭的で「賢明な寮母」の居る過ごしやすい寮にするために献身的に尽力した理事長、田所哲太郎教授への感謝の言葉があふれていた。

9 米沢寮・札幌興譲館

この寮も借地料の高騰*に悩まされつつ、「郷土学生の激減と財政の圧迫」のため、結局一九八七年米沢有為会本部の方針により閉鎖された。

札幌興譲館のOB達はその歴史の記憶を、閉鎖後、寮の『六十年史』にまとめた。

小論の主題との関係で特筆したいことは、青年寄宿舎出身の二人、山形県内の農学校で働いたことのある前川十郎・助教授と山形生まれの多勢俊一氏が、それぞれ一九三三〜三六年、こ

倉持芳郎（一九四七年農学科卒）「編集後記」——前掲『新潟寮と伊藤誠哉先生』一二五頁。

財団法人荘内寮は一九六八年一一月、北海道と地上権設定契約を締結して二〜五階部分に道営住宅を建設、地代収入を得ている。参照、『巌鷲の秀麗なるが如く（巌鷲寮創立八〇周年記念誌）』（二〇〇九年）九九頁、編者小笠原正明教授作成の「資料　一九九七年当時札幌市内にあった東北六県の学生寮」。

前掲『香蘭・第四三号（七〇周年記念特別号）』一〇、一一頁。

借地料は一九六八年で年間六万八一四八円、一九七七年で同五三万二〇九八円であったが、一九八七年には一四八万円に達した。——前掲『札幌興譲館の六十年』一三五頁。

の寮を訪問したり、『世界大思想全集』全五十巻を寄贈(多勢氏)したりしていることである。*

青年寄宿舎との関係にこれ以上立ち入ることは出来ないが、ともあれ、米沢寮の寮生たちはこのような交流の結果、「図書部」を設立することにしている。その趣旨で言う。

「我等は又予科恵迪寮を初め巌鷲寮(岩手)、北盟寮(秋田)、仙台寮等十有もの寮に伍して模範寮たるべき、高遠の理想の実現に向かって邁進中です。(中略)毎月二、三度教授を招聘して晩餐を共にし、講演をお願いし又色々とお話しを承ることにしています。将来は更に拡張して、佐藤、高岡、南、宮部、松村教授等斯界の世界的権威にお願い致す一方、寮生の研究発表も行う予定であります。又遅ればせ乍ら図書部の設立は、我等の水準の向上に資することは大なるものあるを信じて疑いません」。(一九三三年一二月の『興譲館便り』から引用)。*

この寮の閉寮記念誌の編集は一九七〇年代に在寮した比較的若い担当者によるものだったが、彼らはその「沿革」で、戦前の寮生達から寄稿された回想記には社会の「暗い影は微塵も感じられ」*ず、「大学生活の楽しさ」を謳歌するものが「圧倒的に多」かったことに驚きを表明すると共に、他方で、原資料の『興譲館便り』から見つけた図書部の方針を掲載している。記念誌の編者達は自らの寮の良き時代をしかるべく抽出しようと努めたのだと思われるのである。

10　岩手・巌鷲寮

この巌鷲寮の特色の一つは、北海道大学を作り上げた最大の功労者である佐藤昌介を生んだ岩手県の県人会寮であるためか、関係者にはプライドを感じさせるものがあることであろう。だが、一九五〇年代に札幌市の都市計画(道路延長)のために移築、一九六〇年代末には大学キャンパス南端から桑園地区に移転と、苦労を強いられ続けた歴史を経たためか、この寮は特に財政・経営事項に関して詳細な「五〇年史」と「八〇年史」を公表している。ここに現れた

* 前掲『札幌興譲館の六十年』四六～四七頁。

* 前掲『札幌興譲館の六十年』四七頁。なお、多勢俊一氏(当時農学部副手)は一九三二年からこの私設寮の評議員を引き受け、寮生の指導に協力していた。

* 前掲書、四二頁。

事情も相まってか、関係者における寮の存続の意志は強く、一九九九年に改築し、あわせて新渡戸稲造・佐藤昌介の二大人物とのつながりを世に訴えるべく「佐藤・新渡戸記念寮」と改名して、学生の福利に尽力している。

11　会津学寮＝現・福島学寮

この県人会寮は福島県からの補助金を恒常的に受けるようになる。その関連で一九七〇年頃に福島学寮と改称するが、一九七八年に火災を出して焼失、同県を始め多方面の支援を受けて従来地に再建され、現在に至っている。この間に、法人目的を北海道内に学ぶ福島県出身学生のための宿舎提供と修正して存続している。

12　仙台学寮

この寮では、存在した歴史の反省を在寮生が記した興味深い一書を残した。すなわち、『四〇年史』（一九六五年刊）において筆者である在寮生達により「理念なき」仙台寮への批判が記されたのであった。

「〔四〇年の歴史を分担した〕四人の文の内容を貫くものは『寮生の哲学の貧困』と『仙台学寮の理想の欠如』であった。『アパート化』『親睦』『交流』という文字が残存する寮内の文書に多数見られること自体が、仙台学寮がアパートであり、衣食住と遊び仲間を提供してくれる有機物に過ぎないことを如実に表しているともいえる。」（中略）「寮生たちはむしろ精神的面の寮生活を求めて入寮したのが大多数であった。けれども仙台学寮はかれらにどんな精神的バック・ボーンを与えたかということになると楽観的返答はできない。返答は厳しくいって悲観的である。」*

仙台学寮はその後、一九八〇〜八一年、地価の差を利用した改築資金捻出のため都心（大学

＊『仙台学寮四十年史』（一九六五年）一六七、一六八頁。

に近い桑園）より遠方（琴似地区）に転地し、かつ学生自治寮の要素を廃して管理人責任の「学生アパート形式」に転換する。* だが、ほどなく担当理事が欠ける等の事態に見舞われ寮の閉鎖・法人解散を余儀なくされたのだった。

閉寮の年の仙台学寮記念誌（二〇〇四年刊）は、その存在末年において数度に及び経営上の苦衷の選択を重ねた結果の閉鎖・解散のゆえか、土地・地代関係、改築事業に関わる資料に比重を割いた、その批判意識のにじみ出る編集内容となっている。

結びに代えて

最近ある新聞は、自宅外で暮らす大学生の宿舎事情の記事で、寮をめぐっては〈消えゆく大学寮〉と〈平成の「寮」ブーム〉の二つの見出しでまとめている。* 前者では長年の伝統を引く学寮型が、後者では管理人常駐の民間学生寮が代表的なものとされている。だが、その新しいタイプの賄い付き寮が支持される理由を読み取ろうとすると、「安全」と「安心」であったり（二〇一〇年の前掲紙）、「人間関係をうまく築ける学生に」つまり、いわゆるコミュニケーション力のある学生に育てたいという家庭、大学、採用企業三者の希望であったりする。*

ヒトが大人といえる段階になるまでに要する時間の長期化は世界的な傾向であるが、その中でわが国では、学生寮の役割が再評価されていると言えそうではある。だが、その際の期待目標は、日本のマスコミの議論に見る限りでは、「割引き」されている。それは、少子化のせいで大半の子供が「おとなしく」「内向きになった」育ち方に傾きがちな現状に対する、あるいは過度の受験勉強のせいでいびつにされた人格形成に対する、教育し直しにおとしめられている感じがする。もっとも、そのことだけでも果たせれば御の字だという声も上がるかも知れな

* 杉野目浩、前掲「財団法人仙台学寮関係資料・解題」一九二頁。
* 『読売新聞』二〇一〇年四月二日。
* 『サンデー毎日』誌、二〇一三年三・三一号。

いが、しかし、より高いものを目指さなければ、寮生活を通した教育は、いま大学教育に寄せられている期待に応えることは覚束ないと思うのである。

柔軟な着想で「人」と智恵を組織しなければ、学生寮の可能性を引き出すことは出来ない。これが青年寄宿舎と諸私設寮の経験の教えるところであろう。

第二章　宮部先生の薫陶と時代

一　創立・移転新築・禁酒禁煙

寄宿舎創立直後から記されている日誌から冒頭の部分等を選んで載せた。民家を借上げての創立が明治三一年一一月一日と明記されている。その頃の舎生の氏名も記されているが、ここでは省略した。翌年一月細則が作られて、修学を妨げる「一切ノ事件」を禁止等のことが定められている。一一月三日に創立一周年のカレーライス会食を行っている。一一月一日が創立の日に違いないように思われるが、後には一一月三日を創立記念日として記念祭が行われるようになっている。この日が明治時代の天長節、後の明治節、文化の日であり学校の休日になるので行事を行いやすかったからと思われる。

後に「舎則」「舎是」とも言われるようになる「禁酒禁煙」が宮部先生の提起で、舎生の集会をもって決定される様子も記されている。創立から一年四か月程を経た明治三三年三月に決定した後、一〇月に再確認の決定を行っているところ、その後色々な機会に「禁酒禁煙」が取り上げられているのが印象的である。

明治三一年一一月一日*　青年会寄宿舎創立

賛助会員宮部金吾氏*ヲ舎長トシ通常会員田中実〔稔〕氏*ヲ副舎長トシ本日北四条東二丁目（原田ノ貸家）ニ設ク〔原文〕

明治三二年一月九日　細則を作る

午前一時寄宿舎ノ細則ヲ作ル左ノ如シ

一　食事

　朝飯七時半

　昼飯一二時半

　夕飯五時

二　毎日各自其ノ室内ヲ掃洒*シ清潔整頓責ニ任ズベシ

三　門限ハ九時トス

　但シ土曜日、休日ハ一〇時トス

四　他人ノ修学ヲ障グル一切ノ事件ヲ禁ズ

　イ　音読

　ロ　放歌

　ハ　高声ノ談話

五　火元用心

右ノ細則本日ヨリ実施スル事ニ決ス

明治三二年一一月三日　創立一周年

本日ハ当寄宿舎創立一周年ニ当ルヲ以テ宮部舎長ヨリ昼飯ノ時ニライスカレーノ御馳走ア

一一月一日＝のちには一一月三日を創立記念祭の日としている。『我が北大青年寄宿舎』（二〇〇五年）第一章「沿革」一節、同三節を参照。

賛助会員宮部金吾氏＝宮部先生は札幌基督教青年会の賛助会員であった。同会の目的は各自の信仰を養い、社会の徳義を深めるというものであり、賛助会員はこの目的を賛助するものとされていた。会員の多くは札幌農学校生徒であったという。賛助会員にはバチェラー、佐藤昌介、など五〇名の氏名が挙げられている（『北海教報』附録同会名簿）。

田中実〔稔〕氏＝初代の青年寄宿舎副舎長、明治三一年一一月三日〜三二年一月二三日在任。しかし舎の出版物は、在舎生の名簿に載せず、副舎長一覧のみで扱ってきた。一〇周年、三〇周年の各記念誌。また、札幌農学校への入学事実も確認出来ていない。

掃洒（そうさい）＝はきそうじのこと。

リタリ

明治三三年三月三一日　禁酒禁煙を決める

規定ノ集会ヲ午後七時ヨリ開ク、舎長宮部氏来会シ、第一着ニ議題トシテ此寄宿舎ニ関係アル者ハ*飲酒喫煙ハ禁ス可キヲ提出シタリ、然ルニ尤モ当時ハ春期休業ナル為メ或ハ帰省、或ハ旅行等ニテ出席者ハ拾五名タリシモ一同異議ナク之ヲ可決セリ、其次ギ会計掛ヨリ数件ヲ発言サル

一　舎費ハ月ノ上旬ニ納ムル事　可決
一　舎費増加ノ件　可決
一　中途止食者ハ割増ノ件（一周三割二周二割三周一割）　可決
一　三日間以上止食スル者ニ限リ引ク、　可決
　但シ前以テ食事委員ニ通知セザル者ハ此限リニ非ズ

等ニシテ次ニ注意トシテ次ノ数件ハ通過セリ

一　玄関開放無用ノ事
一　他人ノ下駄ヲ穿タザル事
一　遊歩等ノ為メ永ク他出セザル事
一　就寝時刻一定ノ事
一　*衾中ニテ読書セザル事、

等ナリ、次ニ委員改撰ス、以前ニ同ジ
次点者ハ米山、辺見、影山、竹尾君等ナリ、
後、茶ヲ飲ミ菓子ヲ食ヒ、拾時半散会ス〔原文〕

此寄宿舎ニ関係アル者ハ＝クラーク、ホイラー、ペンハローと共に農学校第一期生一同が署名した「禁酒禁煙の誓」にも as long as we are connected with the institution—本校に関係する限りは、とあった。

衾中（きんちゅう）＝ふとんの中。

明治三三年六月三〇日　北五条西九丁目の新築寄宿舎へ移転

午後一時ヨリ新築寄宿舎ヘ移転ス夕方ニ漸ク終リ其ヨリ祝意ノ馳走アル食後茶菓ヲ喫シ談笑数時、散ゼシハ一二時ナリ

工科生逸見勇彦親族ヘ帰ル

明治三三年七月一日　記念撮影

紀念ノ為メ宮部舎長ト寄宿生一同新築舎ノ入口ニ於テ写影ス

明治三三年七月二一日　新築落成式

午後三時ヨリ新築寄宿舎ノ落成式ヲ成ス、寄宿生ノ外来会者六〇名許リ、屋前ノ樹下ニ幕ヲ張リ枝ヨリ枝ニ萬国旗ヲ引キ簡単ナル式場ヲオイテアリシ、先ズ宮部舎長ノ舎ノ歴史ヨリ論ジ寄附者ノ厚意ヲ謝スルノ辞ヲ述ベラレ、森廣氏*ノ報告次ニアリ、其ヨリ中学校長ノ規立ノ下ニ青年ヲ養成スルノ必要ナル事ノ有益ナル演説アリ、次ニ片山氏*ノ次ニ農学校長佐藤博士*ノ演説アリテ黄金井氏ノ在舎生一同ノ代リノ祝詞アリ、次ギニ茶菓ヲ供シテ後、舎内ヲ案内シテ六時ニ散会ス、ナカ〳〵ノ盛会ナリシ

明治三三年一二月二一日　禁酒禁煙を再確認

午後六時より常集会を食堂に開く、宮部舎長臨席せらる、第一に役員改撰を為す、以前の如く結果にて再撰となる、其役割も変更無し、其より三月に定めたる飲酒の事を又喫烟は次の如く改定す

○飲酒喫烟は舎の内外を不問之を禁ず。

次に茶菓を供へて遊戯を為し快を満して拾一時閉ず。〔原文〕

森廣氏＝札幌基督教青年会副会頭（明治三二年同会名簿）。札幌農学校明治三四年卒業。森源三（農学校二代校長）の子息。

片山氏＝片山　潜。当時の労働組合運動の指導者、前年には東北・北海道を遊説して、当時の運動に刺激を与えていたが、この年の活動状況はよく知られていない。

農学校長佐藤博士＝佐藤昌介。岩手出身。農学校第一期生、アメリカ留学の後農学校教授となり一八九四（明治二七）年農学校校長、続いて農科大学学長、北海道帝国大学総長をつとめる。

大正一五年一一月九日　記念祭

宮部先生　舎長を承諾し　自己の一生を貫いた自らの禁酒禁煙に対する態度、経験を語られた。

昭和三年五月五日　月次会　禁酒禁煙論

先輩ノ挨拶

多勢君、改築以前ノ寄宿舎ノ事情ヲ述ベテ、寄宿舎ノ現在ノ甚ダ粗悪ナルヲイエル者ニ痛棒ヲ喰ワシ、往時ノ予科ノデカタン的気質ヲ述べ、喫煙、飲酒ノ誘惑ヲ如何ニシテ避ク可キカヲ述べ、且ツ寄宿舎ノ真ノ目的ハ如何ナルカヲ論ズ。

時田君　新シサト、親シサトニ就イテ述べ、新シサヨリ親シサニ入ル道程

亀井氏　マタ寄宿生活ノ制慾ヲ必要トスルヲ詳述ス。

奥田氏　マタ有益ナル言アリ。

最後ニ舎長宮部先生ノ御話。最近ニオケル御病ニ於テ得タル体験、ホトンド奇蹟的ニ命ヲ全ウシタルハ、推測スルニ年来ノ禁酒禁煙ニ依ルトシ、カツ例ヲ引キテ説明セラレ前記先輩ノ寄宿ニ対スル精神ヲ綜合シテ述べラル。

昭和一〇年五月四日　禁酒禁煙の訓話　新入生歓迎月次会の日

宮部先生の御話によれば、札幌農学校第一期生、二期生の時代には農学校寄宿生は禁酒禁煙契約に署名したとの事(第三期以後はこの事はなかった)。着任後先ずクラークさんは、厳重な舎則の内で乱暴に生活していた学生に、“Be gentleman”の一句だけを心がける様に言われたので皆、返って自制したとの事。尤《もっと》もすぎるほどに尤もな事だ。人格を認められたことに反応して責任感を起こしてこそ、真の人格教育は可能なのだろう。クラークさ

んの次の工作が禁酒禁煙契約*であって、本国より持参のブドウ酒の類を処分した後に、まず自ら率先して契約書に署名し、学生にも勧められたとの事。実に普通な、正当な方法だ。「教育者の誇」は、だが、余程の人格者のみが感じうるものだろう。

いつもながら慈愛に溢れる諸先輩の言に感謝する。寄宿生活がほかの生活では得られぬ特権として、吾々に社会性を、社会生活に連する性質を付与し訓練して呉れるのだから、舎の良さが分かる迄は辛抱して御覧なさいと訓話される。

昭和一五年九月二八日　月次会の訓話

次に紹介されたのは川又君、彼はアルバイトする前の心理について、自分の身に対する感傷から話し出した。最後は戸田君が、時局に相応しい演説をした。以上の舎生の話に代って、満州へ旅行された鈴木先生が、先輩を代表して満州ところどころと言ったような題目で、先生が各所で弟子達の厄介になってしまったことを語られた。宮部先生の訓話は、禁酒禁煙と健康法であった。

かくして茶菓の饗応に行った。一一時散会。

昭和一八年一一月二三日　記念祭　禁酒禁煙の訓話

一、国民儀礼、記念祭歌斉唱
一、副舎長以下舎生祝辞並に内田君壮行の辞
一、内田君答辞
一、諸先生、先輩の言葉
一、宮部先生お話

中でも内田君の勇ましい答辞は舎生一同に深い感銘を与えた。宮部先生よりは、禁酒禁煙

禁酒禁煙契約＝Pledge（誓約）として、阿片、煙草、酒類は薬用以外は禁止、賭博、妄語の禁止を誓う文書、クラーク教頭のほか、ホイラー、ペンハローの二人の教授、伊藤一隆以下の第一期生一同が署名している。一八七六（明治九）年一一月二九日付。

の一層のお訓しと共に内田君の壮行に際して次の如き御歌を下された。
時や今　征くも留まるも国のため　力の限り　盡さざらめや
次で晩餐会に入る。献立を覗く。チラシ寿司、鮭フライ、アスパラガス、玉子（以下略）

昭和一九年三月二五日　学徒動員を前に

学生生活最後の試験もようよう半分終った。試験が終ると吾々はすぐ学徒動員*で四、五の二か月札幌を離れなければならない。六月以降はどうなるかわからない。ひょっとするとこの日記もつけ終りになるかも知れない。したがって、四月から舎のことは望月君にやってもらうことにした。

今迄到らなかった自分をよく助けて来て下さったことを深く感謝しているが、今後も望月君を中心に助け合い、舎を愛し舎精神を昂揚されてゆかれんことを切望している。

ちょっと気が付いた迄に諸兄の反省の資にしたいと思うが、
食事中に新聞閲読すること、便所の草履をはきかえないこと、廊下を走ったり大きな足音をたてること、帰省前後特に舎の責任者の者に挨拶をしないこと、部屋に舎の食器等を長く放置しておくこと、図書室の本の不整理、借り放し等、極めて些細なことであるが反省していただきたいと思う。

理想に到達する前提として、あくまで自己を制するに峻嚴であらねばならぬ。これ即ち禁酒、禁煙の精神であると思う。学生の特質は理想に燃え、自己反省と思索に精なることである。而して舎はその実現に最も処を得たる環境であらねばならぬと思う。

どうかくれぐれも舎のために尽くして頂きたい。（飯島）

＊学徒動員＝戦時下の労働力不足は深刻となり一九四三（昭和一八）年以降、中学校以上の生徒・学生は軍需産業、食糧生産に動員された。

昭和二二年九月一八日　送別会の色紙

夜、六時より、九月卒業する三村、北野、石川、本吉の四兄の送別会を、宮部先生、奥田先生、平戸先生を迎えて盛大に行った。会食を行った後、送別の辞を副舎長と河瀬兄より述べ、あと、四名の人々の答辞、先輩の祝辞(中略)。記念品として、この四名に宮部先生の色紙をおくらる。「少年よ大志を抱け」と記したのを三枚、本吉氏は「禁酒禁煙」と書いたものであった。

昭和二八年四月二九日　禁酒禁煙タブーは形骸化

この日誌の前の頁を繰ってみると財団法人としての本舎の存在理由たる信仰の自由と禁酒禁煙ということ、就中後者について多くの方が意見を述べておられる。当初舎の設立の対象がキリスト者に限られていたことを思えば禁酒禁煙はキリスト者の信仰に基づくキリスト者としての生き方として当然に帰結されたものであろう。しかるに信仰の自由という一項が加えられたからには、ここに本質的に矛盾した二つの要素を内在することになりはしないか。そして現在舎の精神的基盤としてキリスト教の信仰が強く生きていない限りこのような規定は単なるタブーとしての存在価値しかなくなり形骸的な存在となるを免れないのではなかろうか。

昭和五一年四月九日　舎生会議の決議

四月九日舎生会議における禁酒禁煙に関する決議事項

一、舎内での禁酒禁煙を厳守すること

一、違反者に対する処置

①　飲酒もしくは喫煙の現場を見つけた者はその者に対して警告し舎長*に報告すること

舎長＝二代理事長・舎長奥田義正先

② 飲酒もしくは喫煙したものと思われる充分な証拠となる酒ビン、吸殻見つけた者も
①に同じ
③ 煙草を人目に触れる場所に放置した者に対しても①に同じ
④ 舎外で飲酒して舎にもどり他人に迷惑をかけた者に対しても①に同じ
⑤ 警告に対して不満ある者は舎長に対して申立てること
⑥ 警告を三回受けた者に対して舎長は二週間以内の退舎を勧告する

昭和五五年一一月九日　禁酒禁煙　舎内では守れ

最近、舎内で平然と煙草をふかしたり酒杯をかわす輩が多いのはどういう事であろうか。現在のところ青年寄宿舎生間では舎外での禁酒禁煙についてはこれに関知せず、舎内での禁酒禁煙は厳守するという合意がある。舎生会議という公式の場において約束された事項を無視するというのは何故か。「約束を守る」ということを考える脳ミソもないのか、それともそういうことのできる人間の品格に欠けているのか、諸君らは。私は今まで禁酒禁煙を守る、守らぬは個人の問題であるとしてその件については自分自身に舎生会議での合意の範囲内で守らせ、他人に対しては個人の品性にまかせて無視した。しかしながら今のような舎の状態に対して目をつぶることはできかねる。

よって掲示板に書いたように飲酒喫煙又はすいがら、酒をその自室で見たら、二週間の食停、さらに守られぬようなら一か月の食停、退舎の処置を行い舎生会議での決定事項を委員長の義務として守らせる所存である。

禁酒禁煙の規則に対しては一人ひとり色々な意見もあろうそれは個人的に話をする気はある。しかし、自らではめたタガをはずしていながら自分の利益を問おうとする者に対して

生。老朽化した舎屋の改築に尽力され(一九七四(昭和四九)年一〇月改築落成)、新舎屋での舎生生活が始まるのを機に伝統の禁酒禁煙について指導を強められていた。

はその話を聞くほど心が広くないので、よろしく。（昭和五五年度後期委員長　田崎弘之*）
ところで、掲示板に書いた告示を勝手に消した者がいる。随分陰険ではあるまいか。上に書いたことも消すつもりかね。今、非常に頭にきてる。〔原文〕

解題

青年寄宿舎は札幌基督教青年会が札幌農学校教授だった宮部金吾先生の監督の下に青年会寄宿舎として設立したものであった。「師弟の義」、「朋友の誼」、「修養の要」、「勤勉の風」の必要を感じてのこととされていた（青年会会誌「北海教報」一一号 明治三一年一一月三〇日）。「禁酒禁煙」もこの青年会の生活規律観と関係が深いものと思われるが新築移転（明治三三年七月）のち建築費に関わる負債を皆済した後は基督教青年会から独立し寄宿舎名も「青年会寄宿舎」から「青年寄宿舎」に改められたのだという。明治三八年二月二三日の月次会で宮部先生は寄宿舎名の変更について「相談」されたがその時は良い案も出されなかったので次回また相談ということになっていた。しかしその後、日誌には寄宿舎名変更についての経過が出てこない。「青年寄宿舎」となるのはこの時期の後になるらしいのである。日誌の表紙に書かれている寄宿舎名は明治三一年〜三八年末の三冊では「青年会寄宿舎」であり、明治三九年一月からの日誌の表紙に初めて「青年寄宿舎」と記されている。

このあと間もなく編集・刊行された「創立十周年記念　青年寄宿舎一覧」（明治四一年一二月）には宮部先生が舎長を引き受けるにあたって「一、本寄宿舎をして宗教伝道の機関とすることは全然なきこと。一、入舎生に対しては絶対的に禁酒禁煙を実行せしむること。」の二条件を

*委員長　田崎弘之＝田崎氏は一九七八〜一九八一年在舎。農・農芸化学科一九八二年卒。帯広畜産大学助教授等を経て現在、日本獣医生命科学大学教授。

求められ、青年会も認め、寄宿舎が宮部先生の下で発足することになった、と記されている。

この信仰の自由、禁酒禁煙の二条件の背景については『我が北大青年寄宿舎―青年寄宿舎一〇七年の歴史』(閉舎記念誌 二〇〇五年一二月)「沿革」の章で次のような考察が行われている。宮部先生自らの信仰生活、それと共存するリベラルな社会精神の指摘、クラークの教えに淵源をもつと思われる「コントロール　ユア　アペタイト」という宮部先生の言葉の発掘がそれである。

実際にこの日誌の記事には宮部先生の「御挨拶」、「お話し」などの概要が数え切れない程に出てくるがその中でキリスト教の勧めはもとより、キリスト教に関係しての訓話などは全く見あたらないのである。

一方、禁酒禁煙のほうは繰り返して何度も出てくる。おもに健康な心身が学業、修養を支えるのだという考え方が宮部先生や諸先輩の「お話し」で触れられ、舎生が自らの心構えを述べる形でも記されるのである。やはり、繰り返して説かれ、緊張感が維持されないと禁酒禁煙が支えにくかったようにも見えるのである。

この様子は敗戦後、数年経って変わってくる。禁酒禁煙は形骸化している、と書かれるようになるし、喫煙を人に勧めているものがいると噂があったり、舎則を守らないなら出て行けば良いという意見が書かれたりする。一方では古くからの決まりだから守らなければならぬという考え方は問題である、禁酒禁煙さえしていれば修養上よろしく、頽廃を免れるというようなことがあり得るのかとの問題提起も表れる。月次会で「禁酒禁煙反対運動」をいうものが現れ(庶務日誌 昭和三一年一〇月九日)、議論を先送りにしている様子も見られた。

この状況の背景には次のような問題が表に出て来たということがあった。寄宿舎の老朽化はこの頃より何年も以前から問題になっており、改修による生活改善の要求は強くなっていたが、財源の見通しは無く、財団法人理事会の諸先輩が寄附金集めに努めていたがはかばかしくなかった。学寮に移管すれば改修の見通しがはっきりするかも知れない、しかし、それでは青年寄宿舎の伝統(禁酒禁煙も含めて自治の性格が強い寄宿舎)というものがどうなるか分からなくなる、伝統にとらわれないでも良いのではないかという考えも一方にはある、という苦しい事情に舎生も、先輩も悩んでいたのである。「学寮移行問題に関する舎生委員会」は学寮移行について大学と話し合うとともに、寄付金募集の運動にも協力するという考え方を取らなければならなかったのだった。

実際の改築は、この頃から二〇年ほどもたって昭和四九年一〇月になって実現した。寄付金集め、財団法人所有地の確保、その一部の売却など財源確保のための苦心惨憺はほとんど当時の理事長奥田義正先生(寄宿舎のOBでもあった)の担われたところである。奥田先生の努力は改築へむけてのほか、その機会に改めて舎則を守ろうということへも注がれたようである。そのことは昭和五〇年代に舎生達が舎内での禁酒禁煙を申し合せていることにも表れていた。

(田端　宏)

二　月次会と宮部先生

月次会《げつじかい》*とは舎生二、三人あるいは五、六人がそれぞれ自由なテーマで研究発表的なもの、時勢を論ずるもの、学生生活の在り方を考えるもの、旅行談

月次会＝つきなみかいと読むのが普通であるが舎内では「げつじかい」と言い習わしていた。

等々を「演説」する集いであった。二〇分程度と発表時間の制限を設けてあったようであるが一時間以上も熱弁を振るう者もいた。

討論の場ではなかったようであるが、参加者を二組に分けて日本人の民族性は桜か菊かとか、日本は南進すべきか、北進すべきかというような議論をやってみることもあった。

宮部先生はほぼ確実に出席され、講評や訓話をされていた。批判がましい「演説」に対してたしなめの言葉を述べたりされている。Debateの優劣判定もされているが大抵は「互角」という判定をされている。先輩諸氏もよく出席され留学の経験談などを話してくれていた。「演説」などの内容についてて詳しくない記事も多いのであるがここではやや詳しい叙述のある記事を選んで載せてある。宮部先生の「お話し」についても日米関係に触れたもの、履歴談のやや詳しいものなどを載せてみた。先生の人柄を敬慕する表現もよく見られるところであり、舎生と宮部先生の関係の深さがしのばれる。

明治三二年一〇月七日　最初の月次会

寄宿舎ノ月次会ヲ開ク、宮部舎長病気ノ故ヲ以テ欠席、中江会長*ノ青年ト父トイウ題ニテ談話アリ、後茶話会ヲ開キ九時散会、

明治三八年一二月三〇日　宮部先生の洒脱な結髪

明治三八年最終の月次会を開く。今月は帰省する人もあって人数も極く僅かなのでいつも

*中江会長＝中江　汪。当時の札幌基督教青年会の会頭。札幌基督教会の牧師、教務主任。同教会は一九〇〇（明治三三）年札幌独立教会と改称。

の様に食堂でやるのも面白くないから四号室で開いた。演説は徳田、斉藤、高松、村上等で皆歳暮に際して過去一年を顧みられ趣味多き所感を述べられた。次に石澤君が如何に過去を懐むべきか、如何にそのホープを持つべきかを説かれた。やがて是れ楽天法ともいうべきである。最後に宮部先生に御話を願った。先生は母のような愛を以て霊と肉の暗闘の事から我々の人格を円満ならしむべく淳々と説破された。先生の酒脱な結髪の御話から転じてバリカンと西洋かみそりとを買う事となる。其の他会計上の事、文学〔芸〕部の事業の事等相談があって一一時前に席を総立ち。

明治四四年一二月二三日　休暇中の誘惑について訓話

本日月次会ヲ開ク、当日ノ委員左ノ如シ。

上杉君　安井君

辻　君　戸野君

七時頃ヨリ開会シ、上杉君開会ノ辞ヲ述ベラル、次ギニ辻君ノ入舎以来ノ感想ニ付キ述ベラル、次ギニ林君、浜口五平*ノ多クノ人命ヲ救イシコトヲ談ズ、副舎長丹治君立チテ過去一ヶ年ノ感想ヲ談セラル、次ギニ舎長宮部先生登壇セラレテ多クノ誘惑トイウモノハ休ミニ起リ易キヲ以テ注意セラレタキコト、及ビ友情ニ付キ色々ノ有益ナル教訓ヲ垂レラル、斯ノ如ク舎生一同ヲ赤子ノ如ク御思召サレ、深ク御心ヲ注ギ下サルル事ニ付、一同感泣セリ。

大正元年一二月二二日　禁酒を守った演説

夜月次会に併て忘年会を挙行す。

御馳走は嫌いな人の無い蕎麦三杯残っておまけが一杯ついた。

浜口五平＝浜口五兵衛。紀州有田の高台に住む庄屋の五兵衛が一八五四（安政元）年の大地震の際、津波を察知して自家の稲むら（乾燥中の稲束の山）に火をつけ村人の避難を誘導、多くの人々を救助したという伝承による物語があり、その主人公。

六時半開会
開会の辞　根本君
開会の辞に併せて休暇中暴飲暴食をされない様にと有難い老人ぶった注意をされた。しかし僕は大に運動してしかして大に食って貰いたいと思った。
文章朗読　佐藤君
潮待草*から大望とかいう章を読まれた、俄にやられたと見え二、三字こりゃ解らんといわれたのは滑稽ではあったが、却って聞く方がいやになる。
演説　今田君
卒業後の吾々の覚悟という様な事に就いて述べられ、なお休中は雑談に時を費すよりも書見をせよといわれた、誠に御尤もの説。
演説　林　君
今度樺太旅行中の所感という中で（所感の多くは九月新入生歓迎会の時述べられ）一度誓った禁酒を歓待された某々の妙意の為敗らんとして終る是を退け初志を貫徹したのは実に自分の誇りとする所である。誘惑に打勝ちたる時の愉快は筆舌の及ぶ所でないといわれた。
演説　多田君
大正元年の回想という題で述べられた。
宮部先生の御話
カーネギー*を例としてピースメーカーの最も尊ぶべきものなる事をお話になった。蓋し、舎生中に万一暗闘等のある時は直に融和させる労を取るべき事をいわれたのである。しかも学校時代に意志流通せず喧嘩などしたりし者は卒業後も依然相互に敵視して何の得る処

潮待草＝幸田露伴の随筆集『潮待ち草』（一九〇六－明治三九年刊）。文学論、人生訓など多様なテーマで随想が書かれている。

カーネギー＝Andrew Carnegie（一八三五～一九一九）アンドリュー・カーネギー。鉄鋼業で成功し「鉄鋼王」と呼ばれた大実業家。教育、文

あらざるのみか共に中傷し合い短所の探し合い等をして甚だ不利益となる物であるといわれた、なお前に佐藤君の朗読文大望に就き青年時代に大志を抱いた者がよく其大志を美事に達し得しものがあると先生の同窓について話された。吾々青年たる者は大に此訓言を再三熟考すべきであると思った。

是にて式終ると菓子の御馳走となる。なお先生には図書の目録を作る必要を此間に述べられ、是が出来た上には一度先生まで見せよと仰せられた。是に就いては僕も一〇月に徳田氏に御話して是非作ろうと思っていたが学校がつい忙しくなるにつけ其ままに放擲《てき》して置いた事を大に残念に感ずる次第だ。

先生がお帰りになって吾々舎生はいよ〳〵本性を吹き出した。委員考案の種々仮定した籤を引いた。そしてお互に出鱈目の大法螺を吹いた。仲にも滑稽なりしは、僕が死んだら？いうので曰く死んだらやむを得ないから鬼の〇〇〇〔ママ〕を掘る、一同はどっと笑い崩れた。かくてありとあらゆる芸をつくし大笑の中大愉快に散会したのは実に明日の午前二時であった。

大正九年三月二四日　宮部先生歓迎会（前年五月よりの欧米視察旅行より帰国さる）

本日をもって予科の試験も終りたるなり、先に試験を終りたる専門部の方々は、試験後の愉快をも殆ど予科のために犠牲となされて同じく禁慎の態度なりき、これ誠に本舎共同団体のよきところなり。

そうしていよいよ宮部先生歓迎会並びに渡辺君の送別会を行う。

会次左の如し。

まず、委員諸君の努力の結果は美しく卓上を飾りたり。副舎長小野君の挨拶のもとに皆御

化の分野に多くの寄付をして慈善家としても知られる。一方アメリカ反帝国主義連盟のメンバーでもあった。

馳走になりたり。即ち、先生をはじめ、石澤氏、河村氏、北村氏、亀井氏の諸先輩等々出席致し下さる。四五の帰省生を除き在舎生一五名なりき。食後約一時間を経て笹部君より開会の辞は述べられ、太田君により渡辺君に対する送別の辞を述べられ、渡辺文雄君の挨拶ありたり。伊達君は有志演説を行う、次に石澤さんの渡辺君に対する祝辞ありたり。要は「渡辺君入舎して爾来三年間この舎に居続けたるは誠に称讃するに値するものにしてまた社会の正しく要求する人物はかかる人なり。現代社会の一般を見るに唯物主義盛んにして一片の義理人情もなく利のためには今日の職位をすてて明日はより良きものにつく現代に当り、よくも、総て三年間に生じたる誘惑あるいはその他の害を善良なる意味に解して遂に三年を舎に居つづけたるは重ねて称え終りに前途の祝福を健康とを祈らる」

宮部先生はまず留守中における舎生の厚意に対して感謝を述べられてのち、戦後の欧米の視察談*耳新しき事ども多かりき。

一、亜米利加は目下日本と非常に戦争をせんことを希望している事、即ち、現今の亜米利加の武力と金力とにおいては日本に勝つ事は火を見るより明らなり、それで打つべき時は今なりとこの好機の逸せん事を非常に怨みとして居る様子なり、しかし日本にてこの時怨を忍んで五六年待ちその兵力と富力を増し、この頂にある亜米利加の下り坂にあたりて打つべきなりと。以下略す。

大正九年一二月二四日　月次会　宮部先生経歴談

二四日　本年度最終の月次会、水産、土木の試験終らざるため出席人員少けれども、皆真面目にして緊張せる会合なりき。

宮部舎長は本年還暦の歳にあたられるとか、先生の今迄に踏まれたる御経歴を話され我々

戦後の欧米の視察談＝宮部先生の欧米視察は一九一九（大正八）年五月四日〜翌一九二〇年一月二〇日（札幌発・着）であった。植物病理学上の調査でアメリカ・カナダ・イギリス・オランダなどの諸国を廻り、大学、植物園、博物館などを視察して各国の研究者と交流している。

一同謹んで拝聴せし次第也。

先生は萬延元年江戸下谷御徒町に生れ、代々幕臣たり、されど先生の父君は勤王の志厚く、よく王、幕の間を奔走されしと、先生は一三歳の時、横浜の高島嘉右衛門*の正則学校*に入り米国式の教育を受けタマタマ火災にあいて学校消滅せしなれば東京の大学予備門たる外国語学校*に入りタマタマ札幌農学校の学生募集に来れるに遇い、同級生、新渡戸、内村氏らと札幌に来られ、爾来植物学を専攻せられ、卒業後東京帝大理科に入られ卒業後また米国に留学を命ぜられハーバード大学に三年研学さる。後一年欧州に遊びて帰朝せられたり、爾来当大学を今日の繁盛に至せらるる迄の御努力は一方ならぬものなりき。

当日の委員は馬場君、山田君、山縣君、奥田君、なお当日の御馳走たる肉飯は類例なき出来なりき。

大正一〇年一一月二六日　月次会　宮部先生アメリカについて語る

此日月次会を催す。午后五時より食事。亀井氏舎生と共に食事をせらる。牛鍋なり。七時より開会。来賓者、舎長、亀井氏及び五藤氏なり。委員山口千君の開会の辞に始り、中村君の飯島君歓迎の辞、飯島君の挨拶あり。奥田君、無限大の世界の神科矛盾*を説き、人間の入るべからざる世界に入りしために、かかる矛盾生ずるなりと論及し、要するに吾人は余り不必要な所に深入りすべからざることを結論す。今井君の札幌に来る迄の経歴談あり、山縣君、資本主義は社会進捗の一経過にして、終局に非ず。有終の美主義に非ざるを論ず。笹部君、現代複雑社会の清涼剤として安房藩士の仇打の一悲劇を語る。鈴木君の話ありて、亀井氏の論理整然たりと宮部先生の言われたる総ての方面に応用せらるべき資本主義を難じうんぬん。ただし、結論は筆者これを失念す。

高島嘉右衛門＝新橋～横浜間の鉄道建設に関与したり、北海道炭鉱汽船の社長をつとめた実業家、晩年の易断研究で易断家としても著名。

正則学校＝高島嘉右衛門が横浜に開校した藍謝堂（高島学校）、各教科を英語で教授することを正則としていた。

大学予備門たる外国語学校＝一八七三（明治六）年設立の東京外国語学校は翌年東京英語学校となり、一八七七年には東京大学予備門となる。予備門は東京大学（後の東京帝大）入学生の予備教育機関として位置づけられていたもの。後に旧制第一高等学校となる。

神科矛盾＝宗教と科学の対立、矛盾の意か。

次に、舎長の御訓話を請う。先に中村君渡米の御話を請いたり。先生質問を受けて答えんといい給う。山縣君、排日の模様如何と。先生答うるに懇切、よく日米関係を理解することを得たり。曰く、米は、政治的に、ボート的*に排日を主張するといえども、個人的に、マーケット的には日本人を必ずしも排せず。否、むしろ歓待する所ありとシアトルにおける邦人移民対農事試験場の実例を挙げ有益なるお話なり。また禁酒令のことについて御話を続けらる。薬用酒類の禁は二三日前の新聞の報ずる所、ただし今、自家用として、酒を造り用うることは、黙認されてある故、ホップの値は上がる、酒用ブドウの値は高飛をする等の奇観あり。されど飲酒の風を家庭においても子供の前では示さぬらしいから、今の子供の時代になれば、米国は恐るべき国となるべきことを話されて終わる。矢田君の閉会の辞、茶菓の配られるあり、愉快なる会を閉ず。

今日委員、山縣君、矢田君、山口九郎君、山口千君

大正一四年一月三一日　月次会　舎生一四人の演説

三一日　三学期最初ノ月次会ヲ開ク、委員ハ笹田、西潟、笹部、伊勢田ノ四君。来賓トシテ今井、笹部ノ二先輩見エル。遅ク奥田君来ル。笹部君先ヅ立ッテ開会ヲ宣シ漸次左ノ諸君ノ演説アリタリ。

波木居君＝副舎長トシテノ月次的挨拶以外ニ、今夜ハ特ニ犠牲的精神、常識的行動、其他団体生活ノ自覚等ニ就イテ懇々ト舎生ヲ戒飭ス。

平川君＝子女日常ノ遊ビノ中ニ存ス虚栄的欲望ニ言ヲ始メテ、人間一般ノ虚栄本能ヲ非難シ、更ニ話ヲ変ジテ長髪ニ及ブ、長髪ハ以ッテ虚栄ノ具体的発現ナリトハイエ、ソノ本質的価値ハ衛生ニアリトナシ世界文明ノ進展ハ因ッテ以ッテ長髪ニカカルト絶叫ス。

ボート的=ボートはvote（投票、票決）のこと、政治的という意味で使われている。

平戸君＝コラー氏*ノ長逝ヲ縁トシテ人間ノ死ニ対シ哲学的考察ヲ述ブ。君ノ説ヲ要約スレバ、人間ヲ以ッテ自然ノ一部トナシ死ヲ以ッテ自然ノ究意的運命ニ必然スル付随的ノ自然現象トナスニ有リ。

平野君＝現今、資本主義的社会ニ呻吟スル一般民衆ノ生活ト往古平安朝時代ニオケル朝野ノ遊惰、安逸、有閑生活トヲ較論シテ文明ノ恐慌ヲ陳ブ。

福富　＝我舎近来ノ長髪ノ流行ヲ以ッテ貴イ人間性ノ自然的発露ト見ナシ、万事此ノ調子ヲ以ッテ真実ノ生命ノ自由ナル伸展ヲ望ンデ降壇。

時田君＝トルストイヲ引張リ出シテ平戸君ノ説ヲ難ジ、平戸君ガ人間ヲ以ッテ自然ノ一部トナシタルニ対シ、自然ハ神ガ人間ノ為ニ態々造ッテクレタ楽園ナリト論ジテ、君ノ現在スル信仰観ノ一斑ヲ披歴ス。

江尻君＝君ガ最近不幸ニシテ盲腸炎ニカカラレ、ソガ手術ノ為大学病院入院中与エラレタ舎生ノ友情ニ対シ感謝ノ意ヲ述べテ降壇。

川島君＝札幌組合教会*ニテ行ワレタ、コラー氏告別式参列ヲ機トシテ久シ振リニ札幌市中ヲ彷徨シタ所謂衛生所見トデモイウベキモノヲ滑稽的ニ話サル。

笹田君＝私ガ壇上ニ立ッテ見テモ、話スベキ種ノナイノハコレ皆私ニハ確タル人生観ガナイ為デアロウト簡単ニ片付ケテ退カル。

矢田君＝何モノカニ趣味ヲ持ッタ生活、或ハ何モノカニ自己ノ全精神、全生命ヲ傾注シ得ル如クニ生活スル者ノ幸福ヲ論ジテ退壇。

白根君＝人生ヲ以ッテ一ツノ螺線ト見ナシ人生ノ両半面タル歓楽ト悲哀トヲ以ッテ螺線ノ外側ニオケル単ナル一進退ト仮定シ、以上ヲ根拠トシテ今仮リニ螺線ノ中心ヲ人生ノ成功

コラー氏＝ハンス・コラー、スイス人。農科大学・北大予科の外国人講師(ドイツ語)。スキーを日本に最初に伝えたと言われる。ちょうどこの頃、一月二八日に亡くなった。

札幌組合教会＝プロテスタントの宗派の一つ。Congregational Church系とされ、会衆派あるいは組合派の称がある。現在の札幌北光教会へつながっている。

トナサンカ、其処ニ達スル唯一ノ道ハ悲観ヲ排シタ不断ノ充実、緊張生活ヨリアルナシト結ンデ降壇。

浜本君＝限リナキ苦悶、極リナキ哀愁ニ満チタ吾人ノ人生ヨリ超脱スル唯一ノ方法トシテ死？　永キ恋？　ノ何レカヲ選ブヨリ外ナシトイウ。シカシテ君ノ望ム永キ恋ニ生キル為ニハ虚偽ト一時的倦怠ヲ排セザル可カラズト論ジテ降壇。

今井君＝與謝野鉄幹*カ誰カノ歌ニヒントヲ得テ、吾人ノ生活ハ終始緊張シ充実シタモノデナケレバナラヌト語ラル。

笹部君＝邦楽ノ日々ニ衰エ、シカシテ洋楽ノ愈々隆盛ナラントスルヲ嘆ジテ、栄アル和楽ノ史的発達ヲ長時間ニ亘リ縷々〔るる〕述ベラル。

大正一四年九月二六日　月次会　宮部先生 control your appetites を語る

委員、多勢君、杉本君、柴内君、西潟君。

あっさりとした、しかし腹に充つる馳走は良かった。来賓、宮部先生、鈴木氏、足立氏、亀井氏、奥田氏を迎える。

西潟高一　開会の辞

矢田茂夫　副舎長の挨拶を兼ね、香川県における耕牛使用の経済状態を語らる。香川県は農耕地域全土を占め、牧畜地の余地なし。よって徳島県より牛を一頭につき米五斗の割で借り来るという。独逸にその例あれど、日本には既にすたって、香川一県を残すのみ。

川島三二　夏休みの旅行談。支笏、樽前山、マカリヌプリ*をめぐって遂に横浜から樺太アンベツに周遊したテンマツで、幌内川の風光や、海豹島（ロッペントウ）の模様大いによし。

笹部三郎（委員の催促に、他舎生の応ぜずして尻重きを批難しつつ）「苦しみを讃える」を

與謝野鉄幹＝自我の詩を主張して新派和歌運動をすすめていた。文芸雑誌『明星』を主宰。晶子の夫。

マカリヌプリ＝羊蹄山のこと。真狩川（マク・カリ・ペツ―うしろ・まく・川）が羊蹄山のまわりを流れる様子から山名とされたものという。

読みてと題して語る。国家の盛衰は国民の精神と関連すること大なるものあり。見よ時宗が元を一蹴する所か、一敗地にまみれて退きはしたものの、国民の一致的精神の旺溢により以って芳史の一頁を汚さずして済みし如き。国家における物質的豊饒と国民的人格の結合一致とは往々にして反す。今日の日本も、安逸によって国民のくさり弛みたる観あるをうらむ。

伊東豊治　伊豆大島旅行談。東京への発着時間だけが一定していて、その他は何処に何日滞在するか、漂流するかしれない、怪しげな身の旅行。

時田郇　根室、国後旅行の一端を披歴する。人生観を論じかけて中止。

奥田氏　今や自分は社会へのプロセスの中途に在り。根室の回生病院*の生活中、平均毎週一人の死人に逢日、将来、必ず幾度となく経験しなくてはならないシーンに慣れたうんぬんと。

亀井氏　日常の処置を崇高にまで至らすために、また横に振れぬ確信を得ず。

足立氏　大きな流れ(優越なるスタートという流れ)に乗じて、依頼心を唯一の望みのキズナとしていた男の実社会に出た有様。何の縁故も、先輩も、有力な紹介もなくて孤立、税関にとびこまなければならなかった彼。彼は学生時代の夢を幻滅と悲しみはしたものの、奮闘遂に数年にして十数の著書をものし、税関における重要な文献さえ出したので、忽ち注目、尊重さるるに至り、単身遂に身を立てた。彼に学ぶべき点は何処であるかに留意せよ。現実は扮装の世界に非ず。彼は学生時代、ナタを作っていた。社会に出てからの適応は、カミソリの役目である。準備時代から基礎を作ることが肝要だ。彼はノートの一字一句には拘泥しないで、大掴みにすることができた男である。扮装を止めよ！　下地を鍛え

*回生病院＝根室町梅ヶ枝町にあった。現在は信用金庫の駐車場になっている所。

よ。何時でも下地さえあれば、カミソリにはなれる。座談を止めよ！　雑談の時間が何になるか？　緊張味ある秋、ことに札幌においてもの凄い冬を迎える此の恵まれたシーズンを用いよ！　内地に対して吾らの有する強味は此処だ！（若々しい君の叫びは我ら共鳴措く能わぬものなり）

鈴木限三氏　かつて、処世法は「不得要領たるに在る」と教えられたことがある。Boys be ambitious（ダビット・某著　満足の中の何とかいう書から引いて）我を忘れたwork なき produce!　突立ち止まるとき、静止者に同情が持てるのを見出す。病気になって田舎へ引きこもっても、唯 success をめがけて、無暗に働く場合多し。文化生活を目的に努力する人々、じかに見、考うべきものを忘れること多し。

体裁よく出来るということより、ゆっくりかまえて、根本的のものを努めるを可とす。Success とは離れても、生きるにはこれこそ大切である。食う他に、真の欲望、考うることを忘るべからず。

宮部先生「人間万事健康にあり」という句をモットーとせる馬越恭平氏*の著を紹介さる。元山氏の実験談を読み聞かせ、健康要領を列挙さる。まず、食欲をつつしみ、腹八分目とすること。朝起きをなして冷水浴によって身体を丈夫にすること。心配はすべし、心痛するな。気を愉快に保つこと。莨は禁ずべし、酒は節すべしと。但し著者はビール会社々員にパンフレットを配布せる也。（青年よろしく人生の大計を立つるにあたって此要領に律して生活する位の意気と、決断有って然るべき也。「腹も身の中」要心〳〵。）

昭和二年六月一八日　月次会　大学の講義へ不満の弁　宮部先生たしなめらる

月次会をもつ、委員、野村、土井、畑、川原、後藤の諸君

*馬越恭平氏＝馬越恭平（一八四四〜一九三三）。実業家、衆議院議員、貴族院勅選議員をつとめる。三井物産から日本麦酒へ重役として入りのち日本麦酒、札幌麦酒、大阪麦酒三社を合併した大日本麦酒株式会社の社長となり「日本のビール王」と呼ばれた。

御馳走　すし(五目)、鮭フライ、オムレツ等
奥田、時田、多勢諸氏の会食あり、晩餐会後しばらく憩いてより会を開く。
一、開会の辞　畑賢二君
二、副舎長挨拶
先づ新入舎生佐原武雄君の紹介をしてより、自然礼讃の感想を述ぶ。
三、佐原武雄君挨拶
身を修めて後、隣人を修めしかして後、国を治む。水産専門部の改革は自己の望み為さんとする所のもの、先づ身を修めんとすと挨拶す。
四、舎生演説(指名、時間三分間)
土井君　現在の舎を観察するに、唯学に生存せるに過ぎざる如くで、真に生きて居るとは思われずと。
笹部君　時間三分間と制限され居る故、述べ尽し得ざるを恐るとアッサリ退く。
後藤君に次ぎ柴内君、例のユーモアたっぷりの話し振り、満場哄笑。
石橋君　中学時代の失敗談を述べ退く。
平野君　我々は大学現在の教授法の大多数に不満を抱く。不満の原因、それは真実に、熱心に教えるという事なくして唯、単なる古くさいノートの朗読であり、自己の生活に従ってる迄の教え方と思われるからだと説き、その教授法改善につきて述ぶ。
大谷君　自己の充実して後他の観察すべしとして、見学旅行に対する注意を述ぶ。
平川君　寄宿生活において、親しき中にも礼儀あるを望む、他人の揚足取り等に心を入れては不可なりと。

野村君　アッサリと片付け、中川君出場、今の我々の時代は書くよりも聞く、話すよりも聞く時代で今は述ぶべき時ならずと。
田島君　中学時代のボートの歌をうたいて、ホームシックの高潮せるを漂す。
荘保君　指名に対して反対を述べ、席上漫談して退く。
関谷君　国に団結を欠き、また我舎にもその風あり、団結を望むと。
本間君、赤松君、大塚君、彦坂君、樋浦君　アッサリと片付け、最後に川原氏出で予科は居候の養成の場で、学科も面白味なしと罵倒して教授に対する不満を述ぶ。
笹部君飛び出し、教授に対して不満を述ぶるは不敬千萬なりと叱咤す。しかし其れに対して何等極め、論ずる所もなし。
五、先輩演説
多勢氏　前舎生演説に対し、学生時代に体験した自己の立場より、それを批判し、告諭するが如くに述べる。
時田氏「俺は若いんだ、俺には成長があるんだ。俺には進歩があるんだ」と冒頭し、人生の行路には幻滅がある。幻滅の究極をつきつめよと述ぶ。
奥田氏　舎生演説に対し批判をなす。
笹部氏　寄宿舎は自分の家庭だと思い、壁の破れは手ずから修繕するだけの心持ちをもってもらいたいと。
亀井氏　自分は三〇代の人である。三〇代の人達の長所をとり、三〇なる時代に生きようと思うと。
六、宮部先生のお話

舎生演説を批判し、弁者を諭す。

七、閉会之辞　野村君

昭和七年一二月三日　月次会　大島正健氏、クラークを語る

昨夜は猛烈に寒かった。本日、月次会なれば午後、委員御馳走に多忙。他の人は委員を後目にスキーへと。ああ無情なるかな。

五時半、晩餐開始、美味天下一品、皆腹をへらしてがっつく事。

月次会は七時より、宮部先生、大島正健氏*、時田先輩をお迎えして始まる。

広瀬君の開会の辞、副舎長の挨拶、〔藤田〕康君、佐々木、増井、金森の四氏の簡話あり。時田さんの大学とは深く考えることを学ぶ所だ、というお話しあり。次に舎長の大島正健氏　お紹介あり、最後に大島君のお祖父さんは非常に興味深く御老齢にもかかわらず同輩のなされた偉業、第一期生の生活振り等を約一時間にわたってお話しあり、まだまだつきない有様であった。

茶菓に移ってもまたクラーク氏の南北戦争従軍記、島松の別離のあの「ボーイズビーアンビシャス」の一幕を手振り身振りでお話しになり、またクラーク氏の修身は生きた自分の経験であり、それが良く頭に残っていると、ゆえに生きた修身は最も良いとクラーク氏の開校演説*の最初の一こまを暗誦された等我々の最も興味を有する所を縷々として語られいつ尽きるとも思われない有様であったが余り長くなるので一〇時半にお帰りになった。かかるクラーク氏の逸事、農学校時代の生活等は現在北大における吾々の最も関心の有するものでそれを親しくうかがうを得たのは最も幸福とせねばならない。

大島正健氏＝（一八五九～一九三八）。札幌農学校第一期生、農学校予科教授、札幌独立教会牧師をつとめる。昭和七年当時の在舎生大島正幸の祖父にあたる。著書『クラーク先生とその弟子達』（帝国教育会出版部、一九三七年）。

クラーク氏の開校演説＝『我が北大青年寄宿舎―青年寄宿舎一〇七年の歴史』第三章資料の扉頁に原文が載っている。

昭和一二年二月二〇日　宮部先生講書始めの儀祝賀　月次会

宮部先生宮中講書始めの儀。* 目出度くご進講の大役を果たされたお祝。新たに学窓を巣立たれる若松、桜林、山根の三氏の送別、盲腸炎にて入院中なりし田村君の退院の三祝賀を兼ねて晩餐会を午後五時より催す。舎長をはじめ奥田、亀井、鈴木先生ご出席なられる。

七時より本年度最後の月次会を行う。終って後定例により部員選挙を行う。次頁のごとし。

昭和一三年六月一八日　月次会　入舎以来の二大事件

宮部先生はじめ北村、若松両先輩が見えられ、開会劈頭より愉快な率直な心持を語り、三木君の飛び入り演説等有り。今までの形を破った、なごやかな会で、宮部先生も非常にこの様な気持ちを歓迎すると言われて始終にこ〳〵されて居た。

食後(月次会後)残りの菓子を食べながら河口君、まず口を開いて、今後、月次会後何か問題については討論の様な事をなしたらどうかとの提案をして一同に考慮を求めた。

これが発端となって、それについての自己の意見を極めてリアルな気持で発表したが、この様な事は、この寄宿舎の一般的な動向、思想的発現の一端を発表する機会として吾々入舎以来の二大事件(良い意味での舎内における)といって良かろうと思う。そしてこの問題が今後如何なる方面に伸展するかまた、何らの具体的影響をもたらさずに闇中に投げ込まれるかは舎生一同の真面目な自覚・関心の程度によるもので我が青年寄宿舎の文化的水準を示すバロメーターとしても見られよう。

昭和一九年一月二九日　月次会　副舎長　自由主義を論ず

本年度最初の月次会、委員、河瀬君、食事係長、本吉君、整理係長、北野君等の努力及び、

* 宮中講書始めの儀＝宮中の新年の儀式、国書、漢書、洋書の三部の学者を招き天皇への進講が行われる。宮部先生は昭和一二年一月二二日の洋書の部で進講している。

其他の舎生諸君の御協力により挙行。今日は例会と形式が変り各弁士がそれぞれの演題をもって話すことになった。弁士諸君左の如し

一、舎生活の報告　北野君

現今の青年寄宿舎生活を他舎との比較により述べ、最後に君の舎生活への積極的、肯定の決意を述ぶ

一、炭素同化作用の検討　佐本君

炭素同化作用の概略及び、これと食料との関係について君の考えを述ぶ

一、戦争と生理作用　草地君

戦争の生理的面よりの一考

一、連続と無理数　田崎君

デデキントの本＊の内容を紹介せるもの。君は彼の本を充分理解されて其の概要を吾々に説明す。

一、感想　望月氏

最近の戦局と吾々のこれに対する覚悟を述べらる。

一、吾人須らく自由主義を超越すべし　副舎長

最近の全体主義に対する大体の批判と自由主義の現今なお取り入るべき点多々あるを論じ、吾人は須らく真の自由主義に徹すべしと大声す。

以上六名、夫々熱弁を振るわれ盛会なりし

其後、時田先輩が○○(フジマツモ)海草に臭素の多量に含まれるを発見され、現今、これが戦争資材として大いに活躍しつつあるを語り、其の発見の由来について自筆の随想を読

＊デデキントの本＝Richard Dedekind(一八三一〜一九一六)リヒャルト　デデキント。ドイツの数学者、「連続性と無理数」という論文を一八七二年に発表、一九〇一年以降英訳本も版を重ねていた。

まれた。次いで亀井先輩立ち、現在のご自分の研究について一端を語らる。最後に宮部舎長先生が立たれ自叙伝のうち、御祖父の時代から御自分が横浜の英語学校に入学されたあたり迄をお話になる。

会終って、ぞうに（もちは食事係の搗きしもの）、あまざけの馳走あり。解散一〇時頃なりし。宮部舎長、大変御満足の様子にて、今後も大いにかくの如き月次会の開催される様に、との御話であった。

昭和二二年一一月一五日　戦後復活第一回月次会

戦後復活第一回月次会を午後六時より開く。昨今の夜道の危険*のため先輩、及び先生はお呼びしなかった。司会、河瀬君、弁士、左の如し

一、可動橋　中田君

二、温床について　中川君

三、スペクトル分析について　泉田君

四、蛍光体　世木沢君

五、ヒューマニズムについて　村上君

質問多く盛会裡に午後九時頃閉会す。のち、冬期休暇中の閉寮問題*につき相談し、残舎する者の石炭代、小母さんのボーナス代等を決めた。

昭和二三年一一月二九日　演説三件

本日、月次会

一、学問論……山崎君

二、現代のヒューマニズム……森田君

夜道の危険＝占領軍のアメリカ兵による一般市民に対する暴行事件が繰り返されていた。日誌にも事件に触れた記事が幾つも見られる（昭和二一年五月七日、同二二年一一月九日、同年一一月二六日）。北大構内でもアメリカ兵の暴行で死亡した学生がいた。

冬期休暇中の閉寮＝一九四五（昭和二〇）年度末の冬期から大学の長期休暇が行われ一九四八年度の冬期まで繰り返されていた。石炭不足が理由だったので、一九四六年一〇月には学生を炭鉱に出動させて石炭配給を受けるということまで行われたが、それでも長期休暇は避けられなかった。日誌には「明日より四か月の休

三、二つの農業……中川君
山崎君は、福澤諭吉の「学問のすゝめ」から河合栄治郎へと論を進めた。
森田君は、ヒューマニズムの歴史を説き、現代ヒューマニズムは、社会民主主義の形態を取るべきである。
中川君は、米国の農業は商品の爲であり、日本の農業は必需品であるということより三君は、なかなかの研究で、後の質問にもよく答えられた様です。ディスカッションが毎回あると月次会の愉しみも増すことでしょう。
先輩諸兄が来られなかったのは残念といいたいが、良かったといった方が真に近い。

昭和三二年一一月二二日　好きな書物を語り合う

月次会　特別室にて行う。題は好きな書物、漱石の「こころ」、ドストエフスキー等の作品について論議あり。主催者　委員長*　参加者　一〇名

解題

月次会の名の通り毎月一度の定例会ということであったらしく、古くは毎月のように開催されていた。月次会を準備する委員が三人ほど選ばれ「演説」を行うものが数人決められる。演題は自由であったようで、「人と金」、「魚の獲り方」、「寒国を歓迎す」、「寒国罵倒論」……など。戦時下になれば「軍事教育に大賛成」、「戦時下における植物性ホルモンの重要性」というような演題も見られる。

演説は札幌農学校の教育における特徴であった。自然科学系の官立専門学校では学ぶべき学

暇に入る、一年の三分の一なり」という記事がある（一九四七年一一月二六日）。

*委員長＝土井匡氏である。在舎一九五六・四—一九五八・五。委員長（副舎長）一九五七・一〇—一九五八・五。農・農芸化学科一九六〇年卒。

芸・技術を数・理・工学系の学科目としているのが普通で、「神教修身等ノ学科ハトラズ」とされていた中で農学校の設置科目には演説、雄弁術、英文学、独創演説、精神科学という駒場農学校や工部大学校には無い科目が設けられていて当時の専門学校の規定には抵触しているように見えるという(小枝弘和『William Smith Clarkの教育思想の研究』思文閣出版、二〇一〇年)。宮部先生の伝記にも演説法の授業の様子に触れている所がある(『宮部金吾』宮部金吾博士記念出版刊行会編　岩波書店、一九五三年。復刻=大空社伝記叢書一九九六年)。

修養、道徳に関して「演説」する例も多くあるが、キリスト教に直接的に関係する形で「演説」する様子が全く見られないという点には注意を引かれるところがある。青年寄宿舎は基督教青年会との関係のうちに創立されたのであるが、舎長を引き受けられた宮部先生が「寄宿舎を宗教伝道の機関」には絶対にしないと考えておられたというところに深く関わってのことと思われるのである。宮部先生の月次会における「お話し」にも「宗教伝道」にわたるような内容は全く見られなかった。

ただ、この日誌の書き方では「演説」者名と演題だけを記している記事も多いので内容を充分には知ることが出来ないのが残念である。

月次会は土曜日に開かれることが多く、その日の夕食はいつもとは違う「御馳走」が用意される。「御馳走」は「カレーライス」や「豚飯」というようなところであった。夕食後の二〜三時間ほどが月次会の本番で、一人で一時間以上も「演説」する者もいるという「演説」を聞き、若干の議論が起きる場合もあったようであるが、終了後には「茶菓の饗応」があって菓子、蜜柑、りんご等を食べ、寮歌を歌う、「銭廻し」なる遊びをする等、賑やかな騒がしい楽しみの時間を持っていた。月次会「御馳走」の慣例は戦時下の昭和一九年一月でも続けられていた。

月次会には宮部先生が昭和二〇年代始め頃まで、ほぼ毎回出席されたほか(宮部先生出席の月次会記事は昭和二三年九月一〇日が最後である)、寄宿舎の先輩が何人か参加して「有益なお話し」をされていた。農学校の先輩にあたる大島正健氏や、有島武郎氏が月次会に顔を出したこともあった。大島先生は米独の学生生活について紹介され(明治三六年六月二七日)、有島先生はハバホードカレッジの寄宿舎生活、年中行事について面白く話された(明治四一年二月二二日)という。大島先生は昭和七年一二月三日の月次会に顔を出されたこともあり「クラーク氏の開校演説」等について語ったとのことだった。

月次会の在り方については意見が書かれる場合もあった。「徒らに縁遠き事を言い、徒らに御説御尤も的に聞くは月次会をして益々倦厭的に赴かしむ」(大正三年四月二五日)。理想的な意見を聞いてみんな賛成して、それで終わっているだけ、何もしない。そうではなく「赤裸々」な関係を持ちたいものだ、そのために「月次会をどうにか出来ないか」(昭和一七年六月四日)。「ディスカッション毎回あると月次会の愉しみも増すことでしょう」(昭和二三年一一月二九日)。

舎生同志の、そして宮部先生、寄宿舎先輩との紐帯としての月次会は戦時中を経て断続的な開催となっている。昭和二二年一一月一五日には「戦後復活第一回月次会」が開かれたと記されているがその後、関係の記事は少なくなり、昭和三〇年代始め以後は月次会という名前での集いは見られなくなったようである。(田端　宏)

三　宮部先生と記念祭

記念祭、記念会など幾つかの表記で日誌に書かれている寄宿舎の行事は創立記念日の行事であり、寄宿舎の諸行事の内でもっとも大きなものである。明治三一年一一月一日が創立の日であることは、当時の日誌に明記されているが創立記念の行事は一一月三日に行われることが多かった。天長節、明治節、文化の日とされた一一月三日が大学の休日となるので行事を行うのに好都合だったからであろう。

宮部先生はほぼ毎回出席され(夫人同伴のこともあった)なにがしかの金員を寄贈され(諸先輩も同様であった)有意義なる「訓話」を行われている。昭和三〇年まではやや詳しい記事が毎年の日誌上に見られるが、そのうち節目に当たる時期等について幾つかの記事を拾ってみた。

明治三二年一一月三日　一周年　記念祭

本日ハ当寄宿舎創立一周年ニ当ルヲ以テ宮部舎長ヨリ昼飯ノ時ニライスカレーノ御馳走アリタリ

明治三三年一一月三日　第二回　創立記念の会

午後六時より創立記念の会を開く、宮部舎長は病気のために出席せられざりしが、高杉先生来られ一場の講演を為す、井街君は簡単に舎の歴史を述べらる、のち汁粉と豚飯に空腹を満し其より遊戯を為す、数種を為し、中途辞せし人ありといえども充分の快を持ちたるは知らる。しかして散ぜしは一二時なり、此日は青年会の役員を招待す、逢坂信忢入舎す。

明治三八年一一月二五日　第七回記念会　贅沢な晩餐の記念会

門には国旗が一本、うすら寒い風にひらめいているが、中はそれ〴〵準備に忙しい。五時頃からポツ〳〵来賓も見え、二号室、三号室との控室が段々賑って来る。ストーブの薪も精選というところで気持よく燃え、ふざけた話が盛んに聞える。

チト遅れて六時半頃食堂が開かれた、壁が白紙で張られ数十枚の絵画が殊更美しい、記念と題された額が懸っている。宮部先生及び夫人を真中に三〇余名がヅラリと並んでまず御馳走を横目で見ると綺麗〳〵。まるで本職の会席料理のよう、よくも男の手にこうも出来たものだと来賓側から御ほめ詞が出る。流石は婦人、宮部先生の奥さんの観察は特別だ。一々品物を見て御感に入って居られた。これで十分食事委員の労を謝すに余りある。

食後少時来賓は思々に談笑せられた。末光君は食い過ぎて屁が出そうだ、などと言って居た。八時半万国旗紅燈にあざやかなるの下、記念会の式は行れた。

司会者石澤君は、開会の辞を述べて、さらにこの日を記念せよと来賓に告げて壇を下る。次に文学〔芸〕部会計部等より報告あって、第四席新入舎生総代近藤俊次郎君の演説、第五席藤井君来賓総代として謝辞を述べ、第六席吉田守一君懐旧の念に駆られて演壇に立ち楽しき在舎中の事を述べる。第七席いよいよ吾人の父なる宮部先生の御話である。創立の事から禁酒禁煙の経験を述べられまた大なる教訓を垂れ給うた。以上これで式は閉じられてサァーこれからが余興だ。

時はもう一〇時、愚図〳〵せずにと第一番に打ち出したのは大食王戴冠式という飛んでもないもの、美妙なハーモニカにつれて数名のナイトが両側にずらりと並び受冠の王と法王よろしき所に立つ、果然拍手は起ってワイ〳〵という騒ぎ、滑稽な祝辞が読み終って法王が丼の冠を捧げて厳格な上調で異様の祇をし、将に冠を授けんとするや、拍手、喝采急霰のようであった。次が剣舞、裁判、通弁、異装行列等で来賓の方からは吉田君が独吟、高松君のハーモニカ等で一一時に愉快なる会を閉じた。

この日の来賓は

宮部先生、同夫人

松井君、竹田君、藤井君、末光君、高松君、吉田君、吉川君、田村君、松尾君、鈴木(限)君

不参者　池田君、田中君、橋本君、安部君

余興委員　上野君、高松君、今君、大坂君、江川君、白井

食事委員　柳川君、朝倉君、斉藤君、村上君、田中君、中村君

会場委員　石澤君、川尻君、近藤君、小林君

接待委員　高松君、瀬戸君

庶務係　石澤君、徳田君、荒谷君、学僕*

ご馳走は、

飯

一、茶碗むし(内　家鴨、くわい、きくらげ、かまぼこ、ぎんなん)

二、口取(鮭のグレー、かまぼこ、大福豆のきんとん、蜜柑、青菜)

三、薩摩芋の苔巻(海苔巻)、いかめし、キャベーヂのソース巻

学僕=第三章「九　学僕」を参照。

四、酢の物(ほっき貝、じゅんさい)
五、寄宿煮(あじ付)＝家鴨、牛蒡、子芋、くわい、人参
付記　二八日に会計の決算があった。今月各自の負担は非常に大である、というのは主に記念会の御馳走が贅沢過ぎたのに基いている。吾々とても金さえ出せば西洋料理なり酒飲みの御好み料理なり何でも出来ぬことがない、がしかし、吾々は常に狭い範囲の生産的経済の上に立たねばならぬのだ。今度の記念会には会計委員の予算を顧みずに余りに贅沢を尽くして各自の負担を重からしめたのは会計委員はじめ甚だ迷惑に感ずるところ、後のために敢てこの言を書いておく。

大正一一年一〇月三〇日　改築落成祝賀会・記念祭

三〇日　学制発布五〇年記念で一〇時より大学に式あり。紅白の餅三個を賜わる。午前は全く飾付及び室掃除に忙殺さる。各室は何日になく――但し此一件は内証――清疎端然とする。パウリスタ*より蓄音機を借り来り食堂、図書室を通じて来賓応接室に備え、音楽を奏して舎を賑わす。また壁には舎生出身地一覧あり、入舎生数表、食事見本表、寄附金額表等を飾る。まず来賓として、和田健三*氏御来臨、舎を一巡して、暫時にして来り給える舎長先生と会談して去らる。なお、田中銀次郎*氏、亀井専次氏、高岡博士*夫人、新島善直博士*諸氏なり。一日実に賑かにして和気堂に充つる趣なり。
夜、「楓林」原稿をまとめてこれを綴る。
三一日　天長祝日の礼を一〇時より大学中央講堂に行う。宮部先生の勅語奉読あり。万歳三唱を三度して散ず。舎では記念祭のために忙しい。飾付、片付に忙しい。午後三時頃来賓と舎生と、舎の前で記念撮影をする。宮部先生を始め先輩諸兄、鈴木先生、亀井氏、足

パウリスタ＝札幌市北三条西三丁目にあったカフェー・パウリスタ―。一九二〇(大正九)年、北大の松村松年博士が社長の株式会社として開店、本店は東京・銀座にあって大正年代に全国各地に開店していた。

和田健三＝農学校水産科教授。

田中銀次郎＝寄宿舎改築の施工業者伊藤組の支配人。

高岡博士＝高岡熊雄　農学部教授。

立氏、五藤氏、植村氏、笹部氏、山口千之助氏、小林氏、来賓として小田切氏*、伊藤氏*、田中銀次郎氏、内田平次郎氏*、小原茂氏御来臨下さる。三時半より記念式を挙行す。梅津君の開会の辞に始り、奥田君の感想、中村君の報告、土井君、小林君の感想あり、共に大いに此新成の舎に、新しき生命、新しき活力充ちんことを望まる。次に、亀井氏先輩を代表して立たる。心よりの祝辞を述べらる。次に小田切氏立たれて、此舎の主義を美唱し、将来の勇しき雄飛を希わる。

宮部舎長先生、舎修繕、事業の沿革を語られ、舎の万歳三唱を音頭を取らる。次に、奥田君、立ちて宮部先生万歳を三唱する。祝歌終りて時田君閉会の辞をもって速かに食事となることを期待して散ず。内田平次郎氏はお子供三人を連れられ、途中にて帰られ会食せられざりしは残念なりき。盛なる食事終り、七時半頃より余興となる。

第一部

一、正劇　時勢は移る　呑舟一座

二、ハーモニカ、オーケストラ　オーケストラ団

三、大魔術神影流奥義　土井久作君

四、独逸語劇　馬泥棒　鈍才一座

五、飛入剣舞　小田切氏

六、悲劇順番　星明劇団

第二部

一、尺八　今井君

二、童話(狸の腹太鼓の話)　井澤君

新島善直博士=東京帝大林学科出身で札幌農学校教授として赴任、農学部教授。

小田切氏=小田切栄三郎　林野庁技師。

伊藤氏=伊藤豊次。父亀太郎の跡を継いで伊藤組を発展させた。

内田平次郎=寄宿舎改築の設計者。

三、奇術　板緑君、山縣君
四、童話劇　鬼と地蔵　大供一座
五、心情劇　父帰る
一二時を以て無事終了せり。先生及先輩、来賓、大方なかばにして帰らる。付近の子供大入りでなかなか盛んである。
此日中島顕三氏より祝電、高松正信氏、池上三次氏、中島九郎氏より各御祝状ありたり。
なお、先輩御寄付左の如し。
金拾円　宮部先生、金参円　河村精八氏
〃五円　鈴木限三氏、〃五円　足立仁氏
〃六円　笹部義一氏、〃六円　山口千之助氏
〃貳拾円　田中銀次郎氏、〃貳円　五藤威夫氏
砂糖一箱　亀井専次氏
また、本年記念祭委員は左の如し。
余興係　主任　　　委員
食事係　主任　矢田君　委員
会計係　主任　　　委員
装飾係　主任　　　委員
接待係　主任　時田君　委員

昭和一一年一一月三日　第三九回記念祭　宮部先生喜寿祝い

一一月三日(火)明治節*。

明治節=明治天皇の誕生日。戦前期

一〇時より学校で式挙行さる。加うるに宮部先生の喜寿の祝を兼ねて第三九回記念祭を行う佳日なり。

本日、陽もうららかなる快晴。二時半過ぎより記念祭式挙行。

宮部先生を始めとして鈴木、前川、亀井、犬飼、笹部、平戸先生の列席を得。

五時より盛大なる晩餐会を行う。

定刻七時より余興に入る。次第概ね次の紙の如く。余興部員の熱演により、上首尾に終ることが出来た。おおよそ一〇時。

一一月一〇日(火)午後七時より支那料理屋竹屋において記念祭慰労晩餐会を行う。

余興部員〇平山・田村・柳川・池谷・玉山・大坪・手塚・田原・角・細川

次第
一、開会の辞
一、挨拶　副舎長　若松不二夫
一、現代劇　国境の夜・秋田雨雀作
一、映画　宮部先生の御日常
一、劇 It's in the Air. By Byron Morgan
一、踊り　佐渡おけさ・大島おけさ
休憩・茶菓
一、喜劇　新東京見物・巌谷一三原作・余興部脚色
一、独唱　桜林　繁
一、舞踊劇　東京音頭・余興部新作

の重要な国祭日であった。現在は文化の日の祝日とされている。

一、寸劇・其の他来賓の先輩・舎生有志
一、閉会の辞

昭和一九年一一月三日　戦時下にも記念祭

記念祭。お祝いの式よろこばしく行わる。菊の明治節と二重の喜。三時半より宮部先生はじめ九人のもう白髪の先輩を交えて、会食。室は赤黄緑の「もーる」に飾られて美しさ、言わん方なし。植物園より借りたる菊及び蘭は薫りを散ず。小母さん苦心の御馳走に舌づつみを打つ。散会後大乱闘の北野、河村両君のオペラより始まる。夜一一時迄様々打興ず。六時半の汽車で河瀬君、長兄の名誉の御戦死の葬儀のため帰省さる。

本日様々愉快なる事多かりき。
・逢坂牧師氏、会食中「今日の御馳走は量もあるし、おいしいですね。」と言われ、後々諸兄のユーモアをそそる。
・村上、戸倉、平、石田のツンツン節かなり好評。
・望月、三村両氏のいと濃厚なる別れの曲の場面。三村さんの美しいメッチェン*姿に大哄笑*。
・望月、北野両氏の「寄宿舎時代」なる万歳は、他人を中傷する事はなはだしく、中傷されたる吾人はすこぶる怒り且つ喜ぶ。
・石川君、三村さんの手際良き手品。
・その他諸兄の巧みなる、あるいは巧みならざる座興に夜のふくるを忘れ、明日よりの来るべき一年をたのしく過さん事を期す。
一一月四日。本日夜汁粉あり。ガンツ*、ファイト出る。副舎長はじめ「吐きそうだ」とは

メッチェン＝ドイツ語系学生俗語　娘さん、若い女性のこと。Mädchen
哄笑＝大口をあけて笑う。
ガンツ＝ドイツ語系学生俗語　とて

も、たいへんの意。ganz

たのしい悲鳴。謝悪筆、村上

昭和二〇年一一月三日　敗戦直後の記念祭　（宮部先生　舎長辞任の意をもらす）

三日、記念祭、宮部先生はじめ一〇名の先輩御出席、一四時より式を始む。宮部先生式辞の中に舎長の任を辞したき旨述べらる。先生御高齢をもって吾等舎生慈父として舎生活の中心となり、無言の教訓の数々を吾等に御示し下さること久し。今、この御言葉を頂き、たゞ驚き悲しむ。

宮部先生は、伊藤農学部長令嬢結婚式御出席のため、早く御退場。後、先輩諸先生と次期舎長につき、懇談す。なお、副舎長、委員を選挙制にすべき旨示さる。よって同日、行事終了後、副舎長選挙を行う。絶対多数をもって田崎さん当選。この事は小生も前より願い居たる事にして、新副舎長を中心に統一ある舎生活実現する事を信じ、大いに喜ぶと共に、今後、新副舎長に協力し、大いに舎に尽くさんと心に誓う。

式後かぼちゃの晩餐を共にす。夕食後、余興大会、団体一等〝いんちき大学〟〝若い人〟個人一等、内田、二等、北野、賞品は南瓜、林檎。副舎長選挙後、式場を片付けて行事終了。後、会計簿その他を田崎さんに渡す。

五日、奥田先生、後任舎長の件について相談に来舎。〔副舎長河瀬氏の「庶務日誌」〕

昭和二六年一一月三日　第五三回寄宿舎記念祭　（宮部先生逝去後の記念祭）

八時半全員起床曇りがちの天気なるも雨の降る様子は見えなかった。すぐに廊下の掃除班は仕事にとりかかる。みるみるうちに汚い寄宿舎に後光が差して来た様である。中でも上野さん、相馬さん、本橋さん、三角さん、大類さん方今年を学生としての記念祭の最後を迎える人達のアルバイト振りは全く感嘆以外に言葉がない。後輩たる吾々も良き先輩の志を受け継いで栄えある寄宿舎を立派にしなければならぬ責任を感じた。

エッセン係の人達も全くご苦労様、遠くまで御菓子を買いに行ったり、夜の御馳走の心配をしたり、小母さんも大張切りで腕によりをかけておいしい御馳走を作るに大童である。

掃除もやがて終わって一段落ついたのが一一時、折しも時雨て来て秋空の日本晴れを見る事が出来なかったのは残念である。吾々内地人は明治節といえば天高く澄み渡った大気に香しき菊の香を嗅ぎ美しき楽しき一日を思い出すのである。

長谷川先輩をはじめとして続々とお偉方がやって来た。接待係の黒嶋及び小生の任務が始まったわけである。高松さん等二〇分も前から来ている。時間のことでブーブー怒っているらしい。六時二〇分頃奥田舎長来る。夕食始まる。おかずはトンカツ、サケ……それにお汁。食後のデザートは大きなリンゴ一つ。

先輩の出席者左の通り。

奥田、青木、中島、高松、平戸、村上、角田

以上七人　それぞれ舎生のために話をされる。話の内容は書いたらきりがないが要するに吾々が社会人としての中堅たるべき事である。それから新築の件、どうも奥田派とゲルピン派と分かれているらしい。我々が考えてもあの予算はちょっと無理に見えるのだがわざわざ養老院まで押しかけて寄宿舎の金を集めるほど惨くはない。

それにしても宮部先生を拝する事の出来なかった新入生にとってただ先輩から話を聞くだけが先生を知る方法であるから皆集まって話をすることは非常に有意義であると思う。舎生代表として三角さんがお話しになった。いつもと違って固くなってちょっと上がり気味、でも我々が考えさせられる話であった。九時頃終了。

エッセン＝ドイツ語系学生俗語　食事のことであった。essen（食べる）。おかずはネーベン neben（傍らに、そばに）。味噌汁はズッペ suppe（スープ）であった。

角田＝角田和夫。本書の編集委員。解読、資料提供につとめられる。第四章「三　昭和四九年　待望の改築」を参照。

二次会は、山本氏によってスクエア・ダンスをやる者、レコードをかける者、いろいろである。ちょうどサツマ芋が出来てお腹の工合は満点、最後に舎生集まって面白く約一時間の時を過ごした。全部終わって皆静かになったのは一二時近くだったろうか。
これで記念祭も終わってほっと一安心、今はあまり興奮しているので感想が書けない。もう少し冷静にならないと。
では皆様御苦労様でした。お休みなさい、ゆっくりと。（A）

昭和三〇年一一月三日　我が寄宿舎創立以来満五六年の記念日

委員長*の禁足令のおかげか今回はいつかのような舎生の集まらん為というような失態はなかった。先輩方は about 五時半来舎、亀井、青木、北村の三先輩たり。〔着順に記す〕
about 六時開会
先輩のお話　今回はこの記念日、文化の日に亀井先輩は道新文化賞なるものを受けられ、まことにうれしい日でした。木材の腐朽ということへの研究数十年、本日の晴れがましきも、その努力ケンサンにのみふさわしきもの、かくの如き先輩を有する吾が舎の将来をよりよき方向へと舎生一同努力せんとは委員長の挨拶。
チラシズシなるソボクのゴチソウあり。
第二部
演芸の部なり。本日の出し物はガリバン刷りのプログラムによれば、大合唱、ハーモニカ、幻灯、独唱、人形劇、白浪五人男なり。近所の子どもたち十数人、蠣崎様*へのお客様一〇人近く、中には敏子様の御ツトメ先のお年寄りなど自動車をもって観覧に及ばるるもあり、大いなる盛況と言うべきか。最後に舎生の「都ぞ弥生」合唱にて記念祭まったく終われり。

委員長＝副舎長の称は、この頃あまり使われなくなっていて、それに代わる舎生代表の役名、投票で選ばれていた。この時の委員長は安孫子保さん。

蠣崎様＝賄いのおばさん・蠣崎フミさん。敏子様は、その娘さん。敏子さん、和子さんの妙齢の姉妹がおばさんと寄宿舎に同居していた。

ただちに食堂を片付けたり。
最後に委員長の安孫子さん、司会の奥田さん*に本当にご苦労様でしたと申し上げておきます。

*司会の奥田さん=奥田利恒氏。本書第六章の資料　青年寄宿舎生の群像を参照。

解題

記念祭の第一部に当たるのは宮部先生の「訓話」、諸先輩のお話し、委員会（舎生）からの報告などを含む記念式の部分である。

宮部先生は記念祭の集まりの度ごとに「有益なる」お話し、「訓話」をされていた。しかし、その内容を詳しく記す記事はほとんど無くて概要が知られるという程度である。舎の起こりより説いて、禁酒禁煙が唯一の主義であることを丁寧に述べられた（大正元年）、「制欲」があらゆる方面において大切なることここに則るべきが本舎の主義である（大正四年）、創立当時より現代までの歴史を述べられた（昭和七年）、先生は月次会など様々な折に舎生に語りかける機会を持っており、記念祭の折には舎の歴史、伝統、主義について繰り返すことにしておられたように見えるのである。

諸先輩も寄宿舎の歴史、主義について語っていた。犬飼哲夫氏は在舎当時の様子を語り、あわせて近年様々な学生寄宿舎が設立されているが主義主張あるものなく慨嘆すべきであると言い、本舎の主義の貴重さを説き、質実剛健を全うすることを願うとしていた（大正一三年）。高齢になられた先生の記念祭における様子が、あまりお話しをされない（昭和九年）、お疲れの様子で早く帰られた（昭和一五年）というように記される年代には諸先輩が伝統、主義についてお話しされていたようであるが、あまり詳しい記事がない。

舎生の委員からは会計の状況などが報告されていたようであるがこれも詳しい記事がない。会計報告のなかで舎生は一日六銭以上の肉類を摂取している、と触れられていたのが目を惹くくらいである(明治四五年)。一か月の食費六～七円の頃のことである。

記念祭歌合唱*は記念式の始め、開会の辞の次におかれていて、重要な役割を果たしている時期があった。明治～昭和一〇年代には記念祭ごとに新しい記念祭歌を募集して記念式の冒頭で発表していたと思われる。「記念祭歌合唱　本年は公募余り遅き為一昨年の土井君のを採用す」(昭和七年)とあるのを見ると年々新記念祭歌が揃うとは限らなかったようである。土井君の記念祭歌というのは「昭和五年第三三回記念祭歌土井恒喜君作歌選曲　北辰の光る所」として『青年寄宿舎五十年史』(昭和二四年刊)に一～五番まで歌詞が載せられているものである。ほかに「明治三八年第七回記念祭歌　吉田守一君作詞作曲　鳥暁を告ぐるまで」、「昭和六年第三四回記念祭歌　金森久和君作歌　大岩皐一君作曲　秋玲瓏の空澄みて」が伝えられ、前者の「鳥暁……」についてはメロディーが不明のところ石田明夫氏(昭和四八～五三年在舎)が作曲して平成一九年一一月三日の舎友会総会で合唱したところである。後者の「秋玲瓏の……」は日誌に歌詞、楽譜が挿入してあったので原メロディーも知ることの出来る貴重なものである。

第二部は会食である。賄いの小母さんと食事係の舎生で準備するのであるがなかなか凝った料理が用意されるのであった。宮部先生の奥様が感心するほどの出来映えであったが贅沢に過ぎるのではないかと日誌に書かれることにもなったのだった(明治三八年)。一周年記念の時のライスカレー以来、記念祭には御馳走は欠かせないものになっており記念祭記事には御馳走メニューが詳しいものが多い。舎生諸君の御馳走への関心の高さが表れているのである。昭和一

*記念祭歌合唱＝第四章「六　記念祭歌・寮歌」参照。

九年という食糧事情の悪い戦時下でも量もありおいしい御馳走が用意されていた（内容は書いてないので本当はどんなものか分からない）。敗戦直後の昭和二一年では御馳走がカボチャだけになっていたし、昭和三〇年でも「ソボクなチラシズシ」ひと皿ずつだった。このあとは記念祭に関する記事も詳しいものが無くなり御馳走復活の様子を知ることが出来ないが、昭和四八年の御馳走が、巻き寿司、イナリ、トンカツ、サシミ（まぐろ）、ズッペ、バナナ、みかん、コーラ、ケーキと書かれているのを見ると（昭和四八年「委員長日誌」）大分恢復の様子だったことが知られるのである。

第三部は余興、演芸の部である。余興部委員が学年別などで出し物を分担するように計画して様々な余興が行われていた。合唱、独唱、器楽の合奏、独奏（オルガン、バイオリン、ハーモニカなど）、手品、漫才、幻灯、様々に翻案された有名戯曲（父帰る、テンペスト……など）「堂々たる一流田舎芝居位には見える」プログラム（昭和一五年）で行われるのであった。

見物人は舎生、来賓など二〇人位のほか「近所の子供多数」（昭和一〇年）とか、賄いの小母さんの知り合いが沢山来る（昭和三〇年）という様子になることもあった。

この余興が非常時につき中止ということもあった（昭和一二年一一月）。同年七月の蘆溝橋事件以後日中両軍の衝突は拡大し日中戦争という事態になっていたのであった。非常時にも関わらず余興中止が続けられた様子はなく、翌年の記念祭ではもう「滑の稽なる」余興が行われていた（昭和一三年一一月　四一回記念祭）。

昭和二四年一〇月、副舎長、委員たちが集まり記念祭などの「行事一般の価値」を検討、改廃を考えた様子がうかがえるが「記念祭は結局行はれる」ことになっている。昭和三〇年以後記念祭についてやや詳しく書いている記事は見られなくなるが「日誌」、「舎生ノート」などには「記念祭」あるいは「舎祭」という表記は、繰り返し出てきており、昭和六四年の「舎生ノート」迄は「舎祭」についての僅かな記事を見ることが出来る。平成年代の「舎生ノート」には「舎祭」の文字も見られなくなる。（田端　宏）

四　キリスト教と舎生

キリスト教に関係する主張、議論などは日誌の中にほとんど見ることが出来ない。宮部先生が信仰の自由を強く意識されており、舎生の前でキリスト教に関する「お話し」を全くされていないことと関係するのであろうが、日誌の別冊にあたる「漫録」と表題するノートには幾つか宗教と科学の関係を論ずる文章があり、敗戦後には天皇制とキリスト教の関係を議論する場面が現れる。

明治四〇年四月三日　眼前の事実　基督教は幾多人類の力

進化論ノ一般ニ是認セラルル今日「神其ノ形ニ象ドリテ人ヲ作レリ」トハ奇怪千万ナリ。或ハ死人ヲ蘇生セシメシトカ瞽者*ノ目ヲ開キシトカ、其荒誕*マタ甚ダシ、要スルニ宗教トカイウモノハ吾人ニハ一切不必要ナリ。二千年若シクハ数千年昔ノ歴史及人物ガ我ト何ノ関係カアル、吾人ハ須ク現存セル実在ニ向ッテノミ努力スルコソ必要ナレ、誠ニ然リ、其ノ言ウ所素ヨリ善シ、然レドモ斯クノ如キ言ヲ為ス者ハ、現今地球上幾億万ノ人衆ガコレ

瞽者（こしゃ）＝盲目の人。
荒誕（こうたん）＝大げさ、でたらめ。

ニヨッテ大ナル慰安ト力トヲ得、タトエ其ノ中ニハ名ノミニ過ギザル人多クアリトスルモ、ナオ真面目ナル幾多ノ卓越セル学者ガ最モ熱心ニマタ最モ真面目ニ其真理ナルヲ証シテ倦ムコトヲ知ラザル一個ノ宗教アリトノ驚クベキ事実ニ対シテハ全ク顔色ナカルベシ。

人アルイハ基督教ハ基督ニヨリテ創立セラレシヨリ以来、次第ニ衰退シ今日ニ至テハ最早存在ノ価値ナシト思ウ者モアラン、然レトモ事実ハ正ニ其ノ反対ヲ示シ、始メ基督ニヨリ基ヲ築カル、ヤ殆ンド其ノ勢力ハ見ルニ足ラザルモノナリシモ、時ヲ経ルニ従イ、漸ク強大ナル勢力ヲ得、近来其ノ研究ハ愈ヨ活気ヲ加エ、幾多人類ノ力トナリ、諸種ノ学術ノ比較研究ノ結果、益々其ノ真理ナルコト証明セラレタリ。如何ニ宗教ニ冷淡ナル人ト雖モ斯クノ如キ大ナル事実、従ッテマタ其ノ宗教ニ対シマタ一顧ノ価値ナシトセンヤ。（和田梓之助）〔『漫録*』より〕

明治四〇年四月七日　片々　牧師には農学を課すべし

嗚呼 pure science ナルカナ、pure science ノ進歩ヲ除キ他ニ何ガ神ヲ明ニ示ス事ガ出来ルカ science ヲ物質的ニ応用セントスルハ幾ラモアル、シカシ神ヲ知ラントノ目的ニテ pure science ヲヤル人ハ甚ダ多クナイト信ズル。
サレド世ニ、智識以上ノ覚リヲ開イタ人ハ幾ラモアッタ。マタ在ルダロー。シカシ此等ハ非常に秀逸ノ人デハアルマイカ。何人デモ単ナル祈リヤ勉強デ直覚シ得ルモノデアローカ。兎ニ角 science ノ前殿ヲ通過シテ後ニ神ノ正殿ニ入ル事ハ必要デアル。此点ニオイテ牧師ナドニ皆一応農学ヲ課シタキモノデアル。四月七日（Sunday）（柳川秀興）〔『漫録』より〕

明治四〇年五月一〇日　宗教信者は狂人なり

今日の科学あるにかかわらず、宇宙ニ神ありとか天国ありとか騒ぎ廻る者は正しく狂人な

漫録＝表紙には「漫録　明治三十九年一月廿日」とある。五〇頁程のノートを使ってほぼ全頁を一三篇の随想風の文章で埋めている。文章に日付を入れたものは明治三九年二月二一日～明治四〇年五月一四日である。「諸君ノ一読ヲ乞フ」と表題に添書きした「小言」が書かれたりしているので舎生の間に回覧していたものと思われるが執筆者は限られていて署名で氏名がわかるのは五名だけである。

り。キリスト教の親玉たる基督を見よ、いやしくも堂々たる一個の男子が磔殺さるにあたりて「神よ何ぞ我を棄て給える」など飛んでもない泣き言を言ったではないか。日本の武士は足軽でも自若として切腹した。六尺余りもある大男の何とかいう人は、事あるごとに一室に閉じこもって、神よ神よと大声に祈った。あるいはまた、細君が死んだと言ってはビービー泣いた人もあるそうな、まったく彼等は一種の狂人である。

しかし、宮川巳作*氏の言うところを聞け、此種の狂人、此種の愚人が在った為に阿弗利加幾万の蕃民は、永久の良民と化した。米国における無数の土〔奴〕隷は此のいわゆる狂人の為に永遠の自由を得た、と。

しかり此狂人ある為に世界における幾億万の病者、貧者は最大の喜びを得た。此狂人となったが為に幾百万の不摂生家は健康を回復して、楽しき長寿を得た。

此狂人ある為に幾億の無名の英雄が出て、吾人が幸福の生涯を送る事が出来る。

幾多賢明なる学者先生の憫笑する此狂人は、思いがけぬ良果を結んで居る、吾人は此良果を尊敬するものなり。（柳川秀興）〔『漫録』より〕

明治四〇年五月一〇日　A Telescope to observe the Infinite By H. X. Y.

We have once heard from prf. Dr. Miyabe, that many a phenomenon in physiology is investigated at present, but most of the fountain of it remains unknown.

Every complex and perfect construction may be explained by Darwin's theory of "Natural Selection" but even prominent philosophers and scientist in this world, could not have explained the origin of species but not of life.

It would not, however, be the error conception to suggest some cause of many unknown

*宮川巳作＝この頃、札幌独立基督教会の牧師。

phenomena will come to light in future, it dose not matter how science progress. The progress of science is the increase of twinkling stars in our gloomy spiritual skies.〔『漫録』より〕

昭和二一年五月七日　天皇陛下も悪であり得ます

今日、法医学解剖がありまして見てまいりました。死者は五〇ばかりの男の人で進駐軍の兵士に殴打されたのでした。そして脳内出血と延髄破壊のため間もなく死亡したのです。文明国紳士国という美名を売るアメリカもまた力と悪の国民であります。そして八紘為宇*の大理想と神武を誇った日本も力と悪に向かって突進したのでした。

現実に存するものは必ずや悪を中に含んでいます。天皇陛下もまた悪であり得ます。それ故にこれに一身を捧げて崇拝することは土人が木像を拝するのと変りません。また共産主義的思想も現世の改良を目的とするが故に常に物質第一主義であり従って半面の真理を含みつつも半面の誤謬であり悪であります。

善とは何であるかを考究する倫理学の根本の思想は人格主義であります。

そして、人格主義の完成は信仰であります。

「善とは神のみ」。これがキリストの教えの最大精神でありました。

常に善を思いつつ悪を為すのが人間の弱さであります。しかしながら信仰によって人間は善を思いつつ善を行うことが出来ます。

さびしげに見えてしかも心楽しく心明るき人生、これこそキリスト者であります。

そしてこれだけが永遠の生命に達しうる道であると信じます。（村上）

八紘為宇（はっこういう）＝世界を一戸の家と為すの意。

昭和二一年五月八日　忠孝敬神崇祖の四大道

五月七日付ノ日記中ニチョット不信ニ思ワレタ事項ニツイテ私ノ信念ヲ述ベサセテ戴キマス。

忠孝敬神崇祖ナル道ハ宇宙創造大神（天津神）ガ御定メニナリ御立テニナッタ道デアリ人類始祖デアラセラレル高皇産霊神ヲ通ジテ御教ニナッタモノデアリコレガ私ノ根本信念デアリマス。

故ニコノ四大道*ヲ実際ニ行ウ事、真行スル事ガ僕ノ信仰デアリ人間ノ過去現在未来ノ三世救済スル唯一無二ノ公道デアリマス。

…（中略）…

今日ノ如キ多クノ国家ガ分立スル現状ニ宗教ハソノ国家ヲ繁栄セシムル事ニ価値アルモノナリ。

忠ノ本来ノ意義ハ御玉体ヲ直接守護スルニアッタ。真ノ忠トハ御叡慮ヲ安ンジ奉ル事ニアルノデアリマス。

人ノ人タル道ハ報恩ナリ。恩義ヲ守ル事ハ人間最高ノ道デアリマス。恩ヲ忘レテハ信仰ハ成立タタナイノデアリマス。日本ハ陛下アッテコソノ臣民デアリマス。陛下ガ仮ニ万ガ一ニモ暴君デアリマショウトモ臣民トシテノ道ヲモッテ使（仕）エテユクノガ日本人ノ道ジャナイデショウカ。コレガ即チ神ヲ愛シ天皇ヲ愛シ親祖先ヲ愛スル道デアリマス。現代ノ如キ日本ノ状態ニオイテ心カラ陛下ノ御安泰ト日本国家ノ再起ヲ神ニ祈ルノガ最大ノ忠デハナイデショウカ。日本人ト生レテキタノハ陛下ヲ加護スルタメデアリマス。

…（中略）…

四大道（しだいどう）＝高皇彦霊神《たかみむすひのかみ》、天照大神、天皇、祖先、親、への尊崇を説く教団。現在は大宇宙大自然の創造神への尊崇を重視する教えとしている。

大戦中熱烈ナル愛国者ナリト自称セラレテイタ村上君ノ余リニモウッテ変ッタ状態ニ驚カザルヲ得ナイモノデアリマス。(本吉記)

〔追記〕

宮部先生モ熱烈ナルキリスト信奉者デアリ、私モソノ偉大ナル人格ヲ尊敬シテイルモノデアリマス。私ハ今宮部先生ノイワレタ言葉ヲ思出シマス。曰ク「皇恩無窮」、曰ク「御前講義中ノウンヌン」。

…(中略)…

村上君ヨ、深ク更ニ深クキリスト教ヲ御研究ナサレバ必ズヤ天皇ノ存在ヲオ護リシヨウトスル　戦時中ノアノ君ヲ私ハ見ルコトガ出来ルノデハナイカト思イマス。ソノ時ニ不肖本吉モキリストノ何タルカヲ知リ得ルカト思ウノデアリマス。

〔村上君の反論と思われる付記〕

キリストと天皇を調和させんとする一切の試みは無駄であります。但し、天皇御自身が聖書によるキリスト教を信ぜられる様になって初めて一国の正義と平安があり得ると信じます。

私は勿論過去の天皇制(悪い意味の)は改めて新しい天皇政体をつくって行くことは賛成であります。私は必ずしも天皇制を破壊しようとは思いません。

却って天皇陛下がキリストの光の下に再生せられんことを祈るものであります。　終り

昭和二二年五月一一日(日)　九名程教会へ行く

聖書読む人多くなりて、今朝は九名程教会へ行く。明るいそして和ごやかな近頃である。

円山の桜花は、八分目程開き、植物園の芝生は一層緑をました。舎生では数名程昼食持参

で出張せる者あり。円山は近頃になき盛事と聞く。（中津記）

解題

青年寄宿舎は札幌基督教青年会との関係で創立された学生寮であり、当初の寄宿舎名は青年会寄宿舎と、青年会を冠したものであった。寄宿舎の運営も基督教青年会の役員が行っていたのだが舎長の任についた宮部先生は「宗教を強いない事、舎に関係ある間は絶対的に禁酒禁煙する事」を条件にして就任したのだという（『青年寄宿舎五十年史』）。青年寄宿舎日誌に出てくる宮部先生ほか先輩諸氏の「お話し」にキリスト教を勧めるような内容が全く見られないのはそれが理由かもしれない。

キリスト教を論ずる形の文章も日誌の中にはほとんど見られない。日誌は文芸部委員など限られた者が執筆を担当していた時期が長く、公的な記録という意味も持っていたために私見に亘る宗教論はなじまなかったということもありそうであった。「漫録」というノートが作られたのは明治四〇年のことであったが、後に「楓林」、「橇の音」等色々な表題で回覧雑誌が作られるのと同じ意味があったのだと思われる。「漫録」は余り長く書き継がれたように見えないが宗教・科学論、寄宿舎生活論、雪合戦の記など何種類かの議論や随筆が載せられて回覧していたらしい。

「漫録」からの引用は明治四〇年四月三日の基督教は幾多人類の力というキリスト教による人類救済の意義の重大さをいう文章のほかはすべて柳川君の文章である。信仰上の神、天国というものの実在を確かめきれず、科学もまた生命の起源など多くのことを明らかに出来ないでいることに触れ、一方で宗教による救済の事実には敬意を持ち、科学は迷妄の精神に光を与えると考える……キリストの泣き言をあげつらってアンチキリスト風の文辞を為しているが真面目なキリスト教徒だった(と思われる)柳川君は科学者・キリスト者であった宮部先生の感化を受けていたらしい。生理学上の諸現象の多くはその根源が不明のままであるという先生の言葉を引いて科学の限界と将来への期待を書いているところ等にそれが表れている。彼は東北大学農科大学(北大の前身)畜産学科卒業の後台湾総督府に勤務していた頃にも宮部先生との交流を続けて近況を伝えたり、植物の学名について教えを受けたりしていた(秋月俊幸編『書簡集からみた宮部金吾』)。柳川氏は後に『青年寄宿舎五十年史』に「思い出」の小文を寄せている。札幌遊学中の六年間、一度も故郷へ帰ることなく、休暇中は英文の聖書、ダーウインの『種の起源』などを寄宿舎の一室での耽読していたこと、聖書と進化論の矛盾に悩んでいたこと、宮部先生の「コンセントレイション　オブ　エナジー」という教えに感銘を受けていたことなどを書いている。「漫録」には「思い出」どおりの若き柳川君の姿が彷彿としているのである。

「天皇陛下も悪であり得ます」は敗戦直後の時期の学生の真面目な考え方の一つの表れであった。天皇＝現人神への信仰こそが愛国心の表れであった時代の「熱烈な愛国者」村上君はあからさまな変貌ぶりを批判されるが、現人神がいなくなったのであるから信仰の形は大きく変わらざるを得なかったのである。批判する本吉君は忠孝敬神崇祖の四大道という戦前に強調されていた徳目を忘れるな、として特に天皇の心身を護る(心の安寧、玉体＝身体の護持)ことで戦後の日本再建を進めようというような考え方を述べていた。天皇崇拝の宗教が日本という国にとって重要なのだというところは特に村上君の宗教観と衝突するところがあって本吉君の長文のすぐ後に反論を書いたのであった。この頃、天皇制撤廃論、護持論は色々な場で議論されているところであり、青年寄宿舎の日誌にもその断面が明瞭に見られたのであった。
クリスチャンである舎生はどの年代にも何人かずつ居たもののようであるが、戦後になると、この頃聖書を読む人が多くなって今朝は九人ほど教会へ行ったという記事(昭和二三年五月一一日日曜日)が見られる。(田端　宏)

五　内村鑑三、新渡戸稲造、有島武郎と舎生達

宮部先生は札幌農学校入学を決意した東京時代以来の親友、内村鑑三・新渡戸稲造のことを舎生達に折に触れて話しておられたようである。学寮で四年間同室だった鑑三のことは特に話題にされ、それは日誌にもよく出てくる。新渡戸とのつながりは彼が開始した「遠友夜学校」*への先生と舎生の協力として継続していたと解される。有島武郎は学習院中等科を卒業して新天地を求め、親戚筋の新渡戸が居ることもあって札幌に来たようであるが、農学校において宮部先生と内村鑑三を師と仰ぎ、強い支援と影響を受ける関係になった。このため青年寄宿舎にも顔を出していた。これら近代日本に様々な立場から影響を与えた先輩達に舎生はどのようなことを学んだのか。これについて日誌の記述に見てみよう。

遠友夜学校=農学校教授の新渡戸稲造と万里子夫人が一八九四年、貧しさから学校に行けなかった子女のために開設した学校。札幌の貧民窟とも呼ばれた豊平河畔、現在の南四条東四丁目にあった。一九四四年まで存続。農学校・北大の教員や学生が管理・教師役を務め、市民有志も運営に協力。ボランティア活動の走りであった。初代校長・新渡戸の離札の後は宮部金吾、半沢洵、有島武郎らが代表を務めた。青年寄宿舎の中にも授業のほか、遠足・海水浴の引率など深く関わる舎生がいた。

明治四一年二月二二日　有島先生はハバホード・カレージ学生寄宿舎生の行事を

二月の月次会今夜開かる。有島先生その内に来会せられし故に直ちに談を承わる。先生は米国ハバホード・カレージ*学生寄宿舎生の年中行事は非常に面白く美しくも感ぜらる。弁舌者の少なからんと思いしに此等の諸先生来会して演説をなし下されしは、実に深く感謝するところたり。ために非常の愉快なる一夜を得たり。

明治四四年三月一五日　定期試験が迫るも「遠友夜学校」のために

佐藤君本日も遠友夜学校に教鞭をとりに行く。試験は近きなるに遠路通うことのいかに艱難なるか、大いに同情に堪えぬ。

大正一二年三月一七日　宮部先生、内村鑑三の勉強ぶりを語り、試験もよいもの

宮部先生のお話は試験制度について、精力の集中には試験は良方法なり、と言われ、昔、宮部先生と同室の内村先生についてその勉強振りを話され興味深かりき。

大正一二年七月九日　有島武郎の死の報に接して

試験もいよいよ終結し、台風一過の感ありしに、突如有島武郎氏の変死の報を得、一同愕然たり。偉人の死は後世の批判により定まるものとはいえ情死とは氏の為に遺憾なり。月次会を催す。先生をはじめ亀井・笹部の二先輩及び退舎されし坂本、松島両君も出席されたり。話も有島さんの事が多く、先生は故有島氏の人格を称え、死につきては詳細に事情を知りたる後に非ざれば批評しがたしと言われ、最後には誘惑多き故充分注意せよと言われたり。

亀井氏は有島さんの進歩的にして反省する事少きが此度の事件を起したるならんとて、人間は心を開拓すると同時に心を制御する事必要なりと言わる。

—『思い出の遠友夜学校』（北海道新聞社、二〇〇三年）

ハバホード・カレージ＝Haverford College　フィラデルフィア郊外にあるクエーカー主義の教育機関。有島は新渡戸稲造の推薦でこの大学に遊学した。

大正一五年四月二五日　有島全集一二冊ヲ求ム

本日札幌堂ニテ有島全集*一二冊ヲ求ム。

昭和二年九月二五日　鑑三、キリスト教の堕落を嘆く

七時より独立教会にて内村鑑三氏の説教あり。舎生中五、六人聴きにゆきたり。欧米の基督教の堕落を嘆じ、まだ日本の方が脈があると論ず。老いてますます盛んなる氏のために祝福あれ。

昭和二年九月二七日　鑑三、北大でクラークの再来として講演

午後二時半より中央講堂にて内村鑑三氏の講演ありたり。聴衆室に溢れ盛況なりき。内容を略述したれば、すべからく志を大とせよ、Ambitionのある者は、たとえ老人でもBOYSであると、BOYSの定義を下し、最後にクラーク氏の再現として我言を聴けと、BOYS BE AMBITIOUSを叫ばれて降壇された。

昭和二年一〇月一日　鑑三との同室時代の逸話

本日、九月の月次会を行う。宮部先生立たれて、学生時代は大いに旅行すべきである事、及び先生の学生時代の思い出話、内村鑑三先生との同室時代の逸話等を話され、よく共同してゆける舎生は社会に出ても成功すると述べらる。大変面白く有益であった。

昭和五年五月三一日　鑑三の勉強スタイルのこと

今学期第二回の月次会を行う。宮部先生始め時田、多勢の両先輩がお見えになった。宮部先生の御話は、学生時代、内村鑑三先生と寄宿舎に居られた時のことで、内村先生は試験の一週間前に試験の準備が出来てしまい、試験の際は出来能わざるものないというほどであったと。水産学に非常に造詣の深い方だそうである。そして友誼観念の強い方であると。

有島全集＝有島の死後一九二四年四月から一九二五年三月にかけて出版された『有島武郎全集』(全一二巻、叢文閣)のこと。叢文閣は有島の友人で札幌農学校卒業生・もと青年寄宿舎生、足助素一の興した出版社(本書第六章の資料　青年寄宿舎生の群像も参照のこと)。

昭和六年五月一八日　偉大な先輩の精神、真の個人主義を

午後三、四時限の時間を割いて中央講堂において新渡戸博士の講演があった。演題「母校に帰りて」。先生は学生諸君、創立当時の精神に戻れと力説せられた。高遠な人格を持てる個人主義の養成。国体の許す範囲における新社会の創造（決して現代社会を破壊してと言う意味ではない、誤解せぬよう）。パイオニアスピリットをもって開拓せよ。

昭和八年一〇月一六日　世界的常識者を失う

札幌農学校第二期生、世界的常識者をもって知られたる新渡戸稲造博士の訃報に接す。日本は一人の国際政治家を失いしと同時に吾等は吾等の尊敬せる偉大なる先輩を失った。

昭和一三年一一月一六日　遠友夜学校の授業のために

雨。登校途中の道路は甚だしいぬかるみ。三時限目・四時限目に総務委員立候補者の演説があり、夜は夕食が終わるや否や、皆自室に引きこもり舎内は水を打った様な？　静けさである。福本君は講義のため遠友夜学へ。

解題

始めに内村鑑三とのことから。彼については宮部先生がしばしば舎生に話されたことが日誌にもよく出てくるので分かる。しかし、お話の内容自体は、残念ながら、日誌にそれほど記述されていない。書き残される限り、鑑三の勉強ぶりのことが多かったようである。（大正一二年三月、昭和二年一〇月、五年五月の抜粋のほか多数）。秀才の誉れ高い人物の話ゆえ畏れなしとしなかったではあろうが、その当事者の一人からの語りは、この上ない刺激となったことであろう。

さて鑑三は昭和二年九月に札幌・北海道に講演旅行に来た。そのうち札幌独立教会での二五日の講演は、内容では舎生が日誌に書いたところであろうが、それはこの頃の鑑三が唱えていた、「宗教改革仕直しの必要」から発したものと思われる(趣旨と論理は『内村鑑三全集』第三一巻に収められる短い論文“Need of Re-Reformation”が述べるところであろう。また、わが日誌の記述とほぼ一致する)。この独立教会のことに関わって付言するなら、以前から舎生の中にはこの教会に話を聞きに行く者が見られた。ここに足を運んだことがしばしば日誌に書き留められている。これは宮部先生や鑑三から、自発的にか、感化を受けたものかも知れないし、良い意味の教養主義からの関心だったかも知れない。宮部先生は同教会の指導的な信徒であったが、舎生との関わりでは青年寄宿舎の設立当初から一貫して、信仰上で指示的にならないよう気を遣っておられた。しかし人格が影響を与えるのは何者も止められなかった。さて鑑三の二七日の北大講演のほうは「ボーイズ・ビー・アムビシャス」と題されたものだった(講演筆耕が後に主宰誌『聖書之研究』に掲載され、現在は鑑三の『全集』第三一巻に収められている)。この講演を聴くため北大の中央講堂には二〇〇〇人余が集まったという。彼の話は、クラーク博士の離別時の、かの有名な言葉は「野心」の訳よりは「大望」と解するほうが良いとして、「将来自分が成し遂げてやろうとする仕事をしっかり決める精神」との定義に始まる。彼は旧友の宮部先生が植物学で世界に成果を知らしめ、佐藤昌介総長が農業経済学で業績を上げたこと等を挙げた後、自身は水産学からキリスト教を日本に広める仕事に転じてここで成果を上げたと自負して話を展開した。全体としては、目下の大学生を激励しようとするものであった。舎の日誌に記されたとおり、鑑三は講演を、クラークの再来として言う――「アムビシャス」たれ、高い目的を持てと結んだのであった。

新渡戸稲造とのことに移ろう。彼は実は日誌には滅多に出て来ないのである。ただし、新渡戸が札幌を離れて以降、彼が始めた「遠友夜学校」の校長を宮部先生が引き受けており、この事情も学生に知られていたためか、わが舎生の中から夜学校の無償講師を引き受ける者は連綿と続いていた。授業に出掛けることが日誌にはしばしば且つさりげない書き方で出てくる。とはいえ、舎と学校の間は離れており(その豊平橋そばまでは二・五キロあった)、行き来には時間を取ったから、大きな社会奉仕活動であった。さて、新渡戸のほうは一八九七年札幌農学校教授を辞して後、病気から回復後は周知のように、台湾総督府に招かれて台湾糖務局長等をつとめ、さらに京都帝大法科の教授(一九〇三年)、一高校長・東京帝大農学部教授(一九〇六年)、東京女子大学学長(一九一八年)、国際連盟事務局次長(一九二〇〜二六年)となるなど華々しい経歴を歩んだ。分野で言えば、植民地政策の形成と講義、大学内外の学生教育のほかに、日本文化の国際的な紹介、時事論壇、通俗道徳への関与、国際政治への進出、と実に幅広く活動し且つ日本社会に影響を与えた。これはまぎれもない事実だ。したがって、彼の活動の意味についてこれまで戦前日本を振り返る諸研究において色々な分野と角度から議論されている。本書に関わる学生教育の場面に限って言えば、彼の一高校長時代の、従来の国粋主義や蛮カラ主義に代わる教養主義文化の成熟への貢献(社会学の竹内洋の言)*や、官僚・学者をはじめエリート人材の形成における新渡戸の折衷主義(哲学の鶴見俊輔の言)*の文明観・宗教観と実践による成果が指摘されている。わが寄宿舎の学生達は、同時代に、学者・啓蒙家・言論人などとして多面的に活躍する新渡戸の名には接していたはずである。だが彼に関するわが日誌における言及は昭和六年(一九三一)五月の北大講演のことのみである。しかし味わうべきかと思われる。舎生は、新渡戸がなかんずく「人格を持てる個人主義の養成。国体の許す範囲における新社会の創造

竹内洋＝『立身出世主義［増補版］』世界思想社、二〇〇五年、八四―八五頁。

鶴見俊輔＝「日本の折衷主義―新渡戸稲造論」『近代日本思想史講座・第三巻』筑摩書房、一九六〇年、一八六頁。

（決して現代社会を破壊してという意味ではない、誤解せぬよう）」を訴えたことを記す。これは、同窓の偉大な先輩という一般的な尊敬に終わらずに、日中戦争開始・日米関係悪化に苦しむこの頃の新渡戸の政治観をリアルに捉え、内容のある読み取りを残したと言うべきであろう。わが日誌は学生の声を記録した貴重な時代の証言だ。そうだとすれば、昭和八年一〇月新渡戸がカナダで客死との報に接した時、舎生がただちに日誌記述で形容した「世界的常識者」との評価もまたうなずけるのではないだろうか。

最後に有島武郎との関わりについて触れる。日誌には有島は三度しか現れない。すなわち、彼が一九〇八年（明治四一年）二月、農科大学予科講師（英語ほか担当）として着任したばかりの頃、わが寄宿舎の月次会に出席して、アメリカの大学生活から話題を提供してくれたことと、一九二三年（大正一二年）七月の彼の自殺の報に接した宮部先生と先輩の談話の記録、一九二六年の全集購入のこと、である。登場回数は少ないが、しかし彼と関わりがあることから来る学生の誇りと、感化の力は小さくなかった。有島は、ここに改めて記すまでもなく、明治末から大正期にかけての社会の過渡的・流動的な時代に生き、諸矛盾をリアルに直視した、日本を代表する作家にして思想家であった。ゆえにその作品だけでなく、彼の生涯に関わる資料や言説もごく多数、また、日本のみならず世界中で公刊されている。ごく最近も創作の新しい背景分析が出版されていることにうかがえるように、有島は魅力的な存在である。その有島はこの青年寄宿舎と、舎長の宮部先生や設立発起人の森本厚吉を通して、関わりがあった。森本厚吉（のち北大教授・農業経済学）は有島と農学校同期入学以来の深い交友関係で影響を与え、キリスト教の洗礼を一緒に受けた人物であった。しかしそれらは日誌には反映されていない。宮部先生と有島の関係について触れれば、有島は先生を慈父のごとく慕っており、農学校卒業後のアメリカ留学時には海の向こうから心境の変化について書き送ってきたり、北大着任後の一九〇九年三月の有島の結婚式の立会人も、その妻・安子の葬儀(一九一六年八月)の司会も宮部先生に依頼したというほどの関係であったことが知られている。宮部先生は有島の死の報せに誰よりも大きな衝撃を受けた一人だったに相違ない。同じ日の日誌に記された舎の先輩(北大の教員)の言は、北大の学生の「社会主義研究会」への有島の関与、有島農場の小作人への解放(一九二二年)という有島の共同主義思想からする実験、などに舎生は「注意」深く対応するようにとの「親心」からだったのであろう。なお、日誌には表れていないが、内村鑑三は有島の死に応じてこの月、論説を残している。それは有島に対する、ごく原則的な厳しい言葉であった。「有島君は神に叛いて、国と家と友人に叛き、多くの人を迷はし、常倫破壊の罪を犯して死ぬべく余儀なくせられた。」という怒りを込めた批判*であった。舎生・青年達は、大人というものは互いに深い関係を結びながらも矛盾した存在であることを身近に学んでいったことであろう。(所　伸一)

*批判=「背教者としての有島武郎氏」―『内村鑑三全集』第二七巻、一九八三年。

第三章　寄宿舎の青春

一　青年寄宿舎論

青年寄宿舎における学生生活はどのような意味があるのか、時々考えてみる必要があった。寄宿舎生活の実態からして考えさせられると思った誰かが論ずるのである。生活規律を整えること、自制を重んずるべきこと、共同生活の意義、修養の場としての意味……等々が記されている。住・食が得られる場であればそれで良いとしておくことは出来ない舎生気質が表われているのである。

明治三九年　何処ニ真ノ友情ガアルカ

思ったまゝ　志ち*

意気な湯上り姿ぢゃないが一週間の垢を落して小ザッパリと、おくれ走せに食卓についた。ランプ赤く、食ひ散らした皿を数へて冬温く、何だか西洋の俳句(もしそんなものがあらば)にでもありさうな景、併し向ふテーブルに一人が座る。

その人は慨然として、当今学生の礼儀なく、没道徳な事を僕に語りて、一転して吾が青年寄宿舎の過去と現在とに於て、その礼節、その親密の如何を物語られた。曰く、不幸なが

* 思ったまゝ　志ち＝ひらがな交り、カタカナ交りの混在や旧仮名遣いなど原文のままにしてある。

ら今の状態は下宿屋と選ぶ処がない。勿論会計上其他二三の点に於テハ、全然下宿屋如キノ比デナイ点ハアルケレドモ、舎生相互ノ友情——家族的寄宿舎ヲ以テ標榜シツ、アルニ拘ハラズ、何処ニ家族ラシイ点ガアルカ。何処ニ真ノ友情ガアルカ？　朝、洗面所デ会ッテモ愉快ナ朝ヲ迎ヘテオ早ウト云フデハナシ、否、却ッテ己レガ顔ヲ洗フノニ邪魔ニナルト云ハンバカリノ顔ヲシ、途デ会フモ知ヌガ半兵衛ノ様ニワザト横ヲ向イタリナンゾ、数へ来レバ随分冷ヤカナ非家族ノ類ハ少クナイ。苟モ同ジ棟ノ下ニ眠リ、食器ヲ交換シテ食フオ互トシテハ、ドーモ受取レヌ節ガ数々アル。甚シキニ至ッテハ吾々ガ父トモ母トモ思フ宮部先生ニ礼ヲセヌ人サヘアルサウナ……。

新天地札幌ニアッテハ、ワガ寄宿舎ハ古キ歴史ヲ持ッテ居ルト云フテ宜イ。而シテ昔……昔ナル語ヲ用ユルヲ得ベクバ……昔ノ青年寄宿舎内ニハコンナ冷イ手稲颪ハソヨトモ吹カナカッタ。雪ガ溶ケテ雨ガ漏ルナラバ自ラ進ンデ其レ其レ方法ヲ講ジタモノデアッタ。翻ッテ今ヲ見レバ、下宿屋ニデモ居ルカノ様ニ屋根ノ雪ヲ落サウトモセズ、只自己ノテーブルヲ濡レヌ様ニシテ置ク。云へ換フレバ寄宿ノ屋根ハドーナッテモ宜イ。ツマリ自分ノ所有物ヲ雨露ニ曝ラサネバ宜イ、ト云フ principle デアルカノ如クニ思ハレル。

風呂ニ這入ルニシテモサウダ。自分ノ都合ノヨイ時ニ無遠慮ニドヤドヤ這入リ込ンデ毫モ他人へ対スル敬意、謙譲ノ態無キハ近来稀ニ見ル特殊ノ現象デアル。ア、昔ハ斯ウデナカッタニ……云々。

僕ハコレヲ聞イテ自分ノ行為ヲ思ヒ、如何ニモ無理ナラヌ痛切ナ言デアルト思ッタ。外科医ガ傷口ニ鋭利ナ knife ヲ入レル様ニ一言一句僕ノ肺肝ヲイグルノデアル。然カモソハ僕ヲ苦シマシメン為メデナク僕等ノ病的ヲ癒サン為メノ忠実ナル advise デアル。僕ハ心中感謝シテ此ノ言ヲ受ケタ。

感謝シテ此ノ言ヲ受クルモノ、独リ僕バカリデモアルマイ。諸君自ラ顧ミラレタナラバ又必ズコノ言ヲ受ケネバナラヌデアロー。斯ウ云ッテ諸君ノ罪ヲ鳴ラスワケデハナイガ、兎角僕等ニハ何カシラ人ニ為スベカラザルヲ行ッテキル。不知不識ノ間ニ行ヒツヽアル故ニ諸君ニ於テモ亦大ニ戒ムベキ点ハ尠クナカラウト思ヒマス。以テコンナ事ヲ記シタワケ、ドーゾ不遜ヲ宥シテ呉レ給へ。〔原文〕〔『漫録』より〕

明治四〇年　尊キ理想ノ　学生ノ修養場

思フマ、
荘司経雄
カーライル*ヨリ
Make yourself an honest man, and then you may be sure that there is one rased less in the world.
余ハ常ニ此句ヲ誦スルモノナリ。
余ハ自ラ決シテ正シキモノニアラズ、シカモ余ハ次ノ事ヲイワントス、矛盾モマタ甚シトイウベシ、サレド寄宿舎ヲ愛ス故ニ余ハアエテ諸君ノ前ニ此直言ヲナス、願ハ此諒察セラレン事ヲ。
○宇宙ハ神ニヨリテ作ラレタリ、故ニ自然ノ力ハ神ノ力ナリ。
○自然ノ力ハ神ノ力ナリトセバ自然ノ法則ハ神ノ法則ナリ。
○神ハ崇高ナルモノナリ、故ニ自然ノ法則ハ崇高ナルモノナリ。
○道徳ノ根源ハ自然ノ法則ニアリ、故ニ自然ノ法則ニ違反スルモノハ道徳ノ敵ナリ。

カーライル＝Thomas Carlyle(一七九五〜一八八一)。イギリスの歴史家、評論家、『英雄崇拝論』など和訳された文献も多かった。

○人類ガ社交的動物ナル事ハ生存競争上ヨリ起リタル自然ノ結果ナリ。
○人類ガ社交的動物ナル故ニ人類ハ諸種ノ団体ヲ作リシカシテ文明進歩ニ伴ウテ団体ノ種類方法益々複雑ニ進ムナリ。
○団体ハ一ツノ body にして其 body ヲ組織スル分子ハ個人ナリ。
○body ノ腐敗ハ其 body の少数分子ノ腐蝕ヨリ始マル。故ニ body ヲ全ウセントセバ、アルイハ時ニヨリテハ少数分子ヲ犠牲トスルヲ要ス。
○分子ガ body ヲ組織スレバ其分子ハ一定ノ範囲内ニオイテ自由ニ運動シ得レドモ其範囲外ニハ運動シ得ズ、モシ範囲外ニ運動セバ、其 body ハ瓦解スルナリ。
○個人ガアル団体ニ属スルトセバ其個人ハ其団体ノ許ス範囲内ニオイテ自由ノ権アルト共ニマタ其団体ヲ組織シ、其形態ヲ保ツニ必要ナル法則ヲ遵守スルノ義務ヲ有ス。
○寄宿舎ハ学生ノ修養(アルイハ精神上ニ、アルイハ学問上ニ)ノ便ヲ計ル目的ヲ以テ設立セラレタル団体ナリ。
コトニ我青年寄宿舎ハ尊キ理想ヲ持チテ学生ノ修養場トシテ設立セラレタル寄宿舎ナリ。
○青年寄宿舎ハ一ツノ団体ナリ。故ニ青年寄宿舎ハ其理想ヲ実現センガ為団体トシテノ規約ヲ有シ、其分子タルベキ舎生ハ其規約範囲内ニオイテ自由ナルト共ニマタ規約ヲ遵守スルノ義務ヲ有ス。
○我舎ハ学生ヲ修養セシムルヲ以テ目的トセル団体ナルヲ以テ其舎生タルベキ人ハ自ラ修養シマタ他人の修養ヲ妨害セザル様務ムルヲ以テ第一ノ義務トスベキナリ。
○吾人学生ハ何ノ為ニ此長カラザル生涯ノ貴重ナル大半ヲ修養ニ費シツ、アルカ
(コレヨリ余ノ言ワント欲スル事ハ石津君完全ニ述ベタル*ヲ以テ余再ビコレヲ言ワズ)

*石津君完全ニ述ベタル＝「漫録」には

○団体ハ個人ノ我儘ヲ許サズ、故ニ団体ニ属スル個人ハ時ニ自己ノ慾望ヲ犠牲トセザルベカラズ
○団体ノ生活ハ互ニ愛ヲ以テセザレバ平和ヲ保ツ能ワズ
○愛ノ極致ハ自己ヲ犠牲ニ供スルニアリ。
○自己ヲ犠牲ニ供シ互ニ相愛シ互ニ相親モウ、ソコニイウベカラザル平和、イウベカラザル愉快ヲ生ズ、スナワチ自己ノ欲望ヲ犠牲トシテ人ニ捧ゲ、ソレニヨリテ自己ハスツベカラザル平和ト愉快トヲ得ルナリ。
○聖書ニ曰ク
受クルヨリ与ウルハ幸ナリ
ト自己ノ欲望ヲ人ニ与エ初メテ自己ハ大ナル幸ヲ得ルナリ。〔『漫録』より〕

明治四四年三月二一日　六時半からは静かな舎の特色？

明日は春季皇霊祭*にて試験も中止さるることとなる、よりて夕方各室にて軍歌の声盛に起す、しかし六時半になれば相変らず静かなり、これが吾が舎の特色か？

昭和一三年一〇月四日　青年寄宿舎は秀才、勉強家の集まり

二学期が始まったかと思えば、もう一〇月の声を聞くようになった。時は無意識のうちに過ぎていく様な気がする。冬が来るのももうすぐだ。吾々は今の内に野外運動に、ハイキングに、秋の精気を充分吸わねばならない焦燥感にかられる。近頃予科教授の休講が非常に多い。今日等、一年工類は三組とも午前中で終っていた状態である。今夜友人の所で青年寄宿舎の話が出て、今なお特別の秀才、特別の勉強家の集まりの様な観念を戴いている人が非常に多いらしい。これについては各人各様の意見があることと思うが我々は先輩の

この荘司君の文章の直前に「游言録」という表題の石津半治君の文章がある。「人生ヲ酔生夢死スルモノ又不幸ナル哉」と言って修養を説いたものである。

春季皇霊祭＝春分の日に宮中で天皇が行う祭祀。戦前には国祭日となっており、現在も春分の日として祝日になっている。秋分の日には秋季皇霊祭があった。

残したよき名に及ばぬ迄も各自の最善をつくさねばならないと考える。（渡辺）

昭和一四年一〇月三〇日　自我の定立を得る修養の場

近来寄宿舎の運行が極めて円滑に行われている事は満足すべき事である。一体この様に一つの屋根の下に全国から来たあらゆる種類の人が毎日顔をつき合わせる時に生活を同じくする時に今の様に無事に進んで行くという事はむしろ一つの不思議とも考えられる。事実かつて色々の衝突やそれ迄行かないとしても不満が頻々とあった時代も遠い事ではないのである。また衝突する程のこまめさもなくて不精の沈黙を守り合う時は一見無事であるがその時の精神の弛緩さ、沈滞さは決して衝突より選ぶべきでない。しかるに現在在舎の諸氏を見るに決してその種の弛緩、沈滞があるものではなく寧ろ自分の知れる限りの過去にも見なかった意欲的な活発さが見られるのではないかと思う。現在の如き能動的なしかも円滑な進行をなすという事は舎生一同の明るい広い自覚によるものと考えたい。各舎生が寄宿舎なる全体を自覚する時にこの安らかさがあると思われる。この自覚の下における以上協調という事は決して卑屈ではなく積極的な妥協は真に自己を生かす所の個より全体へ全体より個への道である。実際に即して言うならば、一つの部屋に性質、趣味の同じからざる二人を放り込み生活の大部を共にするという事は自我にとって相当の苦痛である筈である。家で何の遠慮もなく振舞って誰にも妨げられる事のなかった者が突然それに多大の、あるいは殆ど一から一〇までの他人の影響を被らざるを得ない時、これに（自分は全く正しいとしか思われない）不平不満を、時には怒りをさえ感じるのは当然である。これが新入一年生舎生の共通の苦しみである事は確かである。だがこれは寄宿舎ならでは得られない最も有意義な修養である。ここにおいて我々は初めて社会というものを自ら触知し同時に自我なるものの限定を（即ち存在を）自覚するのである。二年過ぎ三年と経つ中に寄宿舎の生活の中に凡ゆる種類の不平と不満を体験し且つ、克服しつつ自我というものが如何に存在するかを明瞭にして行くのである。同時に社会あるいは全体というものの在り様を知って行くのである。かくして自我の定立に欠くべからざる自と他の調和、個と全との統一に近づいて行き（社会の中に一個として生きる事の楽しみ、即ち個として社会に立つ事）喜びを知って行くのである。吾が二年半の寄宿舎生活が如何に得難き重き修養であったか、益々これを通感し、先輩同輩諸氏に感謝するのである。宜しいかな寄宿舎生活。（福本）

昭和一九年三月二五日　学徒動員出発前に……自制峻厳な寄宿舎生活を

（前略）* 舎を愛し舎精神を昂揚されてゆかれんことを切望している。

一寸気が付いた迄に諸兄の反省の資にしたいと思うが、食事中に新聞閲読すること、便所の草履をはきかえないこと、廊下を走ったり大きな足音をたてること、帰省前後特に舎の責任者の者に挨拶をしないこと、部屋に舎の食器等を長く放置しておくこと、図書室の本の不整理、借り放し等、極めて些細なことであるが反省していただきたいと思う。

理想に到達する前提として、あくまで自己を制するに峻厳であらねばならぬ。これ即ち禁酒、禁煙の精神であると思う。学生の特質は理想に燃え、自己反省と思索に精なることである。しかして舎はその実現に最も処を得たる環境であらねばならぬと思う。

どうかくれぐれも舎の為に尽くして頂きたい。（飯島）

昭和二二年四月一四日　寄宿舎の任務　清き野心、大望、大勉強

六月頃の日ざしのようである。鼻の粘膜がカラカラにかわいて頭に血が昇る。学校が一せ

*（前略）＝第二章の「一　創立・移転新築・禁酒禁煙」の節に全文を載せている文章なので抄録とした。

いに始まって、宿宿舎はことりともせぬ。泉田、福重弟氏砥石岳*にスキーにゆく。無事帰られると良いが。

少し理屈をかく。憎まれ損のくたびれもうけにすぎない理屈を書きたいのもフロイド分析を行えば、抑圧せられた「春」の象徴かもしれない。とにかく良い天気である。

愛する吾が青年寄宿舎の任務は何であるか、清き野心、大望をもつ青年を育てるにある。清き大望を濁世の浅ましきけがれに陥れざらんがためには、吾らは、大勉強せねばならない。自由は、吾らのモットーである。

しかし、独立のないところに自由はない。

実力のない所に独立はない。実力はいかにして育てるか。勉強あるのみではあるまいか。吾らは、勉強せんがために全力を尽くさねばならぬ。しかも、この全力は、一人で出来るものではない。舎生の一致協力に待たなくてはならない。一致協力することによって、吾らの持つ経済と時間を最大限に生き生きと活用しなくてはいけない。そして吾々の経済生活の最大な要素は、食の問題*であり、昼食がしかも最大の要素なのである。こころみに計算してみれば、食費は一月二〇〇円くらいのものであるが、昼食は主食、副食あわせると三〇〇円では一寸無理である。個人的な要素によっていろいろ状況の差はあろうが、しかし解決せねばどうにもならぬ問題である。どうにかなる式に放っておくよりも、計画的に舎生全体の協力で解決したいものである。

いろ〳〵な利害関係はあろうが、必ず食べずにはすまない問題であるが故に、また欠けてゆけば必ず身体に影響し、精神に影響し舎全体の空気に影響する問題であるが故に諸兄の美しき協力を期待する。二〇人の舎で協同できないようでは、救国の唯一の原理である協

砥石岳(山)=札幌市南区中ノ沢、同中央区盤渓の境界にある山、砥石を産する地域が含まれていて山名となっている。

食の問題=この年の食糧問題は深刻であった。米は二〜三日分だけのさみだれ配給が続き配給日だけ久々に米飯という有様だった。米は貴重品であり宮部先生米寿祝賀会での記念品を米一俵と決める状況であった(六月四日)。実際は半俵(三〇キログラム)になってしまっていた(七月三日)。

同組合も実行不能となり、遂に祖国は、清められ、救われることがないのである。

第二に問題としたい事は、時間の厳守と労働の問題である。早寝早起きを絶対に守ろうというよりも、それが舎の気風となってくれれば良い。朝食が一〇時迄も一二時迄も残ったり、いろ〳〵な会合の後につまらぬダラ〳〵の時間つぶしをしたりすることは、もうごめんだと思う。寄宿舎にはなすべき仕事がたくさんある。それを日曜日の朝にとりまとめて、三〇分ばかりバタバタとやるよりも、諸兄の日課表の中に寄宿舎に対する神聖な労働時間を織りこんでほしいものである。

理屈ばかりで、双の腕をたくましく働かせる事を知らぬインテリは、青白いという外何とも形容しがたい。ごつごつした働く手を持とうではないか。労働してこそ、勉強にも力が入るのではあるまいか。

第三の問題は、吾らが心を開いて語りあうというところの問題であり、それは討論の形式で相互の理解と仕事に対する義務を規定しなくてはいけない。日曜の夕方一時間位を、サンディ・イヴニング・パーティーとして持ちたいと思う。

第四の問題は、いろいろの会の用事、例えば物品管理とか清掃とか畑*とか運動とか文化とか、いろいろの方面に、分業したグループを持ちたい事である。そして全力を尽くす何人かの人々がいたら、一年中かわりなく舎の仕事は、ハカハカとはかどることと思う。

第五の問題は、冬の始末を今のうちにつけておきたいという事である。ストーブの修理、ロストル*の購入、煙突の購入、冬の勉強室の整備、外煙突の事など、今のうちに手配しておく事が肝要であって、間に合わせばかりやると、火事を出したり永い冬の期間をうやむやにおくることになろう。

畑=寄宿舎の裏の空地やテニスコートだった所は畑になっていた。舎生たちの「労働」(アルバイト)で耕し、手入し、収穫していた。アルバイトは大変だが畑の恩恵は想像以上に大きいとされ(五月二六日)、胡瓜も役立って来た(八月二一日)、朝から大根抜き予想外の収穫(一〇月二六日)と記されている。畑は貴重であり、亀井先生は宮部先生のお宅の畑の手伝いについて舎生に依頼するため、わ永い冬の休にとりとめもなく書きつけておいたことがこんな風になった。清新な気持をいつまでもたもち、いつまでも充実した勉強生活をすごすために、吾らは、もっともっと協力しなくてはならぬ。吾々の力の中にひそんでいるところのものを出しきらなくてはならぬ。そして、他人のことにいらない気を使ったり批難したり責めたりすることなしに、自分のできるだけのことを明るくやってゆきたい。これが私の希望であり、また自己に対するはげましでもある。（村上）
附記、寄宿舎の各室に外錠をかけ、また戸締りを厳重にすることはどうか。便所の戸がいつも開けっぱなしである。名誉あることとは思えないがどうか。

解題

明治時代から朝のおはようの挨拶もしない、宮部先生への挨拶も出来ない舎生がいる、など普通の礼儀に欠ける生活態度が問題にされ、自分の机の上のことしか考えない自己本位の考え方もひんしゅくされていた。全く同じ生活規範のことが昭和時代になっても言われていた。挨拶をしない、廊下を走る、大声がうるさい、などの注意である。礼儀、規律のある生活をというわけである。昭和一四年一〇月、福本君が修養の場としての青年寄宿舎を称揚している文章があるが、このところのやや後に『東大新聞』（昭和一四年一二月一一日）の「文化評論」切り抜きが挿入してあった。「下宿屋と寄宿舎」と表題して「自律的な礼儀」、「長上への敬」が失われて来ている時代になっているので「学校教育当事者」管理下の寄宿舎における「訓育」は必要であり、当局が学生が「自律自戒自治自学」し得る「大綱」を持つべきである、というよ

ざわざ来舎していた（五月一七日）。
ロストル＝rooster　火格子―ひごうし。ストーブの中で燃える石炭を支える格子状の火皿。

うな内容であった。

『東大新聞』が「当局」の「大綱」による「訓育」、規律を説くのとは大いに異質の「修養」が青年寄宿舎日誌では言われているのである。禁酒禁煙の舎是、モットーに含まれている自制の精神（CONTROL YOUR APPETITES & PASSIONS）こそ「修養」の中心であり、それは寄宿舎における共同生活の中で培われるものだとされていた。

「修養」のうちには「大勉強」が含まれていた。「大勉強」は、昭和二二年、食糧もままならぬ時代に舎生の生活要点の筆頭に村上君が挙げていた言葉である。学業重視は舎生諸君当然の習慣であった。青年寄宿舎と言えば「特別な秀才、特別な勉強家の集まり」と思われていたという。そんな青年寄宿舎が「軍人の卵養成所の観*」を呈していた時代もあった、軍国主義へのためらいはこの日誌の所々にあらわれている。（田端　宏）

*「軍人の卵養成所の観」＝第三章「五戦局と舎生」の節参照。大正一三年六月二〇日の記事で徴兵検査に甲種合格となって帰舎した舎生を迎えての弁であった。

二　青年寄宿舎日誌論

青年寄宿舎の日誌は明治三一年（一八九八）～平成七年（一九九五）の間、やや欠ける所があるが会議録、委員長日誌などがあってほぼ連年の記録を舎生達が書き継いで来たものである。記念祭、月次会などの寄宿舎行事の様子のほか寄宿舎生活の細々としたことから、人生観、学生論、寄宿舎生活論などにわたる持論、議論、感想等々が思い思いに書かれている。

ここでは日誌の書き方自体が議論されている様子、後年、日誌が「舎生

「ノート」と題されて書き方、内容が大きく変わってくる昭和五〇年代にも、古い日誌を読んで改めて日誌論議が行われる様子などを拾ってみた。

明治四一年四月一日　日誌は文芸部委員

文芸部委員に選ばれて日誌の記帳を仰せつかった。自分の様なものをも用いて此の青年寄宿舎の参政に与らせ給う、自分の光栄も一入大なるものがある。吾が寄宿舎は理想的ではない、改良すべき所はまだ中々多い。心を一にし歩調を一にし、なお一層向上してもっとも麗わしき春風吹き温き家庭的寄宿舎に進めるに及ばずながら此委員という末席をけがして務むることは自分の切なる願である。此のため吾人は利己的なるを許さない、ただ一人食って寝さえすれば充分である様な考は許さない。先ず第一に上下意志の疎通を計らなければならぬ、いでや進まん、吾人の旗印を明にして理想の彼岸に。

昭和八年七月一七日　日誌はブランクに

いよいよ明日からは誰も居なくなる。舎は皆寝てしまってシーンとする眠りが○○〔解読できず〕気にもなれない。舎よ留守中も健全であれ。何だか建物が生きてる様な気がする。さらば日記よ。明日からは何日間かブランクとなるであろう。二か月の間個々に分かれて記されるのだ。〔八月二三日まで記事ナシ〕

昭和一三年一〇月二日　日誌回送制を評価

日誌もたまたま書くと、おぼろげながらも興味が付いて何とかペンも動くが文芸部一人では相当の忍耐を要し、しかもブランクが多い〔公平に見て〕。今度の制度は一石にて三鳥を射落す名案也。

昭和一三年一一月六日　日記は公用

小生入舎以来初めての日記でありまたこれが舎の公用である。

昭和一四年四月二七日　日記への希望

日記への回顧と希望。

今晩新しくなったこの日記を福本君から渡されて見ると日記に関する思い出が自然と涌いてくる。昭和七〜八年頃より付けていていつ終わるとも思われなかったあの前の日記*もこの制度を採用してから、いつの間にか終わってしまった。僕が文芸部委員をしていた時にはこの日記をつけるのが一つの苦でいつもいい加減につけておいたり一〇日も二〇日もブランクにしておいたものだった。

舎生等は誰一人としてこの日記を手にする人もなく、まして読む人すらいなかった。それで僕たちの一年の時に赤裸々の感想を交換する目的で「流星」*というものが出来た。これは下級生であった僕たちの上級生に対しことに舎のことに対する希望などのことは面と向かって言い得なかったから——なんと心臓の弱かったことよ——この「流星」に書いてもらうという事になった。その「流星」も虻蜂とらずにいつのまにか名の如く消え去ってしまった。

この寄宿舎には吾々若人の凡てが持つ意気と熱とによって色々の問題に対する感想を吐露するものがなく、機会もなくまた作ろうともしない。自然おざなりの交際となり各自心の城壁を高くして毎日の駄べりはただの漫談にすぎない。

同じ釜の飯を喰い同じような境遇に生活している吾々舎生の間にはもう少し心の交わりが

前の日記＝昭和一四年三月末で全ての頁が埋った日記帳は、昭和九年五月一日から昭和一四年三月二四日までの五年近く書き継がれて来た四〇〇頁ほどもある厚冊の日記帳であった。

「流星」＝回覧雑誌の表題と思われる。原稿を集め一冊に綴じて回覧する形の雑誌が明治年代から作られていて「寒林」(一九〇六—一九〇九年、計七[?]号)、「楓林」(一九一五—一九四八年、計七六[?]号)、「牧笛」(一九二二—一九四六年、計七〇号)という表題のものが三分の一ちかく、および「橇の音」(一九四三年号)が残っている。戦後の年代では謄写版手刷りの「牧笛」、「楡林」(一九六一—一九七三年)が作られていた。

あっていい筈と思う。この日記も単なる日記に終わる事なく舎に対する希望、自己の意見感想の発表の機関として用いていったらいいと僕は思っている。新人諸君よ、大いに活躍してくれ給え。

このような日記は私は唯その日の事実を述べたので筆者の感想を入れて読者をしてその事実は想出せる様にすべきだと思う。例えば僕たちの入舎した頃の記事を読むのは私達にとっては非常になつかしい思い出を呼び起こさせる。昨日の日記*の如くただ渋川君入舎では何か物足りない様な気がする。乱文多謝　（柳川）

昭和一七年二月二〇日　日記に署名を

日記ニ署名シナイ人ガ時々アリマスガ、ナルタケ書イテ下サイ。ソレカラ日記ヲ一室ニ遅滞サセナイヨウニ　（文芸部）

昭和一七年二月二四日　日記は如何にあるべきか

舎の日記について。舎の日記に、唯、舎に関係した記事のみをずらずらと書き述べるだけでは凡そ無意味である。それなら何も各部屋に無理をして回す必要もない。人によっては、あるいは其の日の舎に関する事件に気がつかなかった人もあろうし、あまりそれらに関心を持たない人もあろう。だから、記事などは自然粗雑になって正確さを欠く様になるかも知れない。

それよりも、副舎長なり、文芸部なりで、責任を持って其の日の記事を書いて行った方がはるかに、すべての点で経済的だと思う。

それならなぜ、各部屋に回すのであろう。一人で書くのが面倒だからだろうか。あるいは単に書くことによって、舎に関係づけるためだからだろうか。私はそうは思わない。人に

*昨日の日記=昨日にあたる昭和一四年四月二六日には「昨日渋川潤一君農実入舎、夜歓迎コンパがあった。」と一行だけ書かれている。

よって見方もあるだろうけれど、私はこれにはもっと重大な意義があると思う。一体個人の日記にしてもそうだが、単に過去の記事をとどめるという事だけならば、日記としての価値を半減したものと言って良い。勿論記事をとどめるという、其の事は、大切な事に違いないが、日記にはもっと、大きな半面がある。それは、個人の魂の生長過程の記録であり、この記録を書くことによって吾人は反省し、この記録を読むことによって、過去の自分と現在の自分とを比較し批判し、此処で初めて人間の心が生長して行くという、この事である。

これは舎の日記においてもそうだと思う。舎はどこ迄も個人の集合である。従って舎の持つ精神は、どこ迄も個人の精神に負うて居り、個人の精神に立脚して初めて成立するのだから、舎の精神は、其の時代〱における個人の精神のあらわれであり、四十数年の昔、うち立てられた舎の精神は、其の時々の青年の精神によって付加させられながら、現在に到っている。

こう考えると在舎生の個人の持つ精神の意義はすこぶる重大と言わねばならない。こういった意味で舎の日記は実に重大なる使命を有している。それは、吾が舎の舎精神の過去の記録であるばかりでなく、これから進歩して行く舎精神の一つの尊い階段の役目をする。しかるが故に日記を各部屋に回すという事は、非常に意義がある。各人が、この日記に思い〱の感想、単に舎に関係したことだけでなく、現代の世代のあらゆる方面に渡っての考えを書き、お互いに批判し検討することによって、個人の精神も進展し、其の中にうちもられて行く舎精神も常に向上の道をたどるだろう。かくすることによって、現在の舎の沈滞とかいう問題も一蹴されはしないだろうか――。五〇年史*も是非完成させたい気持ち

五〇年史＝『青年寄宿舎五十年史』が

はもっている。（三村）

昭和一七年二月二七日　屁理屈は書かない

下ラヌ屁理屈ヲ考エタクナイトキニハ簡単ナ日記ヲ書イテ気持ヲアラワス。

簡単ナモノカラ大キナモノヲ抽出スルコトヲ知ラナイ者ハ沈滞トカ何トカヨク使ワレル言葉ヲ録ニ考エモシナイデ使用シガチデアル。沈滞ハ飛躍ヲヨリ力強クスル温床デアル。

予科ヲモウスグ終了セントシテルガ三年間ヲ顧ミルト色々ナコトヲ考エル。

三年間デ、札幌ハ離レラレナイ位好キナ町トナッタ。決シテ無駄デナイ三年間ダッタ。呑気ニサボッテタコトガ自分ニハアル力強サヲ与エテクレタ。モットサボレバヨカッタト思ッテル。後悔スルコトハ運動ヲ一年ノトキカラヤレバヨカッタコト、自分ヲ確立出来ズ人ニ引ズラレ勝ダッタコト、等、結局予科、高校ハアッテモナクテモイイ存在デアル。

（河辺）

昭和二四年四月一八日　欠かさずに書くべし

午後六時から今年度初の舎生大会あり。

最初に先年度の回顧、「馴れる」、「エチケット」等々問題となる。

決議事項左の通り

一、外泊、帰省、または舎外生宿泊の時は届ける事

一、備品の破損したる時は届ける事

一、他人の下駄をはかぬ事

一、会合に欠席及び遅刻の由はあらかじめ届ける事

一、食事の際は半裸を禁ず

一九四九（昭和二四）年一一月に刊行されている。編輯・発行　奥田義正一二四頁。

一、日記は一人一日を原則として欠かさず書く事
一、次の時間中は騒音を禁ず
　午前八時以前　午後六時以後
　但し日曜、土曜は次の如く決める
　　午前八時以前　午後一〇時以後

昭和五五年一二月一一日　日誌の寄贈　日誌の見直し

先日の舎生会議で私がやらされるハメになった古い文集や日記の処置についてまだ知らない人がいるかも知れないので簡単に説明します。

現在役員室にあるものは舎の創立期からだいたい昭和二〇年代前半までの文集と舎の創立期から一九六〇年代までの日記です。文集は名前から分類すると四種類あり、うち三種類は同時に作られています。

これらを全て、そしてアルバム二点を北大の中央図書館にある北方資料室に寄贈することになりました。ここで半永久的に保存して頂き必要に応じて借りることができるとのことです。寄贈するのは来年の予定ですので一度位文集を読みたいと思った人は、私に言ってください。なお整理して順番にならべてあるのでかってにいじらないでください。

〔別の筆跡Aで〕

二一世紀の寄宿舎生の諸君へ

前頁に今後一切くだらないこと、すなわち、この日誌がもし数十年後寄贈することになったら、はずかしくて、顔をそむけたくなる内容、また他人が読んで腹立たしく思うような内容を書かないことを誓いました。しかし、僕にくだらないようなことを書かせようと、

おとしいれるのは決まってMITURUSEF氏なのです。
創立期から一九六〇年代にかけての日誌には、かなりむずかしいこと、各自の思想のおりこまれたもの、時にまるで一人よがりな弁論など、重い文章が載っています。終戦の前後に書かれた一冊の大学ノート*などは本当に読みごたえがあると思います。僕は入舎当初には日誌はすごく軽いもので良いと思っていましたが昔からの日誌を見て、これではいけないと深く反省しています。率先してつまらないことを書いていた様なものですから。別に軽い話題がいけないというのではありません。前に書いた様な「安西エリがどうのこうの」とかいうことは書くべきではないと思ったのです。
これから別にきばって重いむずかしいことをわけもわからず書くというのではなく普通に思ったことを書いて行こうと考えています。
〔教養部理工系　一年　〔署名略す〕〕
〔別の筆跡Bで〕
普通に思った事だったら前と同じじゃねえか。(CUPID)
〔別の筆跡Aで〕
これだから僕はMITSURUSEF氏と一緒に日誌を書きたくない。僕の男としての本能を引き出す才能をMITSURUSEF氏は持っているのであります。

解題

日誌の書き方は年代により変化がある。明治、大正、昭和の初め頃迄は副舎長や文芸部委員

一冊の大学ノート＝昭和二〇年二月一七日～二一年六月一一日の間の日誌、表紙は「日記　昭和二十年二月十七日以降」となっている。一〇〇頁ほどの大学ノートを使っていた。第三章「一〇　戦局と舎生」の日誌記事および解題を参照。

が執筆を担当していて半年くらい同じ筆跡で書き続けられていた。副舎長は在舎生の代表、文芸部委員はこの日誌執筆のほか、回覧雑誌の編集、オルガン、レコード、図書の管理などを担当していた委員だった。記念祭や月次会の様子を詳しく記し、定山渓徒歩遠足、手稲登山、兎狩り、テニス、卓球などの試合が丁寧に書かれ、時に美文調の長文で筆力のほどを誇示しているかに見える記事もある。

昭和一〇年代になると社会の変動、戦時下社会のの動きを直接反映している記事が目立つようになる。価値観の多様化の反映か日誌執筆「制度」が替えられている。文芸部委員が一人で執筆するのではなく、舎生全員が交代で執筆することになったのである。

昭和一三年九月頃から「日誌順送り制度」(この頃の文芸部委員氏はこのように表現していた)は始められていた。同年一〇月には文芸部委員一人で書き続けるのは大変でブランクも多くなっている、今度の制度は「一石ニテ三鳥ヲ射落トス名案ナリ」という見方や舎生一同熱心に取り組んでいる、舎の事業への熱意があらわれている、という見方が日誌に記されるようになっていた。

しかし、日誌が同じ部屋に何時までも置かれている、記事に署名のない例が目立つなどが問題とされて、文芸部委員が注意喚起の記事を書かなければならないことにもなっている。日誌の書き方論争が必要になってきたのである。昭和一七年二月二四日、三村拓生君は「日記は如何にあるべきか」という長文の意見を書いた。日記に各人の思い思いの感想、意見を書いて互いに批判、検討することによって各個人の精神が成長し、ひいては舎の精神、舎の沈滞した現在を「一蹴」することができる、というのであった。

直ぐに河辺教雄君の反論が現れた。簡単なものから大きなものを抽出出来ないものが「沈滞」というように言いがちなのである、「沈滞」は「飛躍」の温床でもあるのだ、と。しかし彼も予科生活三年の反省を付記していた。

　ただ簡単な日記で済まそうというわけではなかったようであった。実際に「日誌順送り制度」はこのあと長く続いて、誰か一人にまかせておくという状態に戻ることはなかった。昭和五〇年代になって改めて、日誌論を呼び起こす質がこの「制度」の内に作られていたのである。

（田端　宏）

三　学問、勉学と青春

　この日誌には往時の学生が勉強、科学、大学、大学教授についてどのように考えていたのかが多数書き残されている。またそれらについて宮部先生や先輩と、そして同じ舎生とどのような対話をしていたかが記されている。ここにそれを集めてみた。学生は成長し聡明になって行くが、特に最終学年で卒業論文に取り組む中で、科学・技術の在り方について一段と自覚的になって行くのを読むことができるだろう。また、第二次大戦後の初期の記述には健やかな大学観、勉強観が読み取れよう。

大正二年一二月二一日　凶作は悲観すべきにあらず

本日は午後六時より忘年会を兼ね月次会を開く。最初は新入舎生の各自の感想及び生国史談あり、次に今回独乙《ドイツ》より帰朝せる畜産科助教授、高松正信氏には独乙の大学及独乙の大学生の状況につき有益なる且つ面白き御講話をなし下されたり。宮部先生は、本年の凶作に関し専門の学理より種々御意見を述べられ、あながち凶作は悲観すべきにあらず却て其結果北海道に特に適する品種を作り得るやも量り能きと言えり。茶菓後一二時過ぎまで例の如く楽しく騒ぎ過す。

大正四年一二月二一日　げに楽しきは試験後の一日

日ニ夜ヲ次イデ苦シミ勉強シタ一週間モ終リ、今日ハ試験ノ労ヲ寝テ慰メル人モアリ、外出スル人モアリ　図書室ニハピンポンノ音一層高シ。ゲニ楽シキハ試験後ノ一日ニコソアレ

大正一〇年六月二七日　偉くなるために北大を去る

北の国の大自然を慕い、且つ遠大なる望を抱いて当地にやって来た長谷川君。最後の決断をなして自己の満足する生活を送るは文科より他なしと、永遠に此の地を去らる。元来此の舎よりかかる突然的雄々しき決断をなして飛び出すもの多し。長谷川の書き残せるもの――お互に許し合いましょう、そうして吾等が目がけている「偉大」に向って突進しましょう。「偉大」は神の何たるかを知る、そうして「偉大」が物事の総ての真理を知る。本当さを知る、心髄を知る、この意味において僕は名残惜しき此の舎を出ます。偉くなる為めには小さな情を捨てなければなりません、さらば、本当に懐しき諸君よ、お互に偉くなりましょう、偉くならなければ生くる甲斐なし、死あるのみ。諸君へ　静雄より

大正一五年一〇月二日　日本には深い究明がない？　模倣は必要？——舎生演説

平野君　三田評論にありし「日本人の共通欠点として」につき紹介された。即ち日本人は他人を真似る性質が多く、また表面的に広くして、深く突っこんで究明する性質が乏しいと、例として社会科学学生の検挙事件*を上げて説明した。

浜本君　人間には模倣性が必要であり、人間に取って重大である。模倣の極限において天才、偉人が生まれると。

記者註、各自が共に自己独自の駄ぼらを吹いているのである。各々紙一枚の距離である。

昭和二年六月一八日　月次会で大学教授批判の演説

四、舎生演説。　平野君。吾々は大学現在の教授法の大多数に不満を抱く。不満の原因、それは真実に、熱心に教えるという事なくしてただ、単なる古くさいノートの朗読であり、自己の生活に従ってる迄の教え方と思われるからだと説き、その教授法改善につきて述ぶ。川原氏出て、予科は居候の養成の場で、学科も面白味なしと罵倒して教授に対する不満を述ぶ。

笹部君飛び出し、教授に対して不満を述ぶるは不敬千万なりと叱咤す。しかし其れに対して何等極め、論ずる所もなし。

五、先輩演説。　多勢氏、前舎生演説に対し、学生時代に体験した自己の立場より、それを批判し、告諭するが如くに述べる。

奥田氏、舎生演説に対し批判をなす。

六、宮部先生のお話。　舎生演説を批判し、弁者を諭す。

*社会科学学生の検挙＝この一九二六年一月より京都帝大など全国の社会科学研究会の学生が治安維持法の適用で検挙されている。四月二日には札幌署が北大社会科学研究会関係者の検挙を行い、北大農経の本年卒業生、在学生らが拘引された(のち不起訴処分)。—『北大百年史・通説』一九八二年。全国組織、学生社会科学連合会は一九二九年一一月、自主的に解体。

昭和一五年八月二七日　学問と生活、理想と家郷、技術と学問

中学入学以来、すでに家郷を出る事一一年。其の間に最も精神的にうるおいのある、希望ある生活をしたのが予科三年の生活とこの頃感じてきた。理想に生き情熱をもって事にあたりて何等不自然の感じられない生活は高校生活を除いてはないらしい。

学問に生きんとして生活を考え、理想に走らんとしつつ家郷を思う。

大学生活まさに終らんとして得た感無量。

予科生諸君よ、情熱をもって真理を探求し理想を追え。学問の何たるかを知れ。学問の知らない大学生の如何に巷に多き事よ。

試験管を振り、機械の設計をするのは決して学問ではない。技術と学問をはき違えずに進み得る素養を作るのが予科時代の課題である。(柳川)

昭和一五年八月二八日　サイエンスを学ばずしてテクニクを学ぶのか

日本の海軍が偉大なる技術的発展をとげたのは理学士を重用した為だという事である。工学士――即ち応用科学を学んだ人――は理学士程事物を深くつき込み研究する心構えがないので、考えるのに飛躍がないとの事である。
農科・工科等の applied science を学ぶ我々には、一考を要すべき話である。我々は science を学ばずして technique を学ぶ、一介の職工となる恐れ多分にあり。(柳川)

昭和一五年九月一四日　科学者とエンジニア

柳川君の言われるように、工学部のような応用科学というより、技術一点張りの教育を受け、学問から遠ざかる傾向のある事は事実であるが、しかし engineer の仕事というのは真理を探求する事ではなくして、現在ある科学の知識を総動員して、今迄よりより確実なより性能の良い機械で作るというのであっても、差し支えないと思う。

真理を探究するのは学者がやる。その学者の得た結果を多くの人が有利に使えるような形にして提供する事は、言うは易く行うのは非常に難しい事で、各方面の広い範囲の知識が必要とされる。映画がスターばかりでは成立たないように、この世界も自分の作る機械の精度を一／一〇〇〇〇向上した事をもって満足する脇役を必要として居る。Engineerとはこの役を演ずる人でなかろうか。現在の日本は吾々に科学の成果を学んでこれを工業に応用する職工を必要として居る。（玉山）

昭和一七年二月二二日　予科を終えて先生の姿勢を区別できる

昨日で予科の授業はすべて終り、明日から最後の試験が始まる。……。かえりみると予科の授業は一口でいえば一般につまらなかった。それは教師の「考え方」による事が大きな影響をしている。吾々は本当に尊敬すべき先生と、そうでない先生との区別が良くつく様になった。

昭和一七年六月二日　「大切な智慧」

ドストエーフスキーの『白痴』を読み終った。私はある新しい世界が、新しい見方があることを教えられたような気がした。主人公ムイシュキン公爵の美しい魂は私の心に深い感激を与えた。私は何だかうれしかった。心の内からこんこんと沸き上って来る歓喜はいつまでも止まなかった。彼は「大切でない智慧」を持っていなかったが「大切な智慧」の方は誰よりもすぐれ秀でていた。

昭和一九年二月二七日　授業の成績と真の理解と

本日、予科進級者の成績発表あり。舎生は中々好成績をとっていた。しかし成績なんてものは変なものだ。成績順位の上の者が必ずしも良く解っているとも限らない。要は身についた学問が大切である。一夜づけの点取虫的勉強——自分もやっているが——は時局に対しても申し訳がない。学徒として、自分の地位を自覚すべきである、と自ら自分を責める次第である。時局は逼迫している。何時、如何なる事が起っても動じない心の準備、体の準備が緊要である。非才を省みず思わず生意気なことを書いてしまった。(河瀬)

昭和一九年一一月二四日　学生の商品扱い。教育者には Liberality が必要

東京に遂にB29七〇機程来襲。例により新聞ラジオの報道のみでは判然とは分りかねるような事であろうが、兎に角多数機で来襲が出来るようになったのであるから、一般の公衆に対しては兎も角として、我々にはもっとこの戦の様相をしっかり見なければならぬと思う。

夜友人のところへ遊びに行き大分駄べる。「一功成って万骨枯る。」このような事が如何に多き事か。大学の制度にしたって、今のままでは、大部分、教授によって学生が商品扱いをされ、そのまま、学生の抱いている Witz*が浮かばずに殺されて行く。と一面から見ればこれは確かに不様である。しかしながら本当に学問を愛し、教室を愛し、北大を強くさせんとする者はこの境偶に打沈まず飽くまで自分の方向を定めてそれを仕遂ぐべきである。そこにまた教育者としての Liberality が求められねばならぬのであろう。

昭和二〇年七月四日　学生生活の幸福さ

私が突然寄宿舎に帰って来ましたのはもう先月の二六日、八日ほども経ってしまひました。此の間に於ける私は唯、嬉しさの為に、唯、心の底からモゾ〳〵する楽しさの為に一人でうれしがって居りました。二ヶ月余の離舎が私に何をしへたか？　二ヶ月余の離舎は又

* Witz＝機知、才知(ドイツ語)。

学問からも離れた日月であった。そして、それは過去のものとして葬ってしまふには余りに現実性が濃すぎる過去では有る。何故ならば、何れ又近い内に私はその生活に帰って行かねばならぬのであるから。思へば横須賀での生活は大いなる経験では有った。然し、又あの生活に帰り行くと思へば暗澹たる気持ち……之が本当である。でも私は今幸福である。学生として講義をきゝ学生として生活出来るんだもの。あの生活が私に教へてくれたものは第一に、私は舎の生活を送った。他人の間での生活には馴れてゐる。之は自分でもそう考えた事があった。然し、横須賀の生活をみて先ず感じた、寄宿舎の生活は余りにも楽しく、豊かな幸福な生活であると云ふ事である。感謝する生活、私は札幌でもし又生活が送れたらいくら感謝してもしすぎる事がないと考へた。夢の様に偶然に今札幌に帰って私は感謝と幸福で胸が一杯で有る。

電気が切れてまっくらの夜。あちらで、こちらでだべる。（北野記）〔原文〕

昭和二〇年一〇月八日　人格の陶冶と舎内の討論

現在では戦も終末を告げ、また以前よりより善き高校生活をせねばなりません。がしかし、私が舎に来て以来——学部の人が大部分であるから高校生活を望むのは実際の所無理かも知れませんが——高校生活の一端にも触れ得なかった。感激のある生活を一度も体験しなかった。……。私の高校生活は中学校の延長に過ぎない。学部の人は高校生活を味わい終った人々ですから今更高校生活をして下さいというのではありません。が、何かしら学部の人には近づき難い。私は舎を嫌って居るのではありません。舎には幾多の美点があります。……。私は人格の陶冶ということに就て何か良い方法があればと思って居ます。一週に一回一時間位の会合があっていいのではないかと思います。この会合に依って積極的なる意見も出るのではないかと思います。私は書く前にこの日誌をひもといてみると、日誌の上において激烈なる討論をして居る部分があります。これも必要ですが、直接討論した方が、より効果的だと思います。（増田）

昭和二一年五月二〇日　読書会を提起

新体制ということは軍国主義時代の懸け声であった。一〇年遅れて今、寄宿舎に新体制の嵐が吹いている。この新体制をして真に意義あらしむるためには東条暴政的要素は排されなければならぬ。

しかしながら、それだからといって安価な調和と妥協があってはならない。主観の生活が豊富であると共に冷酷な客観が重んぜられなければならない。ごくだいていえば、舎の些細の生活に魂が入っていなければならない。と同時に猛烈に勉強し、猛烈に読書しなければならない。自己の生活と舎への奉仕の生活は、明らかに時間的に矛盾するかも知れない。しかし、この矛盾を、矛盾としない為に張り切った、頑張りのある健康な生活態度が要請せられなければならない。

健康な生活態度と再び言う。夜ふかしやぐうたら話やに時間を用いるのはやめようではないか。切ったら血が出る様に充実した舎生活を送ろうではないか。そして、この健康的な生活こそ明日の日本を救い、明日の世界を立派なものにする原動力なのである。

ここに私は予科生諸兄に対し、何か読書会の様なものをつくることをおすすめしたい。

（村上）

昭和二二年五月三日　新憲法に人間の生活ができる基礎を期待

久し振りで春らしい良い天気。本日から新憲法施行。ドイツのワイマール憲法*の様になら

＊ワイマール憲法＝自由権に加え種々

ないで人間の生活の出来る日本となる礎となることを願う。(坂井)

昭和二二年九月一八日　少年よ大志を抱け

四人への卒業祝賀会。宮部先生から「少年よ大志を抱け」と書かれた色紙。

昭和二二年一〇月六日　健康崇拝を捨てて勉強

日増しに寒さが増すように感じられる此頃。意志昂進をつくづく身内に感ずる。健康崇拝を捨てて、一切を大いなるものの御手に委ね、「勉強、勉強、勉強」。今度卒業された北野兄も言われる通り「勉強の裏付のない理想は空想に終るであろう。」と思う。

昭和二三年六月五日　自己満足をしないための会

仮称「清談クラブ」なるものを作って、舎生活をより光輝ある時代とせんため、本日午後六時半より八号室にて、第一回の会合をもよおすつもりなり。……。私は舎の口火をつける役をしただけですから、不満なところがあれば、集まった人で満足が行く様にして戴きたいと思います。この会は、自己満足をしないための会です。私達はともすれば自己満足に陥りがちだ。同志の人が数人集まって真剣に討論する所には、必ず啓発があり、自己反省があり、進歩の在る事を確信す。

昭和二三年六月一七日　授業料というものの存在は疑うべきもの

授業料の事でストライキ*をすると新聞にあり。……。「それ可なるや不可なるや」は実際の状態により慎重にする必要あるも、そもそも学校の授業料というものの存在という事にも大いなる疑いのあるところである。僕の考えは、授業料は進むべき方向としてなくなるべきものであり、教育費の国庫より全額支出さるべきものなる事は、何人も首肯する事だろうと思う。ところで現在の学制のまま、ただちに実現するには相当の不合理がある。ま

の社会権をうたうなどの先進性で二〇世紀の憲法の典型とも評される一九一九年のドイツ共和国憲法。この下で合法的手続きでヒトラー独裁をゆるしてしまい、廃止されないまま骨抜きにされた。

*授業料の事でストライキ＝この年六月二六日教育復興を要求し、全国の大学・高専一一三校が一斉にスト。北大では農学部、工学部、土専、農専が授業料値上げ反対、文教予算の増額等を要求に掲げストライキに入る。医学部、理学部、医専は入って

た大きな困難がある。

この値上げによりどれだけの国家財政に寄与するかしらないが、もしこれが私学、下級学校及び他物価とのつり合等という事が含まれるとすれば、それこそ大きな間違いだと言いたいのである。且つそれに示される如き道徳？　習慣的社会感情等こそ新たなる社会道徳によって一掃さるべきだと思うのである。（三角）

昭和二三年六月一九日　若き日を蝕む時間潰し屋を憎悪する

八時から一一時過ぎまで清談クラブがあった。……。私は思う。私達はお互に真実に尊敬しあって行きたい。尊敬らしいものを交換して相互に自己満足を満たしてゆく様な態度を心底から憎悪する。真実なる生活の追求――学生として学問と求道を離れた空しい雑談に再び帰らぬ若き日を蝕む時間潰し屋（クロノ・ファージ）を心底から憎悪する。そんな傾向を寄宿舎と自分の中に見出して、現在舎生活の魂の内容が真に自由人のそれでなく奴隷人のそれではあるまいかと危惧する。（村上）

昭和二四年一〇月一四日　「余りにも抽象的」か？

午後七時に会合が行われて色々な事が話された。一般に現在の舎生活が騒々しいという事には耳が痛かった。また、舎の記念祭の面白い面白くないの問題より、行事一般に関する価値が大分議論された。

「それは余りにも抽象的だ」という言葉がよく言われたが、僕には少しもそのように聞こえなかった。皆は抽象という言葉を余りに用い過ぎはしないだろうか。思考の怠惰よりくる言葉とも考えたくなる。あるいは自分の発言への不安さを覆う。著しく他人の頭にある種の眩惑を起こさせるものであるかも知れない。少なくとも僕達が凡てのかかるものの定

いない。―『青年寄宿舎日誌』昭和二三年六月二六日付。

着へ導くべきだ。

昭和二五年四月一日　生活をより良くするための技能を習得すること

学校年度の第一日目。一年間をどう過ごすべきか、じっと考えに沈むと種々の思念が次々と通り過ぎる。しかし、誰しも今年一年間の中に思いを閉じ込めているものはあるまい。常にその先は将来につながる。経済的独立、社会に対する貢献（人間の完成）そのために勉強することが大切なのだとは言わなくても分る。そういった意味で先の言葉の補注を付さなければならぬ。将来活用すべき技術と知識が必要なのだ。生活をより良くするための技能を習得すること。それが勉強である。（相馬）

解題

勉強・学問に関わることという表題の下、集められた文章には色々な論題と観点のものがまじっている。

まず注目しておきたいのは大正二年（一九一三）末の月次会で、この年東北・北海道地方を見舞った大凶作にかかわる、宮部先生の言葉である。「あながち悲観すべきにあらず」と受け止め、これを機にまた品種改良も進む可能性もあると結んでおられる。これは、当時の農学校・農科大学の星野勇三等を中心とした稲の研究により、耐冷品種の改良は進んでおり、稲の耕作が道北へ、道東へと広がっていたこと、などを背景としている。科学・技術に対する課題は絶えず投げかけられ、これを受け止めて進歩するのだという科学観が述べられている。授業の外で、大学者からじかに、このような学問論をしばしば聞く事が出来た学生達はなんと恵まれていたことか。

さらに舎生達は、後年、日本の科学・社会科学の在り方の議論まで進み書き残している(大正一五年一〇月の演説)。西洋の科学を深く理解していないからなのか、しっかりした模倣が必要なのか、彼等の議論も記述も、知性と自負心を感じさせる。こうした記録の遺産に触れていたかどうかは定かでないが、昭和一五年八〜九月には、最終学年になって自覚が深まった学生達が、現在でも通用すると思われる卓見を書き残している。農学部の柳川洋一君は、学問と生活、理想と家郷、学問と技術、サイエンスとテクニックをそれぞれ対置して本質に迫ろうとしている。彼は後輩達に、精神的に自立して学問の意義付けを自分で説明出来るようになれ、諸学を総合して理解する上で一般教育は重要だ、と伝えたかったのであろう。惜しまれるのは、日誌が殴り書きで読みにくいことである。しかしそれでも舎生の玉山君が食いついて読み取り、学者とエンジニア、科学と工学、どちらも必要だと応じている。

日誌には、しかし、戦前日本に強かった、立身出世の大学観も披瀝されている(大正一〇年六月)。もっと偉くなるために北大を去るというのである。この頃は旧制高校ないし大学予科の所属と各帝大への進学は別であった。日誌には前年五月には東北大学へ、この年一二月には東京大学へ進学・転学を目指して退舎するという記述がある。

読書は昔も今も学生にとって不可欠な栄養である(日誌の昭和一七年六月、ドストエフスキー『白痴』を読んで、二一年五月、読書会を提起、など)。青年期に、特に世界の文学を通して、文豪の形象化による、他人の様々な生涯、性格、価値観、感情、生き方などに接することは、自己形成の上で、とりわけ勉強の目的を自覚する上で極めて有益である。

寄宿舎の自由な空気は、学生達が宮部先生・先輩も同席する討論会において、「万年ノート」

を読んで授業する大学教授を批判出来る程であった（昭和二年六月）。舎生の発言に対する年長者からの諌める意見も含め、こういう場で出し切ることは素晴らしく、また日誌記載者も含めて皆、聡明であった。

第二次大戦後の日誌記事には、勉強に対する健全な意欲、自己向上心の率直な表明がしばしば書かれている。さらに踏み込んで、昭和二三年の授業料値上げ反対ストに関わる記述では、授業料という現象が日本社会に利己主義や実利主義的勉強観をもたらしているのだという見方が示唆される、深い洞察が述べられている。

この日誌は、文化的遺産だという感慨を禁じ得ない。（所　伸一）

四　青年の主張

寄宿舎日誌は、大正時代の末以降、次第に、舎内の動静だけでなく大学の共通問題や時々の社会問題に関しても記載されるものになり、昭和の時代に入ると概して記述が増える。この節には、ほかの諸節には収められない、学生の主張と呼ぶべきものを抜粋してみた。とはいえ、該当するような記述の数には年により波があった。それはおそらく全国の政治・経済状況や学生の活発な社会行動如何、あるいは学問・言論統制が強まる状況なども関わっていたのであろうし、さらに舎生の気運や書き手の「個性」も働いた結果かも知れない。

昭和二年一月二八日　社会制度の悪弊を述べいささか興奮―月次会*で

平野君　明治、大正、昭和の各時代を一見して其の各々に政治的方向の意見を述べ、かつ間に社会制度の悪弊を述べいささか興奮す。しかして最後に昭和は新しき建設と破壊との時なる事を述べ局を結ぶ。

昭和三年五月一一日　北大文武会事件――集会の自由、言論の自由の要求

文武会ノ新入生歓迎遠遊会ハ一四日第二農場デ挙行サレル筈デ、今年ハ例年ノ型ヲ破ッテ、ビール、酒デ大イニヤル予定デアッタガ高杉予科教授ノ反対デ、早朝コレニ賛同シテ取止メトナル。

五月一五日　本日午後三時半ヨリ中央講堂ニオイテ文武会委員辞職経過報告会アリ。後先ヲ変ジテ学生大会トナシ「文武会ノ自主化、江口書記官ノ辞職〔ヿ〕ヲ要求シ、集会ノ自由、言論ノ自由等ヲ決議シ、実行委員二五人ヲ挙ゲテ散会ス。

同年一二月四日　同盟休校を決議――放学学生の復学を要求

文武会問題について学校との意見相違し、交渉決裂。学生生徒七〇〇余は中央講堂に集会し、午後七時遂に同盟休校を決議す。同盟休校の目的は、今回の交渉の犠牲となりて放学せられたる工学部機械科三年目の前田英彦君の復学のためなり。

一二月五日　工・医の一部を除きては皆ストライキに参加、各々入口を固めて登校を阻止す。午後一時よりグラウンドに学生大会開かれ、激昂せる学生と、主事、学生監、警官との間に小競合を演ぜり。西条、山田の二君は更に放学され、東君は停学さる。

昭和六年一二月三一日　相当変化のあった年――完全なる批判力の養成を*

世界レコードを破る(南部、織田)、支那出兵、トーキーの登場等々相当変化のあった年。

月次会＝この年最初の月次会。舎長、先輩の前で、明治期より恒例の学生のミニ演説が行われた。

相当変化＝九月に満州事変が始まっ

しかし有機的な社会状態及び思想は何時、何処へ変って行くか、吾々はそこに数学的な理論は発見するに困難を感ずる。果してしからば、此れを良く批判するに充分ならずとせば、来るべき変動に際して、最も大切なるべき根本的な批判力の有無を吾人は非常に疑う。……来るべき年こそ吾人は自己の充分な認識及びそれから純理論的に出発して来る完全な批判力の養成に心掛けることを高唱する。

昭和七年二月二一日　朝鮮人朴氏当選　一服の清気

本日、普選第三回投票*開票さる。与党の絶対多数らしい。何時の時代にも日本は政府党勝利を占む？　ひとり野党の悲哀のみならず。

二二日　国民の審判は下され行く。民政党の大物ぞくぞく落る。しかして東京府より立てる朝鮮人朴氏の当選は一服の清気を加う。

昭和七年一〇月二七日　大学赤化事件の処分

大学赤化事件*の処分発表あり。厳罰主義を採りたるもので甚だ気の毒なる人多からんと推察し、起訴者六名は放校、ほか大多数は停学一か年ないし三か年、三か月の者も少々、譴責の者七、八名、全部で五〇名という大多数なり。しかして彼等一か年の者と三か月の者といかなる程思想の差あるか、学校当局の無思慮の点も少ないとはしないだろうか。何を標準の罰か、彼等の将来を思わばもっと軽くしてやる方が穏当ではないかと思う。

昭和八年五月一七日　正しき思想を有する事最も肝要なり——五・一五事件発表に

午後五・一五事件発表さる。全国民正しき思想を有する事最も肝要なり。誤れる愛国者ついに此国の不祥事を惹起す。更に根本は思想を何らの圧迫なく批判せしむる事に非ざるか？

ている。スペインでは四月に第二共和制が成立、中国では一一月に毛沢東が主席の中華ソビエト共和国が成立している。国内では、この年、労働組合の組織率も、同盟罷業件数も戦前最高である。この状況を受けてか、学生・生徒（中等学校以上）の「左傾思想事件」が頂点に達する（三九五件、学校処分九九一人）という（『近代日本総合年表』）。

普選第三回投票＝総選挙（二月二〇日投票）の結果——政友会三〇一、民政党一四六、無産各派五、革新党二、諸派・無所属一二。東京四区から朴春琴が「内鮮宥和」を掲げて当選した。

大学赤化事件＝この年六〜九月、学内の「エスペラント語研究会」の学生を中心とした「全協」（日本労働組合全国協議会）支持団及び「赤旗」基金カンパ等に関する治安維持法違反として、学部生・予科生併せて六〇名が検挙された事件。一〇月二七日日誌はこれら学生に対する大学からの処分についての記述。「北大空前の懲戒処分」と全国に報じられた。この年、文部省は内務省と共に学生の「左傾」対策に追われ、「学生思想対策案」を打ち出し、対抗理論の建設を目的とする「精神文化研究

昭和八年六月三日　京大滝川事件――大学の使命を中心問題。対岸の火災視し得ず

京大の対文部省抗争いよ〳〵自然科学の諸学部学生も合流す。大学の使命を中心問題として、対岸の火災視し得ず。

六月一六日　文部省と京大総長の間に意見の一致あり。総長と教授達の間にうまく了解の行われん事を祈る。〝大学の自由〟の問題も発生当時における粗雑なる意見もようやくなくなる。極めて真剣なる意見のあらわれ来る。喜ぶべき事なり。

七月二日　京大問題で文相の決意断固として教授の入れ替えをなすか。総長すでに辞任。

七月一五日「京大法科に対するには既定方針でヒタ押し」だとさ。モグラモチの如き英雄、鳩山一郎よ。何が既定方針だい？「またも制服の非処女の恋愛遊戯」だって。歪められたる無邪気さよ。子供なるが故に恐ろしい。

昭和九年*一〇月一二日　ユーゴ皇帝暗殺――吾々と何の関係があろうか

ユーゴスラヴィヤの皇帝がフランスで何者かに射殺された。ユーゴ国民の大激昂。フランス外相も同時に死んだ。一昨日の新聞による。が此の事が吾々と何の関係があろうか？

昭和一三年九月三〇日　国家有為の人物とは？

今朝学校へ行く途中で健さんと色々面白い事を話した。一歩進む度に僕ら三人は同感の度を深めて行った。それは大体僕らが北大予科に来てからの生活についてであった。国家有為の人物とは如何なる心を持って国威を輝かすのであろうか。玉子からおたまじゃくしにそして一人前いや一匹前の蛙になるその行程は変わらぬ。しかし人間は大いに変わる、卵から猿になったり、イタチになったり又ライオンになったりする。例えば古今の偉人を見ればそれが解る。単にその日その日を無自覚に過すことはいかぬ。しかし僕等はそうなり

所」を設置している。併せて、学生生活におけるスポーツ奨励を行っている。

昭和九年＝四〜五月に帝人汚職、七月には内閣総辞職、ドイツでは「ナチスの内訌、前首相を銃殺するのだから凄い」(寄宿舎日誌の記載)などが起こった年。他方、昭和七年から引き続き大学生の就職難が叫ばれている。また年間としては冷害、旱害、風水害による大凶作の年であった。

やすい。善があれば必ず悪がある如く。物事を正しく見ようとする事は必要である。しかしその物事と超越して考える事も必要であろう。積極的な行動こそ予科生の真面目だと思う。（平井）

昭和一四年一二月二日　「聖戦」なる語の真の解釈

七時から本年最終の月次会開かる。宮部先生はお風邪にて欠席、ただ河村氏一人のみ来席下さった。柳川君が「此の舎の月次会は形式的なものにせず、もっと精神的内容の豊富なものとしたい」と述べたのを始めに、福本君の支那事変に対する吾等学生の取るべき態度に就いて、それから「聖戦」なる語の真の解釈に対する健君、河辺君、斉藤君等新人諸君の熱に満ちたる持論等、舎の月次会まれに見る活況を呈したことは舎生の思想、否現代学生の持つ赤裸々なる思想を示したものとして大いに関心を持たねばならぬ事であろう。

昭和一五年一二月二日　段々本当の事が分からなくなった

喫茶店等で新体制、三国同盟の批判。国内物資の不足等の話をするのは禁物だそうだ。雑誌等を見ても、段々本当の事が分からなくなったような気がする。もっとも、今困って居るのは日本のみではない。米・ソを除く世界各国ともに正に未曾有の国難と戦って居る。この中にあって、日本の進むべき道、前途漠として予想だにつかないのも心もとない。従って僕等は一体何をすべきかという事も漠として分からない。

昭和一六年六月一八日　スズランの上での演習

夕方二年生が島松より帰還。明日は普通通り授業があるとの事。実に御苦労様だ。自然のままにすくすくとのびた美しいスズランの上で人間が人殺しの道具をかついで演習をする。何と不調和なことか。どうしても早くこの戦争という大きな矛盾を根絶せねばならぬ。戦乱時代から現在の様に異った風俗、言語の人々が集ってまとまった日本の国を作り上げた様に、世界がまとまる日の来る事は必ず可能であると信ずる。

昭和一七年一月一五日　東洋中心へと努力　然し西洋的なものの排斥ではなく

今日、大学新聞が配られた。いずれも大東亜戦争に緊張した記事ばかりであった。其の記事の一つに「今や西洋中心の時代、すなわち東洋が西洋の支配下にあって其の発展を挨って来た時代から、独立不羈なる東洋中心の時代に移ろうとしている。そしてこの大東亜戦争が丁度其の転換の時である」と言っていたが、ほんとうにそうだと思う。しかし、吾々は誤解してはいけない。なる程、従来の東洋は、西洋の蹂躙にまかせ、そして東洋的なるものを全く没却しかけて来た。何から何まで西洋中心主義でうずもれ、そして西洋の文明は全東洋を風靡した。此処に到って、吾々はこの戦争を機会として、西洋中心から離れ、東洋中心へと努力しつつある。しかしながら、それかと言って、何でもかでも西洋的なものを排斥しようとするのは、愚な事であろう。今日、西洋から東洋へと言われているのは、あらゆる西洋的なものを廃めてしまえというのではなくて、ただ、西洋的な精神から脱却して日本的な精神を根本とし、其の上で事にあたらねばならぬという事だと思う。（三村）

昭和一八年七月六日　現在の自分の生活に物足らなさ

試験の準備をしていると色々空想に悩ませられる。…〔中略〕…予定は進まず、心楽しまず、新聞紙上で大分学徒々々の記事が目に付くのを見ると、何か現在の自分の生活に物足らなさを感ずる。（北野）

同年九月一八日　安易な生活を送っているだけで良いだろうか。

現在の吾々、学生はしかしこの様な安易な生活を送っているだけで良いだろうか。徒らに感傷に耽り、イージーな歩みを続けていて良いだろうか。俺は心の中で何か、慙愧に耐えぬものがある。アッツの玉砕を知り、イタリーの降服を知ったときは、生きて恥を忍ばんよりは、死して、護国の鬼とならんとも思ったのに、その信念も感慨も浮世の荒波の中に消えそうになる。(望月)

解題

ここでは本節のカバーする時代の日誌記載から舎生の社会的・政治的な主張の特徴を時間順に挙げてみたい。

昭和の初期ほぼ一〇年、舎生の月次会発言において社会批判が出現し(昭和二年)、学生の自由が要求され、大学自治の理想に立った自主的な考えが主張されるに至る。北大文武会事件(昭和三年)や「大学赤化」事件(昭和七年)に際しての当局批判と学生擁護の記述、京大滝川事件の受け止めと文部省批判(昭和八年)などが行われるのである。

青年寄宿舎において勇気ある発言をする平野三夫君(岩手県出身)は予科時代の大正一二年八月より昭和二年一一月まで在舎した農学部生であった。彼はこの年二年六月には、月次会の演説で大学の授業の古くさい在り方を批判する(本書第二章宮部先生と寄宿舎、ほか参照)。

昭和九年あたりからは「開き直り」の表明も始まる。ヨーロッパ政治のニュースが「吾々と何の関係があろう」(昭和九年一〇月一二日記載)というのである。この年一二月八日の日誌には「議会は解散を決めたって? 議会、文武会(北大の…編者)、同じものさ。インチキの程度か。文武会の方がケンカ(暴力的)をしないだけ好い。会社へ行っても何をしても、現存する組織の中へ入って行ったら◎◎会〔ママ〕、◎◎□〔ママ〕〔一字読めず〕、サク取ハ〔ママ〕まぬがれない。文武会、桜星会etc.同じことさ。」と書かれる。これらは、大人社会に対する青年の批判であるが、社会に無関与の開き直りの形を取った主張とも見なせるのではないだろうか。日誌では、続く昭和一〇～一一年において、その「開き直り」によるのか、大学の「空気」を反映したものか、あるいは担当者のスタイルによるのか、社会事象に対する舎生の主体的・批判的な受け止め方を示すような主張はごく少ない。しかし寄宿舎生は賢明で、日誌と別に作成していた手書き回覧雑誌においてニーチェ『ツァラツストラはかく語りき』の読後メモの形で戦争や宗教を風刺*している。一二年になると、中国各地への日本軍侵攻にともない、関わる書き込みが日誌上で多くなるが、新聞報道による短い記載で「済ませ」た感がある。

一三年に入ると戦線拡大や生活統制に対する批判や、厭戦を表す読後感が記載される（本章第五節・戦局編、一三年九月、一一月）。あわせて、寄宿舎の学生達による、国家や戦争、その正当化の公的詭弁に対する疑問・反対が、様々な角度、様々な形で主張される。そこで本節は、一三年九月「国家有為の人物とは何か」という学生の議論の書き込み、一四年一二月「「聖戦」なる語の真意」をめぐる月次会の議論の記載、一五年一二月「段々本当の事が分からなくなる」、一六年六月「スズランの上で」人殺しの練習をしたくない、「世界のまとまる日」を信ずるという表明、日本の戦争合理化スローガン「東洋中心、」への抵抗としての一七年一月「西洋的なものの排斥でなく」」、などを収録した。

だがついに、戦局の悪化のもと、国民の栄養・健康への配慮や「行」めいた生活統制策への批判意見を表明する合理的思想の持ち主たる（第五節・戦局編参照）舎内の指導的な学生達さえも「護国の鬼」とならん意志と勉学の「安易な生活」の間で揺れる心情を表明するに至るので

＊風刺＝青年寄宿舎雑誌『楓林』四七号、一九三五（昭一〇）年一一月、掲載、藤田康君の寄稿。

あった（本節、昭和一八年の抜粋ほか）。（所 伸一）

五 戦局と舎生

北大の青年寄宿舎は第二次世界大戦の終わるまでに既に五〇年近い年月を経ていた。それは日本が大国志向、軍国的性格を保持し、国民に義務兵役を課すと共に教育においても国の路線を浸透させようとした時代を経験したということである。しかし、北大が札幌農学校以来エリート的専門教育機関だったためか、あるいは舎長の宮部先生や諸先輩のリベラルな薫陶のゆえか、日誌に見る学生の意識は、いわゆる国家主義や軍国主義にそんなに染まったものではなかった。それでも、国が日中戦争さらに太平洋戦争に突入すると、学生達も愛国プロパガンダにさらされ、勉学・生活条件の制約のみならず戦地への動員にも迫られた。

大正四年六月一一日　徴兵検査、二君とも合格したり

北村、多田二君は徴兵検査*を受け、二君とも合格したり。

大正九年四月二五日　本夕、小野副舎長、徴兵検査のため山梨へ帰途に就かる。

一〇年四月二六日　山口九郎君、兵隊検査のため上京。

一一年五月二八日、本年卒業せられたる山口千之助氏〔林学実科〕徴兵検査の為帰郷せらる。

徴兵検査＝明治五（一八七二）年より徴兵制が布かれていた。このため満二〇歳になる「適齢者」は徴兵検査を受ける義務があり、原則として本籍地で受け、「通知状」で呼び出された。当初は複雑な免役制が定めら舎生一同見送る。

大正六年四月一九日　脚気と眼疾

斉藤君爾後舎ノ食事ヲ廃シ、パンニ代エル由。蓋シ、君ノ脚気ヲ恐レテノ事ナルベシ。小河原君徴兵検査ヲ受ケラレシモ、眼疾ノタメ国民兵トナラレタル故、学校ニテモ、一七日ヨリ今日マデ体格検査アリ。

大正一一年九月二六日　予科の教練[*]は実弾射撃

予科三年の人は、実弾射撃に行く。

一一月三日　実科専門部の実弾射撃に非ず、発火演習あり。

大正一二年六月二一日　おめでたくナシ、おめでたし

時田君、札幌にて徴兵検査を受く。丙種合格なり。御目出度くなし、御目出たし。

大正一三年五月二〇日　軍人の卵養成所

徴兵検査の為帰郷中なりし矢口君、帰舎す。検査は甲種合格なりと。天晴未来の帝国軍よ、自重すべし。

六月一四日　午前七時、野崎君、徴兵検査の為帰郷す。(神奈川県)

同目的にて平戸君、午後九時二〇分帰郷す。舎生全部、踏切に行き見送りたり。

六月二〇日夜半、かねて徴兵検査の為帰省中なりし平戸君、帰舎す。甲種合格なりと。

愈々宿舎は軍人の卵養成所の観あり。

大正一五年一〇月一日　小樽高商・北大合同発火演習——文部・陸軍両省の年中遊戯

本日小樽、札幌両学生発火演習が軽川において行わる。天候いささか怪しかりしも、寄宿舎より笹部、野村、柴内、浜本の諸君出場。途中においてすでに小雨来る。なお進みて遂

れたが一八八九年の改正以後は国民皆兵となった。しかし、高学歴者に対しては、学生への徴集延期制、一年志願兵制、短期現役兵制などの特典があった。

徴兵適齢者は前年一二月一日から当年一一月三〇日までに満二〇歳に達する男子青年である。

徴兵検査の結果、体位、健康状態によって甲種・乙種合格(現役に適する者)、丙種合格(現役に適しないが国民兵役に適する者)、丁種不合格、戊種(翌年再検査)に分類された。

教練=学校における教練は、「諸学校令」(一八八六年)以来、体操科の一部に「兵式体操」として導入されていた。

に演習気分は満ち満ちて来た。正に陰雨粛々、砲声轟々の内に怪しくも芝居(文部、陸軍当局の一種の年中遊戯)の一幕は終りを遂げぬ。時に雨は益々激しくなり、寒さは増し、遂に断念して帰路に着く。すでに二時、帰路びしょぬれ、四時頃皆重い足を引ずりつつ帰舎しぬ。

昭和二年一一月一〇日(木)　予科、実科、専門部、軍事教練査閲ありたり

一一日(金)　大学の軍教*査閲ありたり。

昭和五年一一月六日　軍教査閲官は例年通り

午前九時半より教練の査閲あり、査閲官は例年通り小倉少将なり。

七日　本科の査閲あり。

昭和六年九月一九日　日中の衝突——満州事変

支那兵の満鉄線襲撃による日支衝突事件*起こり、死傷者多数あり。満州一帯不安につつまれたる由。悲しむべき事なり。

一一月七日

新聞の報道によれば五日、漢江付近において、黒竜江軍我軍を攻撃。我軍苦戦し、相当の死傷者を出す。

一一月一二日

昨日、朝鮮の混成旅団との交代に第八師団、混成旅団を組織して出動命令あり。

昭和七年七月一日　満州制圧軍を歓迎——国民的「高揚」に飲まれて

第七師団*北支派遣の部隊午後二時札幌通過。月寒連隊もこれに加わり万歳の声市中をゆるがすほどなりき。北海道におけるこの度の北支、満州事変に対する一般的認識が、出征、

軍教=軍事教練は前年、大正一四(一九二五)年の「陸軍現役将校学校配属令」により現役武官によって行われることとなって、本格化した。その際この改正の狙いが軍国主義教育の強化と共に、将校の失業の救済にもあったため、各地で学生の軍教反対運動が展開された。その一つが有名な「小樽高商軍教事件」(一九二五・一〇)。

日支衝突事件=九月一八日関東軍参謀らが満州占領を企てて奉天郊外、柳条溝の満鉄線路を爆破。関東軍司令官これを中国軍の所為として総攻撃を命令。

第七師団=この年三月に満州国の建国宣言、六月衆議院も承認。第七師

出征の声に、遂に来るべきところ迄来たんだ。

昭和八〜九年　軍事教練

五月六日(土)　朝雨に降らる。本科一年目本日午後教銃教練ある由。午後晴れなるも、工学部大講堂にて行われたりしと。

六月一二日(月)　大鐘君本日より四日間月寒において兵営宿泊、野外演習あり。教練服に身をかためスキー靴をはいて物々しく出掛けたり。

九月一二日　本日正午、元一四旅団長、服部少将、宮本、米山、両部隊長札幌に来る。これが歓迎に駅前停車場通りは官公中・専・大学生を以て埋りたるとか。思い起す、去秋のかの長き列車の窓々より、悲壮の旅路に立ちたる混成旅団長配下の兵卒の一顔一顔。其の余韻　未だ吾人の脳裏を去らず。

昭和九年一一月七日(水)　雨、今日は軍教の査閲で予科生は豪雨の中で野外教練をやらされる。

昭和一〇年三月一八日(月)　満州治安軍を帰国歓迎

昨春ははるばる満州の野へ出動せる幌東・月寒連隊の晴れての凱旋の日なり。午前九時六分、永見俊徳大佐引率のもとに、割れるが如き感激と興奮の二重奏に黙々と答えつつ、駅頭、凱旋門をくぐりて兵舎へと行進を続く。この日、朝来珍しく晴。雪解の悪路を停車場へといそぐ人足に、五条通りの活気の良さ。戦わずして満州治安の維持に努む。これ日本男児の本懐。月寒連隊の絶大なる名誉なり。ああ凱旋兵の喜びや如何。万歳の波濤、国旗の乱舞、熱狂とはかかる雰囲気を称すや?

団は「北鎮部隊」との別名も与えられ、旭川市に本部を置く。

昭和一一年二月二六日　軍部横暴と批判の声

本日昼頃、各大臣帝都において暗殺さるとの流言とぶ。* 夜になりて益々真実性を加え、遂に青年将校等集りて岡田首相、高橋蔵相、斎藤内府、鈴木侍従長、広田大将等を暗殺し、更に朝日新聞、警視庁、牧野前内府をおそって、帝都は戒厳令布かる。

寄宿舎にあっては、軍部横暴の声盛にあがり、夜一二時迄国本を憂いて、八号室に会しニュースを聞きながら、談論風発、ファッショ反対の声あがる。

二月二九日　帝都に戦火起らんとす。しかし昼頃より、兵火を交えずして帰順者あらわれ大した抵抗なく、兵火の惨を見ずして、午後四時頃鎮定とのニュースあり。夜、即死した筈の岡田首相俄然生存しておる事がわかる。首謀者安藤大尉外一五名免官になる。

昭和一二年七月七日　日支再び交戦――盧溝橋で両軍衝突*――日中戦争

七月一一日(日)　日支再び交戦、事態悪化の模様、号外盛んに飛ぶ。

七月一三日(火)　日支情勢益々険悪

七月一六日(金)　豪雨至る内地、東海道沿線被害あり。日支益々険悪。

七月二七日(火)　日本軍、北支にて本格的戦闘開始。

昭和一三年七月一〇日　アルバイト・ディーンスト

今日より予科は、アルバイト・ディーンスト*を始む。

昭和一三年九月一八日　先輩を軍医として戦地に送る。淋しいが、誇り

文芸部員・福本記。

吾が舎の若き先輩、若松不二夫氏〔一二年三月卒・退舎〕は、晴れの召集を受けて、軍医見習士官として出征される事になった。昨日宮部先生以下の先輩諸氏と共にに送別コンパを

各大臣帝都において暗殺さるとの流言とぶ＝一九三六年の二・二六事件はまずこのように伝わった。

盧溝橋で両軍衝突＝一九三七年七月七日の事件。この事件により日中戦争が開始されたとされる。

アルバイト・ディーンスト＝Arbeit-dienst　勤労奉仕のことである。昭和一三年四月一日、国民総動員法が公布される。今回の措置は、六月九日付け文部省「集団的勤労作業運動実施ニ関スル件」で、夏期休暇の前後等に中等学校低学年は年間三日間、

開いて壮途を祈り、別れを惜んだ。舎生一同は若松さんの御宅から駅までを行進して…(中略)…ホームで「都ぞ弥生」を高唱して御送りした。若松先輩は昨日も今日もあの明るい元気な御顔で別れを告げられた。若松さんの様な良い立派な、そして近い先輩を戦地に御送りする事は、心の奥に淋しいものがわずかにあるが、実に吾が寄宿舎の且つまた吾が舎生の誇りとする所だ。
学に務める我々がその代表をお願いして戦地に駒を進めて戴くの思いあり。我等の若松不二夫君、御立派に！

昭和一三年九月二一日　中国戦線の拡大、日本に経済的実力があるのか

日支事変始まってよりすでに一四か月。支那という立派な国家を相手にして居るだけに、日本もかなり経済的困難を必死になって克服しようとして居る。各種の統制をつとに行って居るが、これもあるいは却って経済的苦痛を増加するに役立って居るものであるかも知れない。対ソ戦争を考えては、日本の経済は破綻の一路をたどる他に道がない事が、日支事変一四か月の経験で明らかになった。漢口とるも、更に支那軍が奥地へ逃げこんだら、漢口では所謂予定の退却をして、日本軍の相当の損害を与えて中央軍、共産軍をまとめて更に奥地を守れば、日本には重慶まで進軍する経済的実力が有るのであろうか。吾々は日本の国力・日本の経済力、そして日本の進路を新しい観方から再認識すべきではないか。事変開始以来、政府の言論統制(制限)は厳重を極め、その為にかえって予期せざる効果の発生した事を疑えない。非常時局の再認識こそ現在の急務でなければならない。(玉山)

昭和一三年一〇月二七日　武漢占領に酔う。大学が提灯行列の案内

武漢の占領の話で持ち切る。学校では提灯行列の掲示が出た。七時少し前にサイレンが

高学年と大学及び高等学校は五日間の勤労奉仕の実施を通達したことによる、最初の「学生集団勤労作業」のこと。北大の予科ではホッケーグラウンドの土盛り作業だったはずである。(『北大の一二五年』二〇〇一年五六頁)

定期試験を終えて二日間の勤労作業ののち一二日から一斉に帰省している。

鳴った。花火が鳴った。近所の子供が「万歳、万歳」と叫んで居る。終に武漢三鎮を占領した。「(一〇月二七日午後六時三〇分大本営陸海軍部公表)今二七日我軍は午後五時三〇分陸海軍協力、殊敵を掃蕩し、武漢三鎮を完全に攻略せり。」――日本は遂に漢口を占領した。しかしまだ事変は終ったのではない。日本は支那とばかり戦って居るのではない。全世界を相手にして東洋平和の為に戦って居るのである。吾々は事変の後に来るものに対して万全の注意を払う必要があるのではないか。列強の対日干渉、今後絶対に有り得ないと誰が断言出来よう。ラジオは「武漢攻略祝賀の夕」をやって居る。武漢攻略は祝うべし。前線将士に感謝すべし。更に国民精神を総動員すべし。(玉山)

昭和一三年一一月一日　上海上陸の真実――「土と兵隊」*を読む舎生

図書閲覧室に勉強、六時頃まで頑張る。居る者二人だった。それまでに文藝春秋の「土と兵隊」を読む。出征より上海の敵前上陸(一九三七年八月)迄の船上生活。それは実に何とも言えない悲壮な感じを読者に与える(嘘と思う者は読んで見るべし)。作者の分隊長としての責任を、そうして分隊を守ること、全員の命を存在出来ること――これはただ自分が真先に命を投げ出すことだと悟るあたり実にいい。支那の母と子、老婆、支那の少年……。人生の最大悲劇をここに見る思いあり。読むべし諸君。僕らはこれによって戦争の……なるを身につくづく感ずるのだ。平和よ早く来れ、と祈らざるを得ないのである。

中に愉快なるユーモアあり。作者が行軍に悩みつかれ、ふと見るとこれも同じ行軍の輸送隊の一軍、悪戦苦闘、馬は何度か横倒しになる、兵隊は砲をかつぐ。その様、その光景、その□〔ママ〕体の動作は全く美しいものだった。美しく勇ましいものだとある。きっとそうだ。それによって、更に励まされて進む。読んでいく中に僕は思わず笑いが出て来たり、さら

* 「土と兵隊」=火野葦平の従軍記「土と兵隊」のことである(『文芸春秋』昭和一三(一九三八)年一一月号掲載)。

に本をのぞき込んだりだった。図書館を出たら真暗だった。三日月空に冷い光を放って下界を照らしている。僕は思わずブルブルとして、フーと息を大きくはいた。(TS)

昭和一三年一一月八日　戦争　早く終わらん事を

国民中一人として戦争の一日も早く終わらん事を願わざるはあるまい。あればそれは嘘吐きしからざれば悪魔。それにも拘わらず戦わなければならない。その事を心底から自覚するもの幾割か。いや凡ての人に要求される事である。であるからこそ戦争は悲劇であるのだ。時局の認識とはこの悲劇の森叢の認識である。がこの認識は考えるほど容易くはない。容易くはないぞ諸君。何時の場合にも恐れ排すべきは物事の浅薄皮相な解釈である。この時ことに国家一〇〇年の正義を誤るものは寧ろこれである。心すべし。雷雨夜深まって止み、月出でんとす。明日は査閲なり。(福本)

一一月九日昨日の雨にもかゝわらず今朝はカラリと晴れあがる。今日は予科の査閲行わる。全体の閲兵分列非常によいとの講評。夜舎内非常に静か。試験勉強にそろそろ取りかかったのか?

昭和一三年一一月一一日(金)　軍事教練の査閲

学部の教練査閲。雨天にも拘わらず渡辺操、平山両君と僕が出席。八時予科の体操場に集合。工・医、出席率良好。一年目東軍と二年目西軍との対抗演習。相変らず雨が止まないので泥濘の道を難行軍して飛行場*の東方、創成川を渡って石狩街道を経て更に三四丁行った所に着いた時は雨はもう肌まで通ってしまって居た。寒さに震えながら休憩。一〇時より演習開始。

平山部隊長の指揮する尖兵の援護のもとに煙幕を利用。創成川を強行渡河。直ちに第二中

飛行場=現在の札幌市北区北二四条西五〜一二丁目の以北。

隊(工・医)は左に展開、敵を包囲しようとした。麦畑を数丁進んで飛行場の東端に達すると敵はすでに飛行場内に散開して居る。しかも飛行場の周囲は幅約五米のクリークで囲まれて居り夜来の雨で水が増えて居る。第二中隊の正面には全く渡河材料がない。雨でビショ濡れになったついでだと一部は勇敢にも、ひざを越す水の中をジャブンザアと壮烈なる敵前渡河を敢行。中には深みにはまって下半身ズブ濡れになった者があった。飛行場の中央で突撃、ついで閲兵分列。査閲官の講評「良好であった。年に一度しか教練*をやらないにしてはヨク出来た。……閲兵分列ことに分列はヨク出来た。……」。学校に帰って解列したのが一二時少し前。(玉)

昭和一三年一二月二六日　大学も戦争イデオロギーの宣伝機関

学生課より、一、無条約時代と吾が海軍、二、国際情勢と海軍問題、三、輝く軍艦旗、のパンフレット四冊〔ママ〕を寄贈さる。

昭和一四年六月一三日　大学で満州開拓プロパガンダ。学生義勇軍に志願する舎生

今日学校で北支及び蒙彊派遣生*の話あり、まだ人が足りないと言うので俺も参加することにした。北支の方へ行けるかどうか分からないが案外たやすく出来るかも知れない。とにかく参加願いを書いてみた。(七号室渋川)

六月二三日　北畑君、満州の学生義勇軍に参加、本日壮行会なり。

昭和一五年一月二五日　山で亡くなった親友——苦悩の社会に出ぬは幸福?

この一週間山で死んだ友達の葬式等で何事もする事が出来なかった。今日は葛西君*の遺骨が故山に帰られた。遺骨の傍らに飾ってあるピッケル、山岳部の旗で巻いた写真、すべて思い出の程である。彼の死が急であったせいか学校等でも「やあー」といって出てくる様

教練=その後さらに昭和一四年三月三〇日には大学の軍事訓練を必修とし(文部省通達)、戦時動員体制への組み入れを強化した。

北支及び蒙彊派遣生=一九三九年七月一〇日、興亜青年勤労報国隊として全国で約八〇〇〇人が満州へ出発。北大学生も九五名が参加したもの。—『北大百年史・通説』一九八二年。

葛西君=葛西晴雄氏。岩手出身、農学科三年。一九四〇年一月の北大山岳部のペテガリ岳登山隊がコイカクシュサツナイ岳で雪崩のために遭難

な気がしてならない。しかし彼等もこの苦悩日本の社会にたたずして幸福な学生生活で世を去ったから幸福というべきかも知れない。

昭和一五年九月二八日　科学の基準が欧米より劣る

月次会。来賓は宮部先生、青木さん、鈴木限三さん、亀井さんの以上四氏。舎生の演説では渡辺健さんが夏期大学について科学の事を論じて居られた。科学の基準が欧米の諸国より劣って居ることを述べたのである。

昭和一五年一〇月一二日　学生生活の統制、思想動員。娯楽も大事

平日は学生の映画鑑賞禁止――とか喫茶店出入禁止――禁止と此頃の学生はあらゆる娯楽からシャットアウトされている。吾々の娯楽というものが滅亡するのか。吾々は若いんだ。大いに活躍すべし。あらゆる方面に。（細田）

昭和一五年一一月二〇日　日本も熱狂のあと革命か

現在は丁度維新の様である。今度の没落階級は商人である。商人の転業問題は、実に国家の一大事である。非常時になって日本人の考えの其日暮しが分かる。

ドイツは占領後三か月にして、ポーランドに六〇万人の農家を送り、和蘭の復興は完成に近づかんとする。

日本は占領十年にして満州移民は失敗に帰さんとし、満州工業の没落と共に三〇億にならんとする投資もフイにならんとする情勢にある。

統制経済をして始めて犠牲者の事を考える。〝偉大なる政治家は事を為す前に考えるが、世は事をなしてから考える〟日本の政治の貧困性は宛も女性の知性と同じだ。国民の感情が今は熱狂してをるけれども、これがさめたら革命が起るに違いない。

し、八人が死亡した（前掲『北大百年史・通説』）。葛西君はこの登山隊のリーダーだった。

青年寄宿舎には葛西君の一学年下の山岳部員、田村光世君が居た。

若き未来の指導者になる我々には、深く考えねばならぬ。(Y)

昭和一六年一月二八日　新体制に即した？　学寮体制

北大新聞に予科恵迪寮の新体制に即応した新組織。…〔中略〕…生徒監の伊藤秀さん、宇野先生を始めとした予科の教授陣を中心とし、寮生が一丸となって肉体的鍛錬はもとより精神的の訓練・修養に乗り出した計画が発表されてあった。……。今迄の如く、何等の美点を存しうると思われぬ自由主義的な生活から脱して、師弟一体となった新しき生活に入った点、吾が寄宿舎も他山の石として見習うべき点あるまいか。このままでは取り残される様な気もする。

昭和一六年二月一四日(金)　学生報国会、隣組ラジオ体操、海軍講座——醒めた舎生

桜星報国会*の創立式あり。学校は休み。

五月一六日　今朝から公区*でラジオ体操の会が始まる。舎からも数名朝六時からというのに出席した由。寄宿舎生は「隣組常会に」も出席している。しかし早く起きて運動をすると腹が減るので節米にならず、結局、おそく起きて食べるか、食べないで行く者のほうが食事部にとって都合がいいかも知れない。

五月二〇日

隣組会で行われてるラジオ体操にも本日は細田君一人しか出席しなかった。

六月五日　今日から学部は午後三時半から海軍講座がある。頭を休ませながら聞いているのに丁度よい話であった。

昭和一六年六月三日　若松先輩の帰国を喜ぶ

先輩若松不二夫氏凱旋歓迎コンパの委員発表あり。

桜星報国会＝一九四一年二月文武会が解散し報国会全学会が発足し、国防訓練、厚生、文化、鍛錬などの各部が設けられた。これにより予科の桜星会が桜星報国会となった。

公区＝一九四〇(昭和一五)年町内会を再編して上意下達の地域組織としたもの。札幌では市役所に公区係が設けられ、各公区に公区長がいてその下には一〇〜二〇戸程ずつの隣組があった。

告!!　左記ニ依リ若松先輩ノ戦地談ヲ聞クノ会ヲ開キマス。

昭和一六年六月一〇日　吾は精神的な夢に憧れ

昨夜の議論する会の話題は昨夜のことで充分だろうと思うから、別のテーマをとってほしい。文芸批評、あるいは哲学、倫理、美学、論理学、まず精神的なるものの題材を期待する。吾は今精神的な夢に憧れをもち居りぬ。他の予科生もあるいはさならん。イデオロギーのなき寄宿舎はアパートである。

昭和一七年一月八日　日米開戦の直後の観兵式

猛吹雪。陸軍始め観兵式とやらで、北一条で分列式が挙行され、予科の代表者達がそこに行く。大東亜戦争の御詔勅の渙発*せられてより一か月、中央講堂において、学生に対して式が行われる。だが、授業は消えなかった。

昭和一七年二月一八日　シンガポール陥落を祝賀——大学も休校

シンガポール陥落の祝賀のため、小学校から大学まで授業はなし。北大もこの日、九時より、今〔裕〕総長のお話と万歳三唱の後、一路護国神社に行進、皇軍将士に感謝の誠を示す。

昭和一七年七月六日　若い医学生を軍医依託生として動員される

山根、三宅の両君は陸軍獣医依託生に、望月君は海軍軍医依託生に合格、めでたし。大いに祝すべし。

昭和一七年七月一九日　舎生に教育召集

夕刻太田隆三君に教育召集来る。

七月二〇日　太田隆三君の壮行会開かる。在舎生九名皆出席にて、天婦羅に舌鼓を打つ。砂糖の煮豆も出た。これは、菅沼、飯島君が、召集だというので早速公区長から特配を受

*御詔勅の渙発＝前年一二月八日　日本、米英両国に宣戦の詔書。

けたものである。

午後七時、太田兄、肩から下げた得意の団嚢も颯爽と、多数の見送と万歳に送られて壮途に上る。入隊は、青森県中津軽千歳村北部一六部隊なり。

昭和一七年一〇月九日　医学部助教授を召集。生きて帰って欲しいと舎生

休みの後の登校ほどいやなものはない。三村新角*の新角ぶり、本当に典型的なり。

（特別記事）

舎の最も良き相談相手としての先輩、奥田先生（医学部助教授・外科）に召集令状下る。度々の御召しに接せられ、舎生一同七日朝、札幌駅へ送りに行く。

先生の御武運長久を祈るや切。

昭和一八年三月一〇日　「行」めいた動員と国民の体位低下――舎生の時局批判

戦下の陸軍記念日、朝から防空演習。話に聞けば飲食店は休業だそうな。だが、小生等、試験勉強の真最中の者に何の影響のあろうぞ！　宿屋とか下宿では、朝の副食物は漬物だけ、晩は味噌汁だけだとの事。目下栄養不足を唱えている矢先にこの様な粗食をとっていたら、日本国民の体位もますます低下することだろう。国民の緊張をこんな風な「行」めいた事で増すのも、また迷惑な話だ。…（中略）…日本が発展するには、国民の体質が良くなければならない。…（中略）…現在の時局は、女、子供はともかく、吾々学生は勿論、あらゆる階級、職業の人のすべてに大きな荷重を加えすぎている。…（後略）…（望月）

昭和一八年三月二六日　「新体制」*で学生はさらに冷却

御老人方は雄々しく叫ばれた――『新体制精神は先ず第一に実践である』と。そして（珍しくも）高遠なる理念を異口同音に唱えられる。そしてその最高精神は、愛の冷却化とエゴ

新角＝学部への新入生のこと。制帽が予科の丸帽に対して角帽だったことから。

新体制＝この年一月二一日の「中等学校令改正」ほかの勅令により、中

イストの増産へと着々実践に移されつゝある。その偉大なる言行一致と実践力には驚異の眼をみはるものがある。

昭和一八年四月一七日(土)　徴兵検査で市役所に一五時間半

徴兵検査*。午前七時より二二時三〇分迄一五時間三〇分の間、市役所にとじこめらる。レントゲン、俵かつぎ、教育調査等受ける。今日程肉体の尊厳さと体力の養成の大切なることを痛感したことは少い。(渡辺)

昭和一八年七月　樺太のアルバイト

七月一一日(日)　学部一、二年目と実科の諸君は颯爽と樺太のアルバイト*に出かける。

七月一四日(水)　〔予科〕試験第三日目、明日は休み。(中略)静寂はこの舎の特徴だが、今日はまた深々度の静けさ。樺太に働ける兄達はどうだろうか。無理のない作業であれと、心から祈る。

七月一七日(土)　勤労奉仕や旅行などで、残留舎生は九名になった。(中略)。今日も蒸暑い。予科生達は本日を以て一学期の試験が終ったようだ。

七月二三日(金)　毎日毎日だらだらした授業こそ身心をつかれさす。今日予科は樺太行きの注意あり。

七月二四日　今日で授業は終った。あとは樺太行きと帰省あるのみ。

七月二五日　今日が最後の歓楽だとか何とかいって町へ出る者三々五々。

七月二六日　明日の樺太行きに備えて身体検査。フトンへ寝るのも今宵一夜と思えばまた感慨も湧こう。明日を思い浮べて夢路に入るも蚊に悩まされる。では暫しさらば。

七月二七日　予科の諸君*勇躍樺太へ出発する。健闘を祈る。居残舎生、今日から学部三年

学校等の修業年限を一年短縮。また、大学予科・高等学校高等科の修業年限を短縮して二年としたこと。

徴兵検査=本籍地のほか寄留先でも徴兵検査を行う例が増えた。しかしここに見られた事務的非能率も生産性の低さと解することができよう。

樺太のアルバイト=この時の学部生および予科生の樺太における集団勤労作業は国境地域(敷香町の北部、上敷香)の海軍飛行場建設であった。

予科の諸君=青年寄宿舎では八人で

の四名のみとなる。

八月三日(火)　樺太より勇士の面々帰り来る。日焼した顔肩胸、奮闘のあとがしのばれる。皆元気で安心する。〇〇まじり〔ママ〕の土産話*も戦時下らしい。夕飯は皆思いくに出かけて行ったらしい。

昭和一八年五月二四日　朝のラジオ体操。遅刻に罰金と町内会

七時一五分蓄音機を七号室前に持ち出してラジオ体操を行う。老境に入りたるため回転速度たどたどし。夜、回覧板来る。その中に「七時一五分ニ遅刻セシ者ニ対シテハ五銭、欠席シタ者ニハ一〇銭ノ課税ヲナス」と。

昭和一八年九月二四日　繰り上げ卒業と文科系の停止——学徒動員の体制へ

国家の要望により文科系諸大学の教育停止*が発表された。この切迫した時局において、教育をなお、受けられる身の幸福をしみじみと感じた。

昭和一八年一〇月*　文系学生の入営、理系学生には臨時徴兵検査

四日　文科方面*の学校の学生、生徒の入営日一二月一日。吾々理科の学生も臨時徴兵検査を受けるという。真、国家の非常時である。吾々の生活も、決戦態勢となった。なお予科は一〇月一〇日より一か月間アルバイトだという。

一七日　朝、北野君、徴兵検査のため帰郷。

一八日　夜石川君、臨時徴兵検査のため帰郷。

二二日　望月さん、岩瀬君、朝七時半離札。徴兵検査を受けるため帰省。

二六日　三村さん徴兵検査のため勇躍〝水戸〟へ。

二八日　夜、内田徴兵検査のため、内地に向う。

ある。岩瀬、北野、河瀬、河村(以上一七年入舎、予科二年)、野尻、熊谷、石川、山本(一八年入舎、一年)の各氏と思われる。本書グラビア写真も参照。

〇〇まじりの土産話＝勤労奉仕の労働現場で見た軍事施設関連のことなど口外することを禁じた「注意」を守り、「〇〇」と伏字を交えて体験報告したことを日誌記者がこう書いたのであろう。

文科系諸大学の教育停止＝一〇月二日「在学徴集延期臨時特例」勅令、公布。学生・生徒の徴兵猶予の停止。一〇月一二日、「教育に関する戦時非常措置方策」閣議決定。理工科系統の学生の徴兵猶予を停止、文科系大学の理科系への転換、勤労動員を年間三分の一実施などを決める。この年の決定による繰上げ卒業措置及び入営のため、舎でも、一時に四人、渡辺、秋葉、菅沼、三宅―を送り出す。

一〇月＝この一〇月二一日、徴兵延期停止により出陣する学徒壮行大会、神宮外苑競技場で行われる。一二月一日、第一回学徒兵、入隊。

一一月二日　昨夜は岩瀬君が、一昨夜は石川君が、徴兵検査から帰られる。石川君甲種、岩瀬君第一乙種、立派立派。

一一月五日　今朝北野君、徴兵検査より帰舎、第一乙種合格、視力が不足とのこと。

昭和一八年一一月*二六日(金)　舎生の入営部隊名が発表に

学校から帰って来たら、掲示板に内田君の入営する部隊の名が記してあった。陸軍の飛行士になることになっている。宮部舎長先生が北野君に「内田は立派な兵隊になるわ」と言ったお言葉や、河村先輩が「兵隊には死ぬべき所がある。犬死はやめろ」と言われた言葉、等色々、取り集めて、内田君の兵隊ぶりを想像している。

昭和一九年*二月二六日(土)　決戦非常措置要綱の体制へ

時局は増々多事多難となり何時空襲を受けるとも分からない。終に情報局から決戦非常措置要綱*発表さる。その中に学徒動員体制の徹底であり、理科系のものは専門に要し軍関係工場、病院に配置され勤労に従事する事となった。吾々は何時動員されるかも知れぬ。ただ、一日一日を悔ゆる事なき様生活していかなければならないと思う。

三月二五日　学生生活最後の試験もようよう半分終った。試験が終ると吾々はすぐ学徒動員*で四、五の二か月札幌を離れなければならない。六月以降はどうなるか分からない。

……(後略)……(飯島)

昭和一九年六月二一日　東条内閣総辞職

東条内閣総辞職、国事愈々多端を知って我々学徒は何をなすべきであろうか。学問か、身体か僕には分らない。

文科方面＝ここには農学科、農業経済学科、農業生物学科が含まれたため、この年以降農学部学生の三割にあたる一三四名が徴集された。―『北大百二十五年史　通説』二〇〇三年。

一一月＝一一月二八日札幌で「出陣壮行式」。この年末、一二・二四勅令で「徴兵適齢」が満一九歳に切り下げ。

昭和一九年＝一月一八日、閣議、緊急学徒勤労動員方策要綱を決定。年間四か月を継続して行うこととする。

決戦非常措置要綱＝二月二五日、発表。文部省、食糧増産に学徒五〇〇万人動員を決定。三月七日、閣議、学徒勤労動員を通年実施と決定。

学徒動員＝別の舎生は、この四月と六月には札幌と帯広の飛行場作りに勤労動員されたと記している。(村上宏氏の回想―『楓林』(青年寄宿舎生の手書き雑誌)一九四六(昭二一)年)

昭和一九年六月二九日　今年は勤労奉仕の連続

昨年迄は今頃になると暑中休暇で浮足たっていたのに、今年は何とそれ所か勤労奉仕の連続*で悠々と学期試験の勉強もなく、正に多忙である。

昭和一九年一一月一三日　神風特攻隊…大和男子の意気が悲しめる

桂林の戦果発表及レイテ島の敵輸送船団に対する神風特別攻撃隊の戦果発表あり。年に二千万トンの船舶を建造すると豪語する敵に自らの身をかえりみず醜の御楯*と出でたつ大和男子の意気が悲しめる。

昭和二〇年二月一七日　負けそうな気がする。なぜ学生を遊ばせておくのか

舎の南瓜さみしくなって、朝の味噌汁に一つ二つ位しか掬えなくなった。南瓜飯も今は大豆飯となった。冬の夜長に腹は減るがどうすることもならず床に入る。

春らしくなって来た。昼は陽ざしが眠気を催す程に快適に暖い。氷柱を伝って落ちる雫も大分頻繁になっている。

小生、目下医学生最後の試験。「大東亜戦に負けそうな気する矢先、何をぼやぼや試験なんかさせて吾々学生を遊ばせて置くのか。どんどん引っぱって行って呉れぬか」とは昨日勉強するのが厭になって小生の所へ遊びに来た友人が言であるが、小生も試験勉強が嫌になった。昨日日本近海に敵機動部隊が来て、艦載機が空襲にやって来た。なんとかやって貰いたいもの、癪に触る。(望月)

昭和二〇年二月二六日　海軍依託学生に化学の北野君を送る

本日海軍依託学生の発表あり、吾舎からは化学の権威北野君を海軍に送ることになった。日本海軍の化学、期して待つべきものあらんか。(河村)

勤労奉仕の連続＝昭和一九年三月七日　学徒勤労動員の通年実施を閣議決定。一八月一六日、文部省、学徒動員解除の通達。この年は専門二年半で勉強を終えて九月に卒業式。

醜(しこ)の御楯＝卑しい身だが皇国の楯となって身を捧げるの意。万葉集の和歌から取られている語で、当時よく使われていた。

五月六日　北野さんの横須賀行きについて軍と文部省との指令食違いて北野さんは進退すこぶる極まれる恰好なり。けれど理学部の意見と更には自己を叱咤する意志の強烈は遂に横須賀行きを敢行することに決定す。
五月七日　戦塵の最中に等しき横須賀に征く。
六月二六日　北野くん、横須賀海軍造機蔽より休暇で帰舎、約一か月滞在の予定。同時に河村君（空襲にて家類焼のため帰省）もともに帰舎。〔庶務日誌〕

昭和二〇年三月一五日　兵器の分解――意義少なし

工学部、理学部、兵器の分解等で白石に行く、聞く人多く場所がなく意義少し。

昭和二〇年五月二〇日　学徒隊の編成とか何とか…　喝！

青少年学徒に賜りたる勅語下賜の日。
学徒隊の編成とか何とか又とんでもないものが出来上がったようだ。そのくせ今までと何ら実質的には異なっていないのだ。喝！

昭和二〇年八月八日　新型爆弾　特攻批判の死生観を

大詔奉戴日　広島市、新型爆弾の餌食と化す。北野氏の解説「B29一機よく艦爆二千機の能力を発揮す」と。憂苦亦起こる。これで、防空壕の現在迄の型の無効なるを知り、その手の渋るを恐る。
石田氏朝アルバイト。八時三〇分より工学部北側にて詔書奉読式あり。「時の到るを静かに待つ」の訓示真意味深遠にして熟考深省もって学生生活のあるべき姿を把えざるべからず。「静かに」なる言、千鈞の重味あり。過激不規律の勉学不可なり。奔放不羈も不可なり。消沈隠退も不可なり。如何なれば、二十幾春秋の生命を培ひし大自然（勿論あらゆる人をも含む）の恩恵に許されたる生命もて報ひんかの道を、自然なる、跳躍なき自然の姿のままに、考へ行ふものと信ず。只一度の特攻よく一瞬にして国恩に報ゆるに足ると考ふるは早計至極、僭越至極。更に真剣に一点の茶化したる不真面目な考、ニヒリズミックな考なしに、死生観を究める、一点の疑問も抱かず斬込める死生観を築きあげる着実な生活こそが「静かに待つ」態度と思ふ。塵濛々たる周章狼狽の世俗より今こそ超脱、本質的な「象牙の塔」に籠れる静寂を保つべきなり。学に帰るべし。余りに世俗化したる今こそ学に帰すべし。求むべきは真理のみ。国家奉仕の大野心、大清浄心のみ。河瀬氏の今朝のこと、「非科学」のなせる業、*恥ずべきなり。河瀬氏肥料散布。（七号）〔原文〕

昭和二〇年八月一五日　終戦　社前に土下座

終戦

天地万象涙滂沱として社前に土下座して、不忠の罪を詫びる。遂に聖断下さる。矛を収めて戦を閉ぢよと。あゝ只黙して深省。将来の日本を省察し、民族の行末をしみじみ考へる。

　大君のみことに暮るゝ　今はたゞ

　　明日は日の出の　露となりても　〔原文〕

昭和二〇年八月一七日　教授　諦観的な瞳

学徒やや静思の状態に入る。教授は諦観的な瞳に科学的使命を依頼するの静かな感情を込めて講義をする。科学的使命に生きる強さこそ絶対必要である。「戦争」が生活上に一線を画するや否やは分からぬ。ただ将来に現出する現象に対する臆病な推測はもう止めて確定的なものを把むべきだと思う。

夜、新旧とりまぜておいもの試食をやって少し漫談をやる。

「非科学」のなせる業＝河瀬副舎長が舎の畑に肥料として人糞をまいたこと（本章第一三節の「テニスコートも畑に」の段参照）。日本では近世以来、明治初期まで人糞尿を肥料として用いてきたが、欧州では行っていない。日誌記者は、西洋近代科学を学んでいるはずの医学部生・河瀬氏のかの行為を非科学的だと指摘したのである。

昭和二〇年八月一九日　敗戦の受け容れ——呆然として為す術を知らず

一五日、* 米英支ソ四国へのカイロ宣言受諾に際する大詔勅発せらる。陛下の玉音を拝す。感極まるなし。嗚呼、遂に所期の目的を達し得ず、かかる結果になりるらんとは……。しかも、吾等生きてこの日に会わんとは……。全く思いがけないことだった。しかし、聖断は下された。吾、未だに呆然として為す術を知らず。軍関係のアルバイトに出動の石田、平、清水等帰舎。〔庶務日誌〕

昭和二〇年九月二八日　舎の実状は、やや無政府状態に近い

諸氏の食糧対策如何？　石川氏薪作り全く御熱心。個人の勉学以外に頭を費やさず、費やしても効なしとしてか、いい加減に命令を出し放しで無責任な近頃の舎の実状は、やや無政府状態に近い。責任は全舎生の双肩に平等にかかっている。全体のより良き生活の対策は全舎生の民主的創意の積極性にまつ。舎生活、副舎長に全ての面に関し良策を具申する責任とそれだけの愛舎心がある筈だ。舎生活の結合はのんべんだらりの漫談ばかりから生れない。（中略）精神力も肉体の束縛内にあることを知りたまえ。精神力だけでは薪は切れん！！副舎長の勉強で忙しいときは皆で助けるのだ、自由民主のはきちがえはみにくい。（中略）寸前に迫る現実を、勉学に熱した頭を一寸あげて凝視し給え。何と我等の生活は危いことよ。第一が食生活だ。非公式宴会も永続性はない。第一舎の雰囲気が滅茶苦茶だ。規律が滅茶苦茶だ。たゞ従来のしきたりに従えとは言わん。更に斬新な時代意気に適合した舎生活、しかも先の見通しつけたのちの積極策根基をおいた確実なやつを、おい、おっさん頼むぜ。Y・Y・

＊一五日＝八月一五日正午、戦争終結の詔書を放送。日付と内容のずれは、これが庶務日誌のため。

昭和二〇年九月二九日　国民救済には教育の改革と新しい倫理を

前記山本氏の意見には賛成賛成大賛成、もっとやれ！　今頃敗戦うんぬんと言うのは古臭いかも知れないが、日本が戦に敗れて後、かつてのドイツにおけるフィヒテの如き人間があらわれてくれたら、と。予科の時読んだが何だかむつかしい長たらしい、としか感想に残っていない『ドイツ国民に告ぐ』を読んでみた。

矢張り人間は、人が飯を食っているのを見ただけでは腹一杯にはならぬ。話をするだけでは薪が切れぬと同様に、本当に敗けてみなければフィヒテの言葉が身に浸みない。

諸兄、もう一度『ドイツ国民に告ぐ』を読んでみたまえ‼

吾輩は涙の出る程の感激と共鳴をもってこれを読んだ。彼フィヒテは、此講演において全欧州の国民が最も完備せる罪悪と利己主義の社会を持っていたことを痛論し、この国民を救済するには国民教育を根底より改革し新しい倫理の時代を作らねばならぬことを熱烈にまた、洵々と主張している。民族問題として国民の覚醒を促したるその言葉は現代の日本社会には多大の参考になると思う。〔後略〕（K・K生）

昭和二五年六月一二日(月)　「聞け　海神の声」を観て

松竹座で〝聞け　海神の声〟の試写会*があった。何故人間はああした戦争をし、お互いに殺し会わなければならないのでしょう。あんな〔読解不能〕無惨な死に方はしたくない。しかし私はあの争いの恐怖をただで忘れてしまうまい。あの先人の戒を守って、私は此の問題が余り大きいのでとても批判は出来ませんが、しかし戦争に対する感受性だけは得る事が出来た様な気がします。私は戦争の恐ろしさを忘れかけていたから。

*試写会＝映画『きけ　わだつみのこえ』―日本全国の戦没学徒兵の遺稿集『きけ　わだつみのこえ』（一九四九年）を映画化したもの（一九五〇年）。

昭和二五年六月一八日　益々植民地的政策化して来た

最近は新聞を見てもあまり愉快な気持になれなくなった。アメリカの日本に対する政策は、益々植民地的政策化して来た様に思われ、ジャーナリスト迄もそれに共鳴しているかの様な感を抱かせるのは全く不愉快極まりない。しかもこれは僕の単純な考えかも知れぬが、もっと新聞は自主性を持っても良いのではないか。少なくも憲法には言論の自由は許されているのであるから、何もGHQの失政に迄も弁護しぼかす事をする必要は全くない。進んで批判してよい筈だと思う。

昭和二五年六月二一日　但し書き付きの自由だったのに

隣の部屋で盛んに軍事基地うんぬん原爆等——これを聞いているとまた書きたくなってきた。

マ司令部の絶対的権力の由来は五年前の無条件降伏にある。我々の前には玉砕か無条件降伏か其の二つしか置かれなかった。その二つの事に限り選択の自由があった。

現実にはただ二つ、それに、より日本人の将来を決し、第二次大戦そのものさえ知らぬ民族の後継者迄も拘束し支配する決定が、ソ連を含めた国々より強制されたのである。そして何よりも死を怖れた我々はこれを受諾し、軍部其の他の逡巡を罵倒しその愚を嘲笑し、平和に歓喜したのである。

今から思えば実に下らん。我々が得たものはただ玉砕からまぬかれたことだけである。但し書きのついた自由を貰って喜んでいたのは誰であろうか。始めから付いていた但し書きに今更驚く馬鹿は誰か。

*昭和二五年＝この年は年頭から、GHQは、頻発する労働者の抗議ストに中止勧告や指令を出し、また都内、さらに全国の集会・デモ禁止を政府に指示、沖縄に恒久的基地の設置を開始、政府に左翼指導部の公職追放を指令、等を行っている。

解題

本節は「戦局と舎生」として、戦争と関わる記述を抜粋してみた。本解題では、そこに読み取れる、学生達の意識の特徴を幾つか挙げてみたい。その第一は、舎生が受けた徴兵検査や軍事教練について、あるいは時の軍事政策について、日誌がなかなか冷静に受け止め、時には諧謔を交えて、記述していることである。「T君、丙種合格なり。御目出度くなし御目出たし」(大正一二年)、あるいは(次々と甲種合格の結果を聞いて)「いよいよ吾が寄宿舎は軍人の卵養成所の観」などといった書き方には、徴兵検査という国家的判定に対する諧謔や、不条理な組織・慣行で知られる軍と軍人を見下す気分が読み取れる。そこには恐らくエリート的専門的自負心も横たわる。このようなトーンは小樽高商・北大の合同演習に対する「芝居(文部、陸軍当局の一種の年中行事)の一幕」といった、軍事教練への呼び捨て(大正一五年)にもうかがわれ、さらに「軍事教練の査閲」の記述(昭和一三年)で発揮されたような客観的記録の精神に連なる。そういうトーンはまた、上海上陸作戦の従軍ルポを読んだ学生の「人生の最大悲劇をここに見る」という厭戦のまっすぐな感想(昭和一三年)や、「中国戦線の拡大、日本に実力あるのか」という生産力の観点の疑問提出(昭和一五年)、あるいはまた隣組ラジオ体操という戦意啓発住民運動に際しても突き放したようなアングルで淡々と書く(昭和一六、一八年)等の中に一貫して流れていたと言えよう。

軍事・戦争に関わる、醒めたこの書き方に見られる寄宿舎生の思考・態度は、どこに由来するのであろうか？　ここでは、本節の資料範囲を越えて、次のような四つの要因を指摘してみたい。すなわち、この寄宿舎には(一)当該の社会・国家を客観視するのを促す、日本内外の社会・制度に関する比較的ひろい知見を得られる、恵まれた人脈や環境があった。(二)事柄を大所高所からも捉えて、本質を看破した見方を国民に示せなければならぬというエリート主義の自負心が、この大学と共に、流れていた。(三)舎長の宮部先生やしばしば顔を出す諸先輩の薫陶、および舎の初期よりの「コントロール・アペタイト」や教養主義の気風があった。(四)異年齢学生・全国出身者による自主的共同運営の経験と相互信頼から、および下級生に対する「垂範意識」から、自由に且つ美意識をもって記述しようとする気風があった、ことである。

しかしながら、第二に、この日誌には、日中戦争に突入の後の愛国・軍事拡大キャンペーンに飲まれた、「揺れ」も見い出せる。満州制圧軍を歓迎(昭和七年七月)、満州治安部隊の帰国歓迎(昭和一〇年三月)、武漢占領に酔う(昭和一三年一〇月)等の書込みも見られる。こうした同調は比較的に若い学生が書く場合に見られたが(例:満州開拓の義勇軍に志願、昭和一四年六月)、時代が下って、おおむね一九四三(昭和一八)年後半、文科系大学の教育停止、学徒召集の頃以降になると、専門(化学)や資格(医師、獣医)を有する上級生を含めて、「お国のために」送り出すという文が書かれるようになる。

第三に、それとも関わるが、寄宿舎日誌には、エリート学生の割れる心性も表明されている。寄宿舎の先輩が軍医として召集され戦地に送られる(昭和一三、一七年の二件)に際して、高度な、尊敬される専門家を舎の誇りととらえ、危険な地域(戦場)には惜しくて遣りたくない、しかし他方で専門の面から国家貢献も、これも舎の誇りとして、果たして欲しいという、対立した心情が書かれているのである。

第四に日誌は、勉強を肯定的に活かす将来があるべき学生が戦争の嫌な世をはかなむ悲観論にとどまる、そんな一面も映し出す。ある舎生は、登山で亡くなった親友のことに思いを馳せるあまり、友が「苦悩の社会に出ぬは幸福」とさえ日誌に記した(昭和一五年)。これは、日高山系ペテガリ岳で北大生が雪崩に遭い、八名が死亡した事故の時のことである。時代は、親友の死を受け容れたくない青年に、そのように書かせた。時代の学問や教育は、あるいは社会運動も、青年に、戦争の時代の打開につながるものを示すところまで達していなかったということであろうか。

この青年寄宿舎のような記録が北大生のすべて、あるいは戦前の学生意識の代表だったとは言えない。また、この記録はそもそも社会に公表を予定した書き物ではなかったという「割引き」も要るだろう。しかし、この日誌も日本の大学生の思考の事実なのであり、大学や学生のある一面、あるいは本質を表していたと見なすことができると思うのである。

この時代の在り方は、良くも悪くも、敗戦後日本における厭戦・軍隊嫌悪、協調的な勤労精神、米欧の科学・文化に対するモデル視、技術・経済の急速な成長、絶えざる勉強の必要意識、などに連続してゆくのである。(所　伸一)

六　食料と食欲～晩餐会と味噌樽～

食事は寮の共同生活において大切な一部をなすが、青年寄宿舎は学寮ではなく独立した自主的運営の寮であったから、その食事の経営も学生が行った。独自に選出された食事部委員が賄いの小母さんと調整しながらも自ら行ったのである。必要ならば調達や保存等の作業には全舎生が協力した(例えば、たくあん漬のための大根洗い。第五章参照)。このほか、来賓が同席する記念祭の「晩餐」や月次会のご馳走は担当係に選ばれた学生達がじかに準備するのが習わしであった(本節と第二章の月次会に関する抜粋ほか)。戦争の激化した時期になると、舎生も独自の苦労を余儀なくされて、食料問題は比重を増し、いきおい日誌の関連言及も多くなる。本節では食料と燃料の関わりから寄宿舎生活を見てみよう。

大正二年一一月八日　茶碗むしのみは殆ど失敗に終らんとする　記念祭

本月一日開会すべき創立第一五回祝賀記念会は宮部先生の御都合により本日に延期せらる。本日午食後は各係員は準備に忙しく会場係は万国旗や華やかなる記念会、第一五回創立記念、Welcome 等の額を以て入口や会場を飾り廊下には万国旗を吊り会場の三方の壁はまた幔幕をもて装い、余興係は今夜の芝居の準備に忙殺され、接待係は林檎、菓子の購入に右往左往の有様。食事係は昨夜より着手せる為忙殺されたりと称すべきにはあらねども各自料理法及び皿の配置に関し種々工夫を凝したり、其結果万事好成績なりしが、ただ茶碗むしのみは殆ど失敗に終らんとする状態なりき。即茶碗むしは本年も昨年の如き始末ならんも食事係一同をして寒心せしめしが、規定時刻の三分前に持来りしかば一同をしてホット安堵の胸を撫で下さしむ。時計正六時を報ずるや舎生のベストを尽したる山海の珍味にて飾られたる食卓に宮部舎長来賓を初め舎生一同着き、一家団欒の娯楽を恣にし和気藹々たる内に［始まり］をなす、七時半開会、次の順序にて挙行…〔以下略〕…

大正一二年一月三〇日　決算あり、食事部大手柄

昨夜決算あり、一日食費四八銭は近頃珍しき程の廉価なり、食事部大手柄。

大正一三年三月二日　定評ある手腕で素晴しき献立　送別会

卒業生諸兄の送別会あり。…〔中略〕…御馳走は多勢君、白根君、時田君、笹田君の四委員なり。定評ある手腕はこの素晴しき献立を作り上げぬ。

大正一四年五月三〇日　胃の腑がつっ張るほどの御馳走　月次会

今月月次会を開く。委員、波木居、赤羽、樋浦、平戸の諸君。胃の腑がつっ張るほどの御馳走あってまず皆一同満足、七時半開会、…〔以下略〕…

昭和一四年一二月一三日　砂糖欠乏*　鉄北ぜんざい繁盛

試験もいよいよ明後日に迫った。早く終ってしまえばよい。近頃はbrain exerciseがはげしいので大いに糖分を必要とする。夜は小母さんから汁粉の御馳走があったのでうどんは無し。この数日来毎日学校から帰り、自然足は「鉄北ぜんざい」に向く。学校の食堂は前には白砂糖の汁粉があったが一時砂糖がなくなり、これに替うる雑煮を以ってし、これを媒介として巧みに汁粉を値上げした。そしてずっと黒砂糖でまずかったが十数日前一度もとの甘さにかえり喜んだのも束の間、また次第に黒砂糖の分量が増加し、二、三日前からまたもや砂糖欠乏のため汁粉がなくなってしまった。しかるに鉄北ぜんざいは終止一貫して味が変らない。繁昌するのも無理はない。

昭和一五年五月二七日　飯はドンブリ一杯

近頃エッセンの質が落ちて来ているが、二三か月前の三割位高くなっているので我慢せら

*砂糖欠乏＝日中戦争の長期化により日本の経済危機が深まり、特に一九三九（昭和一四）年は生活必需品の不足が広がった。家庭用の砂糖不足も起こっていた。

れたい。
六月五日　節米・切符制度*——と砂糖まで金以上の貴重品となった。お蔭で腹の虫が乱れ回る。体位向上の上からどうかと思う。足りない量で不断普通のエネルギーを補充するのはちと困難。食事部の皆さん、その辺を良く考えて少ないながらも栄養ある物を恵み給えかし。
六月一一日　夜、節米運動について種々具体策を練り結局、飯はドンブリに盛り切り一杯の配給制度と決定。大食組には大痛棒であるが、御国の為なら是非もない。

昭和一五年六月一九日　節米開始の椀のめし

節米開始の椀のめし、食事部無情の響あり*。他人の残した椀のめし、猛者必食の理を表す。腹にたまるも久しからず、ただ河の水の如し。猛き人もついに参りぬ。一重に町に食を求めぬ、遠く異朝をとぶらえば、フランス・ドイツの節食に、近くにこれをたずねれば切符制度の砂糖あり。

昭和一五年七月一五日　配給

田村君と公区長を訪問。米・石炭の配給につき相談す。
木炭配給切符(三俵)を受領。

昭和一五年七月一六日　舎の食事　二度のみ

今日から舎の食事は朝夕の二度のみになる。

昭和一五年七月一九日　米の配給切符　毎日受け取りに

竹沢君、毎日米の配給切符を受取りに市役所に行く。誠にご苦労様。

切符制度＝この四月、米・味噌・醤油・塩・マッチ・木炭・砂糖など一〇品目に切符制を採用。

食事部無情の響あり＝「平家物語」の冒頭部分のもじり。

昭和一五年七月二九日　米の配給　一日一合五勺に

朝市役所にゆき米の配給を受ける。来月よりは一合三勺になる由。益々以って大打撃。

昭和一五年八月九日　電灯不正に付き　罰金一〇〇円

本日電灯会社より、一月以来の電灯不正なりとして抗議を申し込まれる。罰金一〇〇円也。

本日より米切符制となり、一月間の切符配布さる。

昭和一五年八月二三日　浮浪人　飯をくれ、と

寄宿舎の回りを浮浪人がうろつくというので、今朝は小母さんに早くたたき起こされて追っぱらいに出動。ルンペンを捕らえて「何でうろつく」と言ったら「飯をくれ」と言うから「俺も市役所からもらって居るんだからお前も市役所にゆけ」と言ってやったら、帰って行った。

昭和一五年八月二六日　みそ・醤油も配給制

この頃の天候不順の為、上川地方、稲穂に病発生して北海道本年米不作の上に、一大凶報をもたらす。三割減の由。今度から〝みそ〟〝醤油〟も配給制になるとの事。みそは一年一人当一貫目、ちなみに舎では一人一か月一貫を消費している。食事部大恐慌であろう。帰省の寝台券を取りにいったら売切れ、いやになる。この頃は就職の問題と共に身辺の雑事が多くて困る。

昭和一五年九月六日　市役所経済課のいやなおやじ

午後市役所へ、砂糖配給調査書を提出するついでに、米配給券をとりに行った。すると経済課の例のいやなおやじの奴、曰く「こりや今書くのは面倒だ。全員そろってから取りに来るといいや。青年寄宿舎って何をやってるんだい。え！　学生。どこのだい？　あー北大のか。うふむ、伊藤さんの隣だね。じゃ近いや、ますますいいや。ふん」。ばかげてやがる。誰も好んでとりに来てるわけじゃなし。皆んなお互いに苦しんでいるのだからもう少し何とかていねいに言ってくれたらと思う。実にしゃくにさわった。が、自分一人のことではなし。（竹沢）

昭和一五年一〇月二一日　石炭配給　これで飯が何とかなれば

学生課の努力で下宿に居る者は、多少の石炭の配布がされる様になった。掲示が出ている。兎も角嬉しいニュースだ。石炭が無いではどうもこうもならん。此の点舎生は万歳だ。此の上御飯がなんとかなればしめたもの。

昭和一五年一一月一二日　食事部委員は楽でない

今日からの予科の昼休が三〇分短縮された。従って昼食は食べに帰れなくなったが、終るのが早くなって夕食までかなりの余裕が出来た。砂糖屋今日も休みとのこと。漬物屋、市役所、砂糖屋などへ何回も足を運ぶ食事部委員もなかなか楽ではない。

昭和一五年一二月一二日　予科で煙筒配給　大学はデパート化?

予科生に煙筒の配給があったそうだ。今頃は、学校も学問のみを教えて居られなくなった。こんな時世が一〇〇年続いたら、学校はデパート化するだろう。

昭和一五年一二月三一日　明日の食物買い出しに

午前中、山根さん明日の食物買いに町に出て、大きなフロシキ包みを持って帰る。お昼から、僕が橇を引いてお米を取りに行く。

昭和一七年三月一九日　講義のあと配給のみそ・醤油受け取り

講義を終って後、味噌と醤油の配給を受けに行って来た。味噌が重くて一人で担えなかったので、近所に居た国民学校*の児童を頼んで、助けてもらった。天気が良く雪が融け路上を歩きにくい。

昭和一七年四月二五日　食料増産に舎の周りを耕す

今日は食料増産の意味から、舎の周りの土地を耕す。

二六日　快晴にして絶好の日曜なり。早朝より食糧増産を目ざして努む舎生の打振る鍬の音聞ゆ。

昭和一七年六月二一日　三度の飯も不十分

六月の二一日といえば札幌では最も気候の良い時。舎の中で日曜の一日をくすぶらねばならないのは、条件を挙げれば、沢山もあろうが、第一は、食糧の問題である。御飯がないからである。この気候の良い晩を、読書に、思索に、勉学に費したい。だが、朝、昼、晩と三度の飯も充分に食えない所から、夜になって、昼の疲れがどっと出て来て、駄目だ。試験をやっている人達はさぞ痩せることだろう。（望月）

昭和一八年二月八日　配給のバターなど籤引きで配る

配給のバター、チーズ、ジャム等の籤引をする。

昭和一八年四月二九日　配給所　臨時休業　味噌樽

一〇時頃、味噌、醤油の配給を受取りに、菅沼、北野、河村、大泉、岩瀬、内田、熊谷の諸氏と一緒に出かけたが、天長節の観兵式のため市役所前の参道で通行止めに遭い、漸くのことで遠回りをして配給店へ到着したら、何と今日は臨時休業の掲示が出て居て、一同失望落胆すること甚しく、持参せる樽も捨てて帰りたい位だった。（秋葉）

国民学校＝一九四一（昭和一六）年三月の勅令に基づく学校。「皇国の道に則って……教育を施し、国民の基礎的錬成を行う」ことを目的とし、初等科（旧尋常小学校、年限六年）と高等科（旧高等小学校、同二年）からなる。

昭和一八年五月八日　畠仕事

午後中央講堂で研修会があるのをサボッて、二時より作業。見事な成果に今迄のみじめな畠が見違えられる。今年の豊作を期待して止まん。エッセン、これ久し振りにおいしい。この様な作業なら何時でもするが、たゞ畠作に関し、更に常識を働かして、昨年中、堆肥を作って置くとか、収穫後、畠を起こすとかする方が実際的に良いと思う。一日中寒くて、全く嫌だった。明日の日曜、晴天を期待して。（野尻）

昭和一九年一月一日　元旦　雑煮は大根と餅だけ

昔の正月というものは愉しい待遠しいものであったが、段々正月は変化と刺激の契機として新しい決意の時期として意義がある様になって来た。

自炊三人組無事迎年。望月君早暁寒風をついて札幌神社に参拝。帰舎した頃他の二名初夢より醒む。

「ぞうに」は雑煮と書いて具のものを十数種も入れるところがあるとのことであるが吾々の今朝のぞうには大根と餅だけである――ここにも量を要求する時代の姿を反映している。だが、まめに暮す様にと黒豆と千万の子孫を栄えしめる様にと数の子が我々の手になって食卓に盛られたのは正月の匂いがする。

朝食が終ると望月君は部屋で年賀状を書き、三村君は「顔の型態美」を読み、余は「運命」を聞く寂しき正月に耐えかねて夜は三人東宝に初映画見物に行く。

今日は朝から寒い、水道が凍る。

昭和一九年二月一〇日　粉炭　六級品配給

雪とのお別れ……待遠しい。兎に角早く暖くなってほしいものだ。石炭来る、粉炭六級品。

もし今日来なかったらどんなことになったことか。

昭和一九年三月二日　学校食堂での採食が出来ない

先日来、全私設寮生が奔走*しているが、三月一日より私設寮生の学校食堂での採食が出来なくなった。それで今日も歩き回ってやっと駅前で飯なしのランチにありついた。休み中とエッセンはつきもので、残留生の唯一の慰めであったのであるが、来るべき新学期に備え朝夕一合の飯に我慢するのも、烈なる決戦下である。三月三日(金)夜、三村君は常会に、望月君は私設寮の昼飯問題で学生ホールに出掛ける。結局我々は四日に一度飯を食べさせて戴けることになった。

昭和一九年三月六日　生菓子配給　一人二個

生菓子の配給あり。一人二個の配給に舌鼓を打つ。残念なことに小生が四丁目の角で買った途端に二個を水溜りに落してしまった。全く悲しい気持だった。

昭和一九年三月九日　配給の薪運び

朝、小生、薪の配給店より薪を運ぶ。

昭和一九年五月一二日　中央ローンが南瓜畑、芋畑に

一か月振りで学校に出てみる。特に目についたのは、あの伝統を誇るローンが時局*に則して南瓜畑や馬鈴薯畑に変りつつある事であった。

昭和一九年一〇月一五日　大学生の買い出し部隊

かねてよりの目算であった南瓜買出し。三村、田崎さんを初め新角連中、大きなリュックにどっさり買い出し部隊。

全私設寮生が奔走＝私設寮全体と収容予定学生数については本書の「付録年表　北海道大学の私設寮」を参照。私設寮の在寮生は最大で二二四人程になるが、期末試験後の春休みに入ったため、昼食の学食利用制限の該当者は残留寮生である。事柄は大学の厚生部が下宿生の学食利用優先のため、二月二七日各私設寮に三月より「食票停止」を通知したのが始まり。この対策のための「私設寮生の奔走」は、青年寄宿舎日誌二月二八日の「今晩は望月氏、舎を代表して会津寮に出席され、昼食の事について色々協議さる。」との記述等にうかがえる。

時局＝二月二五日、決戦非常措置要綱、発表。文部省、食糧増産に学徒五〇〇万人動員を決定。

昭和二〇年四月二九日　宮部先生の畠を耕す

目出度き天長節を迎う。式には舎から五名位出席す。昨日の鰊を外に乾す。朝曇り模様なれど昼頃より快晴となる。奉祝の赤飯を食い後、北野さん、村上さん、山本さんと自分の四人で宮部先生宅の畠を耕しに行く。三時半頃帰舎す。

昭和二〇年八月六日　ただ、畑のアルバイトの進捗が

この頃、めきめき暑くなった。本当に夏らしい*。今夜は、二七度(℃)である。現在、舎にあるもの約一〇名、全く平和である。ただ、畑のアルバイトの進捗が思わしくない。これは、自分に全責任のあるところ、陣頭に立って大いにアルバイトし、皆の範たる様心掛けなければならない。

昭和二二年五月二六日　畑の恵みは大きい

一週間に一度の三〇分位の舎生全員のアルバイトは、畑その他に非常な効果を見せて居る。器具の不足な点から考えると、一見非常に不能率的な様だが、これを補って余りあるだけの利がある。作物もソロソロ吾々の食卓に顔を出し始めた。今後は益々アルバイトの報いがあるだろう。種代其の他も決して僅かの額でなく、アルバイトも大変だが、畑の恩恵は、想像以上に大きいものである。

今日、畳を上げて見たら、下に一糎《センチ》位埃が積って居た。大掃除は面倒だが、たまにはやるもんだと思った。（Y・U生）

夏らしい＝この年、北海道は冷夏で凶作であった。

解題

本節の導入に触れたことであるが、この寮では日常の三食のほかの月次会などでご馳走を会食する場合は学生が準備するのが基本であった。日誌には月次会・記念祭のご馳走の用意・献立にまつわることでもウィットに富んだ文章が数々残されているが、ここでは、寄宿舎のスタイルを作った初期の経験に絞って掲載した。日頃の質素な食事と、来客との定期的な会食――この寮ではメリハリを付けて楽しんでいたのかも知れない。

青年寄宿舎では、食事分野の切り盛りのほか、燃料(石炭・コークス、木炭、薪)の注文や確保のための折衝、電気代の支払い、さらには地代の国庫納入や火災保険の支払いも学生の手で行った(これは会計部が担当だが)。

夏・冬休み等、賄いの休止期にも色々な事情で舎に残った学生は自炊した。日誌からここでは、年越しした舎生の雑煮談義を掲載した。正月の過ごし方にも話を広げるなら、翌日の日誌には、初売りでトランプを購入して後、「未だしたことのないポーカーをする為に舎のエンサイクロペディアを引く。この辞書がこんなに有効なものだとは知らなんだと笑い合う。夜はトランプで時間の過ぎるのも忘れる。」(昭和一九年一月二日)と書かれている。

戦時体制の強化の下、食料の配給統制に伴なう経験が、ご飯の「お代わり」禁止を皮肉る戯れ歌として、他方では、市役所の「いやなおやじ」の対応の記録、味噌配給の不安定に多数の舎生達が振り回されたトホホな話、などとして書き留められている。

舎の周辺地のみならず大学の芝生も野菜畑に転用という「食糧増産」命令の具体化にも取り

組まねばならなかったことが記された。

リュックサックを背負った学生達の食料買い出しの経験も記録される。買い出しは、此の後、戦後の混乱期、昭和二〇年代前半まで引き続き余儀なくされたのであった(米の確保のために美唄、深川などの産地に出かけたこと、帰りの札幌駅の改札口では「ヤミ米」取締中の警察官から「学生さん」として「お目こぼし」の温情に浴したこと等をわが編集委員会は、昭和二三年の日誌外の体験史として、舎の大先輩から聞き取り取材した)。

この日誌は、経験した苦労のことをその記述によって笑いの共有に代える楽天性と、ストーリー化し・ひねりを加えて書き残す知性を感じさせる。

ともあれ、このような諸体験を通して舎生は生活力・共感力・社会力とでも言うべきものを鍛えられ、また賢くなっていったのであった。(所　伸一)

七　おばさん論

青年寄宿舎では舎生の舎費で賄いや掃除をしてくれるおばさんを雇っていた。おばさんの居所となる六畳二間ほどのスペースが台所のそばにあった。一緒に暮らしていると色々なやりとりがあって不満や批判も出てくる。口やかましく注意するおばさんは煙たがられるし、だらしない学生の生活態度はおばさんの気に入らない、仕事がはかどらない、というわけである。

こんなおばさんで困っている、こんなおばさんがいいなど舎生側の言い分が時々日誌に表れる、そのあたりを見てみると……。

明治四一年五月五日　職権を侵されバーヤ感情害する

バーヤが一か月間ばかりの休養を申込んで来たことについて委員会が開かれた。先頃より賄委員を三名にしてこれまでのバーヤ職種を侵害したのでバーヤ君大いに感情を害した。*実はこのことは決してバーヤを悪み、バーヤを疑ってしたのではなく、毎月の費用が高くなり、学生として負担に堪えぬから改言〔善〕せなければならんと思い、かくは委員会に決めて実行したのである。ところが無学な老いて一種偏屈なバーヤにはこのことが非常に気に食わなくて自分が疑われている、自分が不正なことでもしていると見られているのではないかと思うて数日来愚痴をこぼし非常に拗《こじ》れて来た。勿論このことはバーヤにのみ罪を帰せるものではない。バーヤは何も解らないのである。モー少し始めからバーヤをよく解る様に取り扱ったならばよからしものをと思う。またバーヤは一二年来老衰の結果、体が弱り、烈しき労働には堪えぬ様になっていることは確かだ。しかし今バーヤが一か月ばかり暇を呉れ、後任は此方で探してくれと言ってきたが、これはバーヤとして取るべきことでは万々ない、暇がほしければ、その間後任者を自分で求めて来る筈である、何だか恩返しのストライキの様である。

バーヤが居なければ、二〇余名の舎生は餓死せねばならぬ、自分共に取っては大打撃である。また学生の身で賄方の適当な女を見出すのは困難のことである。それをバーヤは知りつゝかゝる弁解をもって暇を得んとすることは自分には解し得られぬところがあるのだ。

*バーヤ君大いに感情を害した＝舎生の委員が賄方に口出ししたのでバーヤは退職の構えで長期休暇に入ってしまった。しかし、その後、もどって来てくれて前後一〇年余りも働いてくれたバーヤは長峰ハツ子さんであった。明治四四年三月に退舎していた。

これが被雇者と雇者との面白さ、コンフリクト*であろう。
記者附言　このことを茲にいささか詳載したのはバーヤを咎めるためでもなく、バーヤを悪口するためでもない、ただ、此の寄宿舎の創立以来忠実に、また舎生よりバーヤ、バーヤと言われて母の様に取り扱われたバーヤの一生の歴史の数頁の材料をも埋めることもあらんとの老姿〔婆〕心より加えたのである。
補遺　バーヤの此の要求に対し、如何なる処置を取るべきやと委員集って相談した。何の条件もなくしてこれをバーヤに許すか、またある条件のもとにバーヤの暇を中止せしむるか(バーヤの此の要求に対しては多くの矛盾を見出すのである、如何に身体が弱ればとて夏休暇が眼の前に来てバーヤにとっては身体を休めるに持って来いのときである)の二つに結着する。吾等は自分にバーヤに対して別に不正というのは一も見出さない。それゆえバーヤに対して譲歩する必要を見ない、逞〔飽〕くまで自分共の思う事を通そう、バーヤに暇をやってバーヤに後任者を探さしめることに一決した。しかし、バーヤにのみ探さしては物になりそうもないからまた自分共も注意して探すことにした。

明治四一年五月一〇日　バーヤの後任見つかる

朝、委員会があってバーヤの後任者として柳川君の尽力により適当な女が見出されたゆえそれを雇うことに決す、その女は五〇位で多少教育があるものだということだ。

明治四一年八月二〇日　賄婦休暇で自炊となる

賄婦ハ臨時ニ二日間ノ休暇ヲ申出タル為、各自交代ニ舎生ノ自炊ヲ行ウ事トセリ、本日ノ当番ハ柳川君、和田君、高木君、三田村君ノ四名ナリ。
柳川君ハ朝食ヲ担当、三田村君ハ昼食ナリ。君ノ煮ラレタル昼ノ菜物ハ実ニ淡白無邪気ニ

* コンフリクト＝conflict　争い、衝突。

シテ、シカモ塩梅其度ヲ得タリ。夕食ニハ和田、高木両君ノ考案ニ懸ル西洋料理ニシテ、デッシュノ作リ方ニ至ル迄頗付ノ物ナリキ。一同(七名)ハテーブルヲ囲ンデ談笑ノ間ニ箸ヲトレリ、シカシテ箸ナリ。フォーク、ナイフハ無クトモ充分満足シ得タリキ。吾人ハ毎日ト云ワズ、タダ、時々、此種ノ食事ヲ共ニシ、愉快ヲ楽シム機会ノ得ラレン事ヲ希望シテ止マザルモノナリ。

明治四四年三月二日　一〇年在舎の賄婦、長峰ハツ子さん退舎

夕食後賄婦長峰ハツ子殿退舎、舎生一同から各人三〇銭及び舎費と合して贈金す、各室に暇乞いして七時半退舎せり。

十余年間の住家を離るるさぞ忍びざるところなりきならん。

大正元年一一月一〇日　給金増額、月二円から三円へ

委員会あり、第一の目的は賄婦の給金を増してやっては如何というを評議するにてありき。現在、彼女のそれは僅に月二円にてキリスト教青年会のそれ*は、六、七円なるに比すれば大に安い。もっとも青年会の賄婦は非常なる働き手なる由なれ共、それで直に委員一同は皆是を賛成した。そして一円を増して以後は月三円を給する事にし、月末の賞与等一切待ち居らさせ無い様にした。(実は未だかくの如き契約はあったが、一回も与えざりし由)そして彼女には「忠実に働いてくれたによって舎生一同は大に喜んでいる、それでこれまでのまめの働きを賞めて以後一円を増してやる、其代り、これよりは賞与という様なものは絶対にないだろうから其積りている様に」と話すことにした。

外にも話は種々あったが、障子紙は舎費で支弁する事にしたという事位で、ほかは履物の注意、炭火などの平生の行為についてのノーチス*であった。

キリスト教青年会のそれ＝キリスト教青年会寄宿舎の賄婦の給金。同寄宿舎はのちの汝羊寮。

ノーチス＝notice　注意、通知。

大正九年五月二九日　自我の強い女性

散会後賄婦に就ての相談があった。自我の強い女だから折れ合に難しい。だが、働くことは確かだ。他に適当な女もないことならそのままでいいだろうとの事になった。

大正一一年九月二五日　一年足らずで婆や退舎

朝食を調理したのち、婆やに二〇円の謝礼を渡し、一か年足らずで別れる。爺やも挨拶に来る。

大正一二年一二月一日　年末賞与　一人一円ずつ集める

今後賄婦年末賞与について相談す。一人一円あてやる事に決す、当日委員左の如し。

梅津、飯島、土井、平岡の諸君なり。

大正一五年九月三日　おばさん腸カタル

杉本君、賄の小母さん等腸カタルをやり、ミサ子はよく働く。

昭和七年四月二六日　賄いの新人

賄に新人来る、手不足に困る小母さんの為に大いに気休めになる事に違いない。小母さんが度々手伝人を苦心して求める――　吾々一八人の賄に小母さん一人の手では余りにも負担が大き過ぎる――　その労苦、なみ大抵でないと思う。

昭和八年五月六日　楡の木に貼り紙で「女中求む」

此の間から「女中求む」のビラを五条通に面した勝手口横の楡の幹に貼って探していたところ、昨日応募者あり。副舎長の首実験をへて、本日より働く事になった。石狩の人なる由。

昭和一二年六月七日　おばさん泥棒を捕らえる

吾が寄宿舎はくみしやすしと見たか、また例の昼一寸前の時刻に、二号室窓から、大胆にも盗みの心を起こして侵入した者がいた。だが天、正しき者を助けるか。幸い、辻さんが登校の折り一寸振り返って、窓の明いているのを不審に思い、すぐ引き返して小母さんに告げたので、小母さん、おそるおそる二号を廊下からのぞけば、室内に、一寸小さい奴がしきりとリュックに物をつめている。小母さん、こ奴とばかり両手をとらえて、泥棒、泥棒と呼ぶのだった。折良く居合わせた田原君、この前の恨みとばかり頬っぺたを三つ四つ、ピシャリピシャリ。この小泥棒もさるもので、唖のまねして物言わず、しきりに便をしたいと手まねする。そこで便所に連れて行ってやると、敵は得たりと、下へ潜って、あぶなく逃がすところ。大金肉屋*の小僧、早くもこれを知って追い、再び吾等が手中に入った。かくて警察に引き渡した。夕食後お祝いのコンパ。めでたしめでたし。年頃一七歳位、子供。かくする中、大金肉屋から小僧、三、四かけつけて、一同安心する。

昭和一七年三月六日　賄人後任やっと決まる

賄人後任やっと決定し一安堵する。御世話下さった奥田先生に対して深甚なる感謝を捧ぐ。三月一二日。賄後任小松由郎氏夫人、本日より見習として来る。三月一五日賄交代す。

昭和一八年三月一九日　孟母三遷の如く

今夜、賄の後任を志望される人来られ、来て戴くことにする。御主人は道庁に務めて居られたが、昨年不幸、十勝で列車事故で亡くなられ未亡人で、今は専ら子供の教育に力を注いで居られるので「孟母三遷」の故事の如く、寄宿舎は子供の教育に好感化を与えるものと信じて舎に来られることを熱望して居られる人である。

＊大金肉屋＝現在の大金《おおがね》畜産株式会社。一九一七（大正六）年九月創業（札幌市北四条西一一丁目）。

昭和一八年一一月二七日　おばさんの告げ口？

寄宿舎内平穏。だが、一つまた問題が持ち上って来た。記念祭の時、舎長先生が舎生の禁酒禁煙について心配されていた一件である。副舎長の責任問題であるが故に事は重大である。その事について、賄の小母さんが、目の仇になってしまった。

昭和一八年一二月三日　おばさん（桑島さん）退舎申し出、自炊の困難

桑島さんが退舎したいと申し出た。結局ここに至った根底の原因は舎生とおばさんとの人生観の相違によると思うが、また吾々の反省して見なくてはならぬ点も多々ある様に思う。

昭和一八年一二月四日　賄のおばさんの相談

望月、三村両君と宮部先生の処にうかがう。桑島さんのことを良く話そうと思ったが、先生の温和なお顔を見たら何も言えなくなった。一二月五日一刻も早く、真心のこもった夕飯が食べたいものである。夜知人宅をたずね、賄の小母さんの件を相談して見た。

昭和一八年一二月二二日　おばさんにごちそう

朝、吾等、床を蹴って、飯を焚き汁を煮る。一一人の者の食をそろえぬ。

この日六時の汽車で野尻君帰省をはじめとし、山本、草地、北野、田崎、小杉、石川の諸君矢継早やに帰る。夕食は予科生及び、本科マンの三村、田崎両兄等の献立になる、茶飯と納豆、煮つけなどの簡素なる料理出現、小母さんと母子を御馳走してやる。小母さん、御礼にか、金一封（五円）を下さったが、返上する。夜、ストーブをかこんで、オートミルの美味に、空虚なる胃を満す。総勢四名。（望月記）

昭和一八年一二月二三日　自炊を堪能

早朝岩瀬君飯も食わずに帰省する。朝飯は、味噌汁と納豆の美味に舌打ちし、晩は、三村君の手になる立派な料理に陶然として、自炊の快適さを十二分に味わう。小母さん、未だ移転完了せず。吾等、相変らず一一号室に、自炊の宿を決めこんで、くすぶっている。河瀬今晩より寮へ合宿へ行く筈なのを翌朝にする。

昭和一八年一二月二四日　勉強と賄いは両立せず

自炊生活で困ることは、勉強ということが、自炊という、日常茶飯事で妨碍されることである。小生は今日最後の授業を休んだし、飯島君や三村君も今日迄相当犠牲になっていることは、否めない事実である筈である。今の様な事態になったことは、吾々の運命である故にこの困難にぶっつかって行かねばならない。今朝河瀬君の中学の後輩という、柔道二段という、古宇田君(帯広中学五年生)あらわる。高等商船*の受験に来る。晩飯は小生義理で他家に招待さる。他の人達は皆「はちまき」に夕飯を食べに行く。小母さんの引越し進捗せず、吾等手ぐすねして待つ。

昭和一八年一二月二六日　おばさんの人物評

朝は三村君が早く起きてくれた。古宇田君は、昨日の数学の試験が悪かったとぼんやり出て行く。国谷さんから臼をかりて来たり、「あん」を作ったり、糯米をといだりして明日の餅搗の用意をする。小母さんが居ず、のびのびとした感がある。人の虚を襲い、専ら非難を事とし、自らの誇大妄想を満足させたり。自らの心を内省することもせず、他人を批判することを好む様な人に対して、吾々は敬意も親密な情も持つことは出来ない。

昭和一九年一月二二日　新しいおばさん

待望の新しいおばさん来る。

遂に待望久しかりし賄の小母さんは今日来られ、最後の飯焚を草地君とやる。

高等商船=官立の高等商船学校。東京、神戸にあった(後に清水にも)戦前、官費で上級船員を養成するための教育機関で、一高とならんで難関の学校であった。現在の国立東京海洋大学へつながる。

寒し、睡し！

昭和一九年二月一四日　頭のよい女房は旦那を敷く

賄の小母さんは料理が上手だけどちょっと事務的。もっとお母さんらしいといいね。なんと言っても、こんな生活には、家庭的温味が猛欠し勝ちですから。余り智的にギシギシ言われると卒倒してしまう。頭の良い女房は旦那を敷く様に賄の小母さんが余り頭のいいところを見せると学生たる吾々、少々煙たくなって、住みにくくなるかも知れん。無理を言うのではないが、言葉に柔らかみがあって……。でもいい小母さんですよ。幸福です。（Y・Y）

昭和二五年一月二五日　小母さんもマージャン

マージャンの点取表を作る。小母さんが一時頃まで起きるのはマージャンでもやらない限りそうざらにあるもんでない。二月四日　小母さんの部屋は遂に食堂兼娯楽室に変わりそうだ。今夜も外はかなり暖かい。土曜の夜の気分も良く出ている。

解題

賄いのおばさん関係の記事は幾つも見られるが必ずしも正確な記録を残しておくという感じで書かれているわけではない。小母さんの氏名も着任、離任の年月日も書かれている時もある、という程度でしかない。しかし、舎生が毎日の食事などでもっとも直接的に世話になる人なのであるから何か問題があれば感想、人物評などが書かれるわけである。

問題となるのは、全て舎生との間で生ずる人間関係のもつれというところであった。食費を徒らに、不正に使っていると疑われていると思ったらしい、自我の強い女性とは折り合いが付きにくい、人生観が違うようでしょうがない、あまり頭の良い小母さんは煙たい、母親的な人が良い……などが書かれるのである。

明治四五年のことであるが、キリスト教青年会のおばさんの手当が月に六〜七円だったのに青年寄宿舎では二円だった(寄宿舎の食費が六〜七円の頃である)。それで一円だけ上げることにしたというほどに極端に貧弱な小母さんの待遇が直接、問題になったことがないように見えるのはどうしたことなのだろうか。住みやすいところがあったものか、一年足らずで止める人もいたが、一〇年も勤めてくれた人もいた。退職ふくみの休養を申し出てもめごとのあったバーヤがもどってくれて、前後一〇年余も勤めてくれ、円満に退舎していった様子も記されている。

小母さんが退舎されると後任探しにはいつも苦労していた。宮部先生や先輩諸氏のお世話にならざるを得なかった。たまには「女中求む」の貼り札を寄宿舎の前の楡の木に貼っておいただけで後任の小母さんが得られたこともあったが。

しばらく自炊をしなくてはならないことも時々起きていた。神経を使うおばさんとの関係が解消されたためか「のびのびした感」を味わったりもするが、やはり勉学の妨げになるなあ、とも思うのであった。

宮部先生が人の長所を見て交わることが大切であるという意味のことを繰り返し「お話し」される(明治四五年三月の月次会など)ことを思わされるのである。(田端　宏)

八　メッチェン論

メッチェンはドイツ語系学生の俗語で若い女性を意味する語として使われていた。学生の日誌には多く出てきそうであるが、あまり出てこない。恋愛論もほとんど書かれることがない。希有なことに舎生の誰かのところへ「みめうるハしきお方御訪問」となれば「◎特種」であった。

昭和四年四月二二日　うすぎたないマントの娘さん

気まぐれな天候だわい。いま頃になってまだ雪花をちらつかせる。都ならばアーム・イン・アームで桜の堤を、舗道の上を歩むカップルの姿を見る頃だのに札都ではうすぎたない――これは失敬――とにかくそんな感じのするマントに身をくるんだ娘さん達を見せている。彼女達も伊達にデンプン*はきはせぬ。道がぬかるみなればこそ、つらい思いをしてベチャリポチャリ。これを悪くいう男性の気が知れぬ。

昭和七年一一月三日　女臭紛々（芬々）は宜しからず

今年は病気の人とか帰省の人とかの都合で式のみ挙行するので心楽な気持ち……。記念写真を撮影して茶菓饗応ありて五時散会す。六時より舎生芳蘭にて支那料理に腹の記念祭を行えども女臭紛々（芬々）として余り気分宜らず、もっと静かな女気の少ない所が良かったのではなかったか。

デンプン＝でんぷん靴。黒いゴム長靴だがゴムとゴムがくっつかないようでんぷん粉のような白い粉が振ってあったのでこの名がある、という。

昭和九年五月一八日　乙女達の眼

夏の様な暖かい日だった……。夜の街等人が出る。着かざった乙女達の眼が異様な輝きを帯びて居る。

昭和九年六月一三日　乙女達のホノ白イ顔

夏らしい宵である。お祭電気が何だか心を乱さす。乙女達のホノ白イ顔が暗に浮かんで居るのも悩ましい。町々はエン台*等出している。

昭和一八年二月七日　兵士への慰問文　女性名前で

将兵に慰問文を公区から送る由。舎にては女名にて各々記す事に決定。兵隊さんの方や如何？　銃をとり祖国の為に戦える祖国の勇士ぞ武運を祈る。

昭和一八年三月一六日　みめうるわしきお方御訪問

◎特種

本日　某氏の所へいとみめうるハ《〔ママ〕》しきお方御訪問す。我々心臓の痛みに耐えかねて悶々の一夜を過ごせり。

（追記）うるハ《〔ママ〕》しきお方二一時お帰りあそばし吾等一同某氏に招待されおみやげのリンゴジャムを御馳走になり、先ほどはこのジャムにも優りて甘からむと思えり。

昭和一八年三月一八日　いとうるわしきお方某氏を見送り

夜　某氏を札幌駅に送る。送る人　三村、余輩といとうるわしきお方の諸氏なり。某氏を送りて送りし人々は星のかすみ、春近き生暖き夜を同じかたへ足をむけり……。ロマンチックの人々、ロマンチックの夜に、ロマンチックの話に耽らざらめや!?

エン台＝縁台。木や竹で作られた細長い腰かけ。夕涼みなどのため庭や路地に置かれた。

昭和一八年一一月二二日　メッチェンの悲鳴が……

草木も眠るウシミツドキにはまだ早い一〇時前に舎の前の電車通りの九丁目の辺からうら若いメッチェンの悲鳴が……。若い血のたぎる舎生の心臓に響いた。事の重大さを早くもさとった東側の部屋の人は窓を開けた、電灯を出した、怒鳴った。この臨機応変の処置はこのメッチェンの一生を救ったようなものの今時一人で歩くのも感心せぬ。情に弱い男、内田君が家まで送り届けて感謝されたそうだ。

この時節に社会のこのような事実を見せつけられて変な気がした。

昭和二〇年七月三日　真の恋愛は語る事なからん

近頃、恋愛を語るもの流行す。されど真の恋愛ある所、語ることなからん。また真の恋愛は相互に相高潔なる男女のみよくする所にして余は獣欲の変形ならむ。もし、真の恋愛は吾人の品性の高きときのみ論ずる資格あらむ。よりて吾人は品性の高潔を欲せざるべからざるなり。以上の事我が思う事のみにあらず。

舎の先輩なる諸兄の訓えを受けつつ思いたる事、また教えられし事なり。自らをかえりみつつ慙愧*に堪えざれども、あえて書く也。

昭和二〇年九月三〇日　異性を通して神々の恵みを知る

更にまた、対異性の問題を考える。異性は若い青年にとって夢の対象である。異性によってこの世に対する眼を広くし、神々の恵みを知るに相違ない。それはしかし、あくまでプラトニックな点においてである。（一行半ほど墨塗りで削除）女性に対する感覚を現実のものとし、わいだんを楽しむが如き事も人生観の相異。

少くとも品性高き青年のなすべき事ではない。

慙愧（ざんき）＝恥ずかしい、恥入る。漢語系学生俗語の一つ。同じようによく使われていた語に怠慢、陰険、獰猛があった。

昭和二五年一月四日　メッチェン来てダンス

中林帰省　メッチェン来てダンス。

昭和二七年一月一七日　ダンスの全盛時代

寄宿舎におけるダンスの全盛時代とは当に此頃の事と思う。何しろ舎長御自身から*やり出したのだから……。この事がダンスをやらぬ者のダンスというものに対する誤解や偏見を是正することに幾らかでも役立つことがあればはなはだ結構なことであると思う。

*舎長御自身から＝舎長は宮部先生のあとをついで財団法人青年会寄宿舎第二代理事長・舎長をつとめられた奥田義正先生。奥田先生もダンスをされていた。

解題

女性について書かれるのは賄いのおばさんについての記事が幾つもあって「おばさん論」の項で紹介した通りであるが、その他ではオルガンを貸して欲しいと頼みに来た若い女性のこと(明治四五年「オルガン　レコード　蓄音機」の項参照)が見られたくらいであったが、昭和年代になると娘さん、女学生や令嬢などに触れた記事が少しずつ目立つようになる。

日誌記載の担当者が文芸部委員など特定の舎生に決まっていた年代では日誌には公的な性格が求められる所があって「メッチェン論」にわたることは書きにくかったはずである。昭和一〇年代になる頃から日誌は舎生全員が交代で書くようになるので書き方が少しく変化するようである。女臭い料理屋は気分が良くない、という記事とは違う書き方は次のようなものだった。四月になっても春の遅い札幌ではマントにゴム長靴で雪融けの汚い道を歩かなければならない「娘さん達」に同情し、札幌祭の灯りのなかで「乙女のホノ白イ顔」の悩ましさに触れる……。離れたところからではあるが女性に惹かれる筆致で書いている、というわけである。

それから、もう少し近づくと「庁立高女の音楽会」に舎生達が「大挙して」出かける(昭和九年一一月二三日)、演奏会で吾が舎の井上君がピアノを熱演すると「きらびやかな令嬢、メッチェンのたぐい全く本当に感激」していた(昭和一三年一一月二三日)という記事になるし、舎生某氏のもとに訪れた「みめうるはしきお方」に「悶々」たる思いを感じさせられるという記事(この種の来訪記事は非常に珍しい、戦前の年代ではこれ一つのようである)にもなる。

恋愛論が見られるのは昭和二〇年代になってからで、偶然であろうが敗戦の日をはさんで二つの恋愛論が書かれている。恋愛は「高潔な男女」の間にのみある、他人に語るべきものではない、あるいは異性を通して神の恵みを知ることが出来ることになるだろうというプラトニッククラヴを説くものであった。「わいだん」が横行する風が無きにしもあらずだったことも触れられているから恋愛を高尚、高潔の精神的高みに置く考え方は意味があったのである。自律・自制の舎是の下で大いに語られるべき恋愛論というべきかと思われるが、繰り返し現れたようには見えない。

女性との距離は戦後の年代で大いに縮まる。寄宿舎内でダンスが流行、舎長(奥田義正先生)もダンスパーティに参加しているということで、此の距離感が有意義であると書かれているわけであった。

その後三〇年ほど経つと女子短大生の週刊誌受け売りの性談義が書かれたり(昭和五九年一二月二七日)、これから「女の子と二人きりで旅に出ます」(平成四年七月二五日)と何か自慢げに書かれたりするようになる。プラトニックラヴへの懐かしさが際だつ時代となったのである。

(田端　宏)

九　学僕

寄宿舎には、学僕と呼ばれる少年が舎生達と一緒に舎内に住んで掃除などの雑用に働いていた。働きながら中学校に学んでいる生徒でもあり、舎生から見れば仲間の一人のようでもあった。一方で雇い主としての舎生と被庸用者としての学僕という関係の中で微妙な問題が生じることもあった。

明治三四年四月一五日　中学校合格で退舎

長く学僕なりし笹部志積、中学校入学試験に及第せるを以て舎を辞し、実家へ行く。

明治三四年四月二二日　新任の学僕

速見武雄学僕に来る。

明治三五年九月一一日　学僕速見に屠牛の肉を運ばせる

農園ニテ屠牛セシトノ報へ速見ヲ飛バシテ六斤*ヲモタラシムルノ止ム無キニ出デヌ（？）新来舎生諸子ハ如何ニ手製ノ西洋料理（カレイ）　ヲバ味ワレシカ聞カマホシキモノナルカナ

明治三七年一二月三一日　学僕への不満

歳暮として金一円五〇銭賄婦に、金六〇銭速見に送る。

午前九時、舎生一同会合して近頃速見の行為に関して相談す。彼は近来大いに増長して副舎長の目にはよく見せて□数々〔シバシバ〕気を付くるに反して舎生に対しては礼儀を欠き

六斤＝三・六キログラムほど

其の他言語を絶したる行為あるにより彼の位置を廃止と相談一決してやむなき様に談判の為、逢坂信忢、高松正信、田村与吉の諸氏を□□〔読解不能〕談判する二時間余、語いささか激したるや余音室外にもる。ついに速見暇を遣わし他の良き候補者の選ふ事に一決して事落着す。しかし速見には候補者のあるまで語らぬ事。

明治三八年四月二日　前田氏学僕ニ

今夕ヨリ前田氏ヲ新ニ学僕ニ傭イ入レリ。

明治四〇年一月二三日　常に忠実なれ

夜食後委員会が開かれた。新旧学僕の送迎会について議した。各自より五銭ずつ集めて此の両人送りまた迎えるために茶話会開くこととした。九時より一同食堂に集まり吉田副舎長の小林君に対し在舎中誠実に勤めしことを感謝し、新学僕谷藤正太郎君に常に忠実ならんことを希望する旨挨拶ありて、菓子に一場の歓を尽くし一〇時散会した。

明治四一年四月二日　福永君退舎、新学僕本間君

学僕として働かれし福永君退舎しその後任として本間君が入舎して学僕として働かるゝ様になった。

明治四一年八月七日　学僕入院で掃除当番制に

本間君ハ前記ノ如ク不在ナリシ為例年ノ如ク在舎生交互ニ便所及廊下ノ掃除ヲ行ウ、一週間ニ二回ニシテ一人一回宛ナリ。

明治四四年三月六日　学僕廃止一

八時頃、近藤君舎の改良政策と学僕を廃しことゝなりしを以て退舎せらる。二か年間の君が舎のために尽力せることを茲《ここ》に謝す。一同玄関まで見送る。

大正二年一〇月九日　学僕廃止ニ

夕食後舎生一同第一二号室に集り学僕に関する相談をなし其結果学僕を廃し、舎生一同交代にて掃除及其他をなす事に決す。

大正六年三月一一日　鈴木君中学卒業　東京遊学

本日夕食後委員会ヲ開ク、シカシテ来ル二五日月次会ヲ開クコト及学僕鈴木毅君へ英語辞書アルイハ硯箱ヲ贈ルコトトセリ、コハ今回卒業（北海中学校）シ上京遊学ノ為メ去舎旬日ニ迫レルガタメナリ。

大正六年三月一三日　鈴木君へ英和辞典を贈る

学僕鈴木毅君上京遊学ノ為メ我舎ヲ出デラルルニ当リ、舎生一同イササカ微意ヲ表センタメ、井上氏英和辞典*ヲ贈ル。

大正七年八月五日　学僕への不満　廃止を決める

朝九時頃河原君来リ、友人五六名ヲ伴イ来リ、図書室ニ遊ブ昼食ト夕食ヲ済セテ帰ラン、彼ノ舎ニ対スルノ厚意ナキヤ憎シ、タトエ舎ノ内外塵モテ汚レ居レ共誰カ舎ノ者ニシテ頼マザレバ掃除スル気配全然無シ、記者思ウニ、彼ノ性質上ヨリシテ彼ノ境遇ニ秋毫モ同情スルノ価値ナシ、願ワクハ副舎長ニ若シクハ舎生合議ニヨリ、今後学僕ノ全廃シ日々ノ廊下掃除ヲ舎生ノ輪番ノ当番ニヨリテコレヲ実行シタシ

大正八年四月五日　光博君（賄婦の次男）学僕となる

本日、舎ノ学僕タリシ河原君ニハ同氏ノ家庭ノ都合上ノ願ニテ解雇セリ、依リテ以後ハ光博君代リテ満事ノ仕事ヲスル事トナレリ。

＊井上氏英和辞典＝井上英和大辞典ともいわれた。井上十吉、神田万武、斉藤秀三郎、三氏の編集による英和大辞典が刊行されていた（至誠堂大正四年）。

解題

寄宿舎に「学僕」を置いていた時期があった。明治〜大正年代の前半期までと思われる。「学僕」は中学校在校生で通学しながらであるが、寄宿舎に住み込みで掃除などの雑務で働いていた。食費は舎生が共同で負担する形、居室は舎生の誰かと一緒に、あるいは一人で一二号室(食堂や玄関に一番近い部屋)となっていたようである。テニス大会、登山遠足などの寄宿舎行事にも舎生の仲間として参加していたし、創立記念祭の時には庶務係の任務について働いていたが、舎生の下で素直に働くことを求められ、舎生の方にはやはり使用人に対するの態度が見られた。日誌に「学僕」と書いて氏名を記さない、ということがしばしばあるのもそのような見方の表れであろう。

「学僕」廃止、掃除などを自分達で、と決めた後にも「学僕」がいる状態が日誌には記されている。舎生の経済的条件が「学僕」の食費負担程度のことは苦にしないで、やはり「学僕」は置いたほうが都合良いとしたか、苦学生の「学僕」希望者が多かったのか。しかし、大正八年以後「学僕」についての記事は見られなくなる。この年代の社会条件の中でしばし続いた寄宿舎生活の一側面であった。(田端　宏)

一〇　兎狩り

明治〜大正前半の年代の一大行事に兎狩りがある。九〜一一月頃、手稲方面の草原に出かけて細長い網を一〇〇メートル程も張っておいて大勢の勢子で兎を追い込んで獲るのである。舎生の他、舎外の友人や近所の魚屋さんなども参加して早朝から夕方まで草原を駆け回るレクリエーションであった。

兎狩りは、予科、水産科、中学校等でも行われていて、予科では二一頭も獲った(明治四三年一一月四日)という記事も見られる。四頭も獲ったという記事などを拾ってみた。

大正元年一〇月五日　札幌中学の網を借り兎狩り

もう四五日前に知れていたが掲示は今朝出た。初兎狩りの網は一昨日札中*から一〇反程*借りて来た。委員の話によれば何でも五銭宛だそうだ。軽川*までの汽車賃を半額補助するときけばいよいよ運動部万歳だ。

今日はこれ迄一同苦にしていた大掃除をせねばならん。明日は楽しい兎狩りに行くんだから、朝飯が済むか済まぬでばた〱始めた勇士もあった。しかし大概は放課後即ち午後やった。一時はなかなか戦場でも行った様の騒ぎだった。一方では奮闘の真最中を得意然として手拭下げて風呂屋へ行く名誉の戦者もあった。兎に角黄昏までには無事全部片付いた。

札中＝北海道庁立札幌中学校。この頃、北一〇条西四丁目にあった。現在の北海道札幌南高等学校。

一〇反程＝一反は幅三六センチほど長さ一〇メートルほど。

軽川＝がるがわ。現在の札幌市手稲区のうち。

大正元年一〇月六日　大成功　四頭も獲った

星影なおしるき朝の五時あまたのヴェッカー*は一時に暁の静寂を破って、あちらこちらに響いた。舎生は飛び起きた。今日こそかねて待ちたる兎狩当日である。各自四個の握飯を携えて雄々しくも立った。一行は舎生一六名副舎長及び数日前まで吾舎生たりし守谷君との合計一八名である。軽川までは汽車の厄介になった。それより、守谷君、安井君、下村君の先導にて北方に進む、約半里にして第一回の襲撃を試みた。二頭の敵の顔を前に見て空しく逃した。以後、全軍の意気阻喪し四五回の中は更に獲物はなかった。益々西北に進む事一里余にして遂に或る敵の根拠地に到達した、小笹の中を追うる事二回にして四匹を逃し終に一匹を獲った。一同の元気は再び快復した。一同は茲に嬉しくも持合いの昼飯を平げた。此時、徳田副舎長は帰られた、是より先県人会の為とて佐藤君も帰られた、追う事なお数回にして一匹を打ち得た、敵の剽悍にして実に出没の機敏なる兎角不平性の一致を欠きたがる吾等追撃隊を苦しめた事は非常のものだった。

午後三時に垂んとして日暗く風荒く寒かったので拙者は風邪の為をもって豊島、根本と共に先きに帰路についた。しかし眼前に列車を見てしかして乗り後れたのである。僕は林檎で喉の渇きと痛を癒し、ひたすら本隊の来着を待った。五時半頃奥間君と園田君とは四匹の兎を重たげに差担ぎにして来た。僕等一時に拍手した。程なく全部停車場に着いた。一同は随分空腹だったらしい。安井君は途中臥れたと誰か言った。五時五一分おしあいへし合い込みに込んだ下り列車にとび込んだ。札幌に着いてプラットホームを出るとすぐに得意げに今まで網で包み隠し置いたる件の獲物を曝け出して持った。そしてデカンショ歌で練り帰った。舎前に来た時は一同は転た青年寄宿舎万歳を三唱せざるを得なかったのであ

＊ヴェッカー＝Wecker　目ざまし時計。

る。今日の兎狩は大成功を以て芽出度ここに終った。

しかし、我等は更に不名誉を持った。網を一反中途(兎狩最中)で何処にか紛失したのである。軍人が軍旗を失った程にも行くまいが、確かに銃剣を失ったのと匹敵するのである。勿論責任は全部にあるにせよ、委員たる北村君*の心痛また思いやられて気の毒である。なお今日は安達、安井両君の学友アビコ君が八時頃より応援された事を深謝する。御馳走は明晩まで待つ事にした。

大正六年九月二九日　網を借りて兎狩り

此月運動部委員、小松君、足立君ノ熱心ナル諸君ノ世話ニヨリ兎狩用、網ヲ他所ヨリ借リル事ニナリ、愈々明日軽川原野ニオイテ兎狩ノ催ヲナスベク、掲示アリ、為ニ舎生ノ意気益々高マリ其ノ元気ヤ実ニ愛スベキナリ。三〇日午前一時出発トノ事ニテ、勝手ハ握飯ノ用意ノ為ニ少カラザル混雑ヲ極メリ、シカレモ〔ドモ〕朝早キタメ皆早々就床シ八時頃ハ既ニ静マリテ淋寞ヲ感ゼリ。

大正六年九月三〇日　獲物一匹ダニナシ

観月*ヲ兼ネ軽川原野ニ兎狩ヲ催シ秋ノ一日ヲ楽シク送ラントセシ吾々舎生一九人外ニ近辺ノ中学生五名即チ二四名ノ一行ハ午前一時出発セリ。途中寮歌、俗謡ナドトリドリ面白ク、興又興、足ノ疲ルルモ覚エズ鉄道軌道*ニ添ッテ、三時軽川停車場*ニ着セリ。時ニ未明、暫時休憩ノ後、野原ニ出デ相当ノ準備ヲナセリ。時移リテ五六回勢子ノ声、騒々シク、然レドモ、一頭モ得ズ、為ニ意気頓ニ消沈シ帰舎セントノ声、所々ニ漏レドモナオ一行ヲ鼓舞シ昼食後二三回ヲ試ミタレドモ、獲物一匹ダニナクヤムヲ得ズ一時半帰途ニツク、二時二三分ノ汽車ニテ帰舎セリ。

北村君＝北村卓爾。当時は運動部委員、兎狩行事の責任者であった。

観月＝この日は旧暦八月一五日にあたり「仲秋の名月」の日であった。

鉄道軌道＝現在のJR函館本線小樽方面へ向う鉄道。

軽川停車場＝軽川駅の通称。昭和二七年一一月手稲駅と改称。

解題　～「四頭獲る」の後日談～

大戦果だったが面倒な問題を生じた。中学から借りた網一〇反のうち一反(一〇メートル弱か)を紛失してしまったのである。軍隊で言えば軍旗を失った程でないが兵器を失ったに均しいとの慨嘆が書かれている。密かに先に肉を煮て食った奴がいる、肉ばかり掬って喰う奴がいる、ゼントルマンらしくないという慨嘆もあった。

一反につき五銭で借りたのだったが運動部委員の弁償交渉は現物を調達して返済ということになった。一一月二〇日になって注文していた網が出来てきて現物返済が完了した。経費は二円七〇銭だった。一か月の食費が九～一〇円(この年一一月の決算で一一円〇八銭五厘、高かったとある)という頃のことである。(田端　宏)

一一　遠足

春季あるいは秋季(時に両期とものこともあった)に寄宿舎の行事として行われる遠足があった。明治・大正時代は文字通りの強歩行で定山渓まで二五～六キロを徒歩で往復するのである。道々の風景を叙述して筆を振るう例は幾つもあるが一部を拾ってみた。石狩行、手稲登山として遠足が行われることもあり、時に宮部先生も参加していた(遠足に汽車、バスが利用される時期の事であるが)。

明治三七年四月一日　銃をもって定山渓へ

四月一日　正午、朝倉、林、高松、小高松、羽生、瀬戸、畑等七氏ト共ニ定山渓ニ向ッテ出発ス。途上樹木茂レル森ニ当リテ数羽ノ鳥枝ヨリ枝ニカケ回リ居タレバ銃*ヲ肩ニセシ朝倉君直チニ雪深キ林ニ分ケ入リ漸時ニシテ一個ノ獲物ヲ携エ来レリ。行クコト数丁ニシテ又々一羽ノ鳥ヲ得タリ。既ニシテみそまっぷ*ニ到レバ日西山ニ没セントス、此ニ於テ余等大ニ急ギテ歩行ス、行クコト一里ハカリニシテ日全ク没シタリ。暗夜人ナキ山中ヲ辿リ行ク、大勢トハイイナガラ実ニ心細キコトナリシ。シカノミナラズ一一時ヨリ一物モ入レラレザル腹ハ此時倒レンハカリニ飢エタリ。此ニオイテ雪ヲカヂリテ少シク元気ヲ付ケ辛ウジテ到着セリ。時ニ午後八時、此ニオイテ携エ来リシ米ト豚肉トニテ一〇時頃食事ヲナシ入湯後一二時頃寝ニ就ク。翌日早朝、朝倉君、高松君銃ヲトリテ外出シ、近傍ノ林中ニオイテ山鳥三羽ヲ得テ帰リ来レリ。余等其手際ヲ激賞ス。午後朝倉君先刻ノウマ味ヲ忘レ兼ネ、マタマタ銃ヲツイテ山中ニ到ル、居ルコト数刻其獲タルモノハ山鳥二羽及ヒカケシ、木ツツキ等数羽ナリシ。此日ノ昼飯、夕飯ハ鳥ノスープ、焼鳥、豚肉ニテ食事シタリ。殊ニスープ、焼鳥ハ無上ノ珍味ナリシ。此日ハ食ヒ遊ビテ愉快ニ前日ノ労ヲ癒シ其翌三日午前八時当地出発、途中ノ絶景ヲ賞シツツ足ヲ運ブ。森林科ノ鈴木某ナル人一行ニ加ワル。石山ニ到リテ昼飯ヲ食シ、真駒内牧場ニ馬ヲ見、帰舎セシハ午後六時、此一行ニ副舎長石澤氏モ加ワル積リナリシガ都合ニヨリ同行サレズ。田村君オヤフルニ行ク。

銃＝かなりの数の鳥を獲った、としているので散弾銃かと思われるが不明。

みそまっぷ＝ニセイオマップ(溪谷にある川)が訛ってミソマップと言われていたという。現在の札幌市南簾舞のうち。

四月三日　定山渓ニ行キシ一行帰舎ス

大正七年一〇月一二〜一三日　石狩行

一〇月一二日(土)朝曇り日なり、舎生、石狩行きを懸念す。しかれども正午頃になって絶好の日和となりぬ。学校より退くることの早き者あり、遅き者あり。御陰で昼食を沢山食べることが出来なかったなどと残念がる人もありき。一行皆元気旺盛、暮れかかる石狩の平原を横断する時の心地、将に日の西に落ちんとして静かに流れゆく石狩の河、白く光りて天地万物の秋の声に耳を傾むくる時、吾等舎生が意気実に盛なる心地す。半道なる頃よりラストヘビーにて目的地たる小学校*に到着す、御世話の方に御出迎いを受ける。それより角力をとる。湯に行くものあり、暫くにして夕食、食うも食うたり、飯はすっかり平げて未だ不足の如き顔せるもの三四、直ちにふかし芋を食う人あり。夜、例によりて騒げり、放屁も盛なりき、一時近く就寝。

一〇月一三日(日)

今日も絶好の日和、起床七時半、食うこと例の如し、オルガンを弾く者あり、ダンス、体操など、出鱈目をやりて腹の皮をよらせられたり。海岸に出で、鮭猟(マヽ)と灯台とを見学、春らしくのどかの日なり。地引のロクロ引く調子と船のかいをやる調子にたとえ様もなきのどかさを聞く。村岡、渋谷、伊達の三君は海水浴をなす、学校に帰りて再び遊ぶ、逆へボ抜きなどを考案して一同興に入りたり。二時頃出発、石狩の河を発動機船にて上る。石狩川の秋色単調の内に静かなる気分と言うに言われぬ心よき気分となり。茨戸より歩行、暮色靄々然たる中を麦焼きの煙などながめつつ、漸次強歩行となる。札幌近くになってかけ出すものあり、岡田、首藤の両君最初の帰着者ならんと思いしに先に岡部君の到着せられ

目的地たる小学校＝石狩小学校、学校を借りて一泊していた。

たりしは、例の岡部君とはいえ一驚を呈せり。兎に角、この度の遊行は愉快の限りをつくす、同行せざる人にはこの味は解せられず。午後九時頃小野君帰舎。

大正一五年一〇月二三日　定山渓　汽車旅行

二三日　寄宿舎生一同、定山渓行を目指し笹部、多勢、平戸、佐々木、中川、石橋、宮脇の諸君まず先発として行きぬ。他の者達は午後の汽車を頼りて、*会するもの、舎外生及び先輩を加え総勢一六名鹿の湯ホテルに宿す。宿に入るや直ちに湯に飛び込む。疲れている時とて手足を蛸の如く延ばして、実に温泉豪遊を思わせるに十分なり。湯より上るや直ちに、持参の食材にて作りし肉鍋をつつく。もう入りきれない程の物を頬張る若者あると思えば、超然として独りなお押込む者ある。実に十人十色の内に晩食は終る。直ちに競技大会に移る。結局西軍の勝利となる。其の間、実に色々の競技あり、カルタ、将棋、札、足相撲、指角力、へボ抜き、銭回し等に殆んどの興をつくして終える。

出発の際は降雨烈しかりしも、今夕食後となりぬるに及び実に一天一片影の雲方なく澄み渡り、月光皓々たり。眼下清流ながれて尽くる事なく、永遠の神秘を抱いて一度下りては黄塵の都を浄めんとする。時に月光映ずるに及びては銀粉を撒き散らしたる如く、実に清純、美麗の極、何処に其の比を見出すを得んや。あゝ天地有情、偉大荘麗、此処に絶して驚嘆、実に言、文に絶す。目する全ての自然、耳に響く自然、心に映ずる真の宇宙、それは醜悪なる人の心を浄化して光明、感激の極みとこそなる。

静寂の天地に一言も発する者なく、ただ尽きせぬ流れ、あるいは高くあるいは低く千変限りなき交響楽の内に悉く寝に就きたり。

二四日　時々降雨、雪あり、朝来湯に飛び込む者多し。また朝湯の気持は何んとも言えな

*汽車を頼りて＝定山渓鉄道は一九一八（大正七）年一〇月白石～定山渓間で開業。一九二六（昭和元）年八月東札幌駅を新設して定山渓まで札幌から直通する列車を運行する。

い。心は案外彼方に遊ぶの感がある。またまた勝負(競技会)を始めぬ。遂に豆拾いにて西軍の勝利に帰す。喊声を上げる者あり、沈黙する者あり、愛らしき此の稚気。午後四時二〇分出発、六時帰舎。第二次会を八時より開きたり。二日間にわたり長き享楽は終りて吾人は学びの道を励めかし、である。

昭和一五年一〇月一八日　石狩行　宮部先生と園遊会

今日はいよいよ石狩行。朝から皆物凄く張りきり、八時半迄に観江バス乗場へ。*着いたら、宮部先生はじめ、鈴木・山口の両氏が見えられた。今日出かけた人は総勢二五人、即ち舎長宮部先生、先輩二人、舎生一七人、その他二人バスにて六里約一時間で石狩につく。それより鮭の網の引き上げを見学。一同それより記念写真を撮る。一一時一五分黙祈行ない、砂丘にテントをはり、食事の支度にかかる。昼食にはとりたての鮭と三平汁に舌鼓をうつ。三木兄、秘中の秘たる易により山口先輩を煙にまく。午後より運動会を行う。二人三脚、東西対抗箱たたき、学年対抗のムカデ競争等々。終了後エッセンを出して雑談する。かくして今日の楽しき、しかも意義深き見学兼園遊会を終る。四時頃帰舎す。(小林)

昭和一八年四月二五日　定山渓　薄別温泉*

四月二五日(日曜)　薄別旅行。昨夜、宿でゼスチャー、銭回しに打ち興じて、寝に就いたのは一二時過ぎ。消灯後、菅沼副舎長の?　談を期待していたるも肩が痛くて?　談どころではないとか、残念ながら後日に譲って行儀よく寝る。八時過ぎ全員起床。朝風呂に入って、朝の味噌汁をたらふく飲み、大きなお櫃を二つ空けた。食後は中食のむすびを作ってくれる迄、碁をして遊ぶ者あり、橋の上より早春の渓流を眺めて徘徊する詩人あり、再び寝台に潜り込んで昼寝する怠け者等……。一〇時過ぎ宿屋を出発、「サイナラサイナ

観江バス=札幌観江バス。一九三五(昭和一〇)年、北七条東一丁目(馬鉄札幌軌道の札幌駅がここにあった)~茨戸間で開業、この日の日誌では、バスで石狩まで行っている。石狩行が日帰りで出来るようになった。

薄別=定山渓温泉街より南へ四キロほどの地、現在は高級旅館とされる「佳松御苑・吉兆」一軒が営業している。

ラ」と言う、デッパのおかみさん、水膨れの娘に送られて、…「サイナラ……又来年！」…かくて溶けつつある雪路をべーやべーや歩いて定山渓へ降りて行き、一二時頃定山渓駅へ到着。駅裏の空地で、温泉宿の甍を見下ろして、むすびと焼鰊でむしゃむしゃ。一二時四〇分の電車で帰札*の途につく。秋葉、佐本両兄は、一汽車遅れて、錦橋あたり迄かお歩きになり、他の者は〔二字不明〕席を取って帰る。宿のおかみさん同じ電車で札幌へお出掛とかで、望月さんと話がはずんでいた様子――。途中、望月、三村、北野の諸兄、市立脳病院*へ見学に行くべく下車、残りの連中も三々五々それぞれ帰舎す。渡辺、菅沼、三宅、秋葉の諸兄にとっては最後の旅行――。また新入の舎生諸兄にとっては初めての旅行。それぞれに楽しい思い出となることでしょう。こうして打揃って一緒に歩き、だべり、食い且つ楽しむことが出来るのも寄宿舎ならではです。どうかこの愉快な旅行を契機として舎生一同の生活に潤が増し、カメラード*の生活に入って行きたいものです。なお、食事部の仕事怠〔慢〕のため皆さんに迷惑、手数をかけて相済みませんでした。平に御容赦を……（増原記）

解題

一緒に歩いて、食事の準備もする、遊びに騒ぐ時間も充分に取れる一泊の遠足は、「生活に潤いが増し、カメラードの生活に入って行」くための重要な寄宿舎行事であった。「強歩行」は特に意味があると思われていたものか、定山渓鉄道が開業した大正七年一〇月の石狩行遠足は徒歩での往復であった。走って帰路を急ぐ元気者がいたことが記されている。このあとしば

電車で帰札＝一九二九（昭和四）年、定山渓鉄道の東札幌〜定山渓間は電化された。

市立脳病院＝静療院。後の市立札幌病院静療院（精神科、神経科）。札幌市豊平区平岸。現在は札幌市児童心療センターとなっている。

カメラード＝Kamerad　仲間。

らく定山渓汽車旅行は行われなくて、手稲登山などで遠足を行っている。定山渓汽車旅行の初めは昭和元年一〇月のことであった。

石狩行も昭和年代ではバスでの遠足となって宮部先生も参加され「園遊会」と書かれたりしている(この時は日帰りの「見学兼園遊会」であった)。昭和一五年一〇月一八日の石狩「園遊会」の時の写真が「宮部金吾博士(石狩浜で青年寄宿舎生達と共に)」と表題されて、北大図書館北方資料室に保存されており、インターネットを通してその映像を見ることができる。なお、この写真の「成立年代」として昭和一五年九月という年月が資料目録(『明治大正期の北海道目録編』北海道大学附属図書館編)に記載されているが、日誌によれば九月の遠足予定は前夜来の雨で中止となっていた。写真の撮影日は一〇月一八日が正しいことになる。

遠足は戦時中も、敗戦直後の時期にも行われており、「カメラード」生活意識の醸成に意義ある寄宿舎行事として続けられていたのである。(田端　宏)

一二　登山・スキー

学生達の娯楽は驚くほどシンプルである。芸術、映画、登山やテニス等スポーツ、そして樽商戦等のスポーツ観戦……、なかでも、青年寄宿舎の日誌にしばしば出てるのが「遠足」あるいは「登山」、それが冬ならば「スキー(登山)」になる。スキーはもちろん、滑降が楽しみだが、北海道におけるスキーは、雪の多い斜面を登る道具である。「シールはずしてパイプの煙〜」

と歌にあるシールとは、アザラシの毛皮のことで、これをスキーの滑降面に張ると、登りにズレ落ちないことになる。新雪をかき分けて登り、無垢の新雪を滑り降りる快感は若者を虜にしている。赤岩のロッククライミングなど、近代アルピニズムの先駆けと重なる日記もある反面、銭函の春香山で一人が遭難死した沈痛な事故*も包み隠さず描写されている。

昭和七年一月一六日　初期のスキー

今シーズン中最も寒し。本日光輝あるスキー史を綴って第五回インターカレッジスキー大会の幕は切って下さる。札幌神社外苑宮の森スキー場を会場としたる。この大会は、絶好の天気と土曜に幸され、大観衆は雪崩を打って詰めかけたりと、本日は耐久(五〇キロ)、長距離(一八キロ複合を含む)の両競技行わる。この大会に北大は断然勝味を有し、本日の成績左の如し。

なお参加校は早、明、法、立、日、日歯、小樽高商、北大および番外、弘高、山高の一〇チーム、選手九〇余名なりと。

一八キロ決勝(複合)北大一二点、明大七点、樽商二点、早大一点

一、宮村六郎(北大)一時間四七分一三秒

二、奥井由雄(北大)一時間五三分四五秒

昭和八年一〇月七日　晴　ロッククライミングとスキー登山

一週をめぐってこの日曜日、また素晴らしき秋日和なり。憂鬱な数日の重い気分を一掃す

沈痛な事故＝舎生の坪田信太郎君が昭和五年一月二日、春香山のスキー登山の帰途、遭難死したもの。本書第五章・同年二月一日・追悼月次会の記事を参照。奥手稲方面を目指して出発したようであるが(昭和四年一二月三一日)、この追悼会での報告によると銭函峠を経由して春香山のヒュッテに着いているようである。

るに余りある良き休日なりき。

早朝桜林君、赤岩にロッククライミングに出かける。午後に渡って増井君、若松君等藻岩、三角方面に出かける。市内も相当の人出。

林檎は今や一九号の全盛。ペヤー〔梨〕も出て、今や果実戦線大いに異常有りというところ。

桜林君の帰舎おそく一同心配す。ラジオにて目下来朝中の〔イグナツ・〕フリードマン*のピアノをしんみりときく。増井、若松、永井君、大島君等、〔藤田〕康君の手になりたるラジオセットの前に一言も発せず聞き込む。

昭和八年一〇月八日　赤岩

桜林君、赤岩をふく事〳〵。永井君、例に依って例の応答ぶり。なか〳〵さばけたものなり。工学部いよ〳〵一〇日より試験始まるとか。

昭和八年一〇月二九日　ゾンメルシーでムイネ山へ

早朝桜林君、永井君、康君、ゾンメル担いで初冬のムイネ*に出掛け夕刻トップリ暮れて帰る。なにしろ昨夜は二時近くまで駄弁り込んで居るしそれに天候も芳しくなかったので果して断行するやと思いしも朝起れば実に鮮やかな出立跡。天候は申し分なく充分にゾンメルを享楽せしものと期待せしも、午後よりの急変せる空模様にムイネ山頂にて実に意外なる猛吹雪に遭遇し危く立ち往生せんとせし由。不充分な睡眠に一同心配せしもマズ〳〵無事に帰舎して幸であった。以後山に登る前夜は充分熟睡すべきである。康君ゾンメルの効果は充分と力説せしも永井君と共にその疲労の度極に至りしかの如く見えしもいとアハレなりし。

ラジオ、放送交響楽団の伴奏にてベートーベンのピアノコンチェルトあり。増井君、康君

〔イグナツ・〕フリードマン＝ポーランド出身のピアニスト。二〇世紀の巨匠とされている。

ムイネ＝無意根山（一四六四メートル）。虻田郡京極町、札幌市の南西三〇キロほど。夏の登山、冬の山スキーで訪れる人が多かった。

のラジオにて傾聴。大島君何処よりかインチキ遊び道具をもち来り。一同にヤレ〳〵とふれ回る。

昭和八年一〇月三〇日　ムイネの心配

工科が休みなのか、舎の情勢はまるで学内全般に渡って休日であるかの如きである。昨日ムイネに行った連中、今朝はいずれも遅く、康君の如きは実にベッドより三時過ぎに出……???

昭和一六年一月五日　誰もいない舎

山根さんもいない後の舎はただ三人のみ。三木さんはスキー、三村君と私は寄宿舎会で――。外は雪。今年も大して雪は少ない。

昭和一六年一月六日　山から下りる

三羽鳥は荒井山*へ。疲れ果てて帰った後しばらくして、山根さんが山から来る。余り沢山食いすぎてエッセンが無くなり、予定を短めて帰ったと語る。それ故か、大変エネルギッシュに見える。晩は、山根・三木君は松竹に慰安を求めに。

三村君と私は、寿司に腹を満たしに行く。(望月)

昭和一六年一月一一日　円山へスキー

此頃一般に朝が遅いと思う。小母さんの御飯も遅いし――

大部遅刻した事だろう。午後、斎藤さん戸田君、三村君と僕と円山へスキーに。戸田・三村君盛んにクリスチャニアの練習。

僕は坂の上迄行くには行ったが、下るに下れず立ち往生する事一時間と余分。その間寒さのためか、恐ろしさのためか足がぶるぶる。

*荒井山＝札幌市中央区円山公園の西方にある丘陵。昭和初年、スキー場として整備され、多くの市民がスキーを楽しんでいる。

山根さん以下皆明日の春香山*スキー登山に張切る。「橇の音*」の原稿も近い中に集めるそうな。やりたい事、やらせられる事が沢山あって困る。

夜一一時の急行で、竹沢さん帰舎する。（細田）

解題

日誌には、明治、大正、昭和の時代を問わず、登山やスキーの記録が少なくない。日誌で垣間見る学生の娯楽は、音楽の鑑賞、ピアノ・バイオリン・オルガンの演奏、映画鑑賞、マチの散策と食事、テニス等のスポーツ等、現代に比べたら比較にならないくらいに限られた種類である。その中で、やはり登山やスキーにみんなで連れだって出かけるシーンがよくある。

「桜林君」が出かけたという赤岩は、北大の山岳部や社会人が様々なルートを開拓した小樽の海岸にある岩場で、今でもロッククライミングのメッカである。昭和八年であるから、ルートもまだ未開拓の部分が多かっただろうし、「桜林君」は当時としてはまだ一般的ではなかっただろう近代アルピニズムの極致ロッククライミングに傾倒していたのだろう。「ふく事、ふく事」と冷やかされているところをみると、彼はかなり満足のいくクライミングを、しかも難ルートを華麗にか、果敢にか登り切ったのだろうか。それをきっと身振り手振りで自慢した様子がうかがえる。

そしてその「桜林君」一行は、一〇月末に、今度はムイネに新雪を滑りに行く。一〇月末で新雪スキーを滑ることは、大雪山の旭岳や十勝連峰の一部で今でも可能だが、今の気候から見ると一〇月末の近郊で新雪を求めるのはリスクがあろう。ただ、「ゾンメル」とあるように本

春香山＝小樽市銭函町。標高九〇六・八メートル。札幌市、小樽市から日帰り登山が出来る山で、冬のスキー登山を楽しめるツアーコースもあった。

「橇の音」＝舎内の回覧雑誌。昭和一八年一月号だけが遺っている。日誌上の論客河瀬登、望月政司、北野康ほかの文章が載っている。

格的なスキーツアーではない。「ゾンメル」とは、「ゾンメルシー」のことで、夏スキー用の短いスキーを指している。学生達にとっての定山渓方面は、定山渓鉄道の軽便鉄道で今よりかなりアクセスしやすい環境にあったようで、春夏秋冬、しばしば訪れている。今回は、頂上で猛吹雪にあって、心配された、とある。

昭和の始め頃に登山やスキーの記述が特に多くなる背景は、北大がスキーツアーの要所に山小屋を建設したことにもよっている。手稲山の中腹のパラダイスヒュッテ、朝里岳のふもとのヘルベチアヒュッテ、ムイネの無意根小屋、空沼岳の空沼小屋、そのほかにも国鉄の奥手稲山の家、道新の春香山荘などがあり、これらを拠点につなぐと、テントなしで山小屋泊のスキーツアーが出来た。これは今でも受け継がれており、百万都市から見える山々を縦横にスキーツアーが出来るのは日本では札幌だけで、これはこのマチの隠れた一面である。

また、時代背景としては、一八九〇年代にドイツにワンダーフォーゲル運動が興ったように、日本では志賀重昂の『日本風景論』(一八九四)や小島卯水の『日本山水論』(一九〇五)等、ややナショナリズムにもつながるような、人びとを鼓舞する文学も隆盛を極めた時期であった。慶応大学・大島亮吉の「山〜紀行と随想」、北大出身の伊藤秀五郎*の「北の山」等、静的な自然の哲学に誘う山岳文学もジャンルを確立していったが、学生達の山も単なるスポーツとは異なったものだった。(草苅 健)

伊藤秀《ひで》五郎=北海道学芸大学教授、札幌静修短大学長をつとめる。北大予科在学中より、各地の山々を登り、北大山岳部を創設(一九二六年)、アルピニストとして知られる。

一三　「吾がグランド」でテニス

寄宿舎行事のうちにはスポーツ系の行事が幾つもあった。野球、テニス、ピンポンについては寄宿舎の居室が廊下をはさんで東、西側に別れていたので東西対抗の団体戦で行われることが多かったが、個人戦も行われていた。外の学生寮等との対外試合もあってなかなか熱気があり、対外試合勝利の折の気勢や敗北の時の意気消沈ぶりも様々に記されている。

ここでは、舎生達が自分で造成工事を行って「吾がグランド」をつくりテニスコートにして楽しんでいる様子を伝える記事等を幾つか拾ってみた。

明治三六年五月一〇日　博物館の庭でテニス大会

午後一時半よりテニス大会を博物館庭園*に開く、午後五時閉会す、はなはだ盛会なりき、夕はライスカレーの饗応ありたり。

明治四三年七月一日　庭の地ならし工事を行う

久しく計画して未だ起工せざりし我東の庭のレベリング等の土工を本日いよいよ始めぬ。午後昼食後直ちに始めぬ。小熊君、菅君、小野崎君、丹治君なり。先つ植物園の花室より宮部先生の御許可により唐鍬　二、モッコ　一、タンカ　一、草刈鎌　二、レーキ　二を借りて始めぬ。水をまづ除かんとせしも能わず、大楡の古木を切り、また土を掘る、後、小松原君、高橋君も用事終り帰り来り、手伝う。大いに元気生ず、そのうち、服部君、近

＊博物館庭園＝植物園のこと。札幌博物場とその附属地が農学校に移管されて植物園が発足していた（一八八六—明治一九年）が博物館あるいは博物館庭園が通称として使われていた。

藤君来援す。勇気益々加わる。何でも仕事は大勢にてやるに限る。

明治四三年七月二日　前日に続いて工事

前日の残りをなす。

午前と午後となす人を分つ、午前は、小熊君、小野崎君、篠塚君より九時より始めぬ。一時半頃より丹治君、服部君、菅君も来援す、昼食し、舎より菓子ありたり、午後は、小熊君、丹治君、菅君、服部君、荒川君、近藤君なり、大木の株は所々をのこやまさかりにて切りたり、小松原君、次いで高橋君も二時頃より帰舎し、手伝う、五時頃、大原君ちょっと加勢す。

さしも大なりし古株も大勢の力にて遂に転がして、池中に落し、金棒*の東は平らに地ならし、とりし土は路の側に沿うてだんだん池を埋めぬ。実に立派になった。大いなるレーボア*だった。皆が手に四つ乃至一〇個の大豆を得た。しかし身体のためには大に良い。

明治四四年五月一三日　庭球　対外試合に大勝

北風すでに北州を辞し、桜花爛漫黄花野を彩り、空に告天子*鳴き、蝶は遠近に飛び、連山は今や翠色満たらんとせる皐月一三日吾が舎は当区敷島倶楽部と午後二時半より吾がグランドにおいて庭球の試合を催す。

吾が選手共同一致よく彼と戦い、遂に吾が舎の大勝となる、これ吾が舎の名誉に非ずして何んぞ、ちなみに当日各組の勝敗は、左の如し（省略）。

明治四五年四月一五日　雪溶けてテニスコート整備

夕方テニスコートの雪全く消えて心地良ければ、近所の子供と共に舎友四、五も共にボールゴッコをなし遊び実に快愉なりき、明日頃よりはテニスの運動も行うを得る事と思われ

金棒＝鉄棒のこと。明治三六年一〇月一八日の日誌に「寄宿舎の運動機関としてテニスの外に機械体操を奨励するの目的を以て今日金棒出来上れり」とある。

レーボア＝labor　労働。

告天子＝こくてんし。ひばりのこと。

て一同、時の来るを待つもの多し。
四月二〇日
テニスコート修繕のため舎生諸子の援助を乞える運動部の掲示ありたり。
四月二一日
予定の如く本日はテニスコートの前後の竹垣新造のため午前は一号室より六号室まで出て手伝い、午後は西側七号室より一二号室に至る迄すべて出て予定の進捗を見、三時頃全く出来上ル。

大正三年四月一二日　全員でテニスコート修繕

テニスコート修繕ノ為舎生全員ニテ工事ヲナス、土運ブ者アリ、大工ヲスル者アリ午後二時頃全ク終エテ菓子ヲ食ウ、味素敵ナリ、働キテ後食ウハ甘シト皆々言イ居タリ、明日ヨリテニスヲヤルコトヲ得。

大正一四年九月二三日　舎内テニス大会　渇望のシュークリームが賞品

此日休日を利用して、舎のテニス大会を催す。運動部の努力によって連日の曇天、小雨にしめり勝ちなりしコートの水も排出され、半日の日照後は絶好のコートとはなった。

午前九時半、紅白試合の幕切って落さる。

白軍利あらずして大敗。好プレイヤーたる笹部君も年の功には敵し難く見え、白軍の計画がらりと外れて、気勢遂に恢復に到らず。昼、汁粉の馳走あり。

午後、籤引きで試合する。優勝者は、しらね・柴内組なり。賞品は、皆の渇望してやまぬ、奮斗の大動力たりし一箱のシュークリームにてある。賞品授与あり、夜の食事として牛鍋をつついて歓談す。

昭和二年一〇月二日　対秋田寮戦　惨敗

九時より秋田寮*にて秋田舎外生団と戦う事になり左の如き成績にて惨敗す。皆のコンディション悪く(前夜月次会で余りに騒ぎすぎたためなるべし)且、烈風のためにかくも無惨なる敗をとりたるなり。

笹部・彦坂 ○—三 伊藤・石井〔秋田〕
土井・柴内 一—三 高安・河田〔秋田〕
大塚・平野 二—三 富樫・中田〔秋田〕

折詰とタオルをもらって逃げ帰る。あゝ敗軍の将は兵を語らずとかや。

昭和一七年七月三〇日　テニスコートで剣道大会

夕食後、残留舎生総出でテニスコートにて剣道大会を開催す。さすがに初段飯島君の腕は、神業に等し。内田君巨躯を躍して猛然と取りつくも、遂に刀をはたき落さる。三村君第一回戦にて、腕に負傷し実力を発揮出来ず。健さん、飯島指南番の面を一本とって得意満面なり。

昭和二〇年七月二六日　寄宿舎の土地に近隣民家の防空壕

近頃、各家族で防空壕を掘り始めた。寄宿舎の土地が空いているので到る所に侵入された。安田さん、細川さん、その他の家である。しかるに寄宿舎用の壕は、まだ立派なのは出来てない。近い中に作らねばならぬ。また、もう、これ以外、他の家の防空壕は作られない様にしないと畑にも不自由する様になる。村上勤労部長、計画を樹て、八月五日迄に、舎の全空地を畑にすることになった。賄いの小母さんの娘(美恵ちゃん)が今度学童疎開*にて角田に行く。今日出発。〔河瀬登氏の庶務日記〕

秋田寮＝秋田北盟寮　田所哲太郎氏ら秋田県人有志の尽力で一九二三(大正一二)年九月、北七条西一二丁目に創立される。この寮の創立四周年記念行事のテニス大会に招待されたのである。

学童疎開＝東京、大阪など大都市部での学童疎開は昭和一九年六月以降

昭和二〇年八月九日　テニスコートも畑になる

八日、村上君と河村君と三人でテニスコートの畑に肥料*(Cot)をやる。CotとHarnをまぜて、まくのである。慣れると大した事もない。生まれて初めてである。昔の学生と吾等現代学生との相違!! 時の流れはすべての面に及んでいる。このテニスコートを作った人たちは五年足らずで、全部畑にしようなどとは夢にも思わなかったろう。

九日、ソヴィエトはソ満国境を越え、日本軍と交戦状態に入った旨発表された。四面楚歌の声とは此の事か。

実施に移されていた。札幌でも昭和二〇年八月には強制疎開が決められたが、間もなく敗戦の日を迎え実施はされなかった。

畑に肥料＝Cot＝Kotは糞便。Harnは小便、尿。

解題

テニスは明治年代の青年寄宿舎で既に「大会」が催されるほどに盛んなものだったが博物館の庭を使っていた。「博物館庭園」は今の植物園のことである。開拓使仮博物場が札幌博物場として整備され、後その附属地と共に札幌農学校に移管されて、植物園が発足するのが明治一九(一八八六)年とされているから、明治三六年のテニス大会当時は植物園となっていたのだが古くからの呼び習わしらしい「博物館」あるいは「博物館庭園」が通称として使われているのである。

寄宿舎周辺の緩傾斜を均してグランドとして使えるようにしたいという計画が明治四三年七月には実行に移された。植物園から唐鍬などの道具を借りて(植物園長は吾が宮部先生だった)、大橡の古木を切り倒し、根株を掘り起こし、地面を均し、池を埋めという「大なるレーボア」(大いなるLabour―労働)を二日がかりで行う「レベリング(Leveling　地ならし)」の「土工」

であった。
こうして、対外「庭球試合」も「吾がグランドにおいて」行われるようになったのである。毎年四月にはコートの「修繕」、「ローラー引き」を行う記事が繰り返し見られるようになる。優勝賞品「シュークリーム」を争う紅白戦(大正一四年九月二三日)、「天下分け目」、「手に汗握らしむ好戦」(昭和六年九月二七日)も「吾がグランド」のテニスコートで繰り広げられたものである。

昭和一七年になるとテニスコートは剣道大会の場になった。同一九年には札幌市内の空き地は皆、畑や防空壕になり、大学の「伝統あるローン」も南瓜畑や馬鈴薯畑となっており、寄宿舎の裏も耕して畑にしていた(昭和一九年五月九〜一二日)。同二〇年七月になると防空壕作りが盛んになってきた。「寄宿舎の土地」には空き地があるので近隣の住民が「侵入」してきて防空壕を作っているという事態になっていた。これ以上に防空壕に「侵入」されると寄宿舎の防空壕整備や、畑作もやりにくくなるので早く空き地のすべてを畑にするということになっている。

テニスコートも畑になった。テニスコートに「肥料をやる」ことになって明治年代以来の「吾がグランド」=テニスコートへの感慨が書かれるわけである。テニスコートが作られて「五年足らず」(昭和二〇年八月九日)とあるのは昭和一五〜一六年にかなりの手間をかけてのコート修理「アルバイト」(舎生の舎務労働)が記されているので、そのことを指しているのではないかと思われる。昭和一五年には五月一日から一八日にかけて、翌一六年には五月下旬から六月七日にかけてコート修理「アルバイト」の記事がある。
なお、敗戦後の時期では昭和二二年になると「一日も早くコートができれば良いと思う」(五月二九日)、「有志の奮闘で九分通り完成」(同年六月二三日)というような記事が見られ、テニスコートの復活したことが知られる。しかし、翌二三年にはテニスコートに二階家が建築されている様子(七月二一日)、建築の槌音が消え、緑の広場が消える(一〇月二〇日)、周囲に建築中の家は「どんどん進捗」(一〇月二五日)と書かれるようになる。明治年代に舎生が「レベリング」の「土工」で地ならししていた土地は宅地となって住宅建設が進み「吾がグランド」=テニスコートは姿を消したのである。この間の土地利用上の事情については日誌の欠落もあって知ることはできない。(田端　宏)

一四　オルガン　レコード　蓄音機

舎生諸君の趣味、娯楽という方面ではトランプ、囲碁、将棋、戦後の一時期大いに流行ったダンス、それからマージャン。スポーツ関係ではテニス(テニスコートがあったのだが戦時中に畑になってしまい、戦後一時復活したが、昭和二三年以降は宅地になってしまった。)、卓球、野球、スキー、登山等の記事のほか、ここではいささかステータスシンボル的な音楽関係を拾ってみた。寄宿舎の備品としてオルガンや蓄音機を買っていたし、ベートーベン『第九』をそろえて買っていた(二円四〇銭×一〇か月払いという高額なもの)。ピアノ、ヴァイオリン、ギター等の演奏を楽しんでいる舎生も目立ち、公会堂の演奏会で令嬢やメッチェンを感激せしめていることもあった(令嬢とメッチェンはどう違うものかは不明)。著名な演奏家の演奏会には舎生の多くが聴きに行くと書かれることも多かった。

明治四一年一二月二八日　オルガンを買う

久しく望みて苦心惨憺、漸く「オルガン」を求む。価三八円、内田君丹治君の奔走に依り椅子(価二円二〇銭)を寄付せしむ。富貴堂の奮発これより大なるものなかる可し。

一二月二九日「オルガン」に関する規則を定む。

設置室　新聞縦覧室

修繕　文芸部に属し、文芸部これが任に当る。

借債　舎費より三八円借債に、雑収入より毎月六〇銭、文芸部より毎月一円宛返済し、明治四一年一二月より始まり、明治四三年一一月迄に悉く返済するものとする。

使用時間　夕食後一時間、ただし土、日曜日は一時間半とす。

明治四五年七月一八日　若き婦人、オルガンを貸して……

毎日の寝坊博士なる余も本日は久しぶりに早起きをなし心持宜しき事甚だし、時に一人の婦人裏口にあり、何の用事かと思えば事は意外にして小学校の先生らしき者にして九月よりオルガンの教授にてもするものらしく休暇中楽器の使用を願える者にしてただ九月迄にしてそれ迄楽器買求の資力なきとの話なりき、もし舎にてひく事出来ざれば暫時休暇中損金を出して借りたき由申し出するに至りては滑稽至極の話なり。しかし至りて真面目らしき者にて年の頃二三、四位の婦人なり、ただ九月の用意の為め是非実習致さねばならぬ為めかかる舎迄依頼に来る熱心の程は感心の至りにて余も当時竹の練習*に余念なき時なれば、余一人としては其熱心に感心して借すを許したかりしも一人にて定むるを得ず、徳田さん*も返事に困じしものの如く、宮部先生に許しを願い許されなば宜しとのみ返事され婦人は帰宅せり。

大正一三年七月三〇日　レコードを聴く

松島君*より蓄音機を借りて野崎君*のレコードをかけたり。

大正一三年九月八日　レコードをたしなむため退舎

八日　夜、野崎健之助君退舎せらる。音楽をたしなむためにお互の迷惑を心配して。

昭和三年一〇月二七日　奥田良三氏独唱会

快晴、大根を洗う。余興部は買出しにゆけり。六時半より奥田良三氏*独唱会あり、ゆける者多し。

昭和五年四月一四日　蓄音機購入委員を決める

四月一四日　六大学野球リーグ戦今日より始まる。夕食後、蓄音機（故坪田君*記念品）購入に際し協議し、左の委員を決めて一任することにせり。（畑、広瀬、大岩、安田、桜林の五名）。

昭和五年九月一三日　ジンバリスト氏の演奏　ラジオ放送　一同で聴く

夜ジンバリスト氏*のバイオリン独奏の放送あり。一同一二号室に集いて彼の妙音に恍惚とせるが如し。

昭和五年一〇月一九日　ジンバリスト演奏会

今夜ジンバリストの演奏会あり、大部分の者これを聞きに行く。中でもアヴェマリアの中

竹の練習＝尺八の練習。

徳田さん＝徳田義信氏、当時副舎長。本書第六章の資料　青年寄宿舎生の群像を参照。

松島君＝松島景三。大正一二年（一九二三）六月に退舎していた元舎生であった。

野崎君＝「野崎君」は後年、恵庭事件（一九六二年）で自衛隊法違反として訴追された野崎兄弟の父・野崎健之助氏である。

奥田良三氏（一九〇三〜一九九三）＝札幌市出身の声楽家。札幌一中出身。昭和音楽大学学長をつとめる。イタリア文化勲章受章（一九八五年）。

故坪田君＝坪田進太郎。一九三〇年一月三日奥手稲（春香山か）スキー行の帰途遭難し死去。第五章「奥手稲行遭難者追悼月次会」の記事（昭和五年二月一日）を参照。

ジンバリスト＝エフレム・ジンバリスト(Efrem Zimbalist 1889〜1985)。ロシア出身のヴァイオリニスト。四度も来日し、日本でも人気の高い音

に時計台の鐘が聞えたりして実に効果一〇〇%も過言でなかった。

昭和七年九月五日　ポータブル蓄音機を下げて帰舎

夜七時半、桜林君と一君を出迎うべく本間君を除いた他の面々雨の中を駅に行く。まず桜林君が黒くなって片手にスーツケース、片手には例のポータブルを下げてあらわれる。

昭和七年一〇月八日　忍路の海岸でレコードを聴く

一〇月八日　本日、寄宿舎秋季旅行忍路行を決行する。午後一時一六分発の列車にどやどやと乗り込んだ同勢、満員の車の中で大いに静闇を保つ。

藤田君、金森君、佐々木君の三君は次の汽車にて後を追う。本間、大岩、大島、山根の四君は不参なり。

三時二〇分頃蘭島着、道を下って磯辺に出れば広がる白砂に限りをつけた断崖が海深く切立って右は忍路湾の方に、左は余市湾頭のローソク(岩)を越えてはるか積丹半島の方迄日本海特有の地形を呈して居る。正面は潮汒果なき日本海の真只中、波静かなる岸辺に憩いてレコードを聞く若人の水平線を見つむる眼、思いは、はたまた何処へか飛ぶ!!

昭和七年一〇月二三日　ずぶ濡れの国防行進とジンバリスト演奏会

朝から天気良好なれど風強し。予科生本日日曜なると言うに午前一一時より中島公園において国防義会*大会に武装して引き出され国防行進なるものを行いし頃より雨降、帰学の時既に皮膚に達する有様、何の因果か何とそれ軍国の秋よ。三時すでに帰舎す。不平満々。

夜、ジンバリストの提琴大演奏会大多数の舎生出掛け失我の境を味って帰る。夜、天気良し。

楽家であった。

国防義会=大日本国防義会。一九一三(大正二)年、国防意識涵養を目的として政財界、学会、軍人など幅広い分野に様々な国防団体が組織された。

昭和八年一〇月二九日　ベートーベン・ピアノコンチェルト・ラジオ放送

ラジオ、放送交響楽団の伴奏にてベートーベンのピアノコンチェルトあり。増井君、康君のラジオにて傾聴。

昭和一〇年五月二二日「第九」を購入

富貴堂より一〇か月払い(一月二円四〇銭)で「第九」を購入。

昭和一〇年六月五日　鉱石ラジオ　盗聴で摘発

放送局の盗聴検査員氏に数室の鉱石受信器、発見さる。

昭和一三年一一月二三日　井上君のピアノ演奏　令嬢、メッチェンを感激せしむ

夜、公会堂*にて札幌交響楽団*の演奏会あり。井上君*と吾輩と出たが、なかなかの盛会で、青年寄宿舎の方々がかず〳〵お見えになられた事は非常に喜しく思われ、また、感謝に耐えぬ所でありますが、なお歩を進めて吾が親愛なる舎生が我が札幌交響楽団に加盟せられて其の天賦の楽才をいたずらに埋らす事無く十分に発揮せられ、かくして幌都のレディー・エンド・ジェントルマンの前にその妙技をふるわれん事を希望します。

なお当日の井上君のピアノは、その音律と言いテクニックと言い素晴らしいもので、場内を色どって居た、きらびやかな令嬢、メッチェンのたぐいは全く本当に感激して居たようです。ウンともスンとも発音せず、固唾を飲んで「見物」していた様に拝見され、また事あらば何とか申さんと期待して居たであろう同僚諸君も恍惚を通り越して、うつらうつらとタクトに合わせての全身運動は察するに余りあり？

なおこれは全く言いたくない事だが、我輩のガイドである、練習不足の傾きが多分に有るにもかかわらず、いや、ノーノーそれはそうとして、結論を言うと半沈・全沈、取り混ぜ

公会堂=高級西洋式ホテルとして札幌市北一条西一丁目に建設された豊平館(最初の宿泊者は明治天皇)がのち増築されて札幌市公会堂となる(一九二七(昭和二)年)。

札幌交響楽団=札幌シンフォニーと言われていた北大生が中心の交響楽団。大正一三年一〇月三〇日に初の演奏会を行った伝統ある音楽グループ。札響と称してもいたが現在の札響とは全く関係ない。

井上君=井上真由美。在舎一九三八(昭和一三)年四月〜一九三九年四月、農学部。ピアノの名手として知られていて初めて札幌駅に降りた時に、札幌シンフォニーのメンバーが迎えに来ていたという。

てなかなかに多量に汗をかきました。終り。（TM）

昭和二四年九月二七日　新人のオルガン練習盛ん

オルガンの練習がなかなか盛ん。特に新人の顔振れ多し。それがなんのためあるかなんてのは抜きにして兎も角何であろうと小生は理屈抜きに良き傾向と嬉しく思う近頃である。

昭和二四年一二月二四日　音楽理解度は？

ちょっと寄って見たらキリスト教はとても面白い御趣意のたくさん出るもんだというのでは困るんだ。たとえ信じないとしても上の様な単純なものでは批判出来ない。音楽でもそんな事が言える。さっぱり分らないという事で対象物の価値を疑って自分の能力を棚上げにしてる。〝自分が分らないと言って他人も分らないと思うと間違いだ〟とは苦言だ。とかく人間は自分の理解出来ないものについて他人の理解を疑う悪癖がある。〝とにかく音楽なんていうものは……〟なんて簡単に言う人の音楽理解程度は笑止千万。理解すればする程、誰でも話が慎重にならざるを得ないものを音楽は持っている。

昭和四〇年一一月五日　オルガンを部屋に持ち込んで

昨日で懸案の合唱団の定演が終わった。記念祭以上に肩の荷がおりたような気持ちである。定演の一か月前位からは二度に分けて強化練習と称して一日三時間半の練習を一週間ずつやらされる。この厳しい練習によって二か月ほどの間に約三〇曲をマスターしなければならない。しかも、その歌詞たるや日本語あり、英語あり、独語にラテン語おまけにチェコスロヴァキア語まであって、ただ練習に出るだけではとても覚えきれない。かくして定演の直前になって古びたオルガンを部屋に持ち込んで試験前夜の暗記ならぬ暗符と相なるのであります……

合唱を通して得られるあのアンリアリスティックでアンセオレティカル*(unrealistic and untheoretical)な感激こそ僕にとっては値千金と言えましょう。

アンセオレティカル＝untheoretical 理論的ではない、の意。

解題

オルガンは三五キー位の山葉の小さなものだったが三八円もするものだった。一人一か月の食費が七〜八円くらいの年代のことである。この年一一月、札幌の富貴堂が新装の開店でオルガンなど楽器の展示室を設けて山葉オルガンの月賦販売を始めたところであった(『七十年のあゆみ　富貴堂小史』)。

「久しく望みて」いたというオルガン購入を実行したのである。食費のほかに舎費一円を集めていたので、その蓄積分からまとめて払っておいて、文芸部費(月一〇銭ほどを集めていた)、雑収入(古新聞・雑誌の売却など)のうちから毎月一円六〇銭ずつ舎費の方へ返納するという方法で購入資金を工面している。舎生全員で負担してオルガンを買ったのである。この強いオルガン願望の背景をうかがわせる記事は何処にも見あたらなかったが、このオルガンが明治時代の購入のあと長く寄宿舎生活のなかで有意義に働いていたことは日誌の記事の内に明らかである。一九七五(昭和五〇)年四月の新入生歓迎会にオルガンが使われていたことが「青年寄宿舎会議録」に記されているのである。

蓄音機は故坪田進太郎君にかかる記念品として購入されたものであった。坪田君は昭和五年一月三日春香山スキー行の帰途、遭難死された。やや詳しい経過報告が同行の舎生達によって行われている(第五章　昭和五年二月一日 追悼月次会の記事)。昭和三〇年代までこの蓄音機は舎の特別室に置いてあった。ただし、駆動のゼンマイ部分がアカイのモーターに替えてあった。電動蓄音機に改造してあるのだが、電蓄のピックアップより極端に重量の大きいサウンドボックスの針でレコードを押さえるのでモーターは力不足、レコードははなはだ弱々しくしか回転せずフニャラ〜ふにゃら〜と鳴るだけであった。

ジンバリストのバイオリン演奏がよく登場しているが昭和八年一〇月二九日のずぶ濡れの国防行進と合わせて書くという卓抜な修辞(?)が現代のわれわれに感銘を与えるところである。

(田端　宏)

一五　美文・珍談で見る寄宿舎生活

寄宿舎生活の折々に心情の叙述、景観の描写を凝った文辞、美文調の修辞を工夫して記した日誌文が見られ、漢語の知識を誇るが如くである。一方、日常の些事がそのまま珍談、滑稽譚になっている場合もあってとても愉快なところがある。幾つかを拾って挙げると次のようなものである。

明治三七年三月三日　病にて帰郷の舎友におくる文

弥生のついたちすぐる三日となれば姑時〔射〕*の松はかぜに笑み千年にいろいよいよふかくなりまさり羅浮*の梅はあめにものうちいひてまれなる香のいよいよ清くなり鴬のはつこえいとおほどかになきいでたるころなるべきに、之はたゞ内地のけしきにて札幌の天地はな

姑時〔射〕=姑射山《こやのやま》。仙人の住むという伝説上の山、松の名勝とされる。

羅浮=羅浮山《らふざん》。中国広東省にある羅《ら》

ほも雪の中に埋まりて人をなぐさむべきもあらず。唯月のみはいとかすみてをもしろく軒端に下るつらゝにてりてそのけしきいひしらず、たぐひなきにもすみなれし古里のそらまづ思ひ出でられてそゞろにむかし恋しく思ひつゞけられけむ。わが舎の鈴木限三君は今日札幌の地を後にしてともの都にぞむかわれける、君がこの地を去りしは古里恋しきにはあらず他にことはりのあればなり。

君がこぞみそぎする夕の冷気いとすゞしくしてきのふけふみづのひゞきのいとすみてきこゆる初秋のころいつくしみふかき父母にわかれ姉妹にいとまをつげて学の道にこの地に遊び通学せしもつかのまさゝいのきづより入院しようようとしたちかくりて、睦月*半ばすぎつるころ退院せしも再びあしくなりいよいよ帰こくに定められぬ。われら友からはまことに君の同情にたへぬなり、この日そらも何となくなかれむごとく、あさまだきよりくもりてかぜみぞれはげしく、われらは停車場まで見送る。われらは君の早く来られん事をまち札幌の天地また君をまつめり〔原文〕

明治三八年一〇月八日　手稲山絶頂よりの眺望を叙す

総勢一八人星を戴いて琴似街道をヤンヤと押し寄せて目指す手稲の山麓に至れば紅葉黄山秋日和にまばゆきまで美くし、掬すべき泉あり。聴くべき葡萄の陰の清流あり、浩然の気吾人の胸に入りて金石の響をなすべし。水涸れて敷く谷の落葉、ガサガサと登り、断巌にかゝれる丸太一本をわたる時、汗にまみれし身は涼を入るゝに足る。

一時頃絶頂に立ちて眺望を恣にす、青海波はなく、石狩の原野を流るゝ銀蛇壮、羊蹄山、五剣山の一帯蔽ふに雲なく、谷の色は紅に非ずんば黄、而して之れにトヾ松エゾ松の青を点ず。内地渋紙的秋色とは同日の比にあらず、風はなし、空は高し、横たはって華胥*に遊

山《ざん》・浮山《ふざん》のこと、梅の名勝地。

睦月＝むつき。旧暦一月の称。

華胥＝かしょ＝ひるね。黄帝、午睡

ぶもよく、絶壁に立ちて大石を落とし、千万尺奈落の底までころがるを聴くも凄壮*也。午後一時半帰途につき路々コ、ア*、葡萄など採る、一道の夕日を浴びて山は愈々美也。別るゝに惜しく、足は軽し、夕月淡く浮かび出で、山中異様の響あり、力ある歌謡ひて帰舎せしは七時頃。〔原文〕

大正三年七月一二日　藻岩山頂より市街を下瞰す

七月十二日　午前、安井君、安達君、多田君及鷹野藻岩山登山ヲナス。

突然ノ思ヒ付ニテ安井君、安達君、多田君ト共ニ午前八時半頃藻岩山登山ノ途ニツク軈テ到ル札幌感化院*ノ附近ヨリ山道崎嶇トシテ急阪胸ヲ衝クガ如クナルニ吾等下駄バキノ仮装ナレバ疲ルヽ、事甚シ、加フルニ此日曇天ニシテ風無ク溽暑*人ヲシテ流汗ノ冷々タルヲ禁ズル能ハザラシム、此レ半歳ノ蟄居ニ依リ身体ノ衰弱シタルニヨルモノナランカ。勇ヲ(鼓)シテ登リ、一一時山巓ニ達ス、一同安堵シテ或ハ木ニ凭リ、草ニ臥シ、天ヲ仰デ大息シテ憩フ、四顧豁達下瞰スレバ札幌ノ市街双眸ノ中ニアリ、甍、燦トシテ市ノ繁華ナルヲウカヾハル、而シテ豊平川ハ蜒蛇*トシテ市ノ東端ヲ掠メ、水光緑樹ノ間ニ隠見セリ、遙カニ前方ヲ望メバ石狩ノ沃野広茫千里ニ亘リ模糊トシテ際涯ヲ見ズ、只見ル石狩川ノ洋タルハ素絹ヲ敷キタルガ如ク山川相繆ビ*鬱乎*トシテ蒼々タルトコロハ此ノ長江ノ海ニ際スルノ辺ナランカ、時ニ尺八ヲ吹クモノアリ、其ノ音嚠喨*トシテ鬼神ヲ泣カシム時ニ側ニ一人ノ紳士アリ、追分ノ一曲ヲ吹カンコトヲ請フ、吹手稍謙遜ノ体ヲ以テ求メニ応ズ、其ノ聲嗚々然トシテ怨ムガ如ク慕フガ如ク泣クガ如ク訴フルガ如ク余音嫋々*トシテ絶エザルコト縷ノ如シ、幽壑*ノ潜蛟ヲ舞シ、寒山ノ大熊ヲシテ泣カシム、聴者愀然トシテ心天地ト冥合シ仙境ニ在リテ天使ノ楽ニ恍惚タリ、俄ニ我ニカヘリテ顧眄*スレバ呼手ハ吾舎生安達君ナリキ、

の間に華胥の国（理想郷）に遊んだという故事によると。

凄壮＝すごくいさましい。

コ、ア＝こくわ。サルナシ。球形の実が食用。

札幌感化院＝報恩学園。少年教護のための私立教育機関として一九一八（大正七）年、札幌市南一四条西一六丁目に創立される。

溽暑＝むしあつく。ジョウショ。

蜒蛇（いだ）＝蛇のうねり。

相繆ビ＝あいむすび。

鬱乎（うっこ）＝草木のあおく茂る様子。

嚠喨（りゅうりょう）＝楽器の音のさえわたる様子。

嫋々（じょうじょう）＝しなやかな様子。

今ニ於テ此レヲ想ヘバ其音ノ慕フガ如ク訴フルガ如クナリシハ彼ガ親友安井君ト共ニ此ノ山ニ登ルノ最後ナリシヲ思ヒ、怨ムガ如ク泣クガ如クナリシハ二君ノ袂別ノ日ノ将ニ近ケルヲ思ヒ遺響ヲ悲風ニ託シタルニハアラザランカ、十一時半、山ヲ下ル路ニ約一中隊ノ軍隊ニ遇フ、一時半帰舎ス、牧童記之。〔原文〕

大正一三年一月七日　放屁番付

放屁番付をつくる同人ありて奇妙な成績が発表さる。時田二七江尻二七平野二六多勢二五白根二四今井二〇土井二一玉川二四其の他の豪の者各幕の内に入る。幕下には奥田、矢田君点数一五に満たざる人々なり。但し三〇点満点臭気、音響、数量各一〇点満点の総和なりしとかや。

昭和一三年一〇月一〇日　三越理容室ひげをバリカンで刈る

月曜、小雨。学校から帰って見ると金が来ていた。これで一安心。散髪も出来ると。たまにカミソリをあてるのだ。一つおごってやれ。三越へ行ってやれ。メッチェン、我輩の顔をみて何と思ったのか〝オヒゲ、そりますか〟と聞いた。「当たり前だ」という様な面をしてうなずいたら、早速バリカンを持って来て〝ヒゲ〟をかった。これには小生、少なからず驚かされた。ヒゲをバリカンで刈ったのはこれが初めてだ。散髪後、鏡を見たら、誰の顔だかサッパリ見当がつかん。よく見れば、やっぱり吾輩の顔らしい。

昭和二〇年五月二六日　銭湯、市電の切符で払う?

M氏大尽ぶりを発揮して「姿三四郎」総見、帰るそうそう異様なうめき声や、つかみ合いが始まった。ああ大なるかな映画の力。小生その間にフトンの荷造りを済まし、最後の銭

幽壑(ゆうがく)=奥深い谷。
顧眄(こべん)=ふり返り見る。

湯のつもりで行った所「おっと、しまった。金を忘れた。」仕方がないので番台のメッチェンに電車の切符でも良いかと言ったら彼女顔を赤らめて「此の次で宜しいです。」しかし小生も明後日よりアルバイト*で砂川に出発しますから尊愛する本科マンの方「吾こそ後輩思いなり」と自負する方がありましたら宜しく吾が為に一臂の力を貸したまわん事を、呵々!!

昭和二三年八月六日　へそを隠して宮部先生に応対

呼鈴が獰猛に*二度続いて鳴るので、スハ子供の悪戯と思い、意気込んで飛出すと、宮部先生でした。ビックリしてマゴ〳〵して居ると(パンツ一つだったので)「そのままで良い」と言われるので恐る〳〵近ずくと、寄宿舎に「野心論」*なる本が有ったら借して呉れとの事でした。泉田さんが調べに行って居る間、手でヘソをかくしてモヂ〳〵して居ると、先生がニヤ〳〵笑ながら「暑いね」と言われたのに思わず頭を掻いて恐縮さぜるを得なかった。それでも、「良い体だね」と褒められて、思わず汗がタラ〳〵と流れ始めた。残念ながら本は無かった。「寄贈した本が無くなる様では困る」と、ちょっと御小言を頂戴して、益々恐縮して引下った。暑い日の清涼剤の一服。(竹林荘主)

アルバイト=ここでは勤労動員による出動を指している。

獰猛に=猛烈に、荒々しい、の意。正確にはどうもうと読む字であるが漢語系学生俗語ではネーモウであった。

「野心論」=澤柳政太郎『野心論』(実業之日本社　大正四年)と思われる。序文でアンビションの訳語は野心が最適である、としている。

解題

とりあげたのは代表的な美文。心情を、情景を叙するに燦めく漢語の数々を以て修辞する文才には驚かされる。「姑射の松」、「羅浮の梅」なる語は『広辞苑』レベルの辞典では出てこないので、諸橋『大漢和辞典』で調べると、「こやのまつ」の「姑射」は姑射山のことで、荘子に出てくる仙人の住むという想像上の山、「らふのうめ」の「羅浮」は羅山、浮山という梅の名所として知られた広東省にある山ということであった。この程度は明治時代の学生の素養の内だったか？

美文調、凝り文辞の筆者は、その頃の文芸部委員と思われる。日誌を書くのは文芸部委員の役割の内であった。文才ありと認められるような舎生が文芸部委員に選ばれていたらしい。藻岩山から市街を「下瞰」したのは文芸部委員鷹野君であった。彼は大正四年の青年寄宿舎寮歌「鵬程万里北溟の」の作詞も行っている(大正四年　日誌　九月一八日の項)。大正四年一〇月三〇日の記念祭で歌われたものである。

昭和年代になると日誌は舎生全員の交代執筆になり、その頃から美文調の記事は見られなくなる。日誌は文芸部委員が文才を示す場ではなくなったようである。交代執筆の方が多面的な目配りになるというか、珍談にあたる話題も扱いやすくなるのだと思われる。

その中に、宮部先生と舎生との関わり方が見えたり(玄関の呼鈴「獰猛」に鳴らしたのは宮部先生であった。「獰猛」は〝どうもう〟でなく〝ねーもう〟と会話するのが当時の学生俗語である)、勤労動員で砂川へ出かけなければならず風呂代を銭湯のメッチェンに払いに行けない時代が見えたりしているのである。なお、なくしてしまって宮部先生から「御小言」を頂いたという『野心論』は澤柳政太郎著(実業之日本社　大正四年)らしい。野心は大志といってもよい、としているがアメリカの帝国主義的領土拡張やロシア・ピョートル大帝の汎スラブ主義的膨張を大野心として高く評価するという考え方の書物であった。(田端　宏)

第四章　青年寄宿舎の系譜

一　青年会寄宿舎から青年寄宿舎へ

青年寄宿舎は、一八九八(明治三一)年一一月、札幌基督教青年会によって札幌区(後の札幌市)北四条西二丁目の借家に青年会寄宿舎として創立された。当時、札幌における学生達の寄宿舎事情は次のようなものであった。同郷の学生を収容するかたちで存在した幾つもの宿舎があったが、その事業継続は困難で次々と閉舎になっていた。農学校寄宿舎があったが本科生の一部が収容されるだけであり、札幌に遊学する青年は宿舎難に苦しんでいた。そこで、札幌基督教青年会は「万障を排して」理想的な寄宿舎を建設する計画を以て宮部金吾先生に舎長を依頼、寄宿舎のすべてを委託することとした。先生は「一　本寄宿舎をして宗教伝道の機関とすることは全然なきこと。二　入舎生に対しては絶対的に禁酒禁煙を実行せしむること。」を求め、青年会側はこれを了承、青年会寄宿舎の創立となったのであった(『創立十周年記年　青年寄宿舎一覧』　明治四一年)。

そして創立より敗戦後の一九四六年まで四八年もの間、舎長として舎生の指導、薫育にあたられたのが宮部金吾先生であった。開舎後一か月で同年末には大通り西五丁目の竹中病院跡の建物を借りて移転、部屋数、収容人員を増すようになった。しかし、この寄宿舎を財政的に支えてきた基督教青年会の負担は重く、その維持が困難視される中で広く寄付金を募集して新築の寄宿舎を設ける計画が進められることになった。建設予定地は北五条西九丁目「土地高燥にして水清く四囲閑静にして市塵をはなれ新設の農学校にも近く」学生の寄宿舎に最適の地と見られた。

青年会の会長森廣氏は多くの先輩諸氏と相談、計画を進めようとしていたが、特に協力されたのは札幌区会議員の笠原格一*(文平)氏であった。寄付金募集に力を添え、不足分があれば資金の貸し付けも約束されたのであった(『青年寄宿舎一覧』明治四一年)。

寄宿舎設計には文部省建築係出張所の塚田政五郎氏が厚意と熱意をもって当たってくれた。「八星霜を経たる後建築愈堅牢なるを示す事」はこの塚田氏の設計に負うところであると『青年寄宿舎一覧』には記されている。

一八九九(明治三二)年夏からは寄付金の募集が始められているが、同年八月二九日には資金計画の着手として青年会音楽会が豊平館において開催されている。合唱、オルガン独奏、「四音合吟」(混声四重唱)などのほか尺八、薩摩琵琶の演奏などで盛会であり、純益金四三円〇九銭だったという(札幌基督教青年会『北海教報』*二二号 明治三二年九月二〇日)。

寄付金募集も広汎に行われていた。「新築費寄付者芳名」(『青年寄宿舎一覧』昭和二年)には笠原文平、佐藤昌介、湯地定基*、井上角五郎、今井藤七、阿部宇之八など農学校関係のほか政、官、財界の著名人やキリスト教会関係の富貴堂、岩井信六、野澤小三郎などの人士が文字通り多士済々の形で並んでいる。

新築経費は一、八二四円八〇銭八厘で寄附総額は一、五一二円八二銭五厘であったから三一二円ほどが不足であった。不足分は負債となったが(不足分は笠原氏から借り入れの予定あると『北海教報』は記している)、月利二分をもって返済し、一九〇四(明治三七)年六月には完済した。この時点で寄宿舎は「独立自営」となり「青年会寄宿舎」を改め「青年寄宿舎」と称する

笠原格一=越後三条出身。関矢孫左衛門らと北越殖民社を組織して開拓殖民につとめ、札幌周辺で醸造業、製材所、酒造業などを経営していた実業家。

『北海教報』=札幌基督教青年会の機関紙。明治三一年一月(一一号)～同三五年一〇月(六六号)の複写資料が札幌文化資料室に所蔵されている。

湯地定基=道庁理事官などをつとめる。晩年は栗山町で農場経営。井上角五郎—衆議院議員、北海道炭鉱鉄道重役。今井藤七—丸井今井商店主。阿部宇之八—北海道毎日新聞社社長。富貴堂—店主中村信以。岩井信六—岩井靴製造所経営主。野澤小三郎—野澤活版所経営主。

ようになった(『青年寄宿舎一覧』明治四一年)。

日誌にはこの改称についての詳しい記事はない。明治三八年二月二三日の月次会で先生が寄宿舎名の変更について「相談」されたが良い案もなかったので次回に相談することになった、との記事があるがその後のことについては記事がない。舎名の改称はこの時期より少し後になるようで明治三八年一月～一二月の日誌の表紙には「青年会寄宿舎」と記されており、明治三九年一月からの日誌表紙には「青年寄宿舎」とある。本書の「青年寄宿舎略年表」では改称を明治四一年版『青年寄宿舎一覧』によって明治三七年六月としてあるが正確な改称年月日は定かでないことになる。

この「独立自営」による舎名改称には、宮部先生の「年来の主義」である「宗教は強ふべきものにあらず」(同前)を寄宿舎名という形式上で明瞭にした意味があるが、「寄宿舎という一つの教育制度の脱宗教化」(本書「はじめに」所伸一執筆)という点にも注意した、キリスト者であり科学者である宮部先生の深慮を思うべきことであった。

一九〇〇(明治三三)年六月、新寄宿舎は竣工、六月三〇日には舎生が新規宿舎に移転、翌七月一日には玄関前で宮部先生と舎生一同で写真を撮っている。『我が北大青年寄宿舎――青年寄宿舎一〇七年の歴史』に載せられている写真「明治三三年　新築直後」がこの時の撮影と思われる。七月二一日には落成式が行われた。寄宿舎前の樹木に万国旗を飾った式場を作り、宮部先生の挨拶・謝辞のほか片山潜氏の「多趣なる」演説、佐藤昌介農学校長の「巧妙なる」演説などが行われ、茶菓のもてなしの後、寄宿舎内の案内があって散会している(『北海教報』三二号及び日誌記事)。「西洋造り平屋にして総建坪一〇四坪、学生室一二、これに副舎長室、図書室、応接所、台所、賄居室、風呂場等を備へ入舎生二五名乃至三〇名を収容することを得べし」

（『北海教報』二八号）と紹介される舎屋であった。この舎屋は一九二二（大正一一）年の「大修繕」等を経て一九七四（昭和四九）年、解体・改築されるまで老朽の度を極度に進めながらも多くの舎生の生活の場であり続けたのである。

二　大正一一（一九二二）年の大修繕

新築後八年を経た一九〇八（明治四一）年には「愈《いよいよ》堅牢」と言われ、頑丈な舎屋が誇らしげに紹介されていたが（『青年寄宿舎一覧』明治四一年）舎屋は次第に老朽化してくる。「玄関ノ屋根ノ飾リ今年一八年目ニシテ落チル」（一九一六（大正五）年七月三日）という日誌の記事が見られるようになる。奇妙な形のものだが一八年前には「ハイカラナリシ飾装」だったのだろう、思えば懐かしい気がする、とあった。二〇年余を経過した頃「堅牢なる寄宿舎も漸く多くの破損の箇所を生じ」て来ており（『青年寄宿舎五十年史』昭和二四年）、創立二五周年記念事業として「大修繕」の計画を進めることになった。

この頃の在舎生で副舎長の任にあった奥田義正氏（後に宮部先生の跡を継いで舎長を長く務めた方である）を始めとして舎生一同は「寝食を忘れ改築の基金を得る為に奔走」、新築の時と同様に多方面の方々の後援を得ることが出来た。この時の「大修繕寄付者芳名」（『青年寄宿舎一覧』昭和二年）にも大学の諸先生、実業界の著名人、寄宿舎関係者の多くの名前と金額が挙げられている。寄付の総額は五二三三円であった。『五十年史』には伊藤組の伊藤亀太郎氏*から二〇〇円という高額の寄附をいただいたと特記されており、この芳名簿にも記されている。宮部先生も同じ高額の二〇〇円を寄付されていたことも、この芳名簿で知ることが出来る。

伊藤亀太郎（一八六四～一九四四）＝伊藤組土建株式会社（創業　明治二六年）の創業者。

大修繕費用の総額は六、一九七円〇九銭だったので寄付金のほか積立金を加えても五七五円五五銭が不足であった。不足分は黄金井氏の斡旋で糸屋銀行から融資を受け月賦償還することになり、一九二四(大正一三)年には完済した。

大修繕の設計は内田平次郎氏、施工は伊藤組であった。内田氏は日本福音ルーテル札幌教会(昭和九年竣工　札幌市内に現存　市指定の景観重要建造物)の設計者として知られている。

この頃の日誌には舎生達が「相談会」を持って改築についての要望や諸準備について話し合っている様子が記されている(大正一一年二月一三日)。この年の七月一三日には「修繕ノタメ臨時ノ家遷リヲナス」と記され、舎生たちが寄宿舎を出ていた。起工は七月一七日、竣工は九月二五日であった。正式の竣工の二日前にあたる九月二三日には舎生達は寄宿舎に戻ってきた。「新装の香生々しい、しかも古巣である所」へ引っ越しが行われ、湿気を早く乾かすために各部屋に火鉢を入れた、とある。

寄宿舎は「外観全く面目を一新」、各部屋の窓は一つだったものを二連窓にし、障子は扉にし通風採光ともに良くなり健康上も改善されたことになり設備は完備、舎生の起居勉学に「至便」となったという(『五十年史』)。

大修繕完成直後の九月二九日の月次会では、色々な感想が述べられていた。ドアになったので各室疎遠となることが心配である、ドアでは牛鍋の香りが妨げられるのが気掛かりだ、黒い古柱は意義深いものだ、先人の気風を忘れるな、というようなものであった。一〇月二日の記事には「ドアを過信して」いるらしく遠慮なしの「議論、快談」があるが夜半は慎しむべきだ、とも書かれている。ドアへの感想が目立つのは、一般の住宅でドアは珍しい時代だったからであろう。

寄宿舎の間取り

〜昭和49年の閉舎時の記憶をもとに〜

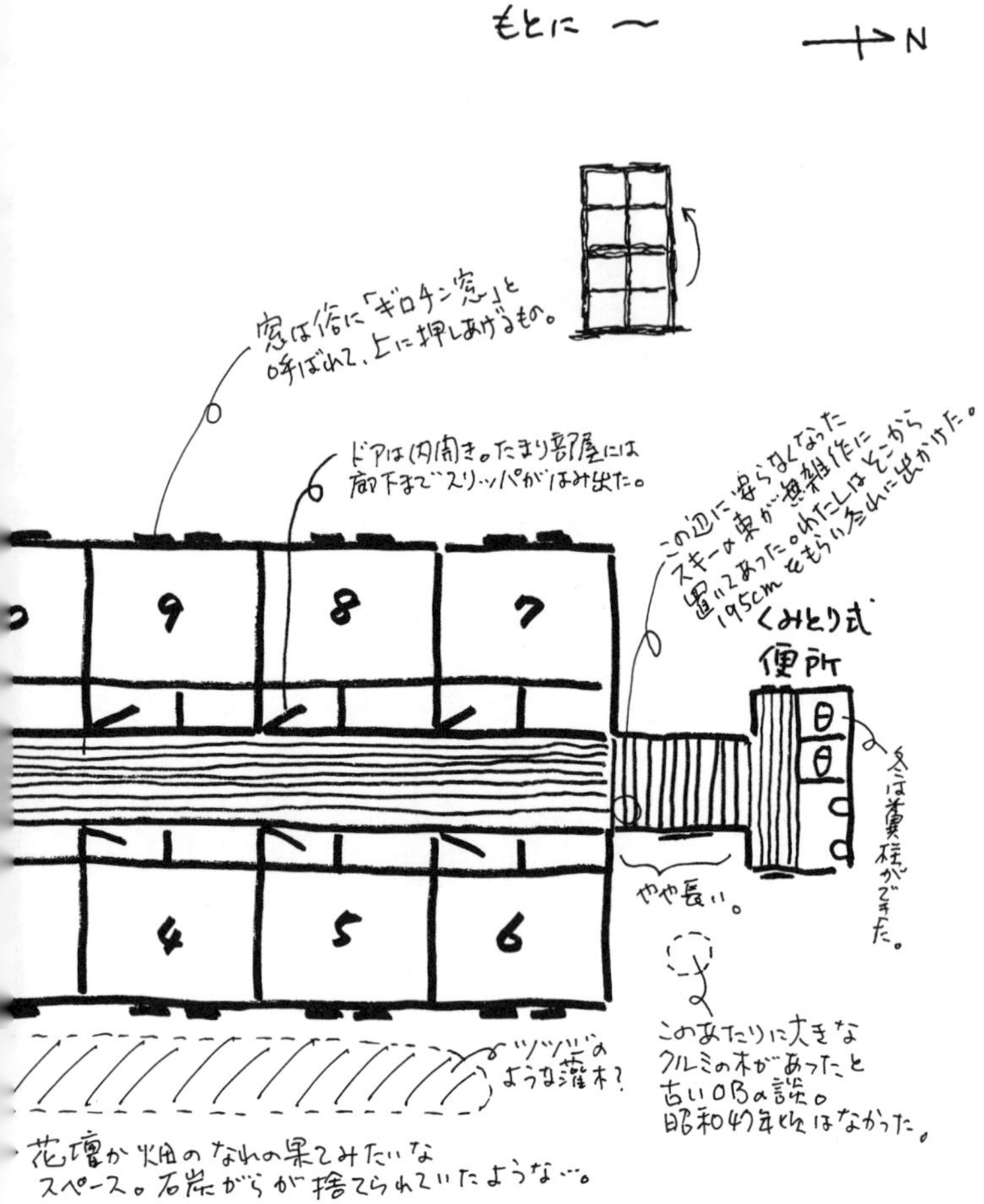

画：草苅健

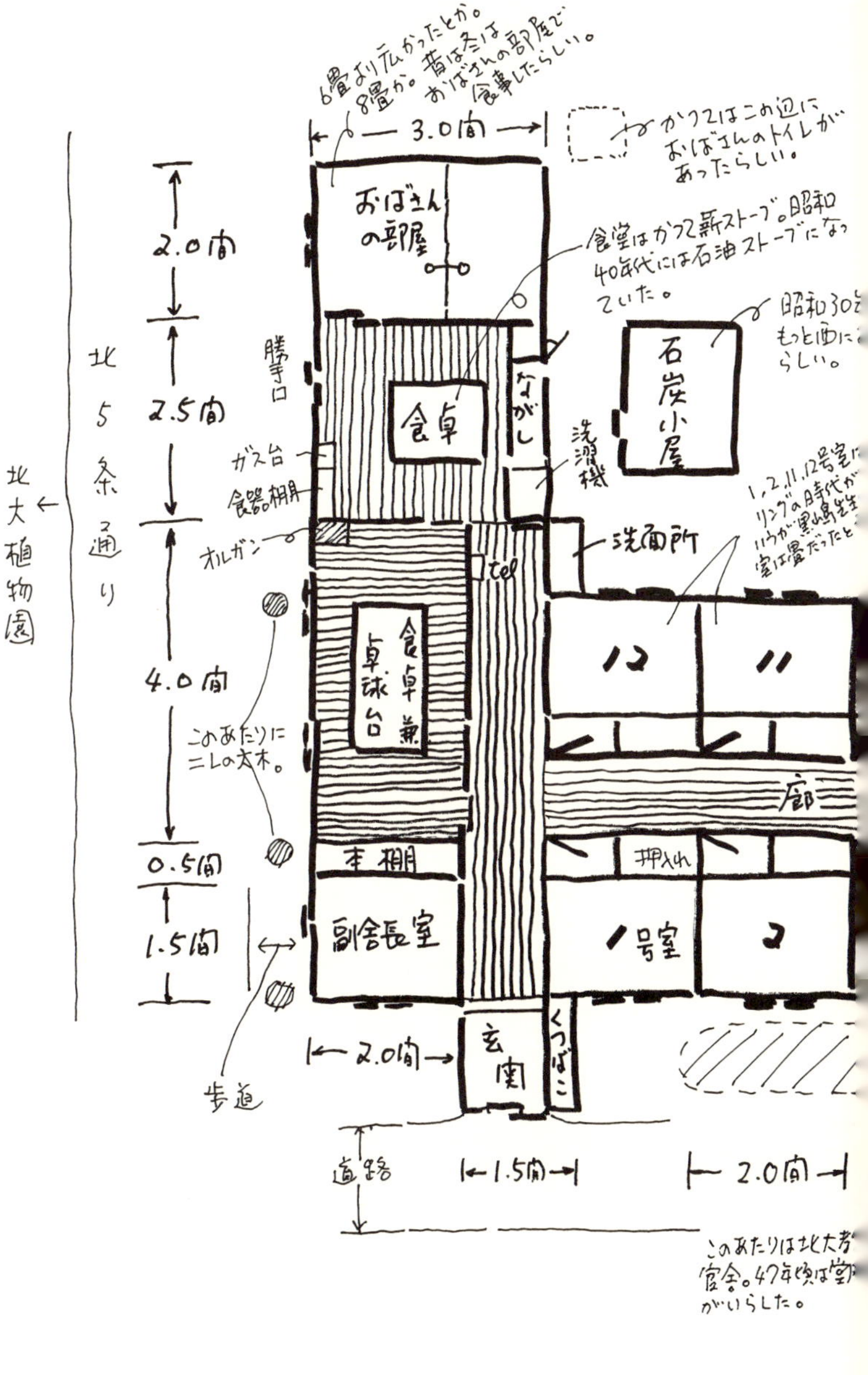

6畳より広かったとか。8畳か。昔は冬はおばさんの部屋で食事したらしい。
3.0間
かつてはこの辺におばさんのトイレがあったらしい。
おばさんの部屋
2.0間
食堂はかつて薪ストーブ。昭和40年代には石油ストーブになっていた。
勝手口
北5条通り
2.5間
食卓
ながし
石炭小屋
洗濯機
ガス台
食器棚
北大植物園
オルガン
洗面所
tel
4.0間
食卓兼卓球台
12
11
このあたりにニレの大木。
廊
0.5間
本棚
押入れ
1.5間
副舎長室
1号室
2
2.0間
玄関
くつばこ
歩道
道路
1.5間
2.0間

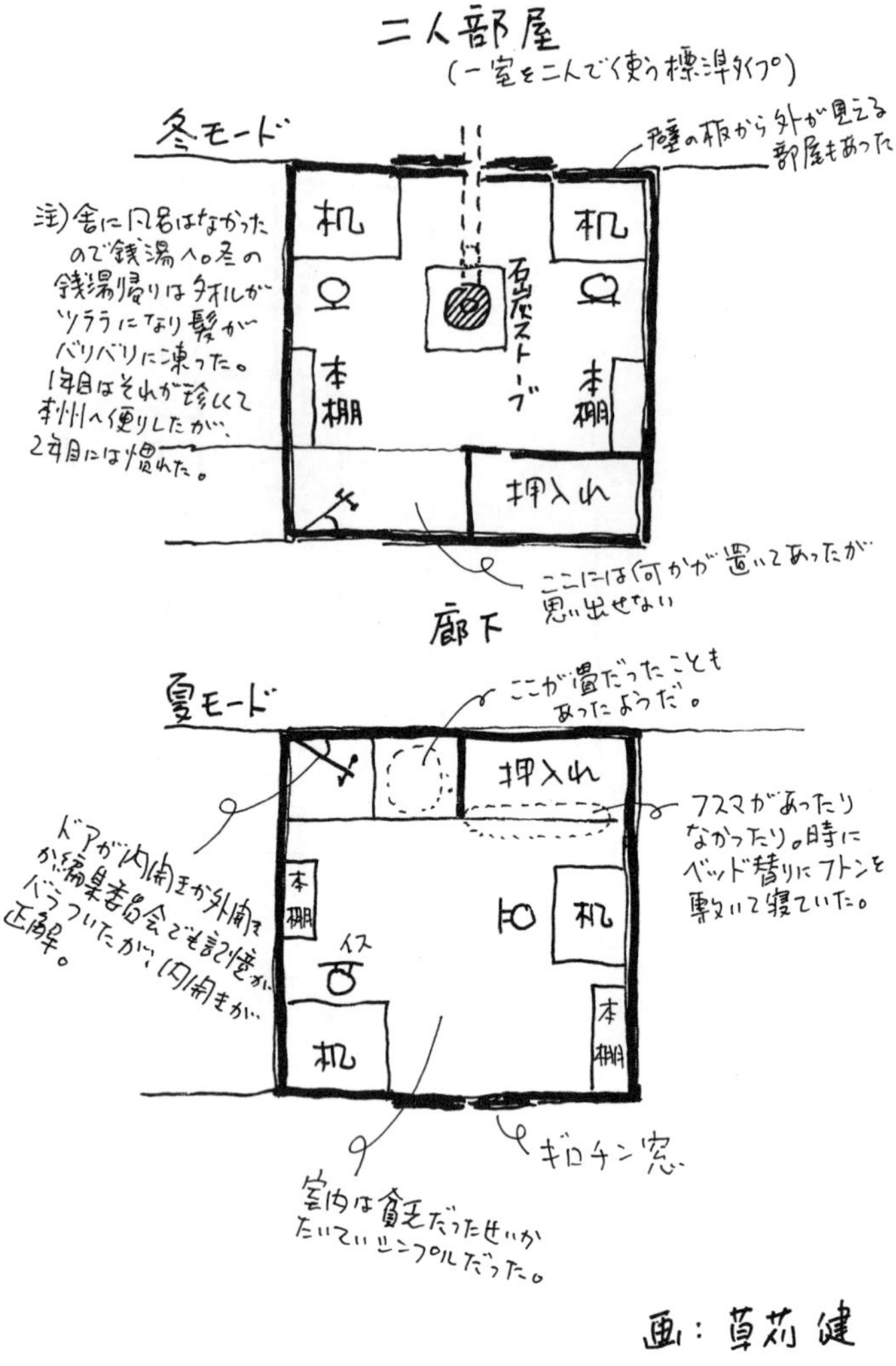
二人部屋
(一室を二人で使う標準タイプ)
冬モード
壁の板から外が見える部屋もあった。
注)舎に風呂はなかったので銭湯へ。冬の銭湯帰りはタオルがツララになり髪がバリバリに凍った。1年目はそれが珍しくて本州へ便りしたが、2年目には慣れた。
机
机
石炭ストーブ
本棚
本棚
押入れ
ここには何かが置いてあったが思い出せない
廊下
夏モード
ここが畳だったこともあったようだ。
押入れ
フスマがあったりなかったり。時にベッド替りにフトンを敷いて寝ていた。
ドアが内開きか外開きか編集委員会でも記憶がバラついたが、内開きが正解。
本棚
机
イス
机
本棚
ギロチン窓
室内は貧乏だったせいかたいていシンプルだった。
画:草苅健

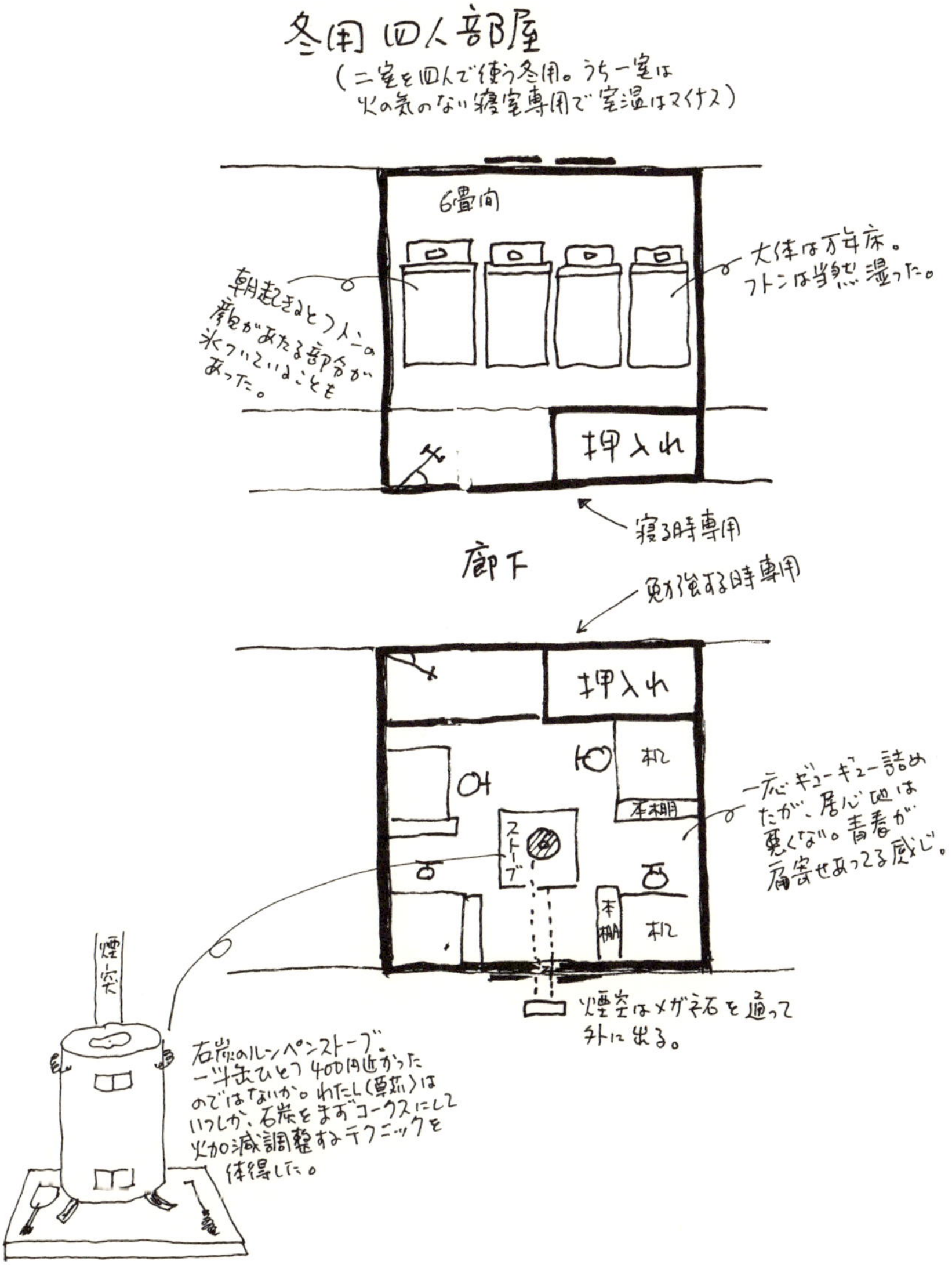
冬用 四人部屋
(二室を四人で使う冬用。うち一室は
火の気のない寝室専用で室温はマイナス)
6畳間
朝起きるとフトンの顔があたる部分が氷ついていることもあった。
大体は万年床。フトンは当然湿った。
押入れ
寝る時専用
廊下
勉強する時専用
押入れ
机
本棚
一応ギューギュー詰めたが、居心地は悪くない。青春が肩寄せあってる感じ。
ストーブ
本棚
机
煙突はメガネ石を通って外に出る。
煙突
石炭のルンペンストーブ。一斗缶ひとつ400円近かったのではないか。わたし(草森)はいつしか、石炭をまずコークスにして火加減調整するテクニックを体得した。

一〇月三〇日が「一般寄付者を招待する日」*であった。各室とも普段と異なって「清楚端然」の様子となり、蓄音機を借りてきてレコード演奏で舎内を賑わし「舎生出身地一覧、入舎生数表、食事見本表、寄付金額表等」を展示した。来賓は舎内を見学して回り宮部先生と歓談して帰って行った。翌三一日を定例の記念祭と重ねて二五周年記念祭・大修繕落成式が行われている。前日の三〇日は学制発布五〇年記念式典が大学で行われており、宮部先生が時間を取りにくかったようで落成式典にあたる催しは三一日に回されていたようであった。先輩諸氏や修繕工事の関係者が多く参加するなかで宮部先生の修繕事業の沿革に触れた挨拶、先輩達の祝辞、舎生達の挨拶・報告などが行われ「舎の主義の美唱」、や「将来の勇しき雄飛」が語られた。

この日、宮部先生、舎生、諸先輩のほか工事関係者もそろって玄関前で記念写真を撮影、其の原資料が保存されており本書巻頭のグラビア頁に載せてある。人物名がすべて記入されている貴重な資料である。内田平次郎氏の子供たちも一緒に写っている。日誌に内田氏が三人の子供を連れて落成式に参加、会食には参加されず帰られたのが残念だったと記されている。

三　昭和四九(一九七四)年　待望の改築

新築竣工(一九〇〇年六月)から二二年を経過して「大修繕」が必要となり大修繕落成(一九二二年九月)で「面目一新」した舎屋となったのであるが、それから二〇年以上が経ちまた舎屋の老朽・汚損が問題になる頃は太平洋戦争が敗戦で終わる前後の時期であった。この年代では大修繕や改築の計画を考えることは無理であり、改築問題が検討されるのは昭和二〇年代半ば以後

*「一般寄付者を招待する日」＝第二章「三　宮部先生と記念祭」のうち大正一一年一〇月三〇日の日誌記事を参照。

のことになる。この間に舎生達が改築問題を語り合うこともあったが(一九三三年四月二一日　日誌記事)、「空想的」に話題としただけであった。

角田和夫氏(昭和二三年四月〜二六年三月　在舎)は一九五〇(昭和二五)年始めから副舎長の任にあり寄宿舎日誌とは別に個人的な日記をつけていたが、それによると昭和二五年二月二四日、角田氏ほか三名の舎生が奥田義正先生(舎生OBで、当時財団法人青年寄宿舎の理事長)の自宅を訪れ「維持費と舎の再建その他について討論」が行われていた。この頃以降、角田日記には以下に触れるように改築、学寮移管の話し合いが何度も繰り返されている様子が記されている。

一九五〇年四月二四日　奥田先生宅に寄り「再興」につき話し合う。「時期が悪く再建は不可能かも知れぬ」という話になった。

同年五月九日　財団法人理事会・評議会が舎内で開かれ、決算、予算、新入生歓迎会の検討の後、改築についても検討されたが結論は出なかった。

同年五月一六日　舎生達の意見をまとめるための話し合いがあり学寮移管について三案考え、票決を行った。

一、建て替えなくてよいから学寮にしてもらいたい……一五名

二、建て替えが出来なければ学寮にしてもらいたい………八名

三、あくまでもこの形で存続していきたい………………〇名

同年五月一八日　宮部先生九〇歳のお祝い晩餐会が行われ、会の後「寄宿舎の今後の在り方」について懇談会が持たれた。宮部先生、奥田先生、諸先輩、舎生達が懇談した中で「奥田先生、近藤先生などの提案で五カ年計画で改築」という話が決まり散会となった。諸先輩の実行委員、準備委員を決められ、舎生から準備委員五名を出すことも決められた。

角田日記には、この後も奥田先生との話し合いや、準備委員会が持たれていたことが記されているが、話し合いの内容などについて記載がない。

寄宿舎日誌のほうにやや詳しい記事があった。

五月一八日の懇談の後、舎生達は会合して意見をまとめるため深夜一二時を過ぎるまで議論したが一つの意見にまとめることは出来ず、三様の意見それぞれを代表する委員を二人ずつ六人選ぶことになっている。三様の意見とは次に挙げるものである。

一、改築は考えず学寮に移管する。

二、改築五カ年計画に賛成する。

三、五カ年計画に反対だが一〜二年間は協力する。

舎生の間では学寮移管を望む意見が多かったようであるが、理事会は五か年計画の線で動き始めていた。学寮になるとどのように変わるのか、大学からの援助はあり得るのかを調査する。寄付金募集は進める、五〇万円(舎生担当)、一〇〇万円(先輩担当で有志等から)という目標額を定めていた。この目標額は翌年には二五〇万円に改められたようであった(日誌記事 一九五〇年五月二四日、六月七日　五一年六月一日)。

しかし、寄付金募集は進まなかった。一年後、準備委員の一人であった長谷川晟氏の報告が日誌に見られるが寄付金は一〇万円ほど集まっているだけであった。一方、建設費の見込みは高騰して六五〇万円にもなっていた。諸物価高騰の傾向は続きそうで何千万円にもなりそうであったが寄付金は一〇万円ほどのみ、それも卒業生からの寄付がすべてであり、「札幌の有志」(政・財界の有力者)からの拠金は無かった。有力者への働きかけは全く進んでおらず期待は出来ない、着工年次の見込みが立つ状態ではない、という報告であった(一九五一年六月)。

この後の日誌には、宮部先生一代説など学寮移管を考える意見が繰り返し書かれるようになる。宮部先生はこの一九五一年三月に亡くなっており、その宮部先生も前年一一月の記念祭*の折、「寄宿舎の改築についても無理しないでやってもらいたい」という考えを示していた。改築五か年計画が容易には進まないであろうことを見通されていたようであった。

一九五二(昭和二七)年になると理事会の動きも学寮移管を考える方向になってきていた。日誌には次のようにある。「結局予想の様に学寮へ移管の交渉に移ることに決まった。なお、寄付は引続き継続し、新築の計画は捨てないようです。明日、奥田、時田、平戸の三先生が交渉に行かれるそうです。」(一九五二年二月二六日)。この理事会が始めたとされる交渉がどのように進んだのかは知ることが出来ないが、ほとんど進展することが無かったらしく、日誌にこの問題に触れた記事は見られない状態がしばらく続いた。

一九五四(昭和二九)年五月二二日の新入生歓迎会の折の「学寮移行問題に関する舎生委員会」と奥田理事長ほか理事諸氏との会合についてやや詳しい記事がある。舎生委員は舎生全員が学寮移行を希望している状況を説明、理事長の考えも示された。それは次のようなものであった。禁酒禁煙の舎則は守られているのか、そうでなければ宮部先生・諸先輩の考えとは違う寄宿舎になってしまう、「そんな舎は自然消滅も止むを得ない」。

この記事では、理事会側の考えを次のように見ていた。学寮移行ということでは、舎則厳守の生活が続けられるかどうか疑わしいと見ていて学寮移行反対、改築計画推進を考えるのであろうと。理事会は学寮移行について大学と交渉していたようであるから、その交渉の中で学寮移行の困難、特に禁酒禁煙の学寮実現の困難を見通していたのであろう。「学寮移行問題に関する舎生委員会」は全く絶望的でない限り理事会の計画にも協力して行く、大学側の態度の

*前年一一月の記念祭=前年(一九五〇年)の記念祭の折、宮部先生や諸先輩のお話しの中心は改築の件だった、とされ、宮部先生は「無理しないで」と言われたとある。

「打診」も行うということを当面の方針とした(一九五四年五月二二日)。

この後の日誌上では舎則をめぐる意見が様々な形で繰り返される。学寮移管問題が舎則とからめて議論される情勢があったからである。「経済的という面」から入舎して舎則を受動的にしか受け止めていないのでは意味がない。「五〇年来の此規則に革命が必要になってきた。」「舎則を守る気が無いなら退舎すべし。」「舎則に反対の人にはこの舎は必要ないという事です。」等々であった(一九五四年六月三〇日、七月二日等)。

「現在の舎を何となく暗くしている」舎則(七月二日)が理由なのか不明だが、この年「八月三一日を以て退舎」の人が七名もいたし、一方寄付金募集も進んでおらず「あまり芳ばしくないようです」とされる状況であった。『我が北大青年寄宿舎——青年寄宿舎一〇七年の歴史』の沿革年表は一九五四(昭和二九)年六月に着手された改築計画は、五六(昭和三一)年に中止となったと記している。

青年寄宿舎改築計画は、この年計画を変更されて「宮部学生会館」の建築計画になった*ようである。昭和三一年二月一日の日付で同会館の「建築趣意書」が作られ「寄付申込書」が付されている資料が残っている。寄付申込の宛先は財団法人青年寄宿舎の奥田義正となっており、趣意の内容は、禁酒禁煙・信仰の自由を学生生活の信条とする青年寄宿舎が「木造建築の命数も尽き倒潰日に迫る危険」を痛感させる状況にあり「宮部学生会館」の新築を計画しているので援助を懇請する、というのであった。「代表発起人」二四人は北大学長杉野目晴貞以下、札幌市長、北海道拓殖銀行頭取、等々各界の名士であった。しかし、この計画がどのように進んだのか、寄宿舎日誌にも記事はなく、全く不明である。

「代表発起人」のうちに「日産汽船会長　山下太郎」氏の名前がある。氏は明治三九〜四一

*「宮部学生会館」の建築計画＝『我が北大青年寄宿舎—青年寄宿舎一〇七年の歴史』第三章資料に趣意書所載。しかしその後の経過は不明である。

年の間在舎していた青年寄宿舎OBである。北大に生物化学研究所の設立資金を寄付した(一九三八(昭和一三)年)という経済界で著名な人物であり、氏の生涯を描いた伝記的な小説のタイトルは戦後、アラビアでの石油開発に成功した業績からして『アラビア太郎』(杉森久英著、文芸春秋、一九七〇年)とされている。

宮部先生は戦後間もない時期に青年寄宿舎改築の相談にわざわざ東京まで出向いて山下氏を訪ねていたとのことである*(『宮部金吾』、宮部金吾博士記念出版刊行会編、岩波書店、一九五三年、三四一頁)。山下氏の業績にも浮沈があって戦後一〇年程の間は「山下太郎にとって先の見透しの立たない時期であった」(『アラビア太郎』一九二頁)という事情のせいか宮部先生の訪問によっても山下氏の大きな醵金が得られた様子はなかった。

「宮部学生会館」新築計画の動きについても目立たないまま年月が過ぎていったが、一九七〇年代になって土地問題の動きがあり、それが改築問題へとつながっていった。

「昭和四八年度　事業計画書」(「昭和四八年　委員長日誌」に挿入)によると前年六月、寄宿舎敷地の借地料値上げが北海道財務局から通知され舎生会議などで対応策が検討され、財務局との交渉も行われていた。その結果は次のようなものであった。借地料は三年毎に改定する、意思表示がなければ自動的に更新となる、昭和四七年度四月から改定、国有地六六五・〇七㎡借地料年額二九三、三八九円となる。通常より格安に定められたと思われるが、舎生が納めている生活実費(この頃月額五～六〇〇〇円)のほかに全く収入のない青年寄宿舎にとっては重い負担であった。

この借地料値上げの翌年一九七三年春、財務局から借地の「売払い」について連絡があった。財団法人青年寄宿舎の現金資産は三〇、三六一円だけだったが(「昭和四八年度　事業計画書」)理事

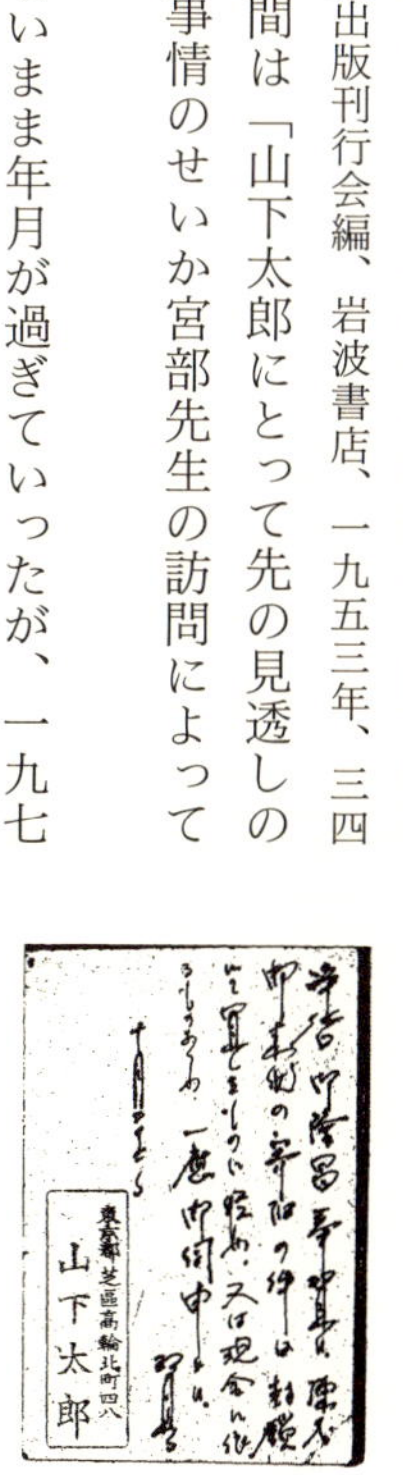

庶務日誌昭和二二年三月三日のところへ挿入されてある山下太郎氏より青年寄宿舎宛の葉書。寄付の依頼について封鎖預金のものでも良いかと問い合わせる内容。

長奥田義正先生は私財の提供*と銀行融資を利用して財団法人としての土地購入を実現した（二千数百万円という）。

この後、奥田理事長は青年寄宿舎改築へ向けて精力的に活動された。舎生ＯＢの意見集約を行い、寄宿舎存続の意見が多数であることを確かめた上で、寄付金の依頼も進めた。この改築計画を進めるための諸作業は理事長が「全部お独りのご尽力」で行われたのであった（「若松不二夫理事のことば」『青年寄宿舎喜寿・改築記念誌』）。この時の「醵金芳名」を見ると明治の新築、大正の大修繕の時とは全く異なっていた。「芳名」の大部分は舎生ＯＢで（一一〇名、五二二万円余）、「舎外有志」は極めて限られていた（四名、二一五万円）。

「舎外有志」の中に遠藤象三氏の名前がある。氏は不動産業の老舗「遠藤興産」の当主であった。国有地を財団法人として買収、そしてその一部を売却して改築資金を確保するという奥田理事長苦心の過程を乗り切るためには老舗商社の協力が必要だったのだと思われる。遠藤氏は高額の「醵金」も行って改築計画に力を添えられたのである。

この頃、青年寄宿舎の「会議録」によれば「再建の件」が「禁酒禁煙の件」と併わせて奥田理事長から提起されていた（一九七三年四月九日）。それから数か月後、敷地の一部を売却して残りの部分に改築舎屋を建設する計画も伝えられている（同年九月二九日）。

一九七四年二月二三日に奥田理事長は舎生達に最終的な経過報告を行っていた（「昭和四八年委員長日誌」）。百数十坪の土地を売却して残りの部分に改築舎屋を建設すること、規模は縮小され一五名定員となること、「解散会」は三月下旬となる、その費用は理事長が負担してくれること、が伝えられたのだった。

寄宿舎は「引越し騒ぎで忙しい」状態になった。一時的に引越しの者のほか、寄宿舎を離れ

＊私財の提供＝黒嶋振重郎「青年寄宿舎改築に懸けた奥田義正先生を偲んで」（前出『我が北大青年寄宿舎』に掲載）。

る退舎の者も一〇名ほどいた（「舎生名簿」）。三月二六日には「解散会」が石狩会館（現在のホテルＫＫＲ）で行われ、「委員長日誌」には「任務終了」と記される。

この三月には、土地売却も完了し、改築資金の課題は解決されて、四月には改築工事の着工となった。

一九七四年一〇月竣工、一一月には落成記念式が行われた。鉄筋コンクリート三階建て、二人部屋七、一人部屋一、定員一五名の新しい青年寄宿舎はこのあと三〇年余、二〇〇五（平成一七）年三月の閉舎まで舎生の生活が刻まれる場となったのである。

奥田理事長は、此の改築事業に特別な辛苦を払われたのであるが、この事業と重ねて禁酒禁煙の舎則を守る学生生活について改めて熱意を込めた指導を行われた。「会議録」などには舎則をめぐる舎生会議の記事が繰り返し記されている。伝統だということが振り回されるのはおかしい、舎則を守って行こうという意志を持つことに意義がある、等の意見が闘わされ、反則者への罰則規定が定められたりしていた（「会議録」一九七三年四月九日、七四年一〇月一五日、七六年四月一五日など）。奥田先生の熱意・努力で青年寄宿舎改築は立派に成り（当時の学生寮としては特別に整った施設を備えた寄宿舎であった）、舎則の再確認にも見るべきところがあらわれたのである。改築計画の詳しい経過は『青年寄宿舎喜寿・改築記念誌』に貴重な記録として残されている。

四　コンセントレーション　オブ　エナージー

明治三九年一〇月二〇日の月次会の時に宮部先生は和田君の演説に補足の訓話をされた。和田君は天才について論じて「天才ハ勉強ニ帰着スルモノダ」と論じていた。先生はそれを補強するように語っていた。天才である賢哲は生来、頭脳明晰である上に勉強家である。一大事業を後世に残すには「仕事ニ熱心ニシテ且ソレニ一心ナル事」が必要である。読書に集中して「心魂紙背ニ徹シ糸毫モ他ノ事ヲ思慮セザル」一心不乱が重要なのである。頭脳がすこし劣っていてもこの習慣で長年月「一意潜心スレバ人ノ意外ナル事ヲ発見スル事ヲ得ル」これを天才というのである。北海道の精密な地図、詳細な蝦夷日記を著わしたことで知られる松浦武四郎氏は旅行中、宿に着くと帯を解かぬうちに日記を記し、「著書ノ骨枝造ル間ハ家人及ビ世人ト離レ一心ニ熱中シタ」ということである。「斯クコソ彼ノ如キ大著書ヲナシ得」たのである。

宮部家は松浦武四郎家と昵懇の交際をしていた。宮部家が駿府にいた明治元年、京都へ往復していた武四郎が立ち寄り何日か滞在していったが徒然のうちにアイヌの絵を何枚か描いていた。アイヌが昆布を採っている絵が一枚だけ宮部家に残っている、と伝記に書かれている（『伝記叢書二三二　宮部金吾』大空社）。この絵は現存していて北海道大学附属植物園内の宮部金吾記念館に保存されている。武四郎の人となり、その業績に触れる機会も多かったと見え、その著書のうちに見られるアイヌや蝦夷地の草花類、鳥獣の絵を見て子供心に遠い蝦夷地に親しみや憧れを持っていたとも書かれている。こうして「一意潜心」を説くのに「松浦武四郎氏」が登場したわけである。

この訓話の時から四〇年あまりが経った昭和二四年、『青年寄宿舎五十年史』が作られた。

この中に元舎生の皆さんの回想記にあたる記事が十数編載せられている。このうちの一編、柳川秀興氏の「思ひ出」の中で、宮部先生のこの「一意潜心」訓話が触れられている。「コンセントレーション　オブ　エナージーの御高説は私の生涯を通じて極めて深い感銘を覚えます」とされて、札幌遊学中の六年間一度も帰省しなかったこと、休暇中の閑静な寄宿舎で「内村先生の聖書の研究」やダーウィンの「種の起源」を「耽読」したことが触れられている。

柳川氏が明治三九年一〇月二〇日の月次会に出席していて「吾人ノ目的」という題で「好キ人ニナルコト是即チ吾人ノ目的ナリ」と論じていたことが先生の「一意潜心」訓話と一緒に日誌に記録されている。宮部先生の「コンセントレーション　オブ　エナージー　一意潜心」の訓話がこの時一度だけでなく繰り返し説かれたものかどうかを知ることが出来ないが、「禁酒禁煙」、「CONTROL YOUR APPETITES AND PASSIONS」とならんで重要なモットーが伝えられていたことが知られるのである。

五　コントロール　ユア　アペタイト

禁酒禁煙の舎是、「主義」とならんで青年寄宿舎の「修養の場」らしさをあらわしている言葉がCONTROL YOUR APPETITES AND PASSIONSである。クラーク教頭の札幌農学校開校式での挨拶で触れられた「Preserve your health and control your appetites and passinos」に由来するもので寄宿舎創設の宮部金吾先生がいつも言われていた言葉であるとのこと(『青年寄宿舎創立百周年記念誌』)。禁酒禁煙の「主義」が記念会、月次会など寄宿舎行事の機会に先生、先輩、舎生それぞれによってよく語られていた事は日誌の記事に繰り返しあらわれ

* control your appetites and passions＝『北大百年史　札幌農学校史料(一)』はこの部分を「健康ヲ保シ情慾ヲ制シ」と訳している(一八七

る（緊張感の維持にはこの繰り返しが必要だった？）が、アペタイトの方はあまり出てこない。食慾をつつしみ、腹八分にせよという宮部先生のお話しが一度ある（大正一四年九月二六日の月次会）ほかは、「Every true christian will have control of his appetites and passions」と記したメモが挟んであった（昭和五年一一月三日の所）のが目立つくらいである。

一方、食べ過ぎの記事は色々ある。「末光君食い過ぎて屁が出そうだ、と」（明治三八年記念会）、この記念会ではどんぶりの王冠を捧げる「大食王戴冠式」なる滑稽劇も上演されていた。フライ、パン、カレーを「何れも鱈腹つめこみ」そのために「腹苦しき」のあまりテニスで紛らすものがいた（大正七年九月月次会）。「一人分百目以上の肉」はみんなに満足を与えてなお余りあるものだった（百目は三七五グラム。大正八年一二月月次会）、など大正八年の例の外は宮部先生も出席の場でのことだった。

アペタイトのコントロールは若い学生にとっては禁酒禁煙よりよほど困難かも知れない。学生思いの宮部先生は記念会の「訓話」などでも触れないようにされていたのであろうか？

六　記念祭歌・寮歌

青年寄宿舎創立記念日とされていた一一月三日（あるいはその近くの日）には記念式、饗応、余興が催され、記念式のプログラムには記念祭歌合唱が挙げられていた。明治三八年の「鳥暁を告ぐるまで」が「吉田君の尽力で一夜作りに完全に出来上がった」（一一月九日）とされているように記念祭近くに舎生が創作するものであった。「吉田君」はこの頃の副舎長だった吉田守一氏であった。氏は「青年寄宿舎の思い出」の中でベビーオルガンを弾きながらダニューブ

六年の開業式におけるクラークの演説）。

の小波、フォスターの民謡集など色々唱ったものだった、と書いているから（『青年寄宿舎五十年史』）、この記念祭歌もベビーオルガンを弾きながら作曲されたものなのであろう。

「鳥　暁を告ぐるまで」の歌詞は「吉田守一君作詩作曲」として『五十年史』にも載せられているが作曲については知るよすがなかった。ただ平成一九年一一月三日の第二回舎友会総会では石田明男氏（昭和四八〜五三年在舎）が作曲の労を取ってくれたメロディーで歌詞の一部「齢はここに八年の」を「齢はここに百余年」と読み替えて唱うことが出来た（石田氏作曲の楽譜と歌詞は後掲）。

昭和五年の記念祭歌「北辰の光るところ」もやはり「一夜作り」の形であった。同年一〇月一六日の日誌に「記念祭の歌は応募なき」状態だったので「土井君が先づ曲を選定し徹夜して歌詞を書き」（歌詞の一部は後掲）、「夕食後その旋律を追ひ」歌の練習をした、とある。曲は作曲ではなくて「選定」というから何かよく知られたメロディーを選んだものらしい。曲を決めておいてそれに合わせて歌詞を創ったのが土井恒喜氏（やはりこの頃の副舎長）であった。若松不二夫氏が『青年寄宿舎八〇年記念誌』の中で多感な詩人で「北辰の光るところ」という記念祭歌を作られたと紹介している。「蒼空高く翔らむと」という「都ぞ弥生」と並んで最もよく唱われていた恵迪寮歌（昭和二年）の作歌もこの土井恒喜氏だったのである。

青年寄宿舎寮歌とされる歌もあった。大正四年九月一八日の日誌にある「青年寄宿舎寮歌鷹野継次君作歌」とある「鵬程万里北溟の」がそれである。この一八日には新入舎生の歓迎会があって、その後、「寄宿舎の歌の練習をなす」とあって一〜六番の歌詞が挙げられている（作曲者は不明、歌詞の一部は後掲）。この後一〇月三〇日がこの年の記念祭でプログラムに「六諸氏及舎生起立シテ寮歌ヲ歌フ」という項がある。寮歌も記念祭歌として作られ唱われていたことが分かる。

大正五年にも「新作寮歌」が出来ているようで「新作寮歌ノ披露ヲナシ後図書室ニテ練習ヲ為シタリ」(一〇月二五日)という。記念祭では「新作寮歌」の披露のほか「魔風荒ぶる」も合唱した、とあるのでこの歌詞での旧作の寮歌もあったらしいが詞、曲とも不明である。

歌詞、楽譜をあわせて知ることのできる唯一の例が昭和六年の「第三四回記念祭歌」である。謄写版印刷の楽譜に一～四番の歌詞を付したプリントが一一月三日の記念祭記事のところに貼付されていたのである(後掲)。歌詞の一番はカタカナ書きのものしか見られなかったので適当な漢字をあてて書いておいた。作曲者の「大岩皐一」君はこの頃病院で過ごす時間が多かったとの記事があり、作曲の作業には苦労が一際だったのかと思われる。

明治三八年　記念祭歌　鳥　暁を告ぐるまで　吉田守一君作歌

エルムの樹蔭にたちてより　幾星霜のそのあいだ
理想の丘を目ざしつつ　愈々栄ゆる寄宿舎の
齢はここに八年の　今日は祝之吉日ぞ
祝へや、祝へ諸共に　鳥　暁を告ぐるまで

大正四年　青年寄宿舎寮歌　鵬程万里北溟の　鷹野継次君作歌

一　鵬程万里北溟の　滄浪叫ぶ扶桑の地
北長江の水長く　曠野は沃えて山高し
天の顔容地の姿　あな美はしの国なれや

四　経綸胸にあふるれば　魍魎遂に何かせん
清流の朋戈とりて　共に結びし健児の舎
自治共同の礎は　誓約ここに二綱領

昭和五年　第三三回記念祭歌　北辰の光るところ　土井恒喜君作歌　選曲

一　北辰の光るところ　清新の霊気みなぎり
荒潮のめぐれる郷土《クニ》に　地を嗣がん健児は集ふ

三　うちはらへ迷妄《マヨイ》の暗雲《クモ》　輝かせ真理の清光《ヒカリ》
征矢《ソヤ》負ひて紅顔の子等は　精進の一路をたどる

昭和六年　第三四回記念祭歌　秋玲瓏の空澄みて　金森久和君作歌　大岩皐一君作曲

一　秋玲瓏の空澄みて　嶺空高く落葉舞ひ
野分は渡る石狩遠く　野面《ノモセ》豊かに稔りの秋《トキ》ぞ
覚悟《サトリ》の人は静かに慕ふ

北の自然の雄大美を賛歌し、青年の気概を誇る歌詞は学生寮の記念祭歌、寮歌の在り方の通例なのであろうが、その表現力もこの頃の恵迪寮歌などにくらべて見劣りはしない（と思っている）。誓約の「二綱領」（禁酒、禁煙）が詠い込まれる青年寄宿舎らしさや、学生の精進の道に「戈」や「征矢」が出てくる時代背景が現れていて興味深いところがある。

記念祭歌　寮歌は毎年作られていたようにも見えるのであるが採集出来た詞曲が非常に少な

明治三八年
第七回記念祭歌

鳥　暁を告ぐるまで

作詞：吉田守一　作曲：石田明男
(作曲は2007年11月3日の
全友会総会へむけて)

青年寄宿舎日誌
昭和6年11月3日

編集委員会にて筆写

第34回 記念祭歌

金森久和君作歌
大岩準一君作曲

1·3 5 5 i·i 5 6·5 5 5 3 0 ー
アキレイ ロウノ ソラスミ テ
2·3 5·4 3 2 1 0 2·3 2 2 5 0 ー
ミネソラ タカク オチバマ ヒ
i·i 7 6 5·3 1 3 5·5 6 5 4 3 2 0
ノワキハ ワータル イシカリ トホク
5·5 3 1 6·6 5 3 4·3 2 5 7 6 5 0
ノモセユ ターカニ ミノリノ トキゾ
1·1 3 5 i·i 5 3 2·2 2 2 2 3 1 0
サトリノ ヒートハ シヅカニ シトフ

一、秋玲瓏の空澄みて
山嶺空高く落葉舞ひ
野分は渡る石狩遠く
野面《モセ》豊かに稔りの秋ぞ
覚《サト》れる人は静かに慕ふ

二 されど輝く春なれば
大地《ツチ》の生命《イノチ》は甦り
緑《ミドリ》滴《シタタ》る濃き樹影《カゲ》深く
ゆらぐ光はあゝ青春の日よ
夢想《ユメ》は尽せじ若き思出

三 時代《トシ》の齢のはつる時
創生れしものに恵みあれ
愛愁は逝《イ》にし麗はしの自然《トコ》
新鮮《キヨ》き姿《スガタ》にお、嬰児《ミドリゴ》よ
不壊《フエ》の黙示ぞ瞰《ミ》る瞳は

四 栄枯の夢の齟齬は
知れ渾沌の暗悩《ヤミ》の中
真理《マコト》を慕ふ若き学人達《コタチ》よ
三十五年の歳を秘めて
永久《トワ》に誇らむ黎明の希望《ノゾミ》を

かったのは残念であった。
石田明男氏に作曲してもらって舎友会総会で唱った楽譜、昭和六年の記念祭歌の楽譜は右に挙げる通りである。

七　北海道に石澤達夫あり

青年寄宿舎の大先輩石澤達夫氏は札幌農学校の学生時代から卒業後の北海道庁勧業部に勤務中の時代までを通じて（明治三二年五月～三九年四月）在舎、北海道庁技師として有畜農業の指導などの業務に精励しながら、寄宿舎に舎生と共に起居、副舎長という役割で舎生の「訓育」に当たっていた。

石澤氏は札幌基督教青年会の役員として宮部先生と親交があり創立の日（明治三一年一一月三日）に寄宿舎を訪れて宮部先生と会っていた（同日の日誌）。創立当初、青年会寄宿舎という寄宿舎名が使われていたことにも現れているように宮部先生が副会長であった基督教青年会（会の設立は内村鑑三であった）と寄宿舎の関係は深かったのである。後に寄宿舎は青年会との直接の関係を持たない形で運営されるようになるのであるが、石澤氏は宮部先生と共に文字通りに懸命の努力を青年寄宿舎に注がれたのであった。

病を得て北海道庁を退職の後、幾ばくもなく亡くなった故石澤氏への追悼の言葉*の中で宮部先生は氏の人となりなどについて次のように述べている。「君資性篤厚ニシテ剛直、其敢然トシテ時流ノ外ニ超然タル、其信ズル所ヲ堅ク取リテ動カザル常ニ親炙スルモノヲシテ襟ヲ正サシムルノ概アリ」。明治三三年、寄宿舎の移転・新築のことが始まると、氏は寄付金の募集な

＊追悼の言葉＝大正一一年一月二九日の日誌には「舎長宮部先生の読める弔辞」が全文ペン字で写されており、第五章に原文の文字遣いで載せてある。

ど「幾多ノ困難ナル事業」をよく進めてこられた。「公職」についてからも副舎長として「舎務ノ整理」、「学生ノ監督」に「営々トシテ」努め、毎月の「懇談」にも多忙を犯して出席、「肺腑ヨリ出ズル訓言」でよく舎生を「善導感化」していた。「想来タラバ君ガ生涯ノ一半ハ殆ンド我舎ノ為ニ捧ゲラレント云フモ不可ナカルベシ」。

この追悼会（大正一〇年一二月三〇日歿、追悼会は翌年一月二五日）には佐藤昌介北大総長など北大の重鎮諸氏、キリスト教青年会関係者、産業界の名士等が列席していた。氏の業績の大きさがうかがわれるのであり、『小樽新聞』（大正一五年四月一二日付）が「札幌農学校出身者逸話」というコラム記事で「人格で家畜を作った故石澤達夫さん」との見出しで氏を紹介したのもその現れであった。ここでは、実利を以て導くという勧業部長に真っ向から対立して「道を以て導くべきもの」と主張して「激論数時間」遂に主張を通したなどの逸話が記されている。この記事には逸話のあとに「曽て内村鑑三氏が『我が母校に石澤あり』と叫んで世に誇ったというが内村にして石澤を知るまた偶然であるまい」という文を加えている。この下りは「内村鑑三氏は北海道に石澤達夫ありと心頼みにしていた」（後出。業績顕彰録）のように書かれることもあったのである。

また『北海道畜産界の恩人　石澤達夫業績顕彰録』（石澤達夫業績顕彰会、昭和一九年）が編集・刊行されたことがあった。「有畜農業の唱導と研究」を「顕彰」する書であり、やはり氏の業績の大きさがうかがわれるのである。

この『業績顕彰録』は氏と青年寄宿舎との関係を重要視して書き落とすことがなかった。道庁奉職中の数か年、その精神的業績のうちに青年寄宿舎のことを取り挙げている。建築の援助に働き、副舎長として寄宿舎に舎生と共に生活して全国から集まる「俊髦」（しゅんぼう　優れた人材）に「徳化」を及ぼしている。毎月の集まりに出席してもらったなどのこともあり、氏の「徳」を慕って寄宿舎生は追悼会の「斡旋」に努めていた。この「斡旋」は大正一一年一月の追悼会が盛大に行われる折に追悼の思いを込めて舎生達が大いに働いていた*ということの紹介であるが、寄宿舎における追悼の集いはその後も毎年一二月三〇日に行われていた。石澤先生を追悼する会を行ったという日誌上の記載は昭和七年一二月三〇日（第一二回追悼会）まで続いていた。

＊舎生達が大いに働いていた＝葬儀当日の式場係、案内係などに二〇人余の舎生が働いていた。参列者には佐藤昌介、宇都宮仙太郎ほかの名士の名前があった。

八　ラジオ　盗聴を摘発される

ＮＨＫ札幌放送局がＪＯＩＫのコールサインでラジオ放送を開始したのが昭和三年六月のことだったのでこの頃から日誌にラジオの話題が見られるようになる。

ラジオは舎生の手作りだったらしく畑君が作りかけていたものを安田君に権利を譲って大体出来あがった（昭和四年五月一三日）、作り直して箱におさめラジオらしい形に出来たのは七月七日の午前二時頃のことであった。アンテナは七号室の前の大木に登って張った。在舎生名簿によると安田君は工学部学生であった。七号室は寄宿舎裏（西）側、道路から最も離れた目立たない位置の部屋である（盗聴摘発への警戒？）。このラジオがよく聞こえたかどうか……。この年の大晦日、除夜の鐘をラジオで聴こうとしたが故障で駄目だった、とある。聞こえなかったのではなかったことが分かる。翌年一〇月一三日にはジンバリストのバイオリン独奏の放送があり、「一二号室で一同妙音に恍惚」とある。何人も集まって「妙音」を楽しんだ様子が分かるが、安田君作成のラジオだったのか。

増井、若松、永井、大島の諸君の手になるラジオが活躍しているのは昭和八年のことである。この「ラジオセット」の前で「一言も発せず」聴き入ったのはフリードマンのピアノ演奏であった（一〇月七日）。

この頃、音楽鑑賞のラジオ聴取記事は色々あって、ブライロフスキー*のピアノ演奏（昭和七年四月一八日）、三浦環女史の若々しい声の「君よ知るや南の国」（昭和七年六月九日）、「一段と腕をあげた」藤原義江（同年七月一日）の放送が記されている。

音楽鑑賞だけでラジオを聴いていたのでないのは勿論である。東郷元帥がマイクの前で話すのはこれが最初であり、最後であろうという放送（軍人勅諭煥発五〇年関係。昭和七年一月四日）、静岡県大地震のニュース（昭和一〇年七月一一日）などが挙げられる。

スポーツの実況放送も人気番組である。と言っても東京六大学野球リーグ戦がもっぱらだった。慶応が勝って「大番狂わせ」だったという早慶戦の話題（昭和九年一〇月二三日）や、秋のリーグ戦が始まると街頭所々のラジオに耳を傾ける人が多くなる（昭和八年九月一〇日）という様子が伝えられている。

この頃、NHKの「盗聴検査員」に舎内の「数室の鉱石受信器」が発見されるという事件が記録されていた（昭和一〇年六月五日）。鉱石ラジオは電池などの電源なしで放送電波の出力エネルギーだけで小さいレシーバーを耳に当てて聴くものなのであるが、このラジオを聴くだけでも「盗聴」とされたらしいのである。この摘発でどのような処置が行われたのかは全く触れられておらず不明である。

野球の実況放送でも特別に大騒ぎになっていたのは昭和二四年のアメリカのプロ野球チーム、サンフランシスコ シールズの来日であった。日本のプロ野球チーム巨人、全日本、あるいは

*ブライロフスキー＝アレクサンダー・ブライロフスキー。ウクライナ出身のピアニスト。ショパンの演奏で知られる。

大学選抜等のチームと試合が行われて、一〇月一七日の全日本東軍との試合は皇太子（のち平成年代の天皇）も観戦するという盛り上がりようだったのである。この日は舎生十数人がおばさんの部屋のラジオの前に集まっていた。「night play の実況放送　小母さんの部屋に詰めかけた十数人の面々の悲鳴の中に試合終了　九時三七分　四対〇」とある。サンフランシスコシールズはアメリカプロ野球では三Aというレベルのチームであったが、日本側は善戦することもあったが勝つことは出来なかった。「悲鳴」はその実態への嘆声だったのである。

一般には大相撲の実況放送が大人気であったが舎内の話題に大相撲の事が出てくることが全くなかった。落語、講談、浪花節、歌謡曲などの娯楽番組にあたるものも出てこない。音楽と野球と若干のニュースが青年寄宿舎ラジオ情報の特徴になるのかも知れない。

九　上野迄二四時間で行ける

昭和九年の日誌に「改正列車時間割出る。上野迄二四時間で行ける事の素晴らしさ」（二一月二九日）という一行半ほどの短い記事があった。詳しいことは書き加えていない短文であるが、帰省などで長距離の旅行を繰り返していた舎生達が鉄道旅行のスピードアップに「素晴らしさ」を感じて喜んでいる様子を良く伝えている。

『時刻表でたどる特急・急行史』（原口隆行著、JTB Can Books）などを参考に調べてみると、この年一二月、時刻改正が行われて、札幌～函館（小樽経由）は一時間ほど短縮して六時間三〇分ほどになり、青森～上野（常磐線経由）は五時間ほども短縮されて一二時間三〇～四〇分となった。札幌を九時五〇分発の急行に乗ると翌朝一〇時二五分に上野到着という時刻表になったのである。二四時間三五分の所要時間ということになっている。

この年一二月九日には「昼　大橋君帰ってくる……。東京間二四時間の先鞭はつけられたり」との記事があって早速、この急行が利用され「先鞭」とはやされていたことが知られる。

札幌～上野間の三等急行の料金は汽車賃・連絡船・急行料金合わせて一四円二三銭だった。昭和九年一一月の食費決算は、一日四八銭(三〇日で一四円四〇銭?)だった(日誌一一月二三日)、これは食事部の努力で低額になったもので高いと七〇銭ほどにもなったという。二四時間汽車旅行は一か月の食費ほどの費用を要したのである。

昭和初年の頃、世界恐慌(昭和四年)の影響を受けた経済不況の情勢下に鉄道の営業政策も様々に工夫が必要で、集客の為のサービスとしてスピードアップは重要な眼目だったのだという。昭和五年の日誌に「土井君朝一番で超特急の試乗に行く」(一一月二八日)と記してある「超特急」は、この年一〇月、東海道本線に看板列車、スピードアップの象徴として登場した「燕」号のことである。「超特急」の名称で宣伝され、東京～大阪間八時間、神戸まで九時間という高速であった。前年、最速の特急「桜」号が東京～大阪間を一〇時間五三分で走っていたのであるから、当時では信じがたいほどの速度で運行された列車であった。「土井君」はこの頃副舎長の任にあった土井恒喜氏である。『青年寄宿舎八〇年記念誌』に若松不二夫氏が「多感な詩人」と紹介している。「多感」さは「超特急」にも及んだものか、「試乗」に行ったのだという。帰省のついでか何かかも知れないが詳しい記事はない。

この頃の日誌には二等車で帰省する舎生のこと(昭和八年三月一五日)や三人で寝台車の上・中・下段の寝台券を一緒に買って帰省する(九年八月三日。朝の急行は賑やかになり、舎内は淋しくなるだろう、と書いている)というような記事が見られる。二等車の運賃は三等車の二倍、寝台料金は下段・中段は一円五〇銭ずつ、上段は八〇銭であった。学生にしてはやや贅沢な汽車旅行、あるいはこの年代の大学生のエリート生活振りの表れと見るべきなのか？

超特急「燕」号が登場したり、札幌～上野二四時間急行が実現したりというこの年代―昭和初年の一〇年ほどを戦前期の「鉄道の黄金時代」とする見方もある(前出『特急・急行史』)。確かに特急・急行のスピードアップ、食堂車、寝台車などのサービス向上はこの頃がピークであった。戦時色の強くなる年代を迎えてサービスは進まなくなる。特急・急行の運行本数やスピードの減退が目立つようになり、札幌～上野二四時間急行のスピードは敗戦後の昭和三〇年頃でも復活しなかった。昭和三三年、青森～上野間に特急「はつかり」が運行されるようになって戦前期「黄金時代」のスピードに追いついているのであった。

二四時間急行の登場した昭和九年の日誌には戦時色が日に日に強まってくる様子も記されている。徴兵検査の為に帰省する舎生のこと、ドイツにおけるナチスの粛正活動の強化、オーストリアではナチス勢力の首相暗殺事件が起こる、オーストリアの内乱状態は「第二の欧州大戦」へと進みそうだ、等々が触れられなければならなかった。徹底的な戦時体制が取られるようになる直前の限られた一時期、エリート生活振りのほの見える二等車旅行、寝台車旅行の「黄金時代」があったらしいのである。

一〇　中谷宇吉郎先生のお話を聴く

一九三九(昭和一四)年一〇月七日(土)の午後、斎藤弘夫君のクラスでは中谷宇吉郎先生に「特に御願いして」「お話」をうかがう機会を持っていた。諸先生や舎生ＯＢ諸氏の講話、挨拶などの内容を簡単に紹介して感銘を受けたという小文が日誌に見られることは多いのであるが概して「お話」の内容は省略されていて詳しくは知ることが出来ない例が目立つ。この日の中谷先生の「お話」については特別に長い記事が残されている。日誌の用箋で一〇頁、一〇六行という記事である。

斎藤君は特別な感情をもってこれを書いたのであった。お願いして「お話」をうかがうというのに、この集まりに参加しない級友への「憤り」を感じていたのだが、内容に耳を傾けているうちに「感激おく能はざる」…(中略)…「非常な感銘」を受けて、この機会に接しなかった級友への感情は「非常な憐憫の情」へと変わったのだと、記している。

「お話」の中心部分は寺田寅彦先生が海軍の飛行船爆発墜落事故の原因究明にあたった時に示された科学的な究明態度、実験の進め方というようなことであった。中谷先生はその頃、寺田先生の研究室にいた大学三年生で、この原因究明のための実験に直接、関係していたのであった。中谷先生は「軍の機密」に属することだから話してはいけないのかも知れないが「マルクシズムでも教室でなら言ってもいいのだから」と言って原因調査の方法を詳しく、図も描いて説明された。事故当時の状況(飛行船は荒天に揉まれていた)の把握、飛行船の布、塗料、無電機等をすべて取り寄せ、実験を行い、「第六感」も働かせて事故原因を明らかにした。事故当時の状況そして「飛行船の材料」が爆発に「お誂え向きの条件」になっていたことを示されたのであった。設計者の責任等面倒な問題が生じるのを嫌って海軍関係者は原因不明、「不可抗力」による事故であったという形で原因究明を終わらせたいようであったが、そのような態度では何時までも事故が絶えないと考えられた寺田先生は「むきになって研究された」そして「僅か二か月」で結果を出した。「関係者の目前で実物実験を行ってぐうの音も出なくした」

のである。「絶えざる訓練」が重ねられていたからこそ得られた貴重な「賜《たまもの》」であった。研究の成果は海軍の功であって、研究者の名前が出されることのないことであるが、寺田先生は徹底的な努力をされた、「これが真の愛国者」なのだと中谷先生は見ていた。海軍はまだこのように「学者に頼ろうとする所があるが陸軍に到っては言語道断である」。少しも研究せずあらゆる事故を「不可抗力」で済まそうとする。海軍の渡洋爆撃に負けまいとして佐渡島への「耐寒飛行」を試みたとき「上信国境」で墜落、五名即死の事故があったが、事故原因*は「操縦桿が凍って動かなくなった」という「幼稚園のこと」のような飛行訓練計画に理由があるものだった。しかし、新聞紙上には「不可抗力」と発表され、犠牲者は「武士の鏡」であるとされ、銅像を建てるのだ等と言われているが「実に愚の骨頂」である。

中谷先生は「お話」の中で「寺田先生は真に学問を趣味として行われた」と述べていた。この事を敷衍された言葉は日誌の記事の中には見られないが、東大や「剣橋《ケンブリッジ》」に負けないような業績をと考えて学問をやるようでは駄目であるとも、述べていたようであるから名誉、名声を気にしての学問でなく、成果を挙げることが出来るかどうか分からないようなどんな研究対象にも懸命に取り組む研究態度が重要であるという意味で趣味の学問という表現をされていたのだと思われる。このような学問への純粋な思いに加えて陸軍の非科学的な態度を「言語道断」と揚言する科学者の自信に満ちた態度に接して、学生達は「感激おく能わざる」、「非常な感銘」を覚えたのである。

この日誌を書いた斎藤君は次のように述べてこの日の記事を終えている。「銅像を立てられている人」や「社会的地位にある人」よりも「かくれた真の科学者」をこそ尊敬すべきである。西郷隆盛が「尊敬すべき人の第一」に挙げられるようなことがあれば「甚だ悲しむべき」こと

*事故原因＝墜落機内に残されていたメモに「…レバー凍結せしものの如く…」とあって事故原因はほぼ明瞭であった。（中谷宇吉郎『着氷』中谷宇吉郎雪の科学館友の会発行、二〇一三年）。

である、と。

中谷先生はここで「お話」された飛行船事故の原因究明の一件に触れたエッセイを幾つも書いておられる。中でも実験方法や海軍技術将校たちの動き等に詳しい記述があるのは「球皮事件」(一九三八年一月執筆。初出誌不明)、「寺田寅彦の追想」(一九四六年九月執筆。初出『寺田寅彦の追想』京都、甲文社、一九四七年)の二篇である。いずれも『中谷宇吉郎集』(全八巻、岩波書店、二〇〇〇年一〇月〜二〇〇一年五月)所収。

なお、昭和一四年一〇月七日、斉藤弘夫君の記事全体は本書第五章に載せている。

(第四章担当　田端　宏)

第五章　百年の逸話

本章は日誌記事の原文を抜き書きして集めている。テーマ別を考えず年月日順に興味深いエピソードの類を挙げている。第二～四章で取り挙げてある記事のほかにも寄宿舎生活の断面について具体的に描写するもの、宮部金吾先生の言行、薫陶に関係する感銘深いこと、社会観、時勢論などにわたるそれぞれの時代の舎生達の物の見方、考え方を叙するもの等々を羅列してある興味深い記事はここに拾ったもののほかにも多く見られるのであるが、詳しくは日誌原文の大部分をおさめているホームページ「青年寄宿舎舎友会」を閲読していただきたい。

【明治年代】

明治三一年一一月三日　最初の入舎生

札幌農学校予習科生徒根岸泰介（越後ノ人）　中村豊次郎（福岡ノ人）　小藤孝徳（土佐ノ人）ノ三名入舎ス、今夕宮部舎長、青年会書記森本厚吉、会計石澤達夫、青年会々長中江汪氏来舎アリ、舎長ノ談話アリタリ。

明治三一年一二月三一日　移転

大通西六丁目（竹中病院跡）へ移転ス、井街顕（青年会幹事本科二年長州ノ人）舎監トシテ入舎。

明治三二年九月七日　月次会

寄宿舎の月次会ヲ開ク宮部舎長病気の故ヲ以テ欠席、中江会長ノ青年ト父トイウ題ニテ談話アリ、後茶話会ヲ開キ九時散会、曽木今夕退舎ス。

明治三二年一一月三日　創立一周年

本日ハ当寄宿舎創立一周年ニ当ルヲ以テ宮部舎長ヨリ昼飯ノ時ニライスカレーノ御馳走アリタリ。

明治三三年一一月三日　創立記念の会

午後六時より創立記念の会を開く。宮部舎長は病気の為に出席せられざりしが、高杉先生来られ一場の講演を為す。井街君は簡単に舎の歴史を述べらる。後汁粉と豚飯に空腹を満し其より遊戯を為す、数種を為し、中途辞せし人ありといえども充分の快を持ちたるは知らるる。しかして散ぜしは一二時なり、此日は青年会の役員を招待す。逢坂信忢入舎す。

明治三五年五月五日　中学生入舎は三分の一まで

時ハコレ端午ノ節句、嬉々タル幼児ノ所外ニ戯ルベキニ天候ハコレヲ好マザルカ終日曇リテ風強ク二時頃ヨリハ雨サエ催オシ来リテ蕾笑ミヌトノ便リダニ聞カザルニ円山ニ観桜会トテ幾千ノ白衣女工勇マシク製麻会社*ヨリ練リ出デシモ空模様悪シトテ急ギ足ニ(千鳥足モ交リツ)白腰ノ蟻軍トモ見誤ウベキ女群ノ当舎前ヲ過ギシモ物珍シキダケオカシカリキ。此日ハ第一月曜ニ当リシカバ委員会ヲ開キツ、二名ノ中学生(一、二年ノ両人)入舎ノ申込アリシガ為メコレガ許否ノ議ヲバ懲ラシテ本舎ノ志望並ビニ維持上ノ方針トシテ総員中三分ノ一ノ中学生ノ在舎ヲ保持スル事トシ、決シテ内ニ渡ルモ以上ニ出デシムル事ナキ事ニ

製麻会社＝札幌市北七条東一～七丁目に開拓史による官営亜麻工場が開設され、明治二〇年には北海道製麻株式会社になっていた。

定メタリ、サレバ当時アタカモ六名ノ中学生ノ在舎スルノミナレバ余リニ齢行カザルノ恐レアレドモ彼等ヲ許容スルハ至当ナラント議ハ決シコレヲ舎長ニ議ル事トハナリヌ。

明治三六年三月二八日　校名変更の報

文部省より飛電、農学校に来る。いわく「札幌農学校を改名して札幌実業専門学校となさん」と、舎生一同大に悲しみ、且つ憤す、試に思え、もとより学校の名目これを改むるは不可なかるべけれど、昔より一種の特色を帯びて来れる札幌農学校を改むるは甚だ悲しむべきことなり、さなり実業専門学校と呼んで故クラーク博士を思うべからず、クラーク先生の衣鉢を伝うべきの名としては札幌農学校の外なけん。さりとても文部省はかゝる小さき事柄を発布して彼れの名声をあげんと。

明治三七年二月五日　動員令　伊藤水車場主も招集で挨拶にくる(日露戦争)

露国日本共に開戦に決定、〇〇艦隊昨夜〇〇〇出発、各師団今明日中〇〇〇下るべし。此夜動員令下れりとの事にて伊藤水車場主*も招集せられ、明朝出発すとて　暇乞の為め来る。二月六日　今夜また北海タイムスは号外ヲ発セリ、其要ハ第七師団の繁忙　昨夜第七師団にては何処よりか一通の至急電報来るや　俄かに参謀部総出にて非常の繁忙を極めたり。

明治三八年一〇月一〇日　戸籍調べ

警察署より戸籍調べに来る。舎生の族籍左の如し

北海道士族　石澤君

　平民　今君、村上君、瀬戸君、江川君

秋田県士族　川尻君、学僕

　平民　斉藤君、荒谷君

伊藤水車場主＝一八九三(明治二六)年に伊藤亀太郎氏によって伊藤組が創設され、その翌年には木挽き工場を建てたというのでその水車場が北五条西八丁目(現在の伊藤邸の所)にあったらしい。出征するという場主が亀太郎氏かどうかは不明。
伊藤水車場で足を水車にはさまれる事故があり舎生達も駈けつけ手伝い、負傷だけですみ「事なきを得る」(明治三七年一二月二四日)という記事もあった。
一九二二(大正一一)年の大修繕は伊藤組の施工であり、伊藤亀太郎氏は

和歌山県士族　朝倉君　熊本県士族　大坂君　静岡県平　小林君　山梨県平　中村君　長野県平　近藤君　福島県平　白井君　滋賀県平　田中君　鳥取県平　徳田君　香川県平柳川君

明治三九年一〇月二〇日　宮部先生　松浦武四郎を語る

月次会　司会者松本君ガ開会ノ辞ト徳田田中両君ノ送別ノ辞ヲ陳ベラレ次ニ荘司君ガ平民ノ大和魂トイウ題ニテ気炎ヲ吐カレ次ニ和田君ガ天才ハ勉強ニ帰着スルモノダト論ジ、若木君ハ北海道ニ来ラレタル事ヲ洋行シタノデアルトイウ事ヲ北海道ニ来ラルル道中ノ座談ガアリ、次ニ柳川君ガ吾人ノ目的トイウ題ニテ好キ人ニナル事是即チ吾人ノ目的ナリト論ゼラレタリ、次ニ田中徳田両君ハ送別会ニ対シテ礼ヲ申サレ次ニ寄宿舎ヲ愛スル事ヲ誓ワレタ。

最後ニ宮部先生登ラレ、先和田君ノ天才テフ事ニ付猶一層話サレタ。

天才ハタダ単ニ勉強ノミデハナイ人生来ニヨリテ頭脳ノ明暗ガアル。昔ヨリ発見家トシテ知ラルル人及ビ賢哲ハ頭ノ明晰デアッタ事明カダ。ソレニ加エテ勉強家デアル。

吾人ガ一大事業ヲ後世ニ残サントスルニ一大要素ニ仕事ニ熱心ニシテ且ツソレニ一心ナル事、即チ一書ヲ読ム時ハ心魂紙背ニ徹シ糸毫モ他ノ事ヲ思慮セザルナリ、シカシテ此レ終レバ他ノ仕事ニ一心不乱ニナスニアリ。

此習慣、此癖ガ仕事ヲ仕遂ゲルニ一大必要物デアル。

脳力他人ニ一歩劣ルモ此習慣ニヨリ長年月間一意潜心スレバ人ノ意外ナル事ヲ発見スル事ヲ得ルナリ。コレ即チ天才トイウ。

北海道ニ縁故有スル松浦武四郎*氏ハ精密ナル北海道ノ地図及ビ蝦夷日記ヲ著シタル人ナル

二〇〇円という高額の寄付をされていた。第四章「二　大正一一（一九二二）年の大修繕」の節を参照。

松浦武四郎＝（竹、武の両様の表記が

ガ其人ノ日記ヲ記スルニハ宿泊ニ付キ帯ヲ解カザル前ニ記入シタリト。マタ著書スルニハ其ノ著書ノ骨枝ヲ造ル間ハ家人及ビ世人ト離レ一心ニ熱中シタリト。先生曰ク斯クテコソ彼ノ如キ大著書ヲナシ得タリト。

明治四三年五月二日　「娯楽室」に副舎長譴責

此日菅君一一号の空室に対し娯楽室の紙を貼りしを以て丹治君より譴責せらる。

明治四三年一一月三日　宮部先生　勅語奉読

本日今上天皇陛下第六〇回の天長佳日なり。学校にては図書館において九時より祝賀式を挙行す。佐藤学長代理として宮部博士の詔語奉読あり、のち、同博士発声にて天皇陛下、皇后陛下の万歳を三唱して開式す。朝以来雨降りたれど昼食頃より、雨霏（霽）る。寄宿にては昼食にしるこの馳走あり。

【大正年代】

大正元年一二月二九日　電灯取り付け催促

かねて根本君と佐藤君に一任して置いた電灯*取り付け問題は愈々解決した。各部屋に一個宛（一六）点ける事となった由、両君は取り付け催促に今日も行かれた。

大正二年一月八日　初めて電灯つく

朝より電灯掛来舎して取り付けを為し、其晩より初めて電灯がつく様にはなれり。当舎も夜の如きは今までと外観を異にする様になれり。

大正五年二月一三日　擬国会

本日時計台ニテ弁論部主宰ニカカル擬国会開カル。蜻蛉帝国ト称シ進歩党（政府党）自由党（反対派）中立ノ三派ニテ大イニ弁論ノ雄ヲ振ウ、当舎ヨリモ小河原、日野、渡辺ノ三自由

ある）。幕末期の蝦夷地探査の業績で知られる。武四郎は宮部家と昵懇の交際をしていたので宮部先生も蝦夷地、北海道への関心など影響も受けられていたという。第四章「四　コンセントレーション　オブ　エナージー」を参照。

電灯＝札幌では明治四〇年代から電力供給事業は始まっていたが、電灯設置の需要は大きくなっており、なかなか設置出来なかったという。この日誌にも電灯会社に催促に行ったと記事がある。各部屋一灯ずつ、一六灯の設置というから舎生の居室一二室のほか食堂など四室に電灯がついたことになる。

党議員ヲ出スノ光栄ヲ担エリ
東北帝国大学学生擬国会
蛸蛉帝国ハ憲法第四一条ニ依リ大正五年二月一日ヲ以テ札幌ニ召集セラレタリ
国会々場　北一条時計台
集会期日　二月一三日正一二時開会
進歩党内閣
総理大臣　沢田退蔵　大蔵大臣渡瀬次郎　内務大臣尾崎卓郎　外務大臣加藤正次　海軍大臣沖野丈夫　司法大臣大島幸吉　文部大臣福士貞吉　陸軍大臣野口　静　拓殖大臣上原福太郎　国会議長東　武　書記官長西　佐久一
進歩党　総務　齊藤良秀　幹事真鍋尹正　〃武者主計
自由党　総務　奥田　或　幹事佐藤醇蔵　〃友田　愛　〃江村徳三　〃佐々木我山　〃櫻井芳二郎　其他十数名
無所属　田添元　前田三郎　其他数名
議事日程
一、議長開会ヲ宣ス
一、施政方針演説　沢田総理大臣
一、財政方針ニツイテ　渡瀬大蔵大臣
一、外交経過報告　加藤外務大臣
日程
一、学制改革ニ関スル予算案　福士文部大臣

二、海軍拡張ニ関スル予算ノ件　沖野海軍大臣
三、陸軍 〃　野口陸軍大臣
四、北海道並ニ樺太ヲ合併シ　北海総督ヲ置クニツイテノ　予算ノ件　上原拓殖大臣
五、選挙法改正案　提出者　自由党

大正七年四月三日　妖怪談　肝試し

夜八時半頃ヨリ二号室ニ舎生全部集リ妖怪談ヲヤル。偶然試胆会ノ話起リ一一時頃ヨリ始メ終リタルハ約一時半、二組ニ分レテヤル。場所ハ下ノ如シ
東　植物園ノ裏ノ冷蔵庫ノ後
西　女子小学校ノ予科一年生ノ死シタル所
東　田中君村岡君五藤君白川君岡田君髙橋君
西　小松君足立君渡辺君亀井君村井君

大正七年四月九日　北大独立祝賀

本日午前九時半ヨリ北海道大学独立*ニ際シ佐藤総長ヨリ一時間半ニ亘ル訓示演説アリキ。
本夜大学独立祝賀トシテ提灯行列ヲナス。区民ト連合盛大ヲ極メタリ

大正七年七月一四日　井戸、ポンプになる

本日ヨリ舎ノ井戸換エ*並ニ旧来ノ滑車汲上ヲ廃シ、ポンプトナサン目的ニテ作業開始サル。
一六日　井戸ポンプ完成ス。

大正七年一一月八日　流感で舎生死去

午前二時七分希代一郎君一号室において急性肺炎に心臓病を併発し遂に永眠せらる。舎創立以来の不幸事なり。

北海道大学独立＝札幌農学校は一九〇七(明治四〇)年東北帝国大学農科大学となっていたが、それは「東北帝国大学の一分科」としてであった。一九一八(大正七)年になって北海道帝国大学の成立となった。翌年、新しい大学令で農学部、医学部の二学部が設置された。

井戸換エ＝井戸の水を全て汲みあげて井戸の中を掃除すること。

一一月九日(土)　佐藤総長来舎され、親しく話されたり。

一一月一〇日(日)　故希代君の葬式の日なり。此日などより一刻一刻、病人ふえたり。恐らく例のスパニッシュインフルエンザ*ならん。

正午棺を棺馬車に入れたる時、故希代君の父上御来舎、再び引き下し、父上決別をされたり。我等感慨にうたれ無言なりき。新善光寺の葬儀は中々盛んなりき、ただ、寒気はなはだしく、帰舎の後うどんを食す。

一一月一一日(月)　葬儀も済み力ぬけしたるものなるや。また病人ふえ、舎中無事なるは二三人のみ。舎中誠に暗々たり。…〔中略〕…小生も遂に病床にあること一週間余、其間代筆の人もなし、止むを得ず中絶したるは申訳なし。

学校も遂に休業し二五日より始業のことなり。

大正九年二月七日　寄宿舎あわや灰燼

灰燼に帰せんとせし寄宿舎はそも誰によりて救われたる乎。

第一限の授業を終えて帰舎せる渡辺文雄君異様なる匂いのすることを不思議に思い四号室の戸を開くればそも如何に黒煙室に満ち火鉢の側の座蒲団はポロポロ赤舌をひらめかして燃え居るなり、一大事と居合わせたる舎生集りて消火したり、あゝ思うだに冷汗の流るゝ椿事というべし。あゝ呪われたる日か？　あゝ不幸の日よ!!

しかし、我等は喜ばざるべからず、事なくして済みたる事を!!

しかして渡辺君の功を称え氏に謝礼申さざるべからず、なお不幸の中にも幸を与えられたる天の神に深く深く御礼申上げざるべからず。

四号室在室者　〔Y・O、G・S〕

スパニッシュインフルエンザ＝スペインから流行が始まったとされスペイン風邪の名がある。世界中に流行し、一九一八(大正七)年には日本にも波及、北海道では同年一〇月頃から広がり翌年にかけて患者五一万人以上、死亡者一万人以上とされた。

深く全舎生諸先輩にこの軽率を謝し、以後深く注意を致すべく……嗚呼……嗚呼大過失をなしたる此の罪如何にして言うべきか？

大正一〇年六月四日　宮部先生　アメリカへ

本邦を代表したる植物学者として舎長なる宮部先生は米国に赴かる事*となる。その為の送別会を開く。来賓としては河村、五藤、北村、亀井の諸氏御出席ありて如何にも盛大なりき。ただ石澤氏病気の為め御出席あらせられざりしを遺憾とす。委員は左の如し。

笹部、矢田、山口九郎、長谷川君の四名とす。

当日は舎長宮部先生より一〇円、河村氏より二円五〇銭、亀井、五藤両氏より各一円五〇銭の寄付金ありたる。

六月九日　舎長宮部先生夜九時の急行にて札幌を御出発になる。見送る人山の如し。

大正一〇年一二月三〇日　石澤達夫氏逝去

石澤達夫氏午前八時二〇分茅ヶ崎で逝去さるの報至る。舎生二日間の音曲停止、謹慎をなして、哀悼の意を表す。氏は舎との関係最深き人、氏を失いて、寂涼たる感あり。氏の魂の恵まれたる召と、遺族の平安を祈る。

大正一一年一月二九日　石澤達夫氏葬儀　宮部先生弔辞

悲しくもゆける先輩恩師、故石澤達夫先生の追悼会開催の通知なされる。

來る二九日午後二時より札幌同窓倶楽部(北八西五)に於て故石澤達夫君の追悼会を開催致候間御来会被下度此段御通知申上候

大正一一年一月二五日

…(中略)…

*宮部先生は米国に赴かる＝一九二一(大正一〇)年七月一九〜二一日のアメリカ・ミネソタ州セントポールにおいて「萬国麦類病害圃上会議」が開かれ宮部先生は、招待を受けてこれに参加。「圃上」の名称のとおり、圃場視察を連日行い、現地で議論する会議であった。

舎長宮部先生の讀める弔辞

大正拾一年一月廿九日謹ミテ故石澤達夫君ノ霊ニ奠ス、顧ミレバ吾青年寄宿舎創立以来二拾有五年有用ノ材トナッテ世ニ出テ活動セルモノ已ニ百数十名ノ多キニ達ス。

而シテ是等ノ人士ハ勿論苟クモ吾舎ノ内情ヲ知ルモノハ皆其背後ニ熱情ノ士石澤君アルヲ思ハザルモノナシ、君資性篤厚ニシテ剛直其敢然トシテ時流ノ外ニ超然タル　其信ズル所ヲ堅ク取リテ動カザル　夙ニ親炙スルモノヲシテ襟ヲ正サシムルノ概アリキ。

明治三十三年吾舎建築ノ事起ルヤ率先シテ其衝ニ当リ寄付金ノ募集ヲ始トシ幾多ノ困難ナル事業ヲ遂行シテ遺憾ナク君ガ性格ヲ発揮セラレキ尋デ翌三十四年ヨリ三十九年ニ至ル五年間ハ公職ノ余暇副舎長ノ任ニ在リ*営々トシテ舎務ノ整理ト学生ノ監督ニ盡　サレタリキ

余不肖舎長ノ任ヲ瀆ス久シト雖モ舎ニ関係スル多クノ事務ハ挙ゲテ之ヲ　君ニ一任シ来レリ、今ニシテ思フ、君ハ其ノ労苦ヲ最モ具ニ味ハレタリシナラント、爾来十有六星霜或ハ陰ニ或ハ陽ニ一日トシテ君ガ熱誠ノ我舎ニ及バザリシトキトテナシ、吾舎早クヨリ毎月一回在札関係者及舎生等一堂ニ会シテ懇談スルヲ例トス、君多忙ノ身ヲモッテ常ニ出席シ其肺腑ヨリ出ズル訓言諄々トシテ舎生ヲ善導感化スル所アリキ、殊ニ屢々慈母ノ愛深キトヲ説キ故国ヲ離レテ遠遊セル舎生ノ至情ニ訴フル所尠カラザリキ、此一事以テ君ガ如何ニ至情至誠ノ人タルカヲ語ルト共ニ其ノ最モ感ズル所ヲ移シテ以テ舎生ニ対セラレタルコトヲ窺フニ足ル。

彼此想ヒ来ラバ君ガ生涯ノ一半ハ殆ンド我舎ノ為メニ捧ゲラレント云フモ敢テ不可ナカルベシ。斯クマデ親シク斯クマデ懐ミアル我石澤君今ヤ逝イテ亡シ。豈悼ミテ哭セザルヲ得ンヤ。去年ノ初君ガ健康ヤ、勝レザルヲ聞キ予等ハ密カニ之ヲ憂ヒキ暫クシテ湘南ニ遊ビ

公職ノ余暇副舎長ノ任ニ在リ＝石澤達夫は農学校卒業(明治三四年)の後、北海道庁勧業部技師となっていたが副舎長黄金井解三病気退舎のため明治三四年一一月入舎して副舎長の任に就いた。道庁技師在職、公務をつとめながら舎生と共に生活し明治三九年四月、結婚され退舎するまで副舎長をつとめていた。

後愈公職ヲ辞シ専心保養ニ盡サルコトヲ聞クニ至リ其ノ回春ノ期遠カラザルヲ疑ハザリキ、何ゾ料ン旧臘突如君ガ訃ヲ傳ヘントハ　ア、万事止ミヌ痛悼何ゾ堪エン然レドモ、生アル者誰カ死ナカラン假令君ノ形骸ハ死セリト雖モ其霊ハ生キタリ、君ガ生前ノ主義ト精神トハ儼トシテ長ヘニ吾舎ノ中ニ存シ舎生ヲシテ自ラ其帰趨ヲ誤ラザラシムルモノアリ　君亦以テ瞑スベシ。

尚クハ享ケヨ。*

大正十一年一月二十九日　　青年寄宿舎長　宮部　金吾〔原文〕

大正一四年一月一日　年頭所感

正月ダ、正月ダ、何ト輝カシク勇シク吾人ノ耳朶ニ響ク事ヨ、吾人ハ徒ラニ軒上ニ翩翻タル御旗ニ大平ノハルヲ寿ギ、地上ニ紛々トシテ打敷ク北海ノ花ニ天上ノ祝福ヲ喜ブ以前ニ、非常ナル覚悟ト意気トヲ以テ将ニ押シ寄セ来ラントス新年ノ荒波ヲ乗リ切ル可ク支度セネバナラナイ。現在ニ楽観シ現実ニ満足シテ以ッテ能事之終レリト爲スノ愚ヲ止メテ、危険ト困難トニ充チタ未来ノ天地ニ活躍ノ歩ヲ進メナケレバナラナイ。古キ因習ト朽チカヽッタ伝統ニ噛リ付キ、一顧ノ価値ナキ偶像ニ拝跪スルノ無智ヲ排シテ、創造ト自由ノ栄光ヘノ礼賛ニ走リ赴カネバナラナイ。野風吹キ捲リ草昧清新ノ新開地ニソノ歴史ヲ誇ル我青年寄宿舎ハココニ更ニ新ナル根底ヲ築カネバナラヌ。

吾人ハ何処マデモ自ラ造リ自ラ拓イタ生活ニソノ全身ヲ託スダケノ勇気ト大胆トガナケレバナラナイ。人間生命ノ大事実ヲ深刻ニ徹底的ニ現在及ビ将来ノ生活上ニ印象付ケ、証拠立テネバナラヌ。吾人ハココニ目出度キ新春ヲ迎ウルニ当リ愛スル舎ノ為ニ、舎永遠ノ偉大ノ為ニ、イヨイヨ此ノ感ヲ深クセズニハ居レナイ。

*尚クハ享ケヨ＝ねがわくはうけよ。願わくはこの言葉をお受け下さいの意。

本日午前八時半ヨリ一同食堂ニ集リテ所謂オ正月ノオ祝ヲヤル、久シ振リノ雑煮ニ一同舌鼓ヲ打チテ椀ヲ重ネタ。一〇時学校ノ拝賀式ニ参列ス、萬事緊縮ノ折柄、恒例ノ餅ノナカリシハ遺憾ノ極ミナリシ。午後ハ大半円山ニスキート洒落コム。夕食後一同食堂ノストーブニ当リテ、カネテ来舎中ノ先輩丹治氏ヨリ米国留学中ノ追懐談ヤ見聞談ヲ面白ク拝聴ス、九時二〇分同氏帰途ニ付カル。其ノ際左ノ寄附アリタリ。

一、金一封、一聖フランシス

大正一五年九月三〇日　親日家ストウジ博士講演会

親日家として、又アメリカ在邦人の間に父として尊敬されておるストウジ博士*の講演会が時計台において開かれた。「国際精神と教育の理想」に就て約一時間に亘り熱弁を振われた。其の論旨は、まず世界は一つである、世界は神によりて全てが造られたる一つの家にして、各国、各民族はただに其の家の各部屋に過ぎない。しかして善と正義と温情とにおいて平和の世界の来る事を、また国際精神の向上に関して、同一なる宗教、統一せる貨幣、統一せる言葉の要求を力説された。次に理想の教育において、体育、知育、徳育(Soul)の完成にある事を力説さる。

*ストウジ博士＝ストージ博士、スタージ博士とも書かれる。Dr. Ernest Adolphus Sturge(一八五六〜一九五三)。アメリカ西海岸の長老教会のリーダーとしてサンフランシスコなどの日本人への伝道に努めていた。日本人移民排斥の動きが目立って来る二〇世紀始め頃にも日本人移民に同情、庇護に働いていた。

【昭和年代】

昭和二年五月九日　三〇年記念のポプラを植える

太陽の光も眩し、各室大掃除をなす。午後、狂風起りて砂塵蒙々、息するのも嫌だ。我舎創立三〇年記念としてポプラの苗を舎の西側に植える。

昭和二年五月二六日　北五条通りに市電開通

北五条電車開通して便利にはなったが、やかましくて落ちつかぬ気分だ。

昭和二年九月二〇日　鶏二〇羽殺される

早朝、鶏二〇羽殺されたり。加害獣は判明せざるも犬かイタチなるべし。早速料理して夕食の膳にのぼし、引導を渡して腹中に葬る。非常に美味なり。ある茶目曰く「明日もまた殺されていればよいなあ」と。度し難し、度し難し。

昭和二年一〇月二三日　大根洗い

食事部大根一三〇〇本購入。各自七〇本宛洗う事になった。故郷のシスターが見たら泣くだろうような光景であった。

昭和三年九月一六日　消火器のテスト

本日昼食後、落葉を山と積んで、これを焚きて消火器の機能の試験を行う。成績良好なり。平川君曰く〝落ち付いてゆっくりやれば少し位の火事なら何ともない〟。

昭和三年九月二五日　豚を売る

今朝豚を売り払えり。三頭で六〇余円とか。

決算をなす。一日の食費六八銭なり。

昭和四年四月一八日　クラーク第二世来校

一年生の初登校日、校庭に新丸*を、過去のその日を思い出してなつかしく見る。本校創立の恩人故W・S・クラーク先生の第二子ハーバード大学博物館長クラーク第二世が本校を訪ねられ我々に一場の訓話をなされた。今年の新入生は恵まれている。新入早々この機会に恵まれたことは。クラーク氏は中央講堂で高杉教授通訳のもとにW・S・クラーク先生の言われた野心と、シェークスピアの野心の区別、一個の動物学者としての氏の宗教に対する考えを述べられた。自然科学者としての氏は神の存在を信じておられる。松村松年

新丸＝予科の新入生。丸い学生帽から。

博士*は同じく動物学者でも神の存在を否定する。面白い対称だ。夜、新入生歓迎コンパ。寮歌、民謡とびだす。二年全部のストームが大かっさい、九時散会。

昭和五年二月一日　奥手稲*行遭難者追悼月次会

二月一日　故坪田信太郎君追悼月次会行わる。

まず委員の料理せる晩餐より始る。野菜、ハム、魚のサンドイッチに皆舌づつみを打つ。

七時半過ぎより月次会は本間君の開会の辞と共に開かる。本日出席された方には、敬愛する宮部舎長を始め先輩中島、時田、犬飼の諸先生なり。次いで平川副舎長の挨拶あり、坪田君をしのぶの言、皆感慨無量なり。次いで土井君の遭難報告あり。ありのまま語られたる土井君の話に我等また涙を流せり。左にその概要を記せん。

午前七時五〇分札幌発四君銭函へ向われた。用意万事ととのえ始めはスキーを手に持ち、今度坪田君を運び入れた製氷所まで来り、握り飯を一個づつ食し、片方のみアザラシを用いて登山についた。途中坪田君は元気溌らつたりしも、常に皆より歩行遅かりしと。銭函峠へは午後一時頃到着し、昼食をなし再び登る。途中あるいは坂に苦しみ、道を分け、八條君*は、ひとまず先きにヒュッテに行き、用意して引き返すこととなり、残りの三君で登っていった。途中坪田君は小川に落ち、寺岡君のズボンをつけ再び登った。しかして薄明になるに及び、寺岡君はスプールの方向見失い、遂に火をたき徹夜の準備をなせり。皆始め歌をうたい元気ありしも次第に黙々と火を囲みていたり。

後一時間もして迎えがなければ引返さんと土井君は考えられたり。その時、八條君灯を持ちて迎えに来られ、やっとヒュッテまで辿りつけり。翌朝は余り滑らず、主にヒュッテにて遊び、高山の正月を迎えられた。

松村松年《しょうねん》博士＝札幌農学校出身。北大昆虫学教室の初代教授。日本近代の昆虫学の基礎を築いたとされる。

奥手稲＝昭和四年一二月三一日の日誌記事に土井、坪田、寺岡君奥手稲に出発す、とある。しかし、銭函峠を経由して向かった先は春香山のヒュッテと思われる。

八條君＝坪田君と一緒に奥手稲へ向かったが、本舎生ではない。八條直路君（大分出身、昭和五年農学実科卒、北海道農業試験場に就職）と思われる。

常に坪田君は元気でユーモアに富んでいた。二日目は八時半に出発、どんどん下られた。昼食時間になり土井君、八條君は地図により進路の間違いを発見せられた。が他の二君には語らず、ただ銭函川の流れに沿い下られた。しかし坪田君は刻々疲労を増し、一丁のスロープを下るに一時間を要す等、雪まみれになり疲れ始めた。以後坪田君は弱る一方、一〇時に至り全く一歩毎に転ばれ、一二時を過ぎては譫言を言い、四時に至り絶命された。その間土井、寺岡、八條君はあらゆる手段を講じ努められたが、不幸遂に四時に亡くなられた。

我等は此の土井君の話により大いに坪田君の遺しし教訓を感じた。

次いで寺岡君の挨拶あり、土井、寺岡両君共、此れを心の一転機として、坪田の霊に対し恥しからぬ、また遺訓を忘却せぬよう大いに努力さるる決心と固く心に誓われたり。次いで広瀬、大塚、本間君の坪田君についてのお話あり。皆坪田君の熱心、忠実、勤勉なりし当時を思い感慨無量なり。坪田君はなお我等の間にいる如く、常にほがらかな笑声の聞ゆるを感ず等、坪田君の霊は常に我等の寄宿舎にあり、我等を見守ってくれるであろう。

犬飼、時田、中島諸先輩の御話、すべて坪田君を追慕し、我等の覚悟を御さとしになった。

宮部先生の御訓話*に対し、舎生皆、坪田君の心にそむかぬよう努力すべきを心に誓いたり。

昭和五年四月二六日　宮部先生学士院会員に

午後五時より宮部舎長の帝国学士院会員におなりになったお祝を兼ね、新入生(若松君、藤田君)歓迎月次会を行う。

多数の先輩が御列席になる。(鈴木、亀井、中島、犬飼、山口、時田、多勢の諸先輩)

宮部先生の御訓話=坪田君遭難の時、先生の弔辞は涙に濡れ、感極って終りまで読まれなかった、という(『青年寄宿舎五十年史』収録の舎長奥田義正先生の祝辞。一月八日の葬儀の折のことであろう)。

昭和五年六月五日　内村鑑三氏奨学資金

我等が兄弟本間憲一君、本年度首席にて学部に進入せしため「内村鑑三氏奨学資金」の中より金五〇円授与される旨発表になる。

昭和六年五月一八日　新渡戸博士　講演

午後三、四時限の時間を割いて中央講堂に於て新渡戸博士の講演があった。演題「母校に帰りて」先生は学生諸君創立当時の精神に戻れと力説せられた。高遠な人格を持てる個人主義の養成。国体の許す範囲に於ける新社会の創造(決して現代社会を破壊してと言う意味ではない誤解せぬよう)。パイオニアスピリットを以て開拓せよ。午後三時半からは公会堂に於て「学生生活と宗教」と言う話があった。七二歳にも御成りになって毎日の御講演はさぞかしお疲れのことと心配する次第である。正門の通りのエルムは二〇年前の博士夫妻の御移殖されたものなるとか。母校に帰りて感慨深かからん。

五月一九日　予科生に対して新渡戸先生の臨時講義があった。「学問する心」という題で。

五月二〇日　農学部主催「国際経済と人口問題」なる演題にて先生の御講演が一時半より三時一〇分迄あった。明日は一時半より三時半迄この連続講演をなされる筈。

昭和八年二月二二日　廟行鎮爆弾三勇士一周年

廟行鎮三勇士*の一周年が来た。連盟脱退を前にひかえ、各方面に気勢は盛んだ。放送協会では「愛国歌の夕」を計画す。堀内敬三氏の言を借りれば　欧米諸国の有名な国歌は皆直接戦争に由来するのに、吾が「君が代」はただ一つ幾千年の昔から優雅にして崇高な皇室中心主義の国民的信仰を唱った古歌である点、其処には平和を愛好する事限りなくしかも一度び発すれば勇気凛たる忠誠の念が表れているのだ。帝国よ、愛と正義の本然の姿を邁

*廟行鎮三勇士＝一九三二(昭和七)年二月、第一次上海事変の中、上海郊外の廟行鎮に陣を構える中国軍の厳重な防備を破る突撃路を開くため、点火した爆薬筒を抱えて鉄条網に突入、自らも爆死した工兵隊の兵士達。軍神と讃えられ銅像、映画、小学唱歌などで盛んにとりあげられる。

進せよ。

昭和八年四月二〇日　財団法人認可

財団法人青年寄宿舎認可*の通知来る。今日、大学入学式行わる。希望に胸を躍らせつつフレッシュマンは此の瞬間最も幸福なり。ああ彼等の上に永遠に幸あれ。

昭和八年四月二一日　改築問題　空想的に語り合う

夜、特別室にて決算を行う。三四両月を一度にまとめて行いし為、食費比較的安く四九銭にてすみたり。決算後寄宿舎当面の問題たる改築問題等について何ら具体化せるに非ざるも空想的に語り合う。

昭和八年八月二五日　舎の地代を道銀で納める

今日も一人である。一日陰気な頭の痛くなる様な天気だ。（中略）。寄宿舎の七、八月の地代*三四円也を道銀*に納めに行っておいた。宮部舎長は植物採集旅行に釧路方面に行かれたそうである。〔副舎長・広瀬君記…編者〕

昭和九年七月二七日　就職と徴兵

夕、秋葉君、就職決定。彼の喜びや大。場所は千歳孵化場。最初から助手として、の好条件。安心して徴兵検査に帰れるだろう。墺国の内乱*を機とし第二の欧州大戦が起こるやも知れずとタイムスの号外出る。

昭和九年七月三一日　帰省　コソドロ

朝の急行で秋葉君帰省。徴兵検査のためなり。桜林君、藤田君が見送る。彼の寄宿舎生活も終わる。前途に平和あれ。

財団法人青年寄宿舎認可＝理事会・評議会等の管理体制の確立、基本財産の確保が求められ、毎年、文部大臣宛に事業報告、財産目録、決算・予算の提出が義務づけられた。比較的新しい私設寮の組織にならい、青年寄宿舎も財団法人化したのである。

地代＝青年寄宿舎を始めとする私設寮のほとんどが大学付属地（国有地）を借りて設立されており、敷地を所有する荘内寮以外は、地代を払っていた。

道銀＝前身の余市銀行が小樽に本店を移し北海道銀行と名乗っていたもの。後に一県一行という統制策により北海道拓殖銀行に吸収された。現在の北海道銀行とは別。

墺国の内乱＝一九三四（昭和九）年七月二五日、オーストリアナチス党は

午に桜林君、新山靴を盗まる。これで二度目。同じ人のばかり。寄宿舎を無人と見て、ねらって居たに違いない。

夜、三人で駄べる。三人で三日に帰ることにする。

昭和九年九月一五日　舎内盗難事件　容疑者拘引

夜、容疑者、Y(一五　男)の取調開始す。午後五時半拘引、午後一〇時に至る実に四時間半!!　終に口を割る!!

陳述の一部『親が苦しい中から私に洋服を買って呉れました。それが二円ばかり足りない様でした。それでお金があったらと思ったのです。秋葉さんのために藤田さんの部屋へフトンを取りに来た時金庫が目に付いたのです。誰も居なかったのでその気になったのです。秋葉さんが帰ってから次の日かその次の日です。鍵を盗み金庫を開いて金を取ったのです。けれど残金を書いた紙片が入っていたのでそのまま入れて帰ってきました。その日は盗りませんでした。その次の日私のゴムケシとインクを持ていって九を二と直して金を盗りました。食事部の方から一円とりました。メタルは大橋さんの所から一つ、桜林さんの所から二つとりました。金はそのまま親にやると分って了うので、初め五円を財布に入れて玄関の所へ落とした様にしておいたのです。それが誰かに拾われたのです。親に拾わせ様と思ったのに。その次の日二円(?)を紙につつんで勝手の裏口の所においたのも人に拾われてしまったのです。メタルは一つは縁の下に隠し、二つは植物園の方に投げました。その外のお金の事は絶対に知りません』

当局某氏の話『犯人は一人だとは考えられない。この取り調べ殆ど大部分は大島君のお金のことに付いて口を開かせることだったが、終にそれは不成功に終わった。子供の頑強に

ウィーンで武装蜂起、首相ドルフスが殺害された。この蜂起はオーストリア政府の力で鎮圧されたが、この後イタリア、ドイツの動きは激しくなり「欧州大戦」の危機が言われたのである。

は驚いた。

だがこれは大島君が帰って来てからいずれは分ることだろう。子供が知らないとは前述の告白から、その矛盾を見ると言われないが、その頑張の訓練の良さにはついに兜をぬがざるを得なかった。他犯人は大人だ。とにかく余り金に困る人を入れることはいかぬと思う。どうしても金に誘惑されるからね呵々。その犯人も大島が帰ってその裁きをつけることにより告白、ホシに片づけられるだろう、うんぬん』

昭和九年一〇月二三日　食費一日七〇銭余

食堂と勝手口にストーヴ付く。

決算の結果、一日七〇数銭を出る。皆ノサれてしまう。六〇銭にする。こうして補助しても〇〇〔解読不明〕余で来てるのだ。何かで舎が取りすぎているのか？　部費か？　滞納せず払うことを努めねばいけない。皆の気持次第だ。

昭和一〇年六月一五日　国薦入賞選手

札幌神社祭典。康、谷口、田村三君、夜、円山に登り、灯の街を俯観〔ママ〕す。創成川畔の雑踏にもまれるよりも、美しいお祭りの風景を味う。谷口君射撃部大会で国薦入賞選手に推戴さる。

昭和一〇年一二月二四日　玄関の看板

辻秀人君の筆になる青年寄宿舎の看板を玄関に取り付ける。

昭和一一年四月二三日　欠食規定

夕食後、決算を行う。三、四月分を分けて計算すると、四月分が八八銭位となるので、三、四月一緒にして計算する事とした。それで一日六一銭強となり、六〇銭として超過分は舎で補助を行う事としました。それで最高、三三円余となり、皆、予算に大混乱を来たしそうだ。決算後、委員で欠食規定を決定した。それは「二日以上の旅行・外泊の場合、朝食喫しても、翌日夕食後帰舎せる者は、二日以上の欠食と認める」、「舎内に起居して欠食するも、欠食と認めない、但し休暇中はこの限りに非ず」、「なお、欠食の場合は前日までに、賄及び文芸部員まで申出られたし」と以上三か条を決定、発表しました。この決算後、平野君歓迎コンパを行う。

昭和一一年一二月三日　断髪問題

予科では断髪問題*に関して生徒幹部連が動き出した。成行きは果してどうなるのか、すこぶる疑問である。

昭和一二年七月二一日　小母さん給料

賄の小母さんに七、八月分給料三〇円を渡す。

昭和一二年九月一四日　引伸機購入

写真部、カメラハウスより、引伸機一台購入、代金三九円也。

昭和一二年九月一八日　月次会　戦地の先輩へ慰問文

夕食後七時一寸過より今月期最初の月次会開催。宮部博士、亀井、若松両先輩ご出席。茶話会席上にて、戦地にある奥田、川崎先輩の武運を祈る舎生一同署名の慰問文を作成す。

昭和一二年一一月二〇日　藤田嗣治画伯

今井百貨店にて黒百合会展*開催中。藤田嗣治画伯小品を出しておられる。賛助として。

昭和一四年三月一八日　大学の地代納入

柳川君、朝の急行で帰るのを見送り。日本銀行支店へ大学の地代を支払いに行く。平井君

断髪問題＝一九三六（昭和一一）年一〇月、陸軍特別大演習が北海道で行われることとなり、大演習統監のため天皇が来道することになった。この行幸に備えて北大では予科生に対して七月、断髪令を発し、九月には実施となった。天皇退道後、予科生桜星会の総会では当局への意思表示のためクラス代表会議の設置要求が出され、断髪令などに対する日頃の不満が訴えられた（『北大百年史　通説』年表）。

黒百合会展＝一九〇八（明治四一）年五月北大文武会美術部として創立される。年々黒百合会展を重ね、二〇〇九年には第百回展を開催している。

は昼過ぎ小樽へ発つ。僕は、七時頃、火災保険金の支払いをすます。

昭和一四年一〇月七日　中谷宇吉郎教授の講演

午後一時から吾がクラスが特にお願いして中谷宇吉郎博士のお話をうかがった(学生ホール五号室*)。

かねてから冬の華、雪、雷等を読んで御風貌に接したく思っていたのであるが初めて見てその若さに先ず驚いた。

その話しぶりは真に学者らしく吾等の持つべき精神、寺田先生を例にとってその科学者の態度、研究方法、平常の訓練、愛国心等を適切にお話しになり約一時間半位息もつかずに熱心に聞き入って非常な感銘をうけ感激おく能わざるものがあった。そしてその話を一人でも多くの人に聞いてもらいたく吾がクラスで来なかった人に対して始めは憤と嫉妬の如きものを感じていたが終にはそれは非常な憐憫の情と変わった。

お話しの大要は大体次の如くであるがこれを以ては到底その感激の万分の一をも表し得ない。

始めとてもお声の低い方だ思ったが、まず次の様な事を言われた。

「人間が声を出すに要するエネルギーは私の今の声を十とすればえーとこの位なら一ですみ、この位出せば百のエネルギーを要し、ヒットラーが絶叫するのが一万位、人が死にそうになって上げろ悲鳴は実に百万のエネルギーを必要とする。私は今一寸風邪を引いているから十位の声でやります。私は寺田先生の小弟子位で一月に二回位しか顔を見なかったが先生が病になられてからは皆去って私一人となり非常に運が良かったのです。そして一年位の間一五人分位の事を毎夜一一時半頃迄かかって実験し非常につらかったのですが、

現在の北大美術部黒百合会。

＊学生ホール五号室＝正門の近く、現在の学術交流会館のあたりにあった。

それによって非常に得る所があった。先生は非常に優れた才能を持って居られて一五人でかかっても先生の実験に追いつかず一年に二四も論文を書かれた事があった。凡そ学問をするにはそれを趣味としてやらなければいけない。日本の学問は皆負けぬ気の学問であって北大は東大に負けぬ様に、東大はケンブリッジに負けない様にと努力しているがそんな気ではいくら大きな目で顕微鏡をのぞいていても目をつぶってやっているると同じである。大きな目で見ている人が往々にして眼の少し奥のシャッターがしまっているのである。そんな目をつぶった学問はいくらやっても価値がない。寺田先生は真に学問を趣味として行われたのである。

私が大学三年の秋、霞ヶ浦海軍飛行船が爆発した。日本は沿岸警備の目的で飛行船を重視していたのであるが危険のため遂に止めてしまったのである。その飛行船はSSと言い墜落に後には黒焦げの死体五個と発動機、くちゃくちゃになったゴンドラの骨ばかりだったが、この原因調査委員の一人として寺田先生が加わられたのである。これは軍の機密に属し言えないのであるがマルクシズムでも教室でなら言ってもいゝのだから、ここでも教室として話をする事とする。」と、その原因調査の方法を非常に詳しく図をかいて説明された。実に寺田先生に研究は一部のすきも無く、その当時の状況、使用した飛行船の布、塗料、無電機をすっかり取り寄せ、その沢山の資料の中から第六感によってぴたりとあてたのだ。何と又その飛行船の材料、当時の状況は爆発にこの上もないお誂え向きの条件であったのだ。そして関係者の目前で実物実験を行ってぐうの音も出なくしたのである。その間の苦心、物理的現象を詳しくお話しになった。そして、「かくの如き事件は当局では極力不可抗力という名で片ずけようとする。もしこれが技術的な欠陥によるとすれば設計者の責任等色々面倒な問題が起こるのである。しかし、寺田先生はかくの如き事は不可抗力ですましていては何時までたっても禍が絶えないと考えられ、新聞がいくら研究しても分かる筈はないと言った事に、その時こそむきになって研究された。これが真の愛国者である。しかもこの様な事は自分の名は全然出ず人からは憎まれ、その手柄は軍のものとなるのである。その難しい研究が僅か二か月で出来た事は実にふだんからの訓練の賜である。絶えざる訓練があったればこそ沢山の資料の中から臭いものを見付け出し直に実用に向けられるのである。その訓練なるものは君達はタバコを吸いながらでも、コーヒーをのみながらでもできるものである。集団労働なんて言うものは最も下劣なるものである。

しかし海軍はまだこの様に学者に頼ろうとする所があるが、陸軍に到っては実に言語道断である。少しも研究をせず、あらゆる事件を「不可抗力」で解決せんとする。

少し前に佐渡が島への耐寒飛行の際、上信国境で墜落し五名即死事件は、海軍の渡洋爆撃に負けまいとして行ったのであるが、あれは操縦桿が凍って動かなくなったのである。耐寒飛行としてこんな事は実に幼稚園のことである。この時も新聞は皆不可抗力と言い、その五名は武士の鏡として銅像を立てるとか言っていたが、そんな事は実に愚の骨頂である。

その点海軍は割合熱心で向こうから進んで私の所へも耐寒飛行の研究を頼んで来ている。それに要する研究費はいくらでも無限に供給する。それに使用する人間も無尽蔵に提供する。又、その歳月は何時までかかっても構わないと言うのである。しかし、大学の貧乏に慣れた私にはいくら使えと言ったて一年に三〇〇〇円位しか使えないのであるが。

数学の問題等を解く時は解を得る事は始めから分かっているが前の爆発調査等は解決出来るか否かも分からないのである。その様な時には必ず出来るという自信が何よりも必要である。君達は現在その様な自信を持って世界的科学者になろうとしているのであるが、大学へ行くと日本一の学者になろうと思い、大学を出ると大学一の学者になろうと思い、年をとると月給をもらって研究をしていれば良いという様になるものである。だから、君達は今のままの抱負を持ってずっと進んでもらいたい。そして趣味として学問をやり、眼を開けて学問をやってもらいたい。では今日はこれだけにしておきます。」と結ばれた。

僕等は話を聞いて世の中には昔から銅像を立てられている人やまた、現在社会的地位にある人々よりもかくれた真の科学者の中に尊敬すべき人物が多数あることを知り得た。そしてこれ等の人々に対し政府はもっと真面目に助力を与えなければならない。少なくとも本学においては尊敬すべき人の第一が西郷隆盛であるという様な事がもしあるとすれば、それは甚だ悲しむべき事実である。(乱文失礼)(斎藤)

昭和一六年六月一二日　休暇前前納金額　掲示

午後六時半テニスコート開き。舎生のアルバイトのみにてコートは立派に出来上がった。運動部諸兄の辛苦を謝す次第なり。テニス終わって舎の食堂にて慰労コンパ。なお本日賄いの小母さん目出度男子出産なされたとの事。

本日左記事項掲示す。

夏休み賄(三人)食費一日分　九〇銭

寄宿舎閉鎖期間六二日(自七月一二日至九月一〇日)

賄食費　五五円八〇銭　}八五円八〇銭

二か月賄給料　三〇円　}

従って舎生一人休暇前前納すべき金額
旧　舎生　二〇円(一〇円石炭代　五円賄給料、食費五円、其の他の購入費)
新入舎生　三〇円(以上の二〇円の外、米代前納一〇円)　以上

昭和一六年九月二三日　食費暴騰の反省

昼、田村、角、二先輩の訪問を受ける。

午後七時より七、八、九月分(六月二一日~七月一〇日、九月一一日~九月二〇日)決算を行う。例年食費、舎費の高くなるのは何時もの事とはいえ、一日九二銭の食費となったのは一寸驚かされた。考うるに今度は夏期休暇中に米の配給をほとんど変わる事なく受けていたため、米代は一三九円五三銭と言う莫大な金額に達した。今度は此れを回収するため米代の余分に要せし事に食費の暴騰の一因があると思う。其の上、米代に夏期休暇中の石炭代をまわしたため、二学期配給されるべき一五トン？　の石炭代を一〇トンだけ受ける事にし今回はその七トン分(一四〇円)を徴収した。即ち一人分九・三〇銭。大体今月は普通の人で四七円見当なり。*かかる舎費の暴騰に対し、会計から説明すべく、舎生を一堂に集める(午後一〇時半)。会計の懇切なる説明に対し、真剣なる質疑応答あり。終わって副舎長より先に選挙により定めた役員の変更の発表あり。即左記の如し。

会計　斉藤　渡辺　庶務　河辺　三宅　食事部　兼平、秋葉、白崎、菅沼
運動部　小林、岡本、中安　文芸部　三村　竹澤　新設配給物品係　望月
同時に来るべき冬期に備え、一室二人を原則とするコンビの発表あり。左の如し
渡辺・望月　菅沼・秋葉　斉藤・岡本　竹澤・白崎　河辺・小林　三村・中安　三宅・兼平

*今月は普通の人で四七円見当＝食費のほか、おばさんの給料、石炭代その他諸雑費を分担した月額である。

昭和一八年七月一二日　配給米など盗難

午後五時頃、レコード・蓄音機及び配給のお米の一部が見当らず、盗難？* と思われ、早速、一応届ける。舎生総動員にて探すも見当らず。試験で疲れた頭で昨日の様子をお互い思い出し述べ合う。今日より当寄宿舎の創立以来始めて玄関に錠をなす事に決めた。一〇時以降の外出者は注意の事!!　菅沼先輩諸氏の卒業退舎記念のレコードが残念だ。宮部先生を初め諸先輩に対して申し訳け無し。一〇時頃警官来り形式通り書留めゆく。明日、相談の上盗難届を出す予定。

昭和一九年一月七日　石炭配給二トン

石炭をやっと持ってきた。公区長の証明をもって催促したからである。皆で二トンばかり。塊炭は八級、まるで石の様なのが混って居る。夕食は河瀬、岩瀬、I.M.氏並に小生と、てんぷらを食う。夜は、知人が来て、また色々と賄の件に付相談にのって下さった。(草地)

昭和一九年一一月三〇日　石炭不足。二室合同となる

副舎長代理、田崎兄を中心に石炭不足対策をねる。結局二室の者が一室に集まることに決定す。*

昭和一九年一二月九日　ヒダカ草　学名に宮部先生の名

吾が宮部先生は偉大なる植物学者であることは吾々の周知のことであるが、今日は植物分類学で学名は、その発見者の名誉を表わすために、その人の名前をラテン語化してこれにつける。その代表としてCallianthenum Miyabeanum ヒダカ草が出て、何か貴いような、自分のことのように、うれしさと誇らしさを感じた次第である。先生のご健闘をお祈りする次第である。(佐本記)

盗難？＝盗難の記事は時々ある。この時は狸小路のレコード屋に売られていた蓄音機とレコードが見つかって警察から連絡があった。レコードは「第九」以外は全部あったと(同年七月三一日、八月一日の日誌記事)。

二室の者が一室に＝一室一つのストーヴを囲んで四つの机をおいて昼間の生活の場としてもう一つの室は万年床状態の寝室とする、燃料節約の越冬体制。このあと戦後もながくつづけられ、昭和四九年の旧舎屋改築のときまで行われていた。第四章二節の「寄宿舎の間取り」図を参照。

昭和二〇年四月二二日　垣根、立木を薪に

今日は朝から arbeit 垣根を壊して薪に、又玄関の方の立木(枯れた物) diameter　50cm length 8m 位の物二本次々に倒す此に意気を得てテニスコート脇の diamtr 80cm length 15m 位物を倒す。実に壮快なり。ただちに枝を払って運ぶ。今年の薪もこれで大丈夫という処。一日中大いに体をつかって消耗す。河村、北野、米屋、公区長とかけめぐって五人分一〇日間の食糧をもらってくる。米の不足もどうやらこれで解消？　一日中健全にくらす。亀井先生引っ越すに手伝う夕方帰る。

昭和二〇年七月一五日　小樽空襲

朝五時頃より警報で起こされる。小生、小樽に在り。駆逐艦と敵機との一騎打を見た。* 敵機の墜落して行くのを見て快哉をさけんだけれど、ふと、敵機に乗っている敵操縦士の事を考えたら変な気の毒のような気がした。東洋の北海道の小さなきたない小樽の港の小さい駆逐艦に打ち落とされて行く操縦士の運命というようなもの、歴史などには残らない小さい運命というようなものを考えてみた。

*駆逐艦と敵機の一騎打＝七月一四、一五日、北海道近海まで侵入して来ていたアメリカ海軍の航空母艦から発進した艦載機が北海道各地を次々と空襲した。小樽空襲は一五日朝であった。

昭和二〇年八月二〇日　敗戦国の味は？

決算をなす一人食費六八銭、合計最高三六円三銭、舎費も高くなったものだ。自分の入舎当時は二五円程度だったのに……。　村上君の友人吉原萬平君(医学部一甲)より書籍約二五〇円譲り受く。

灯火準備管制解除せらる。登校の際もゲートル着用をしなくて良くなった。……と見てくると却って戦争中より楽になってきた様に見える。しかし、敗戦国の味を十分味わう日の来るのはまもなくの事であろう。如何なる困苦来るともただ雄々しく大日本国民たるの自

覚の下に萬事に処せんのみ。〔庶務日誌〕

昭和二〇年九月二〇日　決算

九月一日より各学部殆ど休みとなる(一五日間)その間、舎に残りしもの、河村、石川、小杉君等のみ。本二〇日河瀬帰舎。内田君が徴兵解除となり再入舎。(一八日)以来、エッセン集め及び○談に大活躍中。本日夜決算をなす。結果要約左の如し。

現金支払い　四六三・三四(中四〇・〇〇　ねぎ代は来月廻し)。総日数二二日　一日食費一・〇六円(総日数が少ないので高い)部費一・〇〇　舎費四・〇〇　電〔灯代〕二・〇〇　賄三・〇〇　合計最高三六・五〇也。

尚、備忘の為、要点を記し置かんとす。

一、部費は一円　但し日数〇のものは〇円トス

一、電灯代、実費を人数にて計算す。ただし従来の如き休灯制はなくなりたる故、不在舎生も一年間完全不在の者以外は徴収す。

一、賄いお礼は三円、ただしその月の完全不在者は徴収せず。

一、舎費は四円、完全不在者は五円。これは従来、部費、電灯代、その他を含む総額としたるも、後電灯代の値上、休灯制廃止のため、電灯代は別に集む。故に、完全不在者の納入すべき金額は舎費五・〇〇円、電灯代となる。ただし、特別の事情により、さらに増すこと無きにしもあらず。(本購入等)〔庶務日誌〕

昭和二〇年一〇月一〇日　沈滞せる老教授引退せよ

舎友、平戸勝七氏(農学部教授)来舎さる。辻君の剖検馬肉にてすき焼を共にし、大いに駄弁る。先づ、フィリピンの所見、次に日本の現状を批判し、学内の沈滞せる老教授一掃論

等出づ。民主主義が次第に侵入するにつれ、言論批判も盛んとなる事であろう。しかし、吾等は常に自ら確たる信条を有するを要す。徒らに時勢に迎合し、軽薄の暴論を無責任に吐くは有害無益ならん。吾等大いに、真に理解を深むべく、自らを知るべく哲学するを要す。本日の駄弁り、大いに感銘する所あり。医学部試験八日〜二〇日〔庶務日誌〕

昭和二〇年一〇月一六日　米軍将校来舎

北野君より便りあり、同君の家は洪水のため浸水を受け、大被害を被ったとの事。米軍将校来舎、舎の事情につき二、三調べる。中学以来の英語がさっぱり役にたゝないのは、はずかしいことだ。〔庶務日誌〕

昭和二一年五月一六日　ＤＤＴを獲得

村上氏、平氏道庁よりＤＤＴ*を獲得し来る。依りて夕食後湯に入って来た後、身体中にふりまく。さらに蒲団に壁に、さしもの大缶も為に立所に空になる。これで蚤、虱全滅して呉れれば良いが、しかし何だか身体がもぞもぞする。

昭和二二年三月一七日　新年度予算

新年度予算につき会合、次の如く決定

傭人費　月四〇〇円　ボーナスを加え　総額六〇〇〇円

部費　二〇〇〇円　内訳左の如し

運動部(テニス)三〇〇、〇〇　外に、土俵、鉄棒作成

文芸部　雑誌二〇〇、〇〇　雑費四四〇、〇〇リーダーズダイジェスト六〇、〇〇　計七〇〇、〇〇

勤労部　スコップ一〇〇、〇〇　雑二〇〇、〇〇

＊ＤＤＴ＝有機塩素系の殺虫剤＝発疹チフスを伝染させる虱対策などに衛生上有効な殺虫剤として占領軍から提供されていた。発ガン性や環境汚染の問題があるとされ、現在の日本では製造・使用が禁止されている。

カマ一〇〇、〇〇　計四〇〇、〇〇
雑費　六〇〇、〇〇

昭和二二年三月二九日　予科　メッチェン三名合格

本日、予科発表あり、見に行く。知った者多く落ちていて少しがっかり。メッチェンは三人パス。宮部さん*も入っている。苫米地長官候補の応援に行く話あり。

昭和二二年四月二日　三月分食費一人二〇〇円

都合により本日、三月分の決算をなす。最高一人二〇〇円也。決算の後、リーダー制、新入舎生、その他につき二、三相談せり。

昭和二二年五月一日　寄宿舎修繕の相談

四時より評議員会を開く。出席者、奥田先生、高松氏、若松氏、亀井氏、平戸氏、今井氏の六名、二一年度決算、二二年度予算をなす。後、寄宿舎修繕の相談、四室を板ばりにする*ことにする。のち、宮部先生、米寿のお祝いの計画、舎生より二名、先輩より二名の準備委員を出すこと、期日は六月か七月、夏休み直前、場所、植物園と大体決定す。五時より、新入舎生、吉田、中田、坂井の三君の歓迎会をなす。これには宮部先生来席さる。

昭和二二年一一月九日　法文学部設立基金の寄付　六万円のみ

静かな安息日であった。毎夜毎夜の豊平川堤防殺人事件が朝夕の新聞を賑わしている。アメゾル*らしいが、全く不愉快なことである。僕は九時から法文学部設立資金の不足調達*の為出かける。昨春五〇〇万円の寄付を予定して設立された、法文が六万円しか現在集まらなくてつぶれそうだとは、はやとんだことである。平、河村二氏、夕刻無事帰舎、車両の取り締まりやかましいとか。

宮部さん＝宮部先生の令孫である潤子さん。のちに医学部へ進学されている。

四室を板ばり＝七月二六日には「修繕」が始まり、一二号室だけは完成して「立派な洋室」になったとある。

アメゾル＝American Soldier か？

法文学部設立資金の不足調達＝北大法文学部は、この年の四月、その設置が実現していたが、この設立資金の大部分五〇〇万円は法文学部創設

昭和二二年一一月二八日　擬国会　共産党第一党

午前中一年二年目試験終了日にて彼らの出かけた後の舎内のなんと静寂なることよ。勉強室では舎史編纂*の着々としてはかどる。一一時過ぎ試験を終えし予科生帰り、エッセンを喰いて後は大方外出か寝につく。舎の前庭、後庭の樹々その三分の二、斧が学校の職員の都合によって入れられ、そのさびしきことかぎりなし。

本夕午後四時半より解散コンパ、食堂においてライスカレー二杯づつの饗応にて行わる。終わって後、終戦後初めての擬国会開かれる。擬国会の模様左記す。

国会前の情勢　一一月一五日擬国会開会決定

擬代議士連、その所属の党を明らかにす。

自由党　平、中川、飯田

社会党、福重兄、中田、河村

共産党　泉田、草地、世木沢、三角、森田、大類、坂井、吉田

無所属　河瀬、村上、中津、明智、福重弟、今井、上野

一一月二二日　擬国会議長並びに各党党首選出

議長　河瀬氏

党首　自由　平氏、社会　福重兄氏、共産　泉田氏、又村上氏社会党副党首として入党。

しかして共産党第一党なる故内閣組織することに決定

一一月二四日　内閣組閣

首相兼　泉田氏

商工兼　草地氏

期成会（会長北海道長官増田甲子七）が寄付金を募って用意することになっていた。しかし敗戦後の経済混乱の中で寄付金集めは全く不調で、施設、設備の準備はほとんど進まず、教室の机、椅子まで不足という有様であった。学生たちも資金集めの活動に動員されたり、鉛筆の販賣、歌手を呼んでの興業など様々な資金確保のための動きが行われていた。

舎史編纂＝『青年寄宿舎五十年史』として完成している。一九四九（昭和二四）年一一月五日発行、編集兼発行人奥田義正。

文相兼　世木沢氏
司法相　（三角氏？）
一一月二六日　三党首会談、擬国会の運営方針定まる。
しかして本二八日となる。各党その綱領政策発表
一時一〇分　社会党本部発表により、反共戦線結成のため、自由、社会党合流し、自由党は無所属ならびに共産党員に働きかけ抱き込み、共産党切り崩し政策を始め、無所属より中津、今井、福重弟、共産党より吉田の四氏自由党へ入党す。
五時五分前　議席決定*

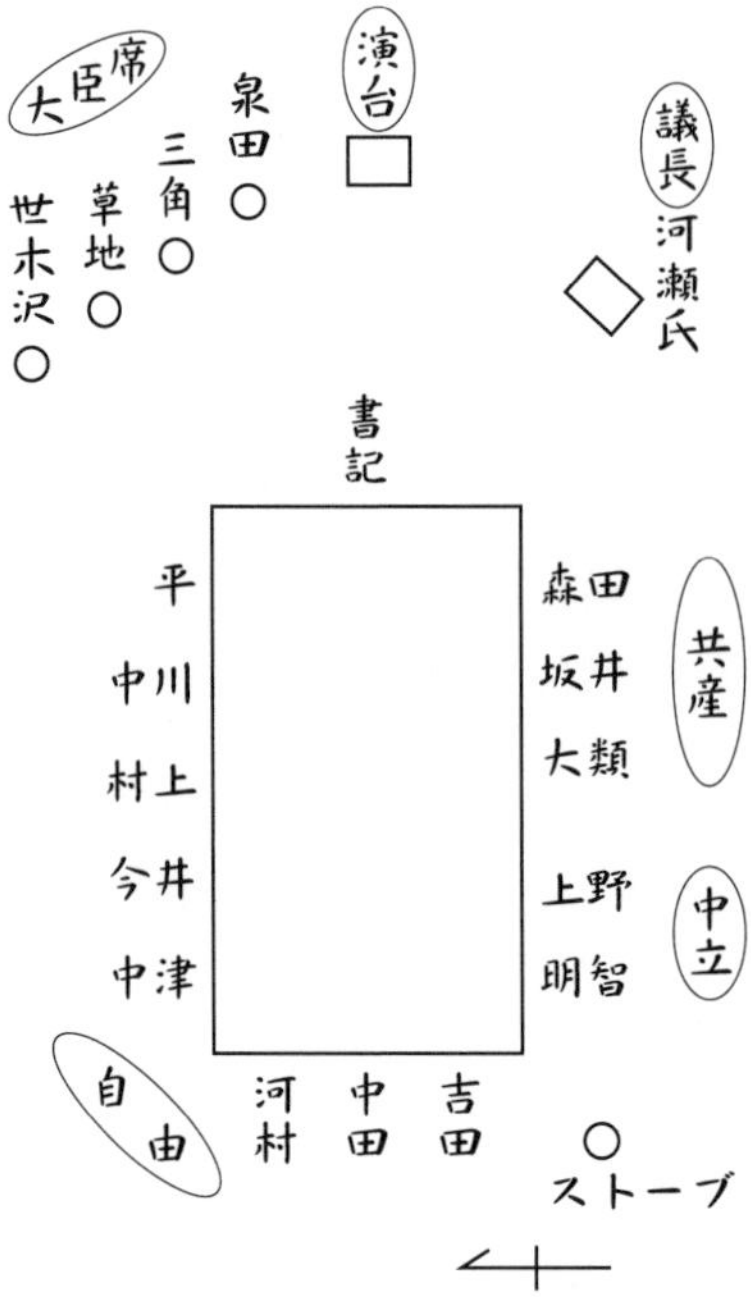

＊議席決定＝「擬代議士連」の名前二一名が日誌本文中に挙げられているが、「議席表」には、名前のない書記を含めても一九名だけである。福重兄弟、飯田の名前がない。

五時一〇分　拍子木の音と共に議長開会を宣す。

泉田首相施政方針演説に立ち、徳球張りにて熱弁。*

敗戦後の国内状勢より資本主義打倒と徹底社会主義化
全工業及び商業の国監、病院の国監、学生は国費にて、老人の保護、労働時間短縮、基礎産業の確立、等々五か年計画等。

平自由党党首質問演説
首相の演説ははなはだ要を得ず。首相は国は乱れたと言った。その最大の責任は何処にあるか、二・一スト*の例を見れば全く明らかである。それは共産党にある。赤字経済は生産の不足から来る。共産党には、文化国家に対する何らの施策の方針がない。人間を犬猫同様に考えて人間の人間的精神的陶冶の方には何ら目を向けて居らぬ。

以上の観点より現内閣不信任案を上程する考えである。

次いで首相答弁、共産党坂井代議士の説明。明智氏(中立)「不信任案を票決するかどうかがこの場合の問題だ」可決。

首相立って「共産党は党員少なきを故、大臣をもこの場合投票権を与えよ」

ここで両党間ならびに中立をも交えて紛糾しきり、議長制止。

首相立って議会解散を宣す。　議会解散！

議長の選出に入り、一〇票にて河瀬氏再選、次いで首相選挙に移り、平氏一二票の絶対多数で当選。

一〇分間休会に入り、自由党組閣完了。首相平氏、安本長官・農・商・大蔵・労相福重兄氏、文・法・逓相飯田氏、書記官長中川氏。


徳球張りにて熱弁＝徳田球一のような熱弁。徳田は当時、日本共産党の書記長で衆議院議員。人民のための政治を主張する熱弁は人気があった。

二・一スト＝敗戦後のインフレ、経済混乱の中で労働者は生活難に苦しみ、産業別、職業別などの枠を越えて大きく結集し、ゼネストの体制が作られた。一九四七(昭和二二)年二月一日午前零時を期してゼネスト突入が宣言されていたが連合国軍最高司令官マッカーサーの指令でゼネスト指導部も中止を宣言せざるを得なかった。アメリカの対日占領政策の転換点と思われている。

議会再開
首相施政方針演説
テーマを以て代える。「北海道自由国論」*地位的、気候的、生産物的に見ての北海道の特殊性、開拓以来の内地資本の移入とその搾取、北海道の半植民地的立場と、北海道における人文文化方面の発展せざる理由は一に内地の圧迫と道民の無自覚と内地に頼る心のあること、しかして北海道の自給自足出来ること等よりここに断然北海道は一つの独立国となるべきこと。
明智氏(中立)反対演説、福重大臣より具体策発表
中川氏(自由)反対演説ありて、採択に入り、三対七にて否決さる。
次いで中川代議士(自由)立って議員の品性に就いて述べ、共産党坂井、大類両代議士を指弾、共産党全党員総退場し議会解散。
次いで全員にてゼスチャ遊戯をして楽しむ。かくしてコンパ閉会は九時半。
それより予科生、北五条電車通りに篝火《かがりび》をたいて寮歌祭並びにストームを行う。
参加するもの三年中川、福重　二年三角、福重、大類　一年吉田、中田の七氏なり。時あたかも満月にして小雪ちらつき、篝火の炎天をこがして若人の感激絶頂に達す。三年はこの日を最後に予科を去る感慨や如何に。明日より四か月長の休暇に入る。一年の三分の一なり。各人それぞれ心底深くなさんとする処あるが如し。
一一時半、終わりて寝に就く。その北五条通りに一三文半の怪人*出現したりとか。

昭和二三年九月二二日　財政につき舎生大会

夜七時より舎生大会の名において会食をひらく。上野さん、医四年目、山本君以外集った。

「北海道自由国論」＝河野広道『北海道自由国論』(玄文社―札幌―一九四六(昭和二一)年五月)が刊行されていた。中央政府の選任する長官の下に置かれるのではなく北海道にふさわしい政治・経済のシステムを作るべきであるという考え方のものである。

一三文半の怪人＝一三文は足のサイズ。三二センチ余の大きな足の怪人。暗に米軍兵士を意味して使われていた。

先ず平さんの話の後、各部の計画及び現在の財政状態につき、会計坂井さんより始まり報告あり。

決定事項、一、野菜代として部費としてとっている五〇〇円を一〇月迄延す事
二、文化部の超過使用ゲル*をある適当な時徴収する事。その他河村さんより冬の計画につき次の如き提案あり、すなわち、約千余円を各自負担し、ストーブを五個に増やす事。しかしこれは種々の問題ありて、討論の結果、(賛)九、(不)七、(中)三で一応否決の形となる。再、同さんより部費徴収につき質ぎありて討論したがまとまらず、次回として泉田さんに細目を依頼す。その外小さい事等決めあるいは質問ありて閉会、一一時、ねむたし
(三号室　黒嶋)

昭和二七年六月一七日　破防法反対のストライキ

教養部、農学部、法経学部*(理学部は止したそうです)の破防法*反対のストライキが行われた。今日のデモの参加人員約一〇〇〇名　九時クラーク像前に集合三〇分の「平和を守る歌」の練習の後デモ行進を行い途中学芸大の一派と合流して……各種の決議を行い気勢を挙げた。

以上は道新の夕刊第二面の冒頭記事の簡略抜書である。

昨日の教官会議で授業を行うことに決定したらしく「一〇人位でも授業をしている」という。一方舎ではこの休み？　を利用して朝から麻雀、ゴミ溜め化した部屋の大掃除、碁や植物園に顔を出したり、学校の出席の方を気にしてチョイと行ってみるなど中々多忙な一日でした。

札幌祭りも終わり宵の街も道行く人数は減ったが電飾だけは相も変わらぬ華やかさだ。


ゲル=ゲルト。Geld　貨幣、お金。ドイツ語系学生俗語でゲル。ゲルピンはお金がピンチ、お金がない、の意。

法経学部=一九五〇(昭和二五)年四月法文学部が分離され文学部、法経学部となった。一九五三(昭和二八)年七月には法経学部が分離され法学部と経済学部になっている。

破防法=破壊活動防止法。一九五二(昭和二七)年七月公布の法律。暴力的、破壊的に反政府、政府転覆の活動を行う団体・政党などへの規制、罰則を定めたもの。言論・表現の自由など基本的人権の抑制になるとして反対運動が広がったが、国会で成立、公布となった。

昭和四九年三月二六日　解散会（舎屋改築で一時解散）

解散会*　奥田先生　飯田先輩　村田先輩*

曰く　シナ料理を食す

久しぶりにスイビアな顔をして記念写真をとる

一応　公式行事全てを終了する。

解散会＝明治以来の旧舎屋を解体し、新寄宿舎を建築するための一時的解散。第四章「三　昭和四九年（一九七四）待望の改築」を参照。

村田先輩＝村田　真博氏。一九六八〜一九七二年在舎。経済学部一九七二年卒。

第六章　資料　青年寄宿舎生の群像

ここでは、本編とは違った資料と視角から、本書中に登場した舎生の個人ごとに項目をたてて、青年寄宿舎の特徴をつかむための手がかりを提供したい。すなわち、本書の中で名前が出てきた寄宿舎生について、その出身地、在舎の期間、専攻、卒業・修了年、卒業後の職場・活動分野などの基礎情報を示そうというものである。

本書の中では名前が出てこなかった場合でも、在舎時の副舎長、或は寄宿舎法人の役員をつとめるなど、交流関係・運営に関わりの深い舎生については取り上げた。

ここに掲載の時代範囲は、宮部金吾と舎生の関係を示そうという本書の主題から、先生の指導にじかに接した寄宿舎生が卒業する頃、先輩たちも出席する月次会や創立記念祭が持たれていた頃までとした。

これによって本資料は、創立の一八九八(明治三一)年から一九五五(昭和三〇)年までの入舎生六二六人のうち三一四人(約五〇%)を取り上げている。上のような収録基準もあわせて考えれば、ここに集積された事項は、青年寄宿舎生の全体像にかなり近い「群像」をえがく基礎を提供してくれているといっても不当ではないかもしれない。

〈本資料の凡例〉

①入舎した時期の順に挙げた。利用の便宜のため五〇音順の氏名索引を章末に付した。

②生没年は原則として記さない(例外は理事長になった舎生OBなど一部)。

③早死の事実が過去の各種名簿で確認されていた方を「死亡」と記した場合があり、その場合は根拠としてたとえば「一九二八名簿」「卒業生住所録一九三四」などと付記した(それぞれ『青年寄宿舎一覧(創立三〇周年記念)』一九二八年刊に掲載の名簿と、北大の『卒業生住所録(昭和九年現在)』を指す)。

④出身地、入学・卒業年月、学部学科は基本的に大学発行の『一覧』によった。出身情報の一部は青年寄宿舎の日誌等により補ったが、資料記述の「相違」に有意の場合は[ ]で併記した。

⑤卒業後の就職先などの記載にあたり典拠をいちいち記すことは原則として略した。

⑥典拠とした刊行物の名は本資料の終わりにまとめて掲げた。

⑦本書の中で言及された舎生名の場合は、項目の後半、◆以下で該当の段落・節(標題と日付)を示した。

一八九八(明治三一)年

根岸　泰介(東京[舎の一覧では新潟])―在舎一八九八・一一～一八九九・九　予習科一八九九・七卒。(農学校入学の確認不能)。その後「実業(小樽市)」(一九二八名簿)。◆最初の入舎生(M三一・一一・三)。

中村　豊次郎(福岡)―在舎一八九八・一一～一八九九・三　予習科生(卒業確認不能)。以後不詳。◆最初の入舎生(M三一・一一・三)。

小藤《こふじ》　孝徳(高知)―在舎一八九八・一一～一八九九・九　農芸化学科一九〇三・七卒。高知県立農林学校。大分県立および宮崎県立農業学校。宮城県立宮城農学校、亘理蚕業学校長。◆最初の入舎生(M三一・一一・三)。

河村　精八(秋田)―在舎一八九八・一一～一八九九・五　農芸化学科一九〇三・七卒。札幌農学校研究生。島根県立農林学校教諭。中国、山東高等農学堂教習(一九一一～一九一四年)。五番館農芸部長。札幌興農園主任。農科大学農学実科講師(一九二一年より一時)。秋田県農会幹事技師。一九三一年以降札幌にて「教育事業」従事、一九三三年から札幌実践女子商業学校教諭・学校長。◇先輩として舎に関わり続けた。◆宮部先生帰国歓迎の月次会(T九・三・二四)、宮部先生アメリカへ(T一〇・六・四)、改築落成祝賀会(T一一・一〇・三〇)、「聖戦」なる語の真の解釈(S一四・一二・二)、舎生の入営部隊が発表(S一八・一一・二六)。

井街　顕(山口)―在舎一八九八・一二～一九〇一・七　副舎長(一八九八・一二～一九〇一・七)。農学甲科一九〇一・七卒。秋田県立農学校、熊本県立農学校。台湾総督府農事試験場技師、同高等農林学校教授。太田興業会社農場監督(ミンダナオ島)。昭和期前半より京都で自営。

◇舎の評議員。◆移転（M三二・一二・三一）、第二回創立記念の会（M三三・一一・三）。

一八九九（明治三二）年

石澤　達夫《みちお》（岩手）―在舎一八九九・五・五～一九〇六・四　副舎長（一九〇一・一一～一九〇六・四）。農学乙科一九〇一・七卒（森本厚吉、有島武郎、半沢洵、井街らと同期）。舎の設立発起人の一人。北海道庁拓殖課に勤務のかたわら副舎長。営農法確立における貢献から「北海道畜産の父」と仰がれた。◆宮部先生の洒脱な結髪（M三八・一二・三〇）、第七回記念会（M三八・一一・二五）、石澤達夫氏逝去（T一〇・一二・三〇）、石澤達夫氏葬儀・宮部先生弔辞（T一一・一・二九）、第四章第七節「北海道に石澤達夫あり」、ほか多数。

池田　競（北海道・日高）―在舎一八九九・六～一九〇一・七［以後］　農業経済学科一九〇八年卒。秋田農林学校教諭。帝国製糖（台湾）技手。台湾総督府嘱託（食料品物専門委）。台湾青果（株）。◆第七回記念会・贅沢な晩餐（M三八・一一・二五）。

米山　豊（静岡）―在舎一八九九・九～一九〇三・八　農学乙科一九〇五年卒。農商務省実業練習生。鹿児島高等農林学校教授。岐阜高等農林学校教授、のち校長。◆禁酒禁煙を決める月次会（M三三・三・三一）。

曽木　平八郎（鹿児島［日誌では北海道・日高］）―在舎一八九九・九～一八九九・一〇［中学生］のちに農学科一九〇九・七卒。北海道庁技手（農事試験場）◆月次会（M三二・九・七）。

邊見　勇彦（鹿児島）―在舎一八九九・九～一九〇〇・七［?］　付属土木工学科（卒業の確認不能）。◆禁酒禁煙を決める月次会（M三三・三・三一）。

足助《あすけ》　**素一**《そいち》（岡山）―在舎一八九九・一一［予習科］～一九〇一・九　森林科一九〇四年卒。山梨県の林業行政に従事、小樽・札幌にて貸本店「独立社」経営ののち東京で出版社・叢文閣を興し、有島武郎の支援者、全集の出版元となる。

影山　滋樹（静岡）―在舎一八九九・一一～一九〇〇・五　予科一九〇一年卒。以後不詳。死亡（一九二八名簿）。◆禁酒禁煙を決める月次会（M三三・三・三一）。

黄金井《こがねい》　**解三**《かいぞう》（沖縄）―在舎一八九九・一二～一九〇三・八　副舎長（一九〇一・七～一九〇一・一二）（病気のため短期で辞任）。農学甲科一九〇四・七卒。北海道拓殖銀行函館支店書記、小樽および旭川支店長、樺太豊原支店長兼樺太支店総支配など。昭和の始め、北海道雨竜郡納内村（現在、深川市内）に移住し、造林業。◇舎の評議員。◆新築落成式（M三三・七・二一）、第四章第二節「大正一一年の大修繕」。

一九〇〇（明治三三）年

竹尾　茂彦（愛知）―在舎一九〇〇・二～一九〇三・八［？］　農学科（農業経済学）一九〇五年卒。実業（三河国八名郡）。◆禁酒禁煙を決める月次会（M三三・三・三一）。

吉田　守一（東京）―在舎一九〇〇・四［中五］～一九〇四・七　副舎長（一九〇六・四～一九〇七・六）。舎の第七回（一九〇四年）記念祭歌を作歌。農学甲科一九〇七・七卒。大日本人造肥料（東京、北海道・亀田工場長ほか）。日東硫曹（株）。オリエンタル写真工業。◆第七回記念会・贅沢な晩餐（M三八・一一・二五）、常に忠実なれ（M四〇・一・二三）、第四章第六節「記念祭歌・寮歌」。

青木　三哉《さんや》（岐阜）―在舎一九〇〇・四［中学］～一九〇二・八　札幌中学校一九〇三年卒。日本大学に進学。北海道に移住した父の事業を継承し倶知安農場の造田事業、岩見沢川向土功組合長、青木農場の経営に携わる。北海道議会議員（政友会、空知支庁選出。一九二四〜一九二八年）。長く舎の運営に協力、食料の支援など。◇舎の監事。◆科学の基準が欧米に劣る（S一五・九・二八）、第五三回記念祭（S二六・一一・三）、創立五六年記念祭（S三〇・一一・三）。

末光　績《いさお》（愛媛）—在舎一九〇〇・五［予習科］〜一九〇二・一　農学科一九〇六年卒（植物病理学）。愛媛県東宇和郡立農蚕学校教諭、松山農業学校長。その後東京大学文学部入学・卒。のち明治大学予科教授、同英語部長を勤める。詩人。◇京都・同志社中学時代に知り合った足助を通して札幌で有島と交わり、さらに有島を介して札幌独立教会、遠友夜学校で教育活動に従事。◆第七回記念会（M三八・一一・二五）。

安部　忠一（福岡）—在舎一九〇〇・七〜一九〇二・九　のち農学甲科一九〇六・七卒。卒業後、米国留学。（東京府荏原郡。一九二八名簿）。台湾拓殖（株）。◆第七回記念会（M三八・一一・二五）。

橋本　健三郎（大阪）—在舎一九〇〇・一〇〜一九〇二・六　のち農学甲科一九〇六・七卒。卒後、実業（大阪市）。◆第七回記念会（M三八・一一・二五）。

逢坂　信忢《しんご》（新潟）—在舎一九〇〇・一一〜一九〇五・四　農業経済学科一九〇八・一二卒。静岡県志太郡立農学校嘱託。長岡基督教会牧師。一九三九年より宮部先生に招かれ日本基督教会（札幌）牧師となる。舎の月次会に長年参加。『クラーク先生詳伝』（丸善、一九五六年）を遺す。◆第二回創立記念の会（M三三・一一・三）、学僕への不満（M三七・一二・三一）、戦時下にも記念祭（S一九・一一・三）。

藤井　為次郎（香川）—在舎一九〇〇・一二〜一九〇四・九　農学甲科一九〇六・七卒。賀陽宮家扶（京都）。帝室林野管理局技手（東京）。板屋商船（株）。◆第七回記念会（M三八・一一・二五）。

一九〇一（明治三四）年

竹田　茂（和歌山）―在舎一九〇一・一～一九〇二・六　農学甲科一九〇六・七卒。北海道拓殖銀行書記（札幌）。死亡（一九二八名簿）。◆第七回記念会（M三八・一一・二五）。

村上　雄之助（北海道）―在舎一九〇一・五［中学生］～一九〇六・一〇　農学校農芸科一九〇五・四入学、一九〇八・三卒（一九期。山下太郎の一期上）。北海製糖（池田など）。◆戸籍調べ（M三八・一〇・一〇）、第七回記念会（M三八・一一・二五）。

高松　正信（東京）―在舎一九〇一・九～一九〇五・四　農学乙科一九〇七・七卒（卒業論文は牛酪鑑定論）。のち北大農学部教授（畜産学科）、兼北海道庁産業技師（真駒内種畜場長）。舎の行事に長年参加し、宮部舎長を助ける。◇舎の評議員。◆銃を持って定山渓遠足（M三七・四・一）、学僕への不満（M三七・一二・三一）、第七回記念会（M三八・一一・二五）、宮部先生の洒脱な結髪（M三八・一二・三〇）、凶作は悲観すべきに非ず（T二・一二・二二）、寄宿舎修繕の相談（S二二・五・一）、第五三回記念祭（S二六・一一・三）。

松井　秀吉（大阪）―在舎一九〇一・九～一九〇二・六　その後、農学甲科一九〇七年卒。以後職名など不詳。◆第七回記念会（M三八・一一・二五）。

吉川　藤左衛門（長野）―在舎一九〇一・一二～一九〇三・七　農芸化学科一九〇七年卒。農科大学助教授。台湾総督府技師（打狗検糖所長）。陸軍司令部嘱託（中国、青島）。死亡（一九二八名簿）◆第七回記念会（M三八・一一・二五）。

一九〇二(明治三五)年

瀬戸　太一(北海道)—在舎一九〇二・五[中二]〜一九〇七・一　札幌中学校一九〇七年卒。以後不詳。江差町在住(一九二八名簿)。死亡(一九四九名簿)。◆定山渓遠足(M三七・四・一)、戸籍調べ(M三八・一〇・一〇)、第七回記念会(M三八・一一・二五)。

羽生　氏俊(秋田)—在舎一九〇二・九〜一九〇五・七　林学実科一九〇五年卒。実業(秋田市)。◆定山渓遠足(M三七・四・一)。

一九〇三(明治三六)年

上野　亮太(和歌山　[日誌では北海道・岩見沢])—在舎一九〇三・五〜一九〇六・五　農学科(畜産)一九〇九・七卒。上野農場主任(空知郡岩見沢御茶之水)。北海道留萌支庁地方農林技手。◆第七回記念会(M三八・一一・二五)。

中島　九郎(佐賀)—在舎[札幌中学校生]一九〇三・五〜一九〇三・一〇　のち農科大学入学、農業経済学科一九一〇・七卒。農学部教授。一九四二年、『北海道新聞』に「北大法文学部設置論」を発表(一一・一四)。先輩として長年、舎の行事に参加。◆改築記念祝賀会(T一一・一〇・三〇)、奥手稲遭難者追悼会(S五・二・一)、宮部先生学士院会員に(S五・四・二六)、第五三回記念祭(S二六・一一・三)。

鈴木　限三(愛知)—在舎一九〇三・九〜一九〇八・三　農業生物学科一九一〇・七卒。東京帝大理学部大学院進学。北大予科教授(生物学)。山岳部長。舎の学生を指導し宮部舎長を助ける。◇舎の評議員。◆病にて帰郷の舎友におくる文(M三七・三・三)、第七回記念会(M三八・一一・二五)、改築落成祝賀会(T一一・一〇・三〇)、宮部先生Control your appetitesを語る(T一四・九・二六)、先生学士院会員に(S五・四・二六)、先生喜寿祝い(S一一・一一・三)、先生講書始めの儀祝賀(S一二・二・二〇)、科学の基準が欧米より劣る(S一五・九・二八)、月次会の訓話(S一五・九・二八)、石狩行(S一五・一〇・一八)。

朝倉　金彦(和歌山)—在舎一九〇三・九〜一九〇六・二　農学科一九〇九・七卒。有田郡農会技師・園芸試験場長、和歌山県立農事試験場(園芸部主任)ほか。◇近代的栽培技術を普及した「柑橘の父」として称えられる。◆銃を持って定山渓遠足(M三七・四・一)、戸籍調べ(M三八・一〇・一〇)、第七回記念会(M三八・一一・二五)。

畑　一郎(秋田)—在舎一九〇三・九〜一九〇五・五　土木工学科(卒業を確認できず。以後不詳)。死亡(一九二八名簿)。◆定山渓遠足(M三七・四・一)。

林　基一(和歌山)—在舎一九〇三・九〜一九〇四・九　農学科一九〇九・七卒。日沙商会(株)護謨園長。(神戸、サラワク島、ほか)。◆定山渓遠足(M三七・四・一)。

田村　與吉(秋田)—在舎一九〇三・一二〜一九〇五・四　土木工学科一九〇六年卒。土木事業技術顧問(東京・麻布)。◆定山渓遠足(M三七・四・一)、学僕への不満と談判(M三七・一二・三一)、第七回記念会(M三八・一一・二五)。

一九〇四(明治三七)年

高松　進三(のち武内に改姓)(東京)—在舎一九〇四・三[中学三]〜一九〇六・三　前出・高松正信氏の弟。◆定山渓遠足(M三七・四・一「小高松」と記載される)、第七回記念会(M三八・一一・二五)。

徳田　義信（鳥取）─在舎一九〇四・四〜一九〇六・七　農・畜産科一九〇九・七卒。一九一二年から農科大学助手のかたわら副舎長（一九一二・六〜一九一三・五）。阿蘇農学校教頭。群馬県立中之条農学校長。畜産試験場技師兼北大講師。戦後、農林省農業技術試験場（千葉）。（養蜂学）。郷土の偉人として『鳥取県大百科事典』（一九八四年）に掲載される。◇舎の評議員。◆戸籍調べ（M三八・一〇・一〇）、第七回記念会（M三八・一一・二五）、宮部先生の洒脱な結髪（M三八・一二・三〇）、宮部先生松浦武四郎を語る月次会（M三九・一〇・二〇）、若き婦人オルガンを（M四五・七・一八）、大成功四頭も獲った（T一・一〇・六）、禁酒を守った演説（T一・一二・二二）。

斉藤　蔵之助（のち工藤に改姓）（秋田）─在舎一九〇四・四〜一九〇七・一〇　農学科一九〇九・七卒。北海道庁技手（空知支庁）。青森県立五所川原農学校長、三本木農学校長。秋田県雄勝郡院内町長。◆戸籍調べ（M三八・一〇・一〇）、第七回記念会（M三八・一一・二五）。

今　興太郎（北海道・滝川）─在舎一九〇四・四［中四］〜一九〇七・三　札幌中学校一九〇七年卒。以後不詳。◆戸籍調べ（M三八・一〇・一〇）、第七回記念会（M三八・一一・二五）。

小林　安序（在舎中に持田から改姓）（静岡）─在舎一九〇四・七［札幌中学校三年］〜一九〇六・八　以後不詳。◆戸籍調べ（M三八・一〇・一〇）、第七回記念会（M三八・一一・二五）。

吉田　新七郎（滋賀）─在舎一九〇四・八〜一九〇六・八　農学科一九一〇・七卒（畜産学）。卒業後、欧州留学。興亜院技師（北京）。◆第七回記念会（M三八・一一・二五）。

田中　元次郎（滋賀）─在舎一九〇四・九〜一九〇六・一〇　農学科一九一〇・七卒。台湾総督府技手（蕃務本署調査課兼理蕃課、民政部殖産局附属蔗苗養成所）。明治製糖（蒜頭工場）。◆戸籍調べ（M三八・一〇・一〇）、第七回記念会（M三八・一一・二五）、松浦武四郎を語る月次会

（M三九・一〇・二〇）。

松尾　悌治郎（新潟）―在舎一九〇四・九〜一九〇五・四　予習科一九〇六・七卒（主席）。（農学校の本科に入学してない）。以後不詳。死亡（一九二八名簿）。◆第七回記念会（M三八・一一・二五）。

柳川　秀興《ひでおき》（香川）―在舎一九〇四・一一〜一九〇九・七［?］　副舎長（一九〇七・六〜一九〇九・七［?］）。農学科一九〇九・七卒（畜産学）。台湾総督府中央研究所技師兼農事試験場技師、のち種畜場長。戦後、松田塩田（株）取締役（香川）。◇舎の評議員。◆戸籍調べ（M三八・一〇・一〇）、第七回記念会（M三八・一一・二五）、牧師には農学を課すべし（M四〇・四・七）、宗教者は狂人なり（M四〇・五・一〇）、職権を侵されバーヤ憤慨（M四一・五・五）ほか賄婦関連。

一九〇五（明治三八）年

白井　七郎（のち近藤に改姓）（福島）―在舎一九〇五・四〜一九〇六・一一　農業経済学科一九一二年卒。豊国銀行（東京）書記。洋画家（パリ留学）。死亡（一九四九名簿）。◆戸籍調べ（M三八・一〇・一〇）、第七回記念会（M三八・一一・二五）。

中村　正壽（山梨）―在舎一九〇五・八〜一九〇九・一　農芸化学科一九一一年卒。農科大学副手。栃木県矢板農学校。◆戸籍調べ（M三八・一〇・一〇）、第七回記念会（M三八・一一・二五）。

大坂　正一（熊本）―在舎一九〇五・九〜一九〇六・八　農業経済学科一九一一年卒。京都帝大法科大学学生、東京帝大法科大学学生。内務庁土木局勤務。死亡（一九二八名簿）。◆戸籍調べ

（M三八・一〇・一〇）、第七回記念会（M三八・一一・二五）。

荒谷　正三（秋田）―在舎一九〇五・九～一九〇六・八［?］　林学科（卒業の確認不能）。◆戸籍調べ（M三八・一〇・一〇）、第七回記念会（M三八・一一・二五）。

川尻　仁（のち中島に改姓）（秋田）―在舎一九〇五・九～一九〇六・七　林学科（卒業の確認不能）。同志社大学教師。◆戸籍調べ（M三八・一〇・一〇）。

近藤　俊二郎（長野）―在舎一九〇五・九～一九〇八・六　土木工学科一九〇八年卒。長野市役所水道部。◆戸籍調べ（M三八・一〇・一〇）、第七回記念会（M三八・一一・二五）。

江川　金吾（北海道・渡島）―在舎一九〇五・一〇［中四］～一九〇七・三　札幌中学校一九〇七年卒。以後不詳。江差に在住（一九四九名簿）。◆戸籍調べ（M三八・一〇・一〇）、第七回記念会（M三八・一一・二五）。

松本　純爾（岡山）―在舎一九〇五・一二～一九〇八・六　林学実科一九〇八年卒。北海道立空知農業学校、岡山県立高松農学校、山陽高等女学校教員。◆月次会（M三九・一〇・二〇）。

一九〇六（明治三九）年

三田村　正孝（北海道・苫前）―在舎一九〇六・三［中三］～一九〇八・八　中学校一九〇八・三卒。農科大学受験準備で引続き在舎。慶應義塾大学卒業（一九二八名簿）。◆賄い休暇で自炊（M四一・八・二〇）。

和田　梓之助（山口）―在舎一九〇六・九～一九〇九・二　予習科一九〇九・七卒。舎の雑誌『漫録』（M四〇）に評論執筆。農学科に一九〇九年秋入学（新設の基督教青年会寄宿舎に入舎）した後、中退。（以後の学歴未詳）。東京電気株式会社〔のちの東芝〕研究所技師（一九二八名簿）。

論文「希有瓦斯工業に就いて」を残す（『応用物理』第二巻五号一九三三年）。◆松浦武四郎を語る月次会（M三九・一〇・二〇）、基督教論（M四〇・四・三）、賄い休暇で自炊（M四一・八・二〇）。

丹治　七郎（福島）─在舎一九〇六・九～一九一二・五　副舎長（一九〇九・七［?］～一九一二・五）。農学科一九一二・七卒。秋田県立農学校教諭。青森県農業技師。熊本県立農事試験場長。◆オルガンを買う（M四一・一二・二八）、「娯楽室」の張り紙で譴責（M四三・五・二）、庭の地ならし工事（M四三・七・一）、誘惑について訓話（M四四・一二・二三）、年頭所感（T一四・一・一）。

山下　太郎（秋田）─在舎一九〇六・九～一九〇八・一　農芸科一九〇九年卒。肥料を扱う山下商会を興して成功。戦後はアラビア石油開発など展開。本寄宿舎にはしばしば図書寄贈、寄付金など。◇舎の評議員。◆第四章第三節「昭和四九年　待望の改築」。

石津　半治（山口）─在舎一九〇六・九～一九〇八・一一　農学科一九一二・七卒（経済学）。南満洲鉄道（株）地方部勧業課。東亜勧業（株）、満州畜産工業（奉天市）。◇舎の『漫録』誌上で柳川、和田、丹治、荘司らと寄宿舎のあるべき論を闘わせる。◆尊き理想の学生修養場（M四〇）。

若木　恕佑（秋田）─在舎一九〇六・九～一九〇七・六　林学実科一九一〇・七卒。木材業（小樽市）。実業（北海道・新得村）。死亡（一九二八名簿）。◆松浦武四郎を語る月次会（M三九・一〇・二〇）。

荘司　経雄（東京［舎一覧では秋田］）─在舎一九〇六・九～一九〇七・一一　予科在学（卒業の記録なし）。以後不詳。死亡（一九二八名簿）。◆松浦武四郎を語る月次会（M三九・一〇・二〇）、尊き理想の学生修養場（M四〇）。

一九〇七(明治四〇)年

前川　十郎(北海道・根室)—在舎一九〇七・三～一九〇八・一〇　農学科一九一一・七卒。山形県立庄内農学校。農科大学、農学部助教授(園芸学)。著書『新農業教科書・青年学校』(一九四一年)など。舎の行事によく参加し宮部舎長を助けた。◇舎の監事。一九四六年五月チフスで死去。舎生が総出で葬儀に当たる。◆第三九回記念祭・宮部先生喜寿祝い(S一一・一一・三)。

小野崎　浩三(秋田)—在舎一九〇七・九～一九一〇・七　林学実科一九一〇・七卒。以後不詳。死亡(林学会会員名簿S二)。◆庭の地ならし工事(日誌M四三・七)。

一九〇八(明治四一)年

高木　亮(熊本)—在舎一九〇八・五～一九〇九・五　農学科第二部一九一四年卒。九州新聞社(熊本)。◆賄い休暇で自炊(日誌M四一・八・二〇)。

小松原　謙平(新潟)—在舎一九〇八・九～一九一一・七　土木工学科一九一一・七卒。鉄道局・函館事務所。仕事で若くして死亡(一九二八名簿)。◆庭の地ならし工事(日誌M四三・七)。

篠塚　栄次(東京)—在舎一九〇八・一〇～一九一一・七　農学実科一九一一年卒。製糖会社(東京)。実業(南葛飾郡小岩村)。◆庭の地ならし工事(日誌M四三・七)。

内田　黍郎《しちろう》(茨城)—在舎一九〇八・一一～一九一一・九　土木工学科一九一一・七卒。しばしば「副舎長代理」。日誌に「今後は京都工科大学ニ大学生活を続け学究に向かわれる」と書かれる。のち東北帝大助教授兼仙台高等工業学校教授・校長(一九四八～一九五一)。山口大学工学部教授。寄付や記念誌に寄稿など舎との関係を続けた。◆オルガンを買う(M四一・一二・二八)。

一九〇九(明治四二)年

小熊《おぐま》　一義(新潟)―在舎一九〇九・一～一九一一・六　林学実科一九一一・七卒。秋田県五城目営林署長、山形県酒田営林署長。◆地ならし工事(日誌M四三・七)。

服部　重雄(北海道)―高等小学校生として在舎一九〇九・四～一九一〇・八　以後不詳。日高・浦河町(一九二八名簿)。◆庭の地ならし工事(日誌M四三・七)。

菅《かん》　真三(広島)―在舎一九〇九・九～一九一二・一　水産学科漁労部一九一二年卒。菅組工業所(東京市)。◆「娯楽室」の張り紙で譴責(M四三・五・二)、庭の地ならし工事(日誌M四三・七)。

上杉　恒栄(新潟)―在舎一九〇九・九～一九一三・九　農芸化学科一九一六・七卒。北海道製糖(帯広)。満州製糖(奉天市)。◆誘惑について訓話(M四四・一二・一三)。

大原　純吉(出身地不詳)―在舎一九〇九・一〇[中四]～一九一一・四　札幌中学校一九一一・三卒。京都府立医専(のち医科大学)卒、京都で開業(一九二八名簿)。◆庭の地ならし工事(日誌M四三・七)。

根本　弘之(秋田)―在舎一九〇九・一二～一九一三・七　林学実科一九一三・七卒。王子製紙(十勝・本別)。日露木材会社監査。◆兎狩り(T一・一〇・五)、「禁酒」月次会(T一・一二・二二)、電灯取り付け催促(T一・一二・二九)。

一九一〇（明治四三）年

荒川　一（出身地不詳）―在舎一九一〇・四～一九一一・三　札幌中学校一九一一年卒。以後不詳。のち洞爺湖電気鉄道（株）、札幌市（一九二八名簿）。◆庭の地ならし工事（日誌M四三・七）。

高橋　戌亥（長野）―在舎一九一〇・四～一九一二・七　土木工学科一九一三・七卒。日本鋼材（株）。◆庭の地ならし工事（日誌M四三・七）。

佐藤　秀太郎（山形）―在舎一九一〇・九～一九一六・七　副舎長（一九一三・五～一九一六・六）。農芸化学科一九一六年卒。台湾・東洋精糖、大日本精糖。◇舎の評議員。◆定期試験が迫るも遠友夜学校のために（M四四・三・一五）、大成功四頭も獲った（T一・一〇・六）、禁酒を守った演説の月次会（T一・一二・二二）、電灯取り付け催促（T一・一二・二九）。

一九一一（明治四四）年

豊島　憲二（茨城）―在舎一九一一・一～一九一二・一二　土木工学科一九一三・七卒。以後不詳。死亡（一九二八名簿）。◆兎狩り（T一・一〇・五）。

奥間　源蔵（沖縄）―在舎一九一一・二～一九一二・一〇　土木工学科一九一三・七卒。以後不詳。死亡（一九二八名簿）。◆兎狩り（T一・一〇・五）。

安井　勉（東京）―在舎一九一一・九～一九一四・七　農学実科一九一四・七卒。台湾製糖会社（高雄州屏東ほか）。◆誘惑について訓話（M四四・一二・一三）、兎狩り（T一・一〇・五）、藻岩山登山（T三・七・一二）。

今田　東一（のち渡辺と改姓）（広島）―在舎一九一一・九～一九一三・九　水産学科漁労部一九

一四・七卒。農水省水産局。◆禁酒を守った演説の月次会（T一・一二・二二）。

林　吉男（和歌山）―在舎一九一一・九～一九一三・六　農・林学科一九一六・七卒。富士製紙（北見国野付牛町）。高知県高岡郡（一九四九名簿）。◆訓話の月次会（M四四・一二・二三）、禁酒を守った演説の月次会（T一・一二・二二）。

辻　義一（徳島）―在舎一九一一・一〇～一九一二・五　水産学科製造部一九一二年卒。（昭和初期、米シアトル在住）。◆訓話の月次会（M四四・一二・二三）。

戸野　博（出身地不詳）―在舎一九一一・一〇［札幌中学校四年生］～一九一二・三　中退・退舎、東京の中学に転校。以後不詳。死亡（一九二八名簿）。◆訓話の月次会（M四四・一二・二三）。

守谷　八五郎（神奈川）―在舎一九一一・一一～一九一二・一〇［三年］　土木工学科一九一三年卒。台湾製糖（株）鉄道部。◆兎狩り（T一・一〇・五）。

北村　卓爾（山梨）―在舎一九一一・一〇［予一］～一九一九・五　副舎長（一九一八・二～一九一九・五）。農芸化学科一九一九・七卒。北海道農業改良課（札幌、北見ほか）。舎の行事によく協力・参加。◇舎の評議員。◆大成功四頭も獲った（T一・一〇・六）、徴兵検査二君とも合格（T四・六・一二）、宮部先生［欧米出張］帰国歓迎（T九・三・一四）、宮部先生アメリカへ（T一〇・六・四）、月次会（S一三・六・八）、我が舎創立五六年記念日（S三〇・一一・三）。

一九一二（明治四五・大正元）年

下村　新二郎（正次と改名）（石川）―在舎一九一二・九～一九一二・一二　水産学科漁労部一九一四・七卒。海外（卒業生住所録一九三〇）。◆兎狩り（T一・一〇・五）。

多田　邦衛（徳島）―在舎一九一二・九～一九一五・八　農学実科一九一五・七卒。青森県五所

川原農学校、沖縄県嘉手納農林学校教諭。のち実業（徳島）。◆禁酒を守った演説の月次会（T一・一二・二二）、藻岩山登山（T三・七・一二）。

薗田　市蔵（福島）―在舎一九一二・九［三年級］～一九一四・一　土木工学科に一九一一・九入学するも三年級に進んでない（中退した可能性）。◆兎狩り（T一・一〇・五）。

安達　貞三郎（山形）―在舎一九一二・九～一九一四・七　農学実科一九一四・七卒。台湾高雄州鳳山街鳳山郡役所。高雄州農会技師。◆兎狩り（T一・一〇・五）、藻岩山登山（T三・七・一二）。

一九一三（大正二）年

亀井　専次（香川）―在舎一九一三・九～一九一九・九　副舎長（一九一六・六～一九一八・二）。農・林学科一九一九年卒。林業試験場北海道支場。のち農学部教授、北海道学芸大教授。木材腐朽菌の研究で一九五五年北海道新聞文化賞（科学技術）を受賞。長く舎の月次会・諸行事に参加し宮部舎長を助ける。◇舎の監事。◆妖怪談・肝試し（T七・四・三）、宮部先生帰国歓迎（T九・三・一四）、先生アメリカへ（T一〇・六・四）、先生アメリカについて語る月次会（T一〇・一一・二六）、改築落成祝賀会（T一一・一〇・三〇）、有島武郎の死の報の月次会（T一二・七・九）、Control your appetites を語る（T一四・九・二六）、禁酒禁煙論の月次会（S三・五・五）、先生学士院会員に（S五・四・二六）、宮部先生喜寿祝い（S一一・一一・三）、宮部先生講書始めの儀祝賀の月次会（S一二・二・二〇）、戦地の先輩へ慰問文（S一二・九・一八）、科学の基準が欧米より劣る（S一五・九・二八）、副舎長自由主義を論ず（S一九・一・二九）、垣根・立木を薪に（S二〇・四・二二）、寄宿舎修繕の相談（S二二・五・一）、創立五六年の記念日(S三〇・一一・三)。

鷹野　継次(長野)―在舎一九一三・九〜一九一六・七　農学実科一九一六・七卒。北海道庁(釧路支庁ほか)。香川県高松市農事試験場、同県庁内務部。農業(長野県南佐久郡)。◇大正四年記念祭で寮歌を作詩。日誌には美文を残す。◆藻岩山登山(T三・七・一二)、第四章第六節「記念祭歌・寮歌」。

小河原　義雄(群馬)―在舎一九一三・一〇〜一九一七・七　土木工学科一九一七・七卒。鉄道省工務局保線課(東京)。◆擬国会(T五・二・五)、徴兵検査で眼疾を指摘される(T六・四・一九)。

一九一四(大正三)年

青木　金作(岐阜)―在舎一九一四・九〜一九一七・七　土木工学科一九一七・七卒。南満州鉄道・鉄道部工務課(長春工務事務所、手育線向城子工事事務所長など)。◇戦後引き上げ、宮部先生米寿記念の行事に参加。◆〈昭和二一年米寿記念写真〉に写る。

小野　栄治(山梨)―在舎一九一四・九[予二]〜一九二〇・六　副舎長(一九一九・六〜一九二〇・六)。農芸化学科一九二〇・三卒。大日本人造肥料(のち日産化学工業)(函館、熊本、小樽)。◆宮部先生帰国歓迎月次会(T九・三・二四)、徴兵検査二君とも合格(そのうちT九・四・二五)。

中島　顕三(香川)―在舎一九一四・九[予二]〜一九一六・一一　農芸化学科一九二〇・三卒。北海道製糖(帯広)。日本酒精(旭川)。豊年製油(清水市)。のち北海道大学農学部教授、日本大学農学部教授。◆改築落成祝賀会(T一一・一〇・三〇)。

日野　寿作（愛媛）―在舎一九一四・一二～一九一六・一一　農学実科一九一七・七卒。南洋庁産業試験場技手（パラオ諸島コロール島）。実業（四国養鶏場。愛媛県荏原村）。◆学生の擬国会（T五・二・五）。

一九一五（大正四）年

小松　佐一（長野）―在舎一九一五・一〇～一九一八・七　水産専門部製造部一九一八・七卒。北海道水産試験場（小樽）。「北海屋」（長野県上諏訪町）（一九二八名簿）。◆網を借りて兎狩り（T六・九・二九～三〇）、妖怪談・肝試し（T七・四・三）、ほか。

一九一六（大正五）年

渡辺　喜巾（愛知）―在舎一九一六・二～一九一六・九　土木専門部一九一八・七卒。門司鉄道局直方保線区。◆擬国会（T五・二・五）、肝試し（T七・四・三）。

五藤《ごとう》　威夫（鳥取）―在舎一九一六・六～一九一八・七　黒百合会所属。農学実科一九一八・七卒。（就職先など不詳）。卒業後も舎の行事に列席。若くして扁桃腺の病気で死亡（T一二・五・二四日誌）、舎生が惜しむ。◆肝試し（T七・四・三）、宮部先生アメリカへ（T一〇・六・四）、先生アメリカについて語る（T一〇・一一・二六）、改築落成祝賀会（T一一・一〇・三〇）。

白川　勇（長野）―在舎一九一六・九～一九一八・一〇　農学実科一九一九・七卒。忠清北道清州師範学校、同高等普通学校、京城師範学校教諭。◆肝試し（T七・四・三）。

村岡　時夫（鳥取）―在舎一九一六・九～一九二〇・三　林学実科一九一九・七卒。鳥取県農林技手、林務課長。戦後、鳥取県坑木協会。◆肝試し(T七・四・三)、石狩行(T七・一〇・一三)。

田中　悦郎(秋田)―在舎一九一六・九～一九一九・九　林学実科一九一九・七卒。営林署技手(栃木県今市営林署長ほか)。太平木材会社。◆肝試し(T七・四・三)。

犬飼　哲夫(長野)―在舎一九一六・九～一九一六・一一　北海尚志社に転寮。農業生物学科一九二二年卒。農学部教授。理学部設置(一九三〇年)後は同動物学科教授を兼任。宮部先生の退官後、博物館主任。舎の主な行事に参加し、学生指導で宮部舎長を助けた。◇舎の評議員。◆奥手稲遭難者追悼会(S五・二・一)、宮部先生学士院会員に(S五・四・二六)、宮部先生喜寿祝い(S一一・一一・三)、ほか。

岡部　彦庫(群馬)―在舎一九一六・九～一九一九・六[?]　水産専門部製造部一九一九・一〇卒。(海産物会社、函館)。台湾高雄市、内外食品(株)。星製薬(東京市)。◆石狩行(T七・一〇・一二～一三)。

一九一七(大正六)年

足立　仁《まさし》(北海道)―在舎一九一七・三～一九一八・一二　父は札幌農学校二期生の足立元太郎。農芸化学科一九二一年卒。農学部助教授(微生物学)。台湾総督府高等農林学校、台北帝大教授。戦後、大阪府立大学農学部、玉川大学農学部教授。在札時、先輩として舎の行事に参加。◆網を借りて兎狩り(T六・九・二九～三〇)、肝試し(T七・四・三)、改築落成祝賀会(T一一・一〇・三〇)、〈大正一一年記念祭写真〉、Control your appetites を語る(T一四・九・二六)、ほか。

渡辺　文雄（福岡）―在舎一九一七・九～一九二〇・四　水産専門部製造科一九二〇年卒。以後不詳（福岡県田川郡。一九二八名簿）。死亡（卒業生名簿一九三四）。◆肝試し（T七・四・三）、舎があわや灰燼（T九・二・七）、送別会・月次会（T九・三・二四）。

大小島《おおこじま》**　真二**（愛知［大阪市］）―在舎一九一七・八～一九二〇・一一　予科卒、本科に進む。副舎長（一九二〇・七～一九二〇・一二）。しかし経済学から哲学に関心が移動し、帝大文学部進学のため中退・帰郷。日誌に「（副舎長）職に任ずる日浅しものあらんや、君の去るや実に我舎における大不幸なり」と書かれ惜しまれる（T九・一一・二六付）。京都大学哲学科卒業。山口県師範学校専攻科教授、関西大学文学部教授。

村井　梅次郎（富山）―在舎一九一七・九～一九一九・七　農学実科一九二〇・七卒。富山県農林技師。◆肝試し（T七・四・三）。

希代　一郎（群馬）―在舎一九一七・九～一九一八・一一　土木専門部在学中インフルエンザのため死亡。◆流感で舎生死去（T七・一一・八）。

黒岩　吉之助（のち高橋に改姓）（群馬）―在舎一九一七・九［予科］～一九一九・五　北海道大学に入学しなかった可能性。群馬県利根郡（一九二八名簿）。◆肝試し（T七・四・三）。

岡田　盛隆（秋田）―在舎一九一七・九～一九二〇・六　林学実科一九二〇・七卒。青森県農産課、勧業課。山口県経済部林務課長。◆肝試し（T七・四・三）、石狩行（T七・一〇・一二～一三）。

伊達　宗雄（宮城）―在舎一九一七・一〇～一九二〇・六　予科一九二〇年卒、東北帝大に入学。理学部物理学科一九二六・三卒。宮城県女子師範学校専攻科講師（一九二八名簿）ほか。歌人。退舎後も舎と関係を保ち続け、記念誌に寄稿した（一九七四、一九八〇年）。◆石狩行（T七・

一〇・一二～一三)、宮部先生帰国歓迎・渡辺君送別の月次会(T九・三・二四)。

一九一八(大正七)年

小林　作五郎(新潟)—在舎一九一八・九～一九二三・四　農芸化学科一九二五年卒。合同酒精(名寄)。野口商店酒造部(小樽)。戦時下、松塚産業(新潟県北蒲原郡)を興しガラス製造、天然ガス掘削などに従事。◆改築落成祝賀会(T一一・一〇・三〇)。

渋谷　誠志(のち鈴木に改姓)(愛知)—在舎一九一八・九～一九二二・三　水産専門部養殖科一九二二年卒。実業(名古屋市東区)。死亡(一九四九名簿)。◆石狩浜遠足(T七・一〇・一二～一三)。

首藤　勇郎(青森)—在舎一九一八・九～一九一九・二　予科(中退?。北海道大学に進学しなかった可能性)。◆石狩行(T七・一〇・一二～一三)。

一九一九(大正八)年

中村　弘志(東京)—在舎一九一九・二～一九二四・四　副舎長(一九二〇・一一～一九二二・三)。農学実科一九二一・三卒。畜産学科第一部選科一九二四・三修了。長屋平太郎商店。米国貿易会社。東京食品専務。◆宮部先生アメリカについて語る(T一〇・一一・二六)、改築落成祝賀会(T一一・一〇・三〇)。

笹部　義一(徳島)—在舎一九一九・九～一九二二・六　農学実科一九二二・三卒。北大助手(第一農場)。大連農事株式会社。先輩として月次会によく参加。一九四五年に死去(五十年史、一九四九)。◆宮部先生アメリカについて語る(T一〇・一一・二六)、ほか多数。

奥田　義正（富山。一八九七～一九七八）―在舎一九一九・九～一九二六・四　その間、一九二一・四～一九二四・三副舎長をつとめる。医学部一九二六年卒（一期）。同年、助手、一九三一年、釧路市立病院外科医長、三四年医学部助教授となる。その後二度、のべ四年半に及ぶ戦時召集を経て、一九四七年一二月より第三外科講座教授となり四九年から附属病院長職に就いた。一九六一年に定年退職の後、札幌斗南病院長などの職を引き受けた。著書は『救急外科学』（南江堂、一九五〇年）ほか。青年寄宿舎には大学卒業・退舎後も一貫して指導・支援にあたり、宮部舎長の辞任後は、青年寄宿舎（法人）理事長・舎長を生涯つとめた（一九四六～一九七八）。その途上、舎の全面改築を実現した。『宮部金吾自伝』（岩波書店、一九五三年）の編集に携わった。◆宮部先生アメリカについて語る（T一〇・一一・二六）、舎生一四人演説の月次会（T一四・一・三一）、Control your appetites を語る（T一四・九・二六）、戦地の先輩へ慰問文（S一二・九・一八）、医学部助教授を召集（S一七・一〇・九）、寄宿舎修繕の相談（S二二・五・一）、解散会（S四九・三・二六）、第四章第二節「大正一一年の大修繕」、第三節「昭和四九年待望の改築」、ほか多数。

太田　廣吉（愛知）―在舎一九一九・一〇～一九二〇・三［以後］　水産専門部製造部一九二二年卒。矢橋商会工場（愛知県）。◆送別・月次会（T九・三・二四）。

岡田　玄武（徳島）―在舎一九一九・一一～一九二二・三　林学実科一九二二年卒。青森県立三本木農学校、井邑農学校（全羅北道）、京城農学校、順天農学校（全羅南道）教諭。戦後、徳島県立三好農林高校長など。◇朝鮮での教職活動のことなど、舎の記念誌一九七四に回想、寄稿。

一九二〇(大正九)年

馬場　常次(佐賀)―在舎一九二〇・八～一九二一・四　予科一九二一年卒。同年四月一四日日誌に「馬場常次君退舎、同君は本大学を退学し東京帝大に志されたる也」とある。以後不詳。◆宮部先生経歴談の月次会(T九・一二・一四)。

山縣　汎(山梨)―在舎一九二〇・八～一九二三・一　医学部一九二七年卒(小児科)。医学部嘱託。東大医学部薬理学教室。歌人。◆経歴談の月次会(T九・一二・一四)、舎生一四人演説の月次会(T一四・一・三一)。

山口　九郎(神奈川)―在舎一九二〇・九～一九二二・四　農学実科一九二四・三卒。慶應義塾大学入学。実業(同県愛甲郡)。◆徴兵検査二君とも合格(そのうちT一〇・四・一六記事)、宮部先生アメリカへの月次会(T一〇・六・四)、先生アメリカについて語る(T一〇・一一・一六)。

山田　弥三郎(のち遠藤に改姓)(静岡)―在舎一九二〇・九[予二]～一九二三・三　農・畜産学科一九二六年卒。陸軍一等獣医・陸軍獣医学校教官、技術本部研究所員ほか。一九四一年獣医学博士(北大)。◆経歴談の月次会(T九・一二・一四)。

山口　千之助(長野)―在舎一九二〇・一二～一九二二・三　林学実科一九二二年卒。北大副手。北海尚志社に転寮。農業生物学科一九二八・三選科修了。農業生物学科一九三三・七卒業。北大理学部助手など。舎の行事によく参加。朗らかな性格で皆から慕われた。エゾマツの種子に関する研究で昭和一七年春博士学位を授与されるも一〇月病死(『日誌』で特記)。◆先生アメリカについて語る(T一〇・一一・一六)、徴兵検査二君とも合格(そのうちT一一・五・二六

記事)、改築落成祝賀会(T一一・一〇・三〇)、〈大正一一年記念祭写真〉、宮部先生学士院会員に(S五・四・二六)、石狩行(S一五・一〇・一八)。

一九二一(大正一〇)年

長谷川　静雄(新潟)―在舎一九二一・四〜一九二一・六　農学実科一年級で中退、他大学進学を目指す。◆偉くなるために北大を去る(T一〇・六・二七)。

時田　郇《じゅん》(神奈川・横浜)―在舎一九二一・四〜一九二七・四　副舎長(一九二六・三〜一九二七・三)。農業生物学科一九二七年卒。水産専門部(戦後、水産学部)教授・学部長。昆布の研究と独立教会の牧師の両輪で活動。北大基督教青年会寄宿舎汝羊寮寮長。追悼文集『君は昆布をやりたまへ』(一九九一年)の書名は宮部先生の言葉を示す。◇舎の理事。◆改築落成祝賀会(T一一・一〇・三〇)、一四人演説の月次会(T一四・一・三一)、Control your appetites を語る(T一四・九・二六)、大学の講義へ不満の弁(S二・六・一八)、禁酒禁煙論の月次会(S三・五・五)、クラークを語る月次会(S七・一二・三)ほか。

波木居《はぎい》　修一(滋賀)―在舎一九二一・五〜一九二五・一〇　副舎長(一九二四・四〜一九二五・三)。医学部一九二五・四卒(一期)。海軍軍医(台湾・澎湖島、佐世保、横須賀、築地ほか)。大津で開業。◆一四人演説の月次会(T一四・一・三一)。

多勢《たせ》　俊一(山形)―在舎一九二一・五〜一九二七・五　同年三月農芸化学科卒。北大副手。酒造業(山形)。◆Control your appetites を語る(T一四・九・二六)、大学批判の出た月次会(S二・六・一八)、禁酒禁煙論の月次会(S三・五・五)。

今井　三子《さんし》(群馬)―在舎一九二一・五〜一九二四・五　学生時代からキノコの研究に没頭。農業生物学科一九二四・三選科修了。北大助手、北海道師範学校（のち教育大学）教授、横浜国立大学学芸学部教授。彼の作った菌類標本は現在でも宮部先生のものと共に実際に大学教育で使われているという。在札時代、舎の月次会にしばしば参加した。◇舎の評議員。◆先生アメリカについて語る（T一〇・一一・二六）、改築落成祝賀会（T一一・一〇・三〇）、放屁番付（T一三・一・七）、一四人演説の月次会（T一四・一・三一）、寄宿舎修繕の相談（S二二・五・一）ほか。

矢田　茂夫（香川）―在舎一九二一・五～一九二六・三　副舎長（一九二五・三～一九二六・三）。農学科一九二六・三卒。岩手県久慈農学校、香川県社会教育主事。香川相互銀行。◆先生アメリカについて語る（T一〇・一一・二六）、一四人演説の月次会（T一四・一・三一）、Control your appetites を語る（T一四・九・二六）。

松島　景三（北海道）―在舎一九二一・五～一九二三・六　医学部一九二七年卒。鉄道病院（帯広診療所、札幌病院外科）。東吾野病院（埼玉県）。◆有島武郎の死の報の月次会（T一二・七・九）、レコードを聴く（T一三・七・三〇）。

梅津　元昌（東京）―在舎一九二一・五～一九二四・三　予科一九二四・三卒。（北大に入学せず。進路不詳）。東大農学部獣医学科助手（一九二八名簿）。戦後、東北大学農学部教授（家畜生理学）。◆改築落成祝賀会（T一一・一〇・三〇）、賄いへの賞与問題（T一二・一二・一）。

飯島　護凱（茨城・土浦）―在舎一九二一・一一～一九二四・五　予科一九二四・三卒。農学部林学科進学の予定で、帰省先の茨城から札幌に帰舎の途中、兄の住む盛岡に立ち寄り腸チフスに罹り急死。◆先生アメリカについて語る（T一〇・一一・二六）、賄いへの賞与問題担当（T一二・一二・一）。

一九二二(大正一一)年

坂本　文雄(和歌山)—在舎一九二二・四〜一九二三・六　予科一九二五年卒。九州大学工学部に入学(一九二八名簿)。◆有島武郎の死の報の月次会(T一二・七・九)。

井澤　孝三(山形)—在舎一九二二・五〜一九二三・三　林学実科一九二五年卒。北海道空知農業学校(岩見沢)、徳島青年学校教諭。戦後、徳島県那珂高等学校長。◆改築落成祝賀会(T一一・一〇・三〇)。

土井　久作(静岡)—在舎一九二二・五〜一九二五・四　農学実科一九二五年卒。農業生物学科一九二八年選科修了。私立名古屋高等女学校、名古屋東海中学校、三重県立神戸中学校教諭。福島大学学芸学部教授。◆改築落成祝賀会(T一一・一〇・三〇)、賄いへの賞与問題(T一二・一二・一)。

板緑《いたろく》　**秀太郎**《ひでたろう》(石川)—在舎一九二二・一〇〜一九二三・二　予科一九二五年卒。金沢医科大学一九二九年卒。同教授(解剖学)。著書に『エルムと椎の木・歌集』(金沢医大短歌会叢書一九二六年)、論文「金沢医大浄化運動の真相と教授評判記」『金沢医大文人会』(一九三二年)など。◆改築落成祝賀会(T一一・一〇・三〇)、〈大正一一年記念祭写真〉。

笹田　磐(北海道・岩見沢)—在舎一九二二・一一〜一九二五・三　農学実科一九二五年卒。自営(司法書士。岩見沢)。卒業後しばしば舎を訪問。◇舎の評議員。◆素晴らしい献立の送別会(T一三・三・二)、一四人演説の月次会(T一四・一・三一)。

玉川　義雄(岩手)—在舎一九二二・一一〜一九二四・三　林学実科一九二五年卒。名寄森林事務所。北海道森林組合連合会。◆放屁番付(T一三・一・七)。

一九二三(大正一二)年

平岡　寿(東京)—在舎一九二三・四〜一九二三・一〇　予科工類一九二五年卒。のちに京都帝大文科に進学(一九二八名簿)。◆賄いへの賞与問題(T一二・一二・一)。

川島　三二(栃木)—在舎一九二三・四〜一九二六・四　農・林学科一九二九年卒。北海道大学天塩演習林勤務。◆一四人演説の月次会(T一四・一・三一)、Control your appetites を語る(T一四・九・二六)。

平野　三夫(岩手)—在舎一九二三・九〜一九二七・一一　農芸化学科一九二九年卒。組合立高田実科高等女学校(岩手)。満州製糖新京工場、哈爾浜製糖所。戦後、遠野町長など。◆一四人演説の月次会(T一四・一・三一)、深い究明がないとの演説の月次会(T一五・一〇・二)、社会体制の悪弊を述べる月次会(S二・一・二八)、大学教授批判の月次会(S二・六・一六)、対秋田寮テニス戦(S二・一〇・二)ほか。

平戸　勝七(岩手)—在舎一九二三・一〇〜一九二八・三　副舎長(一九二七・三〜一九二八・三)。畜産学科一九二九年卒。同学科のち獣医学部教授。編著『獣医微生物学』(一九六四年)。◆長年舎生を指導、運営に参加。◇舎の理事。◆軍人の卵養成所(T一三・六・二〇)、一四人演説の月次会(T一四・一・三一)、胃の腑がつっ張るほど御馳走(T一四・五・三〇)、定山渓汽車旅行(T一五・一〇・二三)、宮部先生喜寿祝い(S一一・一一・一一)、沈滞せる老教授引退せよ(S二〇・一〇・一〇)、寄宿舎修繕の相談(S二二・五・一)、送別会の色紙(S二二・九・一八)、第五三回寄宿舎記念祭(S二六・一一・三)。

白根　治一(山口)—在舎一九二三・九〜一九二五・四　土木専門部一九二六年卒。台湾総督府

交通局鉄道部。◆一四人演説の月次会(T一四・九・二三)、テニスの対秋田寮戦(S二・一〇・二)。舎内テニス大会(T一四・一一・三〇)。

赤羽　敬二(東京)―在舎一九二三・一〇〜一九二五・九　農学実科一九二六年卒。米国で農事研究。戦後、三井鉱業。赤羽建築設計事務所。◆胃の腑がつっ張るほど御馳走(T一四・五・三〇)。

江尻　唯一(福島)―在舎一九二三・一一〜一九二六・三　土木専門部一九二六年卒。鉄道省工務局。◆放屁番付(T一三・一・七)、一四人演説の月次会(T一四・一一・三〇)。

矢口　道愛(茨城)―在舎一九二三・一一〜一九二六・三　農学実科一九二六年卒。自営農業。県立石岡農学校教諭。日本国民高等学校(茨城県)。満州農業第五次移民団長(一九三六年)。◆軍人の卵養成所(T一三・六・二〇)。

一九二四(大正一三)年

野崎　健之助(神奈川)―在舎一九二四・四〜一九二四・九　農学実科一九二七年卒(画家の坂本直行と同期)。十勝広尾で(のち恵庭で)牧場経営。戦後、自衛隊から「恵庭裁判」を起こされる。◆軍人の卵養成所(T一三・六・二〇)、レコード鑑賞にまつわる二記事(T一三・七・三〇と九・八日誌)。

笹部　三郎(東京)―在舎一九二四・四〜一九二九・七　医学部一九三〇年卒(内科)。前出・笹部義一氏の従弟。東京小菅刑務所医務課長ほか。卒業後、赴任前、しばしば舎を訪問。◆一四人演説の月次会(T一四・一一・三〇)、小樽高商・北大合同発火演習(T一五・一〇・一)、大学教授批判の月次会(S二・六・一六)、ほか多数。

浜本　喜一（香川）―在舎一九二四・四〜一九二七・四　土木専門部一九二八年卒。日本トラスコン鋼材。死亡（一九四九名簿）。◆一四人演説の月次会（T一四・一・三一）、小樽高商・北大合同発火演習（T一五・一〇・一）、深い究明がないとの演説の月次会（T一五・一〇・二）。

杉本　良次（愛知）―在舎一九二四・四〜一九二七・四　予科医類。一九二八年に休学（一九二八名簿）。（以後不詳）。◆Control your appetites を語る（T一四・九・二六）、小母さん腸カタル（T一五・九・三）。

伊勢田　実（神奈川）―在舎一九二四・四〜一九二六・四　農学科一九三〇年卒。拓務省、台湾総督府殖産局農務課。日本テックス工業協同組合。◇舎の記念誌一九七四に寄稿。

福富　邦夫（兵庫）―在舎一九二四・四〜一九二六・四　予科一九二七年卒。京都大学経済学部進学（一九二八名簿）。◆一四人演説の月次会（T一四・一・三一）、Control your appetites を語る（T一四・九・二六）。

西潟《にしがた》　高一（新潟）―在舎一九二四・四〜一九二六・四　柔道部・主将、その強化のため部活が中心の恵迪寮に転寮。農芸化学科一九三二年卒。山口県小郡農学校教諭。その後、南満州鉄道（株）公主嶺農事試験場、一九四〇年より国立哈爾浜農業大学教授。戦後、北海道農業試験場畑作部長、試験場長（札幌市）。◇北大予科の入学時（T一三春）札幌に来る車中で、岩手より帰舎する平野三夫氏と乗り合わせ、氏から青年寄宿舎の自治を自慢され、熱心な入舎勧誘をうけたと、舎の記念誌一九七四に回想、寄稿。◆一四人演説の月次会（T一四・一・三一）、Control your appetites を語る（T一四・九・二六）。

樋浦　大三（新潟）―在舎一九二四・四〜一九二七・九　工学部土木工学科一九二九年卒（一期）。北海道庁土木部。内務省土木局。菅原建設（札幌）。のち東北大学工学部教授。◆胃の腑がつっ

張るほど御馳走(T一四・五・三〇)、大学の講義へ不満の弁(S二・六・一六)。

平川　好文(東京)—在舎一九二四・五~一九三〇・三　副舎長(一九二八・三~一九三〇・三)。農・畜産学科一九三〇年卒。北大副手。日本皮革。日本タンニン工業(旭川)。近畿皮革(東京)。◇舎の評議員。◆一四人演説の月次会(T一四・一・三一)、消火器のテスト(S三・九・一六)、奥手稲遭難者追悼会(S五・二・一)。

伊東　豊治(靖城と改名)(静岡)—在舎一九二四・九~一九二六・一　農・畜産学科一九三〇年第一部卒。東大大学院。鉄路総局総務処〔満鉄の調査機関〕。戦後、弘前大学農学部教授。◆Control your appetites を語る(T一四・九・二六)。

柴内　魁雄(岩手)—在舎一九二四・一一~一九二八・四　林学実科(卒業?)。以後不詳)。◆舎内テニス大会(T一四・九・二三)、Control your appetites を語る(T一四・九・二六)、小樽高商・北大合同発火演習(T一五・一〇・一)、大学教授批判の月次会(S二・六・一六)、対秋田寮戦(S二・一〇・二)。

一九二五(大正一四)年

佐々木　武尚(長野)—在舎一九二五・四~一九二七・四　工・電気工学科一九三一年卒。札幌市電気局。東海電極製造(神奈川県藤沢)。死亡(一九四九名簿)。◆定山渓汽車旅行(T一五・一〇・二三)。

宮脇　堅太郎(北海道)—在舎一九二五・一〇~一九二七・四　林学実科一九二七年卒。以後不詳。死亡(卒業生住所録一九三三)。◆定山渓汽車旅行(T一五・一〇・二三)。

一九二六(大正一五・昭和元)年

荘保　忠三郎(大阪)―在舎一九二六・四〜一九二八・八　のち農・畜産科第二部(獣医)一九四〇年卒。台湾総督府農業試験場。ハルツーム大学(タンザニア)ほかで教授。◆大学の講義へ不満の弁(S二・六・一六)。

野村　虎男(北海道・旭川)―在舎一九二六・四〜一九二九・三　山岳部所属。農学実科一九二九年卒。北海道畜産連合会牛酪検査所(帯広)。明治製菓札幌製乳(のち明治乳業)工場(途中、樺太精糖ほかに出向)、のち酪農部長。◆小樽高商・北大合同発火演習(T一五・一〇・一)、大学の講義へ不満の弁(S二・六・一六)。

中川　一郎(東京)―在舎一九二六・五〜一九二八・四　医学部一九三一年卒。東京市栄養研究所。厚生科学研究所。国立公衆衛生院。◆定山渓汽車旅行(T一五・一〇・二三)、大学の講義へ不満の弁(S二・六・一六)。

大谷　義夫(鳥取)鳥取高等農学校卒。―在舎一九二六・九〜一九二七・一〇　農・農芸化学科一九二九・三選科修了。大阪工業大学助手。鳥取高等農学校教授。戦後、鳥取大学農学部教授。◆大学の講義へ不満の弁(S二・六・一六)。

石橋　道助(新潟)―在舎一九二六・一〇〜一九二七・九　農・林学科一九三〇年卒。北大天塩演習林助手。満州国技佐(湯原営林署長)。◆定山渓汽車旅行(T一五・一〇・二三)、大学の講義へ不満の弁(S二・六・一六)。

彦坂　重信(茨城)―在舎一九二六・一〇〜一九二八・四　工・機械工学科一九三二年卒。友野鉄工所(東京・蒲田)。三菱重工横浜造船所。三菱日本重工(株)。◆大学の講義へ不満の弁(S

二・六・一六)、テニスの対秋田寮戦(S二・一〇・二)。

一九二七(昭和二)年

赤松　速雄(権作の名で大学登録)(大分)—在舎一九二七・四〜一九二八・三　予科農類二年級で退学・退舎。スキー部所属。(のち機械工学の分野で活躍か?)。◆大学の講義へ不満の弁(S二・六・一六)。

田嶋　嘉雄(東京)—在舎一九二七・四〜一九二八・一　スキー部所属。予科一年途中で恵迪寮へ転寮。農・畜産学科一九三三年第二部卒。農林省獣疫調査所(東京、満州・奉天ほか)。のち東大伝染病研究所獣医学研究部長・教授。◆大学の講義へ不満の弁(S二・六・一六)。

土井　恒喜(北海道・函館)—在舎一九二七・四〜一九三一・三　副舎長(一九三〇・三〜一九三一・三)。工・機械工学科一九三一年卒。南満州鉄道(株)撫順炭鉱製油工場。企画院(内閣下の機関。東京)。戦後、日立工業高校ほかで校長。◇青年寄宿舎の寮歌を作歌。◆大学の講義へ不満の弁(S二・六・一六)、テニス対秋田寮戦(S二・一〇・二)、奥手稲遭難者追悼会(S五・二・一)、第四章第六節「記念祭歌・寮歌」、同第九節「上野迄二四時間」。

大塚　憲郷(千葉)—在舎一九二七・四〜一九三二・四　スキー部所属。理学部植物学科一九三〇・四入学、一九三四年卒。小樽水産学校。東京目黒高等女学校。小樽水産高校。◆大学の講義へ不満の弁(S二・六・一六)、テニスの対秋田寮戦(S二・一〇・二)。

川原　鳳策(群馬)—在舎一九二七・四〜一九三一・四　スキー部所属。理学部化学科一九三〇・四入学、一九三三年卒(一期)。東北帝大理学部副手、工学部助手。満鉄中央試験所(大連市)。小樽商科大学教授。◆大学の講義へ不満の弁(S二・六・一六)。

本間　憲一（新潟）—在舎一九二七・四～一九三三・三　副舎長（一九三一・三～一九三二・二）。—在舎時一九三〇・三に予科主席修了。農芸化学科一九三三年卒。大蔵省専売局（のち日本専売公社）。協同貿易社長。◇舎の評議員。◆大学の講義へ不満の弁（S二・六・一六）、奥手稲遭難者追悼会（S五・二・一）、内村鑑三奨学資金（S五・六・五）、忍路の海岸でレコード（S七・一〇・八）。

関谷　正（山口）—在舎一九二七・四～一九二八・三　予科農類。スキー部所属。一年で恵迪寮へ転寮。病死（日誌、一九二九年六月二八日付）。◆大学の講義へ不満の弁（S二・六・一六）。

畑　賢二（東京）—在舎一九二七・四～一九三三・三　副舎長（一九三二・二～一九三三・二）。工・機械工学科一九三三年卒。東京石川島造船所。運輸省船舶局船舶試験所ほか。のち日本船灯。◇舎の評議員。◆大学の講義へ不満の弁（S二・六・一六）、蓄音機購入委員（S五・四・一四）、第四章第八節「ラジオ　盗聴摘発される」。

後藤　源太郎（大分）—在舎一九二七・五［予農］～一九二九・四　理・動物学科一九三三年卒（一期）。九州帝大理学部副手、農学部。同大医学部解剖学教室。熊本大学理学部教授。◆大学の講義へ不満の弁（S二・六・一六）。

佐原　武雄（西村と改姓か）（石川）—在舎一九二七・六～一一　水産専門部製造科一九三〇年卒。日本魚箱K.K.（大阪、気仙沼ほか）。◆大学教授批判の月次会（S二・六・一六）。

一九二八（昭和三）年

広瀬　角治（大阪）—在舎一九二八・四～一九三四・三　副舎長（一九三三・二～一九三四・二）。スキー部・文武会音楽部（ギター、マンドリン）所属。農芸化学科一九三四年卒。北海道農事試

験場(札幌)。鐘紡武藤理化学研究所(兵庫県)。堺化学工業。◇舎の評議員(一九三七年)。◆奥手稲遭難者追悼会(S五・二・一)、蓄音機購入委員(S五・四・一四)、大島氏クラークを語る月次会(S七・一二・三)。

坪田　進太郎(茨城・鹿島)—在舎一九二八・四〜一九三〇・一　予科工類。舎の登山行事で死亡。◆奥手稲遭難者追悼会(S五・二・一)、蓄音機購入委員(S五・四・一四)。

寺岡　義郎(静岡)—在舎一九二八・一〇〜一九三〇・七　水産専門部製造部一九三一年卒。農林省水産局漁政課。福岡県水産部。極洋捕鯨(株)。◆奥手稲遭難者追悼会(S五・二・一)。

一九二九(昭和四)年

大岩　皐一《こういち》(長野)—在舎一九二九・四〜一九三三・四　理・化学科一九三五年卒。神奈川県工業試験場。朝鮮窒素肥料(朝鮮咸境南道)。野口研究所(東京・板橋区)で木材化学を研究。◇文武会音楽部でバイオリンの桜林氏らと共にティンパニーを演奏。◆蓄音機購入委員(S五・四・一四)、忍路の海岸でレコード(S七・一〇・八)、第四章第六節「記念祭歌・寮歌」。

桜林　繁(北海道)—在舎一九二九・四〜一九三七・三　文武会音楽部・山岳部に所属。医学部一九三七年卒。函館協会病院小児科、のち開業(同市)。桜林医院の建物は函館名物であったという。◆蓄音機購入委員(S五・四・一四)、ロッククライミング(S八・一〇・七)、赤岩(S八・一〇・八)、帰省コソドロ(S九・七・三一)、舎内盗難事件(S九・九・一五)、第三九回記念祭(S一一・一一・三)ほか音楽関係、宮部先生講書始めの儀祝賀(S一二・二・二〇)、ほか。

安田　一次(東京)—在舎一九二九・四〜一九三〇・一一　山岳部所属。工・電気工学科一九三

五年卒。日本放送協会(NHK)技術研究所テレビジョン部。一九六〇年代北大工学部教授就任。◇中学時代、ラジオ放送がまだ無い時分、既に部品を集めてラジオ受信機を作っていた。◆蓄音機購入委員(S五・四・一四)、第四章第八節「ラジオ　盗聴摘発される」。

大島　正幸(神奈川)―在舎一九二九・四〜一九三五・三　副舎長(一九三四・二〜一九三五・三)。〔札幌農学校一期生・大島正健の孫〕。工・機械工学科一九三五年卒。山岳部所属。川崎重工業(神戸)、のち同艦船工場電気部。◆大島正健氏クラークを語る月次会(S七・一二・三)、ロッククライミング(S八・一〇・七)、ゾンメルシー(S八・一〇・二九)、舎内盗難事件(S九・九・一五)、ほか。

金森　久和(北海道・根室)―在舎一九二九・五〜一九三二・三　第十六臨時教員養成所博物科一九三二・三卒。同年理・植物学科入学、一九三五年卒。舎の昭和六年記念祭歌を作る。一九三二年二月送別会にて「よく遊びよく学び、多趣味で舎の新時代を作る」とたたえられた。卒後、理学部副手。のち石川県羽咋高等女学校、羽咋中学校教諭。若くして死亡(一九四九名簿)。卒後出・金森久良氏は弟。◆第二章第三節「宮部先生と記念祭」解題、第四章第六節「記念祭歌・寮歌」。

吉川　萬雄《かずお》(万雄)(京都)―在舎一九二九・九〜一九三一・九　医学部一九三六年卒。文芸部員として日誌に健筆。札幌市立病院精神科、北海道衛生部。富士市大富士病院。

一九三〇(昭和五)年

若松　不二夫(北海道・奥尻。一九一一〜一九八五)―在舎一九三〇・四〜一九三七・三　その間、副舎長一九三六・二〜一九三七・二。医学部一九三七年卒。第二外科副手、一九四一年同

助手。軍医として兵役従事(一九四一からビルマ・インパール作戦に参加)。一九四九年医学部助教授(整形外科)などを経て一九五五年新設の美唄労災病院長に。一九七八〜一九八五年、青年寄宿舎第三代理事長。◆宮部先生学士院会員に(S五・四・二六)、ロッククライミング(S八・一〇・七)、宮部先生喜寿祝い(S一一・一一・三)、先生講書始めの儀祝賀(S一二・二・二〇)、戦地の先輩へ慰問文(S一二・九・一八)、月次会(S一三・六・一八)、先輩を軍医として戦地に送る(S一三・九・一八)、若松先輩の帰国を喜ぶ(S一六・六・三)、第四章第三節「昭和四九年　待望の改築」、第六節「記念祭歌・寮歌」、第八節「ラジオ　盗聴を摘発される」、寄宿舎修繕の相談(S二二・五・一)、ほか。

藤田　一(東京)―在舎一九三〇・四〜一九三六・三　副舎長(一九三五・三〜一九三六・二)。工・機械工学科一九三六年卒。大成鉄工所(川崎)。陸軍技術大尉(東京・第七陸軍技術研究所)。城南鉄工所(東京)社長。◇舎の理事(一九七四年より)。◆宮部先生学士院会員に(S五・四・二六)、忍路海岸でレコード(S七・一〇・八)、帰省・コソドロ(S九・七・三一)、舎内盗難事件(S九・九・一五)。

永井　肇造(東京)―在舎一九三〇・一一〜一九三四・一〇　山岳部所属。農芸化学科一九三六年卒。大日本麦酒・醸造科学研究所。◆ロッククライミング(S八・一〇・七)、赤岩(S八・一〇・八)、第四章第八節「ラジオ　盗聴を摘発される」、ほか。

一九三一(昭和六)年

山根　武郎(東京)―在舎一九三一・四〜一九三七・三　工・電気工学科一九三七年卒。逓信省航空局航空試験所。東京鉄道局。後出・山根乙彦氏は従弟。◆忍路海岸でレコード(S七・一

〇・八)、先生講書始めの儀祝賀(S一二・二・二〇)。

増井　哲夫(兵庫)―在舎一九三一・四～一九三四・四　水産専門部養殖科一九三四年卒。以後不詳。若くして死亡(一九四九名簿)。◆クラークを語る月次会(S七・一二・三)、ロッククライミング(S八・一〇・七)、ゾンメルシー(S八・一〇・二九)、ベートーベン・ラジオ放送(S八・一〇・二九)、第四章第八節「ラジオ　盗聴を摘発される」。

藤田　康(東京)―在舎一九三一・五～一九三六・三　理・動物学科一九三六年卒。東京帝大文学部大学院(心理学)進学。以後所属など不詳(東京都久留米村在住)。◇舎内では「康君」と呼ばれ兄・藤田一氏と区別された。◆クラークを語る月次会(S七・一二・三)、ロッククライミング(S八・一〇・七)、ゾンメルシー(S八・一〇・二九)、ベートーベン・ラジオ放送(S八・一〇・二九)、ムイネの心配(S八・一〇・三〇)。

秋葉　万次郎(茨城)―在舎一九三一・五～一九三四・三　水産専門部養殖科一九三四年卒。北海道水産試験場(千歳)。第二次大戦で死亡。◆就職と徴兵(S九・七・二七)、帰省・コソドロ(S九・七・三一)。

一九三二(昭和七)年

佐々木　倫太郎(北海道・帯広)―在舎一九三二・四～一九三三・三　理・物理学科一九三五年入学。以後不詳。◆忍路海岸でレコード(S七・一〇・八)、クラークを語る月次会(S七・一二・三)

金森　久良(北海道・根室)―在舎一九三二・四～一九三三・七　工・機械工学科一九三八年卒(卒業論文は舶用一万馬力汽関の設計)。海軍技術大尉。若くして死亡(一九四九名簿)。◆忍路

海岸でレコード（S七・一〇・八）、クラークを語る月次会（S七・一一・三）。

一九三三（昭和八）年

大鐘　晶（静岡・浜松）―在舎一九三三・四〜一九三七・五　医学部一九三九年卒（内科）。医院を開業（名古屋）。◆軍事教練（S八〜九年）。

大橋　徳司（福島）―在舎一九三三・四〜一九三五・三　農・農芸化学科一九三六年卒。拓務省拓務局。死亡（札幌同窓会名簿・昭和一六年）。◆第四章第三節「上野迄二四時間」。

一九三四（昭和九）年

木村　一郎（茨城）―在舎一九三四・一〇〜一九三六・一一　工・電気工学科一九三九年卒（応召中。陸軍航空兵・中尉）。東芝電気通信技術部などを経て、高校教員、茨城高専教授。◇閉舎記念誌二〇〇五に回想、寄稿。

谷口　直純（東京）―在舎一九三四・一〇〜一九三七・五　工・機械工学科一九四一年卒。石川島重工業（東京）。◆射撃で国薦入賞選手（S一〇・六・一五）。

一九三五（昭和一〇）年

田村　光世（静岡）―在舎一九三五・四〜一九四一・三　山岳部所属。農・農芸化学科一九四一年卒。大日本麦酒。◆国薦入賞選手（S一〇・六・一五）、〈昭和一一年記念祭写真〉、先生講書始めの儀祝賀（S一二・二・二〇）、配給の記事（S一五・七・一五）、食費の暴騰反省（S一六・九・二三）。

玉山　和夫（北海道・帯広）―在舎一九三五・四〜一九四一・三　工・燃料工学科一九四一年卒（一期）。北海道人造石油留萌研究所。北海道札幌石炭局。日本メルク万有・岡崎工場長。◇舎友会員。◆宮部先生喜寿祝い（S一一・一一・三）、中国戦線の拡大（S一三・九・二二）、武漢占領に酔う（S一三・一〇・二七）、軍事教練の査察（S一三・一一・一一）、科学者とエンジニア（S一五・九・一四）。

平山　常雄（茨城）―在舎一九三五・四〜一九四一・三　副舎長（一九三八・二〜一九四一・三）。農・畜産学科一九四一年卒。陸軍獣医学校（世田谷区）。東京農業大学教授。◆宮部先生喜寿祝い（S一一・一一・三）、軍事教練の査察（S一三・一一・一一）。

池谷　理（東京）―在舎一九三五・四〜一九三七・九　工・電気工学科一九四一年卒。東京芝浦電気マツダ支社。東芝・電子管技術部。◆宮部先生喜寿祝い（S一一・一一・三）、〈昭和一一年記念祭写真〉。

柳川　洋一（茨城）―在舎一九三五・四〜一九四一・三　農学科一九四一年卒。自営兼郵便局長（茨城県鹿島郡）◆宮部先生喜寿祝い（S一一・一一・三）、日記への希望（S一四・四・二七）、「聖戦」なる語の真の解釈（S一四・一二・二）、学問と生活（S一五・八・二七）、サイエンスを学ばずテクニク（S一五・八・二八）、科学者とエンジニア（S一五・九・一四）。

植岡　静雄（東京）―在舎一九三五・五〜一九三八・三　副舎長（一九三七・二〜一九三八・二）。山岳部所属。工・鉱山工学科一九三八年卒。三井鉱山（砂川、芦別）。一九五二年から岐阜療養所に入所。◆〈昭和一一年記念祭写真〉。

辻　秀人（岡山）―在舎一九三五・九〜一九三八・八　農学科一九三八年卒。朝鮮総督府専売局技手。戦後、北海道日高支庁三石村で農業高校、根室支庁・中標津高校。◆玄関の看板（S一

〇・一二・二四)、おばさん泥棒を捕らえる(S一二・六・七)。
花島　政人(東京)成城高校卒。―在舎一九三五・九〜一九三八・三　山岳部所属。理・物理学科一九三八年卒。理学部助手。運輸省技術研究所。北大低温科学研究所教授。中谷宇吉郎の弟子で雪氷の共同研究。中谷・花島共著『氷の話』(岩波写真文庫、一九五〇年)ほかあり。◇舎の評議員。◆〈昭和一一年記念祭写真〉。

一九三六(昭和一一)年

細川　弘(北海道)―在舎一九三六・四〜一九三七・八　医学部一九四二年卒。釧路市立病院。函館協会病院外科医長。函館保健所。◆宮部先生喜寿祝い(S一一・一一・三)。
角　　護(のち田中に改姓)(北海道)―在舎一九三六・四〜一九三九・三　医学部一九四二年卒。北海道庁立女子医専(のち札幌医科大学)教授(薬理学)。◆宮部先生喜寿祝い(S一一・一一・三)、食費の暴騰反省(S一六・九・二三)。
手塚　太郎(愛知)―在舎一九三六・四〜一九三七・六　工・機械工学科一九四一・一二卒。東邦電化(株)。陸軍航技中尉(名古屋市大曽根・陸軍航空技術研究所)。◆宮部先生喜寿祝い(S一一・一一・三)。
田原　正明(北海道)―在舎一九三六・四〜一九三九・三　医学部一九四四年卒(内科・小児科)。田原診療所(札幌市)。◆宮部先生喜寿祝い(S一一・一一・三)、おばさん泥棒を捕らえる(S一二・六・七)。
大坪　艶夫(のち関沢に改姓)(栃木)―在舎一九三六・四〜一九三七・四　医学部一九四二年卒。開業(栃木県芳賀郡)。◆宮部先生喜寿祝い(S一一・一一・三)。

平野　浩也（三重）岐阜高等農林学校卒。―在舎一九三六・四〜一九三七・八　理・地質学鉱物学科一九三九年卒。住友砿業奔別鉱業所（北海道空知郡三笠山村幾春別）。若くして死亡（理学部同窓会誌一九五一）。◆欠食規定（Ｓ一一・四・二三）。

一九三七（昭和一二）年

山根　乙彦（北海道）―在舎一九三七・四〜一九四二・九　副舎長（一九四一・三〜一九四二・九）。農・畜産学科一九四二・九繰上げ卒。応召、陸軍獣医大尉・満州西部国境部隊配属。復員後、鳥取農業専門学校、のち鳥取大学農学部獣医学科教授、農学部長。鳥取県の畜産振興に貢献。◇舎の評議員（一九四六年）。閉舎記念誌二〇〇五に寄稿。舎友会員。◆明日の食べ物買い出し（Ｓ一五・一二・三一）、誰も居ない舎（Ｓ一六・一・五）、円山へスキー（Ｓ一六・一・一一）、軍医依託生・陸軍獣医依託生（Ｓ一七・七・六）、ほか。

河口　脩二（山梨）―在舎一九三七・四〜一九四〇・三　工・機械工学科一九四二・九卒。三菱化工機（千葉県船橋）。海軍技術中尉（横須賀工廠）。広島造機。新日本造機。◆月次会（Ｓ一三・六・一八）。

福本　途夫（兵庫）―在舎一九三七・四〜一九四〇・三　馬術部。予科時代、一九三九年山根乙彦らと共に全国高等学校馬術大会で一位。理・化学科一九四二・九卒。以後不詳。若くして死亡（一九四九名簿）。◆先輩を軍医として戦場に送る（Ｓ一三・九・一八）、戦争早く終わらん事を（Ｓ一三・一一・八）、遠友夜学校の授業のために（Ｓ一三・一一・一六）、日記への希望（Ｓ一四・四・二七）、自我の定立を得る修養の場（Ｓ一四・一〇・三〇）、「聖戦」なる語の真の解釈（Ｓ一四・一二・二）。

一九三八(昭和一三)年

渡辺　操(神奈川)盛岡高等農林学校卒。―在舎一九三八・三～一九四〇・三　理・地質学鉱物学科一九四〇年卒。後出・渡辺健氏は弟。三菱金属鉱業(尾去沢鉱業所)(秋田県)。大平鉱業(札幌)◆軍事教練の査察(S一三・一一・一一)。

渡辺　健(神奈川)―在舎一九三八・四～一九四三・九　工・機械工学科一九四三・九卒。海軍技術見習尉官。函館船渠。新潟鉄工所。◆国家有為の人物とは(S一三・九・三〇)、青年寄宿舎は秀才、勉強家の集まり(S一三・一〇・四)、「聖戦」なる語の真の解釈(S一四・一二・二)、科学の基準が欧米より劣る(S一五・九・二八)、食費の暴騰反省(S一六・九・二三)、徴兵検査で市役所に一五時間半(S一八・四・一七)、定山渓薄別温泉(S一八・四・二五)。

井上　真由美(鹿児島)―在舎一九三八・四～一九三九・四　文武会音楽部所属。農芸化学科一九四三年卒(微生物学)。わかもと製薬、自衛隊研究所ほか。著書に『カビの常識・人間の非常識』(平凡社、二〇〇二年)。◆井上君のピアノ演奏(S一三・一一・二三)、第三章第七節「メッチェン論」解題。

平井　宏知(東京)―在舎一九三八・四～一九四〇・九　馬術部。工・電気工学科一九四三・九卒。日本電気・研究所(川崎)。◆国家有為の人物とは(S一三・九・三〇)、大学への地代の納入(S一四・三・一八)。

塚越　喜一郎(茨城)―在舎一九三八・四～一九四一・五　農芸化学科一九四三年卒。水戸農業高校、下館第一高校長など。◇閉舎記念誌二〇〇五に回想を寄稿。

三木　広信(東京)―在舎一九三八・四～一九四一・三　工・土木工学科一九四三・九卒。大阪松村組。川崎製鉄土建部(千葉)。◆月次会(S一三・六・一八)、石狩行(S一五・一〇・一八)、誰も居ない舎(S一六・一・五)。

菅沼　健三(富山)—在舎一九三八・一一〜一九四三・九　副舎長(一九四二・一〇〜一九四三・九)。農・畜産学科一九四四年卒。興農公社(のち雪印乳業)。◇舎の評議員。◆食費の暴騰反省(S一六・九・二三)、舎生に教育召集(S一七・七・一九)、徴兵検査で市役所に一五時間半(S一八・四・一七)、定山渓薄別温泉(S一八・四・二五)、配給所臨時休業(S一八・四・二九)、配給米など盗難(S一八・七・一二)。

一九三九(昭和一四)年

三宅　勝(北海道・帯広)—在舎一九三九・四〜一九四三・九　農・畜産学科一九四三年卒。帯広畜産大学教授。◇舎の理事。舎友会員。◆石狩行(S一五・一〇・一八)、食費の暴騰反省(S一六・九・二三)、軍医依託生・陸軍獣医依託生(S一七・七・六)、定山渓薄別温泉(S一八・四・二五)。

斉藤　弘夫(長野)—在舎一九三九・四〜一九四三・九　工・機械工学科一九四四・九卒。芝浦工機。日立造船。東洋運搬機。◇舎友会員。◆中谷宇吉郎教授の講演(S一四・一〇・七)、「聖戦」なる語の真の解釈(S一四・一二・二)、第四章第一〇節「中谷宇吉郎先生のお話を聴く」、食費の暴騰反省(S一六・九・二三)、ほか。

川又　行雄(愛媛)—在舎一九三九・四〜一九四一・三　農・農業経済学科一九四四・九卒。農林省大阪食糧事務所。◆月次会の訓話(S一五・九・二八)。

河辺　教雄(東京)—在舎一九三九・四〜一九四二・三[?]　工・電気工学科一九四五・九卒。

日本国有鉄道技術研究所・鉄道照明研究室。富士通。◆「聖戦」なる語の真の解釈(S一四・一二・二)、食費の暴騰反省(S一六・九・二三)、屁理屈は書かない(S一七・二・二七)。

竹沢　浩三郎(東京)―在舎一九三九・四〜一九四二・三　理・物理学科一九四四・九卒。以後の職など不詳(東京・目黒区)。◆米の配給切符(S一五・七・一九)、市役所経済課のいやなおやじ(S一五・九・六)、食費の暴騰反省(S一六・九・二三)。

渋川　潤一(青森)―在舎一九三九・四〜一九三九・一一　農学実科一年級の時、興亜青年勤労報国隊に参加した。復学後、巌鷲寮に入る。同実科一九四四年卒。岩手県園芸試験場長。◆大学で満蒙開拓プロパガンダ(S一六・四・一三)。

北畠　有明(鹿児島)―在舎一九三九・五〜一九三九・一二　興亜青年勤労報国隊の募集に応じた。農学実科一九四一年卒。以後不詳。◆満蒙開拓プロパガンダ(S一六・四・一三)。

太田　隆三(青森)―在舎一九三九・一一〜一九四二・七　農学実科一九四三・二卒。青森県野辺地青年師範学校、三本木農業高校ほかで教諭。◆舎生に教育召集(S一七・七・一九)。

一九四〇(昭和一五)年

戸田　守二(東京)―在舎一九四〇・四〜一九四二・四　工・土木工学科一九四五・九卒。大成建設。戸田建設(株)社長。◆月次会の訓話(S一五・九・二八)、円山へスキー(S一六・一・一一)。

三村　拓生(静岡)―在舎一九四〇・四〜一九四七・一　工・機械工学科一九四七・九卒。石川島重工業。ガデリウス商会(東京)。◆東洋中心へと努力(S一七・一・五)、日記は如何に(S一七・二・二四)、テニスコートで剣道(S一七・七・三〇)、定山渓薄別温泉(S一八・四・二五)、賄のおばさんの相談(S一八・一二・四)以下の同月記事。雑煮は大根と餅(S一九・一・一)、買い出し部隊(S一九・一〇・一五)、戦時下にも記念祭(S一九・一一・三)、卒業の色紙(S二二・九・一八)、ほか。

望月　政司(静岡)—在舎一九四〇・四〜一九四五・四　副舎長(一九四四・六〜一九四五・三)。医学部一九四五・四卒(生理学)。北海道帝大超短波(のち応用電気)研究所助手、教授・研究所長(一九七〇〜一九七三年)。山形大学医学部教授・学部長。◇舎の評議員(一九四六年より)、理事。舎友会員。◆山から下りる(S一六・一・六)、食費の暴騰反省(S一六・九・二三)、三度の飯も不十分(S一七・六・二二)、若い医学生を軍医依託生に(S一七・七・六)、「行」めいた動員と国民の体位低下(S一八・三・一〇)、定山渓薄別温泉(S一八・四・二五)、現在の自分の生活に物足らなさ(S一八・七・六)、おばさんにご馳走(S一八・一二・二二)、副舎長自由主義を論ず(S一九・一・二九)、学徒動員を前に(S一九・三・二五)、戦時下にも記念祭(S一九・一一・三)、負けそうな気がする(S二〇・二・一七)、ほか。

細田　収(長野)—在舎一九四〇・四〜一九四一・六　臨時付属医学専門部一九四三年卒(二期)。札幌日赤診療所。五稜郭病院小児科(函館市)ほか。◆学生生活の統制、娯楽も大事(S一五・一〇・一二)、円山へスキー(S一六・一・一一)、学生報国会・隣組・ラジオ体操(S一六・二・一四)。

小林　茂(秋田)—在舎一九四〇・四〜一九四二・九　林学実科一九四二年卒。東北パルプ(株)。十條製紙・秋田工場。◆石狩行(S一五・一〇・一八)。

一九四一(昭和一六)年

白崎　健蔵(青森)—在舎一九四一・四〜一九四二・六　農学実科一九四四年卒。戦死(一九四九名簿)。◆食費の暴騰反省(S一六・九・二三)。

兼平　信一(青森)—在舎一九四一・四〜一九四二・八　医学部一九四七年卒(産婦人科)。開業(黒石市)。◆食費の暴騰反省(S一六・九・二三)。

岡本　久史(静岡)—在舎一九四一・四〜一九四二・一〇　工・電気工学科一九四六・九卒。北海道配電会社。北海道電気保安協会。◆食費の暴騰反省(S一六・九・二三)。

中安　章(兵庫)—在舎一九四一・九〜一九四二・八　工・機械工学科一九四六・九卒。三井造船(玉野市)。日本製鋼。◆食費の暴騰反省(S一六・九・二三)。

秋葉　善一郎(千葉)—在舎一九四一・九〜一九四三・九　工・土木工学科一九四三・九卒。日産土木。千葉県土木部。◆食費の暴騰反省(S一六・九・二三)、定山渓薄別温泉(S一八・四・二五)、配給所臨時休業(S一八・四・二九)。

一九四二(昭和一七)年

飯島　寿(愛知)—在舎一九四二・三〜一九四四・九　副舎長(一九四三・一〇〜一九四四・六)。工・土木工学科一九四四・九卒。愛知県土木部。鴻池組取締役。◆舎生に教育召集(S一七・七・一九)、テニスコートで剣道(S一七・七・三〇)、勉強と賄いは両立せず(S一八・一二・二四)、学徒動員を前に(S一九・三・二五)。

中村　卓三(青森)—在舎一九四二・三〜一九四四・九　農学実科一九四四・九卒。十和田市立伝法中学校ほか教諭。◇舎友会員。
大泉　敬三郎（宮城）―在舎一九四二・三～一九四三・五　理・化学科一九四八年卒。日新化学。住友化学（東京）。◆配給所臨時休業（S一八・四・二九）。
岩瀬　衛司（千葉）―在舎一九四二・四～一九四四・一〇　予科医類（学部進学その他不詳）。◆配給所臨時休業（S一八・四・二九）、理系学生に臨時徴兵検査（S一八・一〇・四～一一・四日記）、石炭配給二トン（S一九・一・一七）、ほか。
内田　清（京都）―在舎一九四二・三～一九四三・一一、一九四五・八～一九四七・九　農林専門部林科一九四七・九卒。自営（東京）。◆テニスコートで剣道（S一七・七・三〇）、配給所臨時休業（S一八・四・二九）、メッチェンの悲鳴（S一八・一一・二二）、禁酒禁煙の訓話・内田君壮行会（S一八・一一・二三）、舎生の入営部隊名が発表（S一八・一一・二六）、決算（S二〇・九・二〇）、敗戦直後の記念祭（S二〇・一一・三）、ほか。
北野　康（山梨）―在舎一九四二・四～一九四七・九　副舎長（一九四五・三～五、一九四六・四～五）。理・化学科一九四七・九卒。神戸大学文理学部講師。名古屋大学水質研究所教授・所長。椙山学園大学学長。著書に『水の科学』（NHKブックス、一九六九年）、『地球環境の化学』（裳華房、一九八四年）ほか。地球化学研究協会学術賞（一九七三年）ほか多数受賞。◆現在の自分の生活に物足らなさ（S一八・七・六）、副舎長自由主義を論ず（S一九・一・二九）、戦時下にも記念祭（S一九・一一・三）、海軍依託学生に化学の北野君を送る（S二〇・二）、学生活の幸福さ（S二〇・七・四）、米軍将校来舎（S二〇・一〇・一六）、ほか。
河瀬　登（北海道・帯広）―在舎一九四二・八～一九四八・九　副舎長（一九四五・五～一一、一九四六・五～一九四七・四）。医学部一九四八年卒。日赤北見病院。河瀬内科小児科医院（岩

見沢)。◇舎の監事。◆副舎長自由主義を論ず(S一九・一一・二九)、授業の理解と真の理解(S一九・二・二七)、戦時下にも記念祭(S一九・一一・三)、テニスコートも畑に(S二〇・八・八)、新型爆弾(S二〇・八・八)、決算(S二〇・九・二〇)、敗戦直後の記念祭(S二〇・一一・三)、送別会の色紙(S二二・九・一八)、戦後復活第一回月次会(S二二・一一・一五)、疑国会(S二二・一一・二八)。

増原　泰三(島根)—在舎一九四二・九[予農二]~一九四三・六　農芸化学科一九四六・九卒。農林省食糧管理局研究所員。◆定山渓薄別温泉(S一八・四・二五)。

佐本　四郎(北海道)—在舎一九四二・一〇~一九四四・九　農学実科一九四四・九卒。農林省北陸農業試験場(新潟県上越町)。◆定山渓薄別温泉(S一八・四・二五)、副舎長自由主義を論ず(S一九・一一・二九)、ヒダカ草・学名に宮部先生の名(S一九・一二・九)。

河村　宏一(のち大沢と改姓)(東京か?)—在舎一九四二・一〇~一九四五・一一[以後]　工・機械工学科一九四七・九卒。日商(東京)。◆配給所臨時休業(S一八・四・二九)、戦時下にも記念祭(S一九・一一・三)、垣根・立木を薪に(S二〇・四・二二)、テニスコートも畑(S二〇・八・九)、決算(S二〇・九・二〇)。

一九四三(昭和一八)年

野尻　慎一(北海道)—在舎一九四三・三~一九四四・一　工・土木工学科一九四八年卒。商工省(のち通産省)電力局調査課。電源開発(岐阜県白川村字御母衣ほか)。◆畠仕事(S一八・五・八)、おばさんにご馳走(S一八・一二・二二)。

熊谷　哲夫(京都)—在舎一九四三・三~一九四四・一　農・畜産学科一九四八卒。農林水産省

家畜衛生試験場で豚コレラ生ワクチン開発。東京農工大学教授。◆配給所臨時休業（S一八・四・二九）。

石川　夏生（高知）―在舎一九四三・三〜一九四七・九　工・機械工学科一九四七・九卒。大崎電気工業（東京）。◆理系学生には臨時徴兵検査（S一八・一〇・一八、一一・二）、おばさんにご馳走（S一八・一二・二二）、戦時下にも記念祭（S一九・一一・三）、決算（S二〇・九・二〇）、舎の実情はほぼ無政府状態（S二〇・九・二八）、送別会の色紙（S二二・九・一八）。

山本　雄二（北海道）―在舎一九四三・三〜一九四六・五　工・電気工学科一九四八年卒。釧路配電業務（帯広）。北海道電力・給電指令所（札幌）。◆おばさんにご馳走（S一八・一二・二二）、宮部先生宅の畠（S二〇・四・二九）、舎の実情はほぼ無政府状態（S二〇・九・二八）、ほか。

田崎　光栄《てるよし》（東京）―在舎一九四三・六〜一九四六・五　副舎長（一九四五・一一〜一九四六・四）。工・電気工学科一九四六・九卒。連合国軍総司令部経済科学局。神鋼電機技術部（東京）。日本電気。◆おばさんにご馳走（S一八・一二・二二）、副舎長自由主義を論ず（S一九・一・二九）、買い出し部隊（S一九・一〇・一五）、石炭不足（S一九・一一・三〇）、敗戦直後の記念祭（S二〇・一一・三）。

本吉　栄太郎（富山）―在舎一九四三・八〜一九四七・九　農・農学科一九四七・九卒。農林水産省統計調査部（富山）。北陸農政局。◆副舎長自由主義を論ず（S一九・一・二九）、忠孝敬神崇祖の四大道（S二一・五・八）、送別会の色紙（S二二・九・一八）、ほか。

草地　良作（北海道）―在舎一九四三・一〇〜一九四八・九　副舎長（一九四七・四〜一九四八・四）。医学部一九四八年卒（生理学）。北大獣医学部、東京女子医大教授。卒業後、寄宿舎の後輩学生の風邪を治しに、ペニシリンを鞄に入れて駆けつけるなど支援。◆おばさんにご馳走（S一八・一二・二三）、石炭配給二トン（S一九・一・七）、新しいおばさん（S一九・一・二三）、副舎長自由主義を論ず（S一九・一・二九）、擬国会（S二二・一一・二八）。
小杉　孝蔵（東京）―在舎一九四三・一〇［予農三］～一九四七・六　農業生物学科一九四八年卒。札幌営林局。林業試験場（木曽、北海道）。◆おばさんにご馳走（S一八・一二・二三）、決算記事（S二〇・九・二〇）。

一九四四（昭和一九）年

石田　茂張（北海道・上川）―在舎一九四四・三～一九四六・一〇　医学部一九五一年卒（整形外科）。旭川市立病院。石田医院（札幌）。◆戦時下にも記念祭（S一九・一一・三）、新型爆弾（S二〇・八・八）、敗戦の受け容れ（S二〇・八・一九）。
平　　巌（北海道）―在舎一九四四・三～一九五一・三　副舎長（一九四八・四～一九四九・二）。医学部一九五一年卒。旭川国策パルプ病院。平外科整形外科医院（旭川）。◇舎の評議員。◆戦時下にも記念祭（S一九・一一・三）、DDTを獲得（S二一・五・一六）、法文学部設立基金の寄付（S二二・一一・九）、疑国会（S二二・一一・二八）、ほか。
今井　俊彦（神奈川）［予科理類］―在舎一九四四・四～一九四六・五　法文学部一九四九年進学、文学科一九五一年卒。朝日新聞社新潟支局。後出・今井輝彦氏は弟。死亡（記念誌一九七四名簿）。
戸倉　亮三（北海道・帯広）―在舎一九四四・四～一九四六・五　医学部一九五一年卒。札幌で開業（小児科）。◆戦時下にも記念祭（S一九・一一・三）。
村上　宏（北海道）―在舎一九四四・四～一九四八・一〇　医学部一九四八年卒（内科）。沙流郡

平取町立病院。釧路労災病院ほか。◇舎の評議員。◆戦時下にも記念祭（S一九・一一・三）、宮部先生の畠（S二〇・四・二九）、寄宿舎の土地に防空壕（S二〇・七・二六）、テニスコートも畑（S二〇・八・九）、敗戦国の味は（S二〇・八・二〇）、天皇陛下も悪であり得ます（S二一・五・七）、忠孝敬神崇祖の四大道（S二一・五・八）、DDTを獲得（S二一・五・一六）、読書会を提起（S二一・五・二〇）、寄宿舎の任務（S二二・四・一四）、戦後復活第一回月次会（S二二・一一・一五）、若き日を蝕む時間潰し屋を憎悪（S二三・六・一九）、第五三回寄宿舎記念祭（S二六・一一・三）。

一九四五（昭和二〇）年

中津　正美（北海道・沼田）─在舎一九四五・四〜一九四八・四　農・専門部林学科一九四八・三卒。沼田木材（株）。◆九名程教会へ行く（S二二・五・一一）、疑国会（S二二・一一・二八）。

清水　和（千葉）─在舎一九四五・四〜一九四六・四　付属土木専門部（卒業年以後、不詳）。◆敗戦の受け容れ（S二〇・八・一九）。

増田　篤男（宮城か？）─在舎一九四五・四〜一九四五・一〇　予科理類。退舎して仙台学寮に移る。以後不詳。◆人格の陶冶と舎内の討論（S二〇・一〇・八）。

辻　利男（大阪）─在舎一九四五・四〜一九四六・四　農・畜産学科一九四八年卒。兵庫県家畜衛生試験場。◆沈滞せる老教授引退せよ（S二〇・一〇・一〇）。

飯田　尚治（北海道・日高）─在舎一九四五・七〜一九四九・七　舎の雑誌の編集などに活躍。付属医学専門部一九五〇年卒（内科）。福島県立医大、北大医学部助手（衛生学）。簡易保険健診センター（札幌）など。◇舎の監事。舎友会員。◆疑国会（S二二・一一・二八）、解散会（S四九・三・二六)。

一九四六(昭和二一)年

旭　哲也(静岡)—在舎一九四六・四〜一九四六・九　農・畜産学科一九五一年卒。国立衛生試験場細菌室長(大阪)。扶桑薬品(株)生物研究部門。◇台北帝大予科に入学—海軍応召—復員・北大予科に復学—青年寄宿舎入寮の経歴を舎の記念誌一九七四に回想、寄稿。

上野　豊(茨城?)—在舎一九四六・五〜一九五二・三　医学部一九五二年卒。医学部助教授(公衆衛生)。防衛庁。秦外科病院(日立市)。◆疑国会(S二二・一一・二八)、財政につき舎生大会(S二三・九・二三)、第五三回記念祭(S二六・一一・三)、ほか。

泉田《せんだ》**　和輝**(東京)—在舎一九四六・五〜一九五〇・三　副舎長(一九四九・二〜一九五〇・三)。合唱団所属。理・化学科一九五〇年卒。関東特殊製鋼・研究課。◆寄宿舎の任務(S二二・四・一四)、戦後復活第一回月次会(S二二・一一・一五)、疑国会(S二二・一一・二八)、へそを隠して先生に(S二三・八・六)、財政につき舎生大会(S二三・九・二三)。

世木沢《せきざわ》**　淳一**(北海道・旭川)—在舎一九四六・五〜一九四八・三　工・応用化学科一九四九年卒。登鶴酒造(旭川)。◆戦後復活第一回月次会(S二二・一一・一五)、疑国会(S二二・一一・二八)。

三角　亨(東京)—在舎一九四六・八〜一九五二・三　農・農業生物学科一九五二年卒。農学部助手。札幌市立高校(旭丘、藻岩など)教諭。かたわら自然保護運動に従事。寄宿舎の行事に参加し学生を指導。◇舎の評議員、理事。◆疑国会(S二二・一一・二八)、授業料というものの存在(S二三・六・一七)、第五三回記念祭(S二六・一一・三)。

大類《おおるい》　徹也（東京　［帯広市］）―在舎一九四六・八～一九五二・三　工・応用化学科一九五二年卒。住友化学（新居浜）。後出・大類俊雄氏は弟。◆疑国会（S二三・一一・二八）、第五三回記念祭（S二六・一一・三）。

森田　一二（北海道・三笠）―在舎［予科工類一年］一九四六・九～一九五〇［？］　法文学部・哲学科一九五二年卒。室蘭栄高校教諭。◆疑国会（S二二・一一・二八）、演説三件（S二三・一一・二九）、ほか。

福重　裕康（高知）―在舎［予科一年］一九四六・九～一九四八・六　農・農学科一九五二年卒。（育種学）。弘前大学農学部助教授（八〇周年記念誌名簿）。後出・福重隆幸氏は兄。◆疑国会（S二二・一一・二八）。

今井　輝彦（神奈川）―在舎一九四六・九～一九四八・七　予科医類。死亡（一九四九名簿）。◆疑国会（S二二・一一・二八）。

福重　隆幸（高知）―在舎［予科農類二年］一九四六・九～一九四八・六　法経学部法律学科一九五五年卒。北海道（人事委員会ほか）。◆疑国会（S二二・一一・二八）。

明智　将次（福島）―在舎［予科理類三年］一九四六・九～一九四八・六　法文学部経済学科一九五〇年卒（一期生）。日本タイヤ護謨（福岡、福島ほか）。◆疑国会（S二二・一一・二八）。

中川　文夫（徳島）―在舎一九四六・一〇～一九五一・三　農・農業経済学科一九五一年卒。農業。◆戦後復活第一回月次会（S二二・一一・一五）、疑国会（S二二・一一・二八）、演説三件（S二三・一一・二九）。

一九四七(昭和二二)年

吉田　司(熊本)─在舎一九四七・四〜一九五二　農・農芸化学科一九五三年卒。参松工業千葉工場◆寄宿舎修繕の相談(S二二・五・一)、疑国会(S二二・一一・二八)、ほか。

中田　勝也(大分)─在舎一九四七・四〜一九五四・八　工・電気工学科一九五五年卒。北海道恵庭高校、秋田県能代高校教諭。◆寄宿舎修繕の相談(S二二・五・一)、戦後復活第一回月次会(S二二・一一・一五)、疑国会(S二二・一一・二八)、ほか。

坂井　一(北海道・北見)─在舎一九四七・五〜一九五三・三　副舎長(一九五一・一〇〜一九五二・九[?])。理・物理学科一九五三年卒、同大学院、米ジョンズ・ホプキンズ大学院進学。マサチューセッツ大学(アマースト校)理学部教授。◆寄宿舎修繕の相談(S二二・五・一)、新憲法に期待(S二二・五・三)、疑国会(S二二・一一・二八)、財政につき舎生大会(S二三・九・二二)。

河村　寛弘(北海道)─在舎一九四七・五〜一九五二・三[?]　予科卒。法文学部文学科(国文学)中退。北海道赤平高校、札幌南高校教諭。◇教員不足の情勢下、在学中から教員をしており、赤平高校校歌の詞を恩師・風巻景次郎教授に依頼したという。◆法文学部設立基金の寄付(S二二・一一・九)、疑国会(S二二・一一・二八)、財政につき舎生大会(S二三・九・二二)。

一九四八(昭和二三)年

角田《かくた》　和夫(北海道・幕別)─在舎一九四八・四〜一九五一・三　副舎長(一九五〇・四〜一九五〇・一〇)。工・土木工学科一九五一年卒。北海道開発局・同研究所に勤務、のち北海道工

業大学教授。◇舎の理事。日誌の読解・浄書に協力。本書の出版を支援。舎友会員。◆第五三回記念祭（S二六・一一・三）、第四章第三節「昭和四九年　待望の改築」。

山崎　豊（北海道・帯広）―在舎一九四八・四～一九五三・三　工・応用化学科一九五三年卒。昭和石油（東京、横浜、四日市）。◇舎友会員。◆演説三件（S二三・一一・二九）。

山本　竜（北海道・旭川）―在舎一九四八・四～一九五三・三　農・林学科一九五三年卒。高橋貿易商会。南大通りビル（株）社長。（札幌）◇舎の評議員。◆第五三回記念祭（S二六・一一・三）。

黒嶋　振重郎（北海道・名寄。一九三〇年生）―在舎一九四八・四～一九五五・三　医学部一九五五年卒。北大医学部助教授（第二外科）などを経て帯広厚生病院長。のち日本赤十字病院伊達健診センター。青年寄宿舎第五代理事長一九九五～二〇〇二年。◇舎友会員。◆財政につき舎生大会（S二三・九・二二）、第五三回記念祭（S二六・一一・三）。

辻　功（北海道・旭川）―在舎一九四八・四～一九五五・三　医学部一九五五年卒。辻内科消化器科（函館）◇舎の評議員。舎友会員。

宝示戸《ほうじと》　貞雄（東京）―在舎一九四八・六～一九五一・四　農・農学科一九五一年卒。農林省・草地研究所（栃木）。のち雪印種苗（札幌）。◇舎友会員。

相馬　高（青森）―在舎一九四八・八～一九五二・四　工・電気工学科一九五二年卒。北海道電力勤務。在舎時ベートーベン「第九」の合唱に参加。◇舎友会員。◆生活をより良くするための技能を習得すること（S二五・四・一）、第五三回記念祭（S二六・一一・三）。

本橋　常正（鳥取）―在舎一九四八～一九五二・三　農・獣医学科一九五二年卒。日本生物科学研究所（立川市）。◇舎友会員。◆第五三回記念祭（S二六・一一・三）。

一九四九(昭和二四)年

長谷川　晟(北海道・常呂)—在舎一九四九・四〜一九五二・三　副舎長(一九五〇・一〇〜一九五一・九)。工・機械工学科一九五二年卒。富士製鉄広畑。新日鉄・設備技術センター。◆第五三回記念祭(S二六・一一・三)、第四章第三節「昭和四九年　待望の改築」。

中林　忠志(東京)—在舎一九四九・一〇〜一九五三・三　工・電気工学科一九五三年卒。北海道放送。日本オーディオ取締役。評論を執筆。◇本書の出版を支援。舎友会員。

一九五〇(昭和二五)年

小松　雅弘(長野)—在舎一九五〇・五〜一九五四・三　副舎長(一九五三・四[?・]〜一九五三・九[?・])。法学部一九五四年卒。野村證券(札幌ほか)。

伊藤　弘(北海道)—在舎一九五〇・一〇〜一九五一・三　工・電気工学科一九五五年卒。釧路工業高校教諭。釧路高専教授。◇一九五〇(S二五)年の宮部・奥田両先生との出会いについて舎の八〇周年誌一九七八、に回想、寄稿。◇舎友会員。

一九五一(昭和二六)年

藤井　郁雄(北海道・富良野)—在舎一九五一・四〜一九五三・三　工・機械工学科一九五三年卒。新日本製鉄。後出・藤井農夫也氏は弟。◇舎の評議員。舎友会員。

大類　俊雄(東京［帯広市］)—在舎一九五一・四〜一九五四・八　副舎長(一九五三・九〜一九五四・七)。工・電気工学科一九五五年卒。北海道放送ラジオ技術部、技術局。◆第五三回記念祭（S二六・一一・三）。

安孫子　保（埼玉）―在舎一九五一・四～一九五七・三　副舎長（一九五五・九～一九五六・四）。医学部一九五七年卒（薬理学）。福島県立医大助教授。旭川医大教授・副学長。◇本書の出版を支援。舎友会員。◆創立五六年記念祭（S三〇・一一・三）。

後藤　史郎（北海道・釧路）―在舎一九五一・一〇～一九五六・三　医学部一九五六年卒。札幌市立病院産婦人科。舎の記念誌に絵画と回想文を寄稿。◇舎の評議員。舎友会員。

一九五二（昭和二七）年

西村　隆男（北海道・旭川）―在舎一九五二・四～一九五四・八、一九五五・九～一九五八・三　副舎長（一九五六・九～一九五七・四）。医学部一九五八年卒。美瑛町立病院産婦人科。旭川レディスクリニック。◇舎友会員。

平野　伸吾（北海道・滝川）―在舎一九五二・五～一九五四・九　農業経済学科一九五六年卒。全購連（現・全農）（東京、農協ビル）。◇舎友会員。

一九五三（昭和二八）年

牧田　章（北海道・上川）―在舎一九五三・四～一九五六・三　副舎長（一九五四・七～一九五五・八）。医学部一九五六年卒。北大癌研究所教授（生化学）。北海道文教大学教授。後出・牧田道夫氏は弟。◇舎の理事。舎友会員。

一九五四（昭和二九）年

藤井　農夫也（北海道・富良野）―在舎一九五四・四～一九五八・三　工・鉱山工学科一九五八年卒。三井鉱業。三鉱建設社長。（岩見沢市）◇舎の評議員。舎友会員。

佐藤　章（愛知・名古屋）―在舎一九五四・五～一九五六・四　教養課程理類修了、札幌医科大学進学、一九六〇年卒。北海道衛生部、岩見沢保健所長ほか。（美唄市）◇舎の理事。舎友会員。日誌の読解・電子化に協力。

蔀《しとみ》　明（北海道・名寄）―在舎一九五四・六～一九五八・三　副舎長（一九五七・四～九）。経済学部一九五八年卒。北海道拓殖銀行。（札幌市）

田端　宏（東京）―在舎一九五四・九～一九五七・三　副舎長（一九五六・四～九）。文・史学科一九五七年卒。小樽桜陽高校教諭、のち大学院修士課程を経て北海道教育大学教授・分校主事、道都大学教授など。日本近世史・地方史専攻。◇舎の評議員。舎友会員。本書の編集委員長。

加藤　正道（埼玉。一九三三年生）―在舎一九五四・九～一九五七・一〇　医学部一九五七年卒。のち北大医学部教授（生理学）。日鋼病院養護学校長、札幌山の上病院・臨床脳神経研究施設顧問など。青年寄宿舎第四代理事長、一九八五～一九九五年在任。◇舎友会員。

佐藤　茂行（北海道・端野）―在舎一九五四・九～一九五七・一〇　経済学部一九五七年卒、大学院修士課程進学、在舎。のち同学部教授・学部長。北海道武蔵女子短大学長。経済学史・思想史を専攻◇舎の監査、評議員。本書の出版を支援。舎友会員。

鶴田　忠孝（山梨）―在舎一九五四・一〇～一九五七・五　医学部一九六〇年卒。鶴田内科小児科（札幌市）。◇舎の記念誌一九九九に寄稿。

浜田　龍夫（高知）―在舎一九五四・一〇～一九五六・九　農・農芸化学科一九五七年卒、京大大学院。農水省畜産試験場。◇閉舎記念誌二〇〇五に回想。

奥田　利恒（新潟。一九三二年生）―在舎一九五四・一一～一九五七・四　教育学部一九五六年卒。大学院修士課程。北海道立高校長（帯広柏葉、札幌月寒ほか）、教育庁勤務、北海道大学講師などを経て青年寄宿舎第六代理事長（二〇〇二～二〇〇五年）として舎の最後の経営と閉舎事業をとり仕切る。現在、舎生の同窓会「舎友会」の会長。◇本書の編集委員。◆創立五六年記念祭（S三〇・一一・三）。

一九五五（昭和三〇）年

牧田　道夫（北海道・上川）―在舎一九五五・四～一九五七・九　農・農学科一九五九年卒。大学院修士課程。日本甜菜振興会甜菜研究所（札幌）。◇舎の記念誌一九九九に寄稿。

土井　敦（京都・舞鶴）―在舎一九五五・一一～一九五七・三　農・畜産学科一九五九年卒。北連（現ホクレン）畜産企画課（札幌）。◇舎友会員。

小島　義夫（新潟）―在舎一九五五・一二～一九五八・五　獣医学部一九五七年卒、大学院修士課程進学、在舎。静岡大学農学部教授。

【参考資料】

『札幌農学校一覧』、『東北帝国大学農科大学一覧（明治四〇～大正六年）』、『北海道帝国大学一覧（大正七～昭和一九年）』、『北海道大学一覧（昭和二七年）』

『札幌同窓会報告』、『札幌同窓会会員名簿』

『同窓農友会々報』、『札幌農学実科同窓会会報』、『札幌林学会・シルバ会会員名簿』
『北海道帝国大学卒業生住所録』、『北海道大学卒業生一覧』、『北海道大学同窓会員名簿』、『北海道大学北海道同窓会名簿(昭和五八年版)』
『北工会会員名簿(昭和九、昭和一六年)』、『北工同窓会々員名簿(昭和一八年一二月現在)』、
『北海道大学工学部卒業生名簿』、北海道大学工学部同窓会『会員名簿』
『理学部会誌(昭和七～一五年)』、『北海道大学理学部同窓会誌(昭和二六～)』
『北大医学部同窓会新聞』
『東北大学卒業生名簿(明治四一年七月～昭和三六年三月まで) 東北大学一覧別冊』
『北大百年史・部局史』(一九八〇年)、『北大百年史・通説』(一九八二年)
『創立十周年記念青年寄宿舎一覧』(一九〇八年)、『青年寄宿舎一覧(創立三〇周年記念)』(一九二八年)、『青年寄宿舎五十年史』(一九四九年)、『青年寄宿舎喜寿・改築記念誌』(一九七四年)、
『青年寄宿舎八〇周年記念誌』(一九七八年)、『青年寄宿舎百周年記念誌』(一九九九年)、『我が北大青年寄宿舎』(閉舎記念誌、二〇〇五年)

これらのうち青年寄宿舎以外の発行になる各種資料の利用あるいは関連情報の入手に当たっては、北海道大学大学文書館、工学部・理学部・医学部の各図書室、工学部同窓会、札幌農学振興会、東北大学・関西大学・金沢大学の各図書館、北海道立図書館ほかの各機関においてご協力を得ることができた。そのほかに本編集委員および舎友会の方々から色々ご教示をいただいた。お名前を挙げることは略させていただくが、記して感謝の意を表したい。

(所 伸一)

資料　青年寄宿舎生の群像 索引

第6章「資料 青年寄宿舎生の群像」において掲載された舎生の名前を50音順に並べ，その入舎の年を示した。年代順配列の「資料」を利用するツールとなるであろう。

［あ］

青木　金作　1914(大正3)
青木　三哉　1900(明治33)
赤羽　敬二　1923(大正12)
赤松　速雄　1927(昭和2)
秋葉　善一郎　1941(昭和16)
秋葉　万次郎　1931(昭和6)
明智　将次　1946(昭和21)
朝倉　金彦　1903(明治36)
旭　哲也　1946(昭和21)
足助　素一　1899(明治32)
足立　仁　1917(大正6)
安達　貞三郎　1912(明治45)
安孫子　保　1951(昭和26)
安部　忠一　1900(明治33)
荒川　一　1910(明治43)
荒谷　正三　1905(明治38)

［い］

飯島　寿　1942(昭和17)
飯島　護凱　1921(大正10)
飯田　尚治　1945(昭和20)
池田　競　1899(明治32)
池谷　理　1935(昭和10)
井澤　孝三　1922(大正11)
石川　夏生　1943(昭和18)
石澤　達夫　1899(明治32)
石田　茂張　1944(昭和19)
石津　半治　1906(明治39)
石橋　道助　1926(大正15)
伊勢田　実　1924(大正13)
板緑　秀太郎　1922(大正11)
伊東　豊治　1924(大正13)
伊藤　弘　1950(昭和25)
犬飼　哲夫　1916(大正5)
井上　真由美　1938(昭和13)
今井　三子　1921(大正10)
今井　輝彦　1946(昭和21)
今井　俊彦　1944(昭和19)
今田　東一　1911(明治44)
井街　顕　1898(明治31)
岩瀬　衛司　1942(昭和17)

［う］

植岡　静雄　1935(昭和10)
上杉　恒栄　1909(明治42)
上野　豊　1946(昭和21)
上野　亮太　1903(明治36)
内田　清　1942(昭和17)
内田　黍郎　1908(明治41)
梅津　元昌　1921(大正10)

［え］

江川　金吾　1905(明治38)
江尻　唯一　1923(大正12)

[お]

大泉　敬三郎　1942（昭和17）
大岩　皐一　1929（昭和4）
大鐘　晶　1933（昭和8）
大小島　真二　1917（大正6）
大坂　正一　1905（明治38）
逢坂　信悉　1900（明治33）
大島　正幸　1929（昭和4）
太田　廣吉　1919（大正8）
太田　隆三　1939（昭和14）
大谷　義夫　1926（大正15）
大塚　憲郷　1927（昭和2）
大坪　艶夫　1936（昭和11）
大橋　徳司　1933（昭和8）
大原　純吉　1909（明治42）
大類　徹也　1946（昭和21）
大類　俊雄　1951（昭和26）
岡田　盛隆　1917（大正6）
岡田　玄武　1919（大正8）
岡部　彦庫　1916（大正5）
岡本　久史　1941（昭和16）
小河原　義雄　1913（大正2）
奥田　利恒　1954（昭和29）
奥田　義正　1919（大正8）
奥間　源蔵　1911（明治44）
小熊　一義　1909（明治42）
小野　栄治　1914（大正3）
小野崎　浩三　1907（明治40）

「か]

角田　和夫　1948（昭和23）
影山　滋樹　1899（明治32）
加藤　正道　1954（昭和29）
金森　久和　1929（昭和4）
金森　久良　1932（昭和7）
兼平　信一　1941（昭和16）
亀井　専次　1913（大正2）
河口　脩二　1937（昭和12）
川島　三二　1923（大正12）
川尻　仁　1905（明治38）
河瀬　登　1942（昭和17）
川原　鳳策　1927（昭和2）
河辺　教雄　1939（昭和14）
川又　行雄　1939（昭和14）
河村　精八　1898（明治31）
河村　寛弘　1947（昭和22）
河村　宏一　1942（昭和17）
菅　真三　1909（明治42）

[き]

希代　一郎　1917（大正6）
北野　康　1942（昭和17）
北畠　有明　1939（昭和14）
北村　卓爾　1911（明治44）
木村　一郎　1934（昭和9）

[く]

草地　良作　1943（昭和18）
熊谷　哲夫　1943（昭和18）
黒岩　吉之助　1917（大正6）
黒嶋　振重郎　1948（昭和23）

[こ]

黄金井　解三　1899（明治32）
小島　義夫　1955（昭和30）
小杉　孝蔵　1943（昭和18）
後藤　源太郎　1927（昭和2）
後藤　史郎　1951（昭和26）
五藤　威夫　1916（大正5）
小林　作五郎　1918（大正7）
小林　茂　1940（昭和15）
小林　安序　1904（明治37）
小藤　孝徳　1898（明治31）

小松　佐一　　1915(大正 4)
小松　雅弘　　1950(昭和 25)
小松原　謙平　　1908(明治 41)
今　興太郎　　1904(明治 37)
近藤　俊二郎　　1905(明治 38)

［さ］

斉藤　蔵之助　　1904(明治 37)
斉藤　弘夫　　1939(昭和 14)
坂井　一　　1947(昭和 22)
坂本　文雄　　1922(大正 11)
桜林　繁　　1929(昭和 4)
佐々木　武尚　　1925(大正 14)
佐々木　倫太郎　　1932(昭和 7)
笹田　磐　　1922(大正 11)
笹部　義一　　1919(大正 8)
笹部　三郎　　1924(大正 13)
佐藤　章　　1954(昭和 29)
佐藤　茂行　　1954(昭和 29)
佐藤　秀太郎　　1910(明治 43)
佐原　武雄　　1927(昭和 2)
佐本　四郎　　1942(昭和 17)

［し］

蔀　明　　1954(昭和 29)
篠塚　栄次　　1908(明治 41)
柴内　魁雄　　1924(大正 13)
渋川　潤一　　1939(昭和 14)
渋谷　誠志　　1918(大正 7)
清水　和　　1945(昭和 20)
下村　新二郎　　1912(大正 1)
首藤　勇郎　　1918(大正 7)
荘司　経雄　　1906(明治 39)
荘保　忠三郎　　1926(大正 15)
白井　七郎　　1905(明治 38)
白川　勇　　1916(大正 5)
白崎　健蔵　　1941(昭和 16)
白根　治一　　1923(大正 12)

［す］

末光　績　　1900(明治 33)
菅沼　健三　　1938(昭和 13)
杉本　良次　　1924(大正 13)
鈴木　限三　　1903(明治 36)
角　護　　1936(昭和 11)

［せ］

世木沢　淳一　　1946(昭和 21)
関谷　正　　1927(昭和 2)
瀬戸　太一　　1902(明治 35)
泉田　和輝　　1946(昭和 21)

［そ］

相馬　高　　1948(昭和 23)
曽木　平八郎　　1899(明治 32)
薗田　市蔵　　1912(大正 1)

［た］

平　巖　　1944(昭和 19)
高木　亮　　1908(明治 41)
高橋　戌亥　　1910(明治 43)
鷹野　継次　　1913(大正 2)
高松　進三　　1904(明治 37)
高松　正信　　1901(明治 34)
竹尾　茂彦　　1900(明治 33)
竹沢　浩三郎　　1939(昭和 14)
竹田　茂　　1901(明治 34)
田崎　光栄　　1943(昭和 18)
田嶋　嘉雄　　1927(昭和 2)
多勢　俊一　　1921(大正 10)
多田　邦衛　　1912(大正 1)
伊達　宗雄　　1917(大正 6)
田中　悦郎　　1916(大正 5)
田中　元次郎　　1904(明治 37)

谷口　直純　1934(昭和9)
田端　宏　1954(昭和29)
田原　正明　1936(昭和11)
玉川　義雄　1922(大正11)
玉山　和夫　1935(昭和10)
田村　光世　1935(昭和10)
田村　與吉　1903(明治36)
丹治　七郎　1906(明治39)

［つ］

塚越　喜一郎　1938(昭和13)
辻　功　1948(昭和23)
辻　義一　1911(明治44)
辻　利男　1945(昭和20)
辻　秀人　1935(昭和10)
坪田　進太郎　1928(昭和3)
鶴田　忠孝　1954(昭和29)

［て］

手塚　太郎　1936(昭和11)
寺岡　義郎　1928(昭和3)

［と］

土井　敦　1955(昭和30)
土井　久作　1922(大正11)
土井　恒喜　1927(昭和2)
時田　郇　1921(大正10)
徳田　義信　1904(明治37)
戸倉　亮三　1944(昭和19)
戸田　守二　1940(昭和15)
戸野　博　1911(明治44)
豊島　憲二　1911(明治44)

［な］

永井　肇造　1930(昭和5)
中川　一郎　1926(大正15)
中川　文夫　1946(昭和21)
中島　九郎　1903(明治36)
中島　顕三　1914(大正3)
中田　勝也　1947(昭和22)
中津　正美　1945(昭和20)
中林　忠志　1949(昭和24)
中村　卓三　1942(昭和17)
中村　豊次郎　1898(明治31)
中村　弘志　1919(大正8)
中村　正壽　1905(明治38)
中安　章　1941(昭和16)

［に］

西潟　高一　1924(大正13)
西村　隆男　1952(昭和27)

［ね］

根岸　泰介　1898(明治31)
根本　弘之　1909(明治42)

［の］

野崎　健之助　1924(大正13)
野尻　慎一　1943(昭和18)
野村　虎男　1926(大正15)

［は］

波木居　修一　1921(大正10)
橋本　健三郎　1900(明治33)
長谷川　晟　1949(昭和24)
長谷川　静雄　1921(大正10)
畑　一郎　1903(明治36)
畑　賢二　1927(昭和2)
服部　重雄　1909(明治42)
花島　政人　1935(昭和10)
羽生　氏俊　1902(明治35)
馬場　常次　1920(大正9)
浜田　龍夫　1954(昭和29)
浜本　喜一　1924(大正13)

林　基一　1903(明治 36)
林　吉男　1911(明治 44)

[ひ]

樋浦　大三　1924(大正 13)
彦坂　重信　1926(大正 15)
日野　寿作　1914(大正 3)
平井　宏知　1938(昭和 13)
平岡　寿　1923(大正 12)
平川　好文　1924(大正 13)
平戸　勝七　1923(大正 12)
平野　伸吾　1952(昭和 27)
平野　浩也　1936(昭和 11)
平野　三夫　1923(大正 12)
平山　常雄　1935(昭和 10)
広瀬　角治　1928(昭和 3)

[ふ]

福重　隆幸　1946(昭和 21)
福重　裕康　1946(昭和 21)
福富　邦夫　1924(大正 13)
福本　途夫　1937(昭和 12)
藤井　郁雄　1951(昭和 26)
藤井　為次郎　1900(明治 33)
藤井　農夫也　1954(昭和 29)
藤田　一　1930(昭和 5)
藤田　康　1931(昭和 6)

[へ・ほ]

邊見　勇彦　1899(明治 32)
宝示戸　貞雄　1948(昭和 23)
細田　収　1940(昭和 15)
細川　弘　1936(昭和 11)
本間　憲一　1927(昭和 2)

[ま]

前川　十郎　1907(明治 40)
牧田　章　1953(昭和 28)
牧田　道夫　1955(昭和 30)
増井　哲夫　1931(昭和 6)
増田　篤男　1945(昭和 20)
増原　泰三　1942(昭和 17)
松井　秀吉　1901(明治 34)
松尾　悌治郎　1904(明治 37)
松島　景三　1921(大正 10)
松本　純爾　1905(明治 38)

[み]

三木　広信　1938(昭和 13)
三角　亨　1946(昭和 21)
三田村　正孝　1906(明治 39)
三村　拓生　1940(昭和 15)
三宅　勝　1939(昭和 14)
宮脇　堅太郎　1925(大正 14)

[む]

村井　梅次郎　1917(大正 6)
村岡　時夫　1916(大正 5)
村上　宏　1944(昭和 19)
村上　雄之助　1901(明治 34)

[も]

望月　政司　1940(昭和 15)
本橋　常正　1948(昭和 23)
本吉　栄太郎　1943(昭和 18)
森田　一二　1946(昭和 21)
守谷　八五郎　1911(明治 44)

[や]

矢口　道愛　1923(大正 12)
安井　勉　1911(明治 44)
安田　一次　1929(昭和 4)
矢田　茂夫　1921(大正 10)
柳川　秀興　1904(明治 37)

柳川　洋一　1935（昭和 10）
山縣　汎　1920（大正 9 ）
山口　九郎　1920（大正 9 ）
山口　千之助　1920（大正 9 ）
山崎　豊　1948（昭和 23）
山下　太郎　1906（明治 39）
山田　弥三郎　1920（大正 9 ）
山根　乙彦　1937（昭和 12）
山根　武郎　1931（昭和 6 ）
山本　雄二　1943（昭和 18）
山本　竜　1948（昭和 23）

［よ］

吉川　萬雄　1929（昭和 4 ）
吉川　藤左衛門　1901（明治 34）
吉田　新七郎　1904（明治 37）
吉田　司　1947（昭和 22）
吉田　守一　1900（明治 33）
米山　豊　1899（明治 32）

［わ］

若木　恕佑　1906（明治 39）
若松　不二夫　1930（昭和 5 ）
和田　梓之助　1906（明治 39）
渡辺　喜巾　1916（大正 5 ）
渡辺　健　1938（昭和 13）
渡辺　文雄　1917（大正 6 ）
渡辺　操　1938（昭和 13）

あとがき

青年寄宿舎閉舎記念の式典(平成一七年一一月三日)の後、創立以来の日誌をまとめた出版の計画について打ち合わせ会が何度か開かれ、日誌全冊全文のCD版作成のこと等、出版計画の準備が進められ、奥田舎友会会長は平成一八年一一月の青年寄宿舎舎友会第一回総会で日誌出版計画を決定する運びを進めた。

同年一二月には最初の「日誌復刻編集委員会」がもたれて、委員それぞれが分担する冊数をきめて、直ちに原稿化に着手した。宮部先生が健在であった年代、昭和二五年までの三一冊の全文を解読、原稿化することとして編集会議を開いては進捗状況を確かめ、また問題点を相談し、作業が進められた。この原稿化作業には本州方面在住の舎生OBに力を借りることも出来たし、手書き原稿のデジタル化に協力してくれたOBもあった。手書き原稿はかなりの枚数であったが、低額の謝金でデジタル入力作業を行ってくれるボランティア的専門家を探し出し(草苅委員の差配であった)、効率よく進めることが出来た。

この頃から後は、メンバーを縮小して「編集委員会幹事会」(奥田、田中、草苅、所、田端の五委員)という形で編集作業を進めた。

この間にネット上に「北大青年寄宿舎の日誌」ホームページ開設の作業も行われた。このHP上にはメニューに日誌の目次があって、昭和二五年までのデジタル化が済んでいる日誌原文を読むことが出来るようになっているし、ブログの部分には編集会議の様子を伝える記事・写真がその時々に載せられるというように草苅委員の手で管理されている。

こうして平成二〇年一一月の舎友会総会では予定の三一冊原稿化完了が報告されるまでに進んだ。四〇〇字原稿換算で四七二四枚、そのうち一部が手書き原稿からデジタル化するための入力作業中ということであった。

この後、各委員担当分のうちから興味深いと思われる項目の拾い出し作業を進めてもらい、それを基にして刊行書の形に編集して行くこととなった。

①宮部先生と舎生：先生・諸先輩のお話、舎生の態度等、②舎生の主張：評論、論争、感想等、③寄宿舎生活の諸相：遠足などの諸行事等々、④資料編にあたる明治〜大正〜昭和、編年の日誌原文――この大枠によって章、節を考え、そのテーマごとに日誌記事をならべ、各節に前置き(リード)の小文と、末尾に解題にあたる小論を付ける、という形を取ることにした。

加えて、多彩な舎生OB像を紹介する一覧資料的な章を付することを考えた。日誌等寄宿舎関係の資料、大学文書館等の卒業生名簿類、そのほかの資料を渉猟して多くの舎生OBに関する記録を整理し、一つの章(第六章)を作り上げたのは所委員であった。この青年寄宿舎生群像の資料は有能・多彩な人材の輩出を質・量共に豊富に、具体的に明示するものであり、また同委員の執筆した「付録年表　北海道大学の私設寮」および「青年寄宿舎の現代的意義」は青年寄宿舎の位置づけと私設寮それぞれの創立、規模、閉寮などを概説、分析した研究であり、前記の舎生OB群像とあわせて類書に例を見ない特徴を本書に加えたものである。

原稿をそろえるのには時間がかかったが平成二四年三月、ほぼ出来上がった。草苅委員はこれを整理してA４判三〇〇頁ほど、目次、表紙も付けた仮製本を仕上げた。出版計画は最終段階にかかったのである。所委員は北大出版会と慎重な話し合いを続けていた。奥田、所、田中、草苅の委員諸氏はそれぞれのコネクションによって出版助成を受ける道筋をたどっていた。そして八月には北海道大学クラーク記念財団と札幌農学振興会からの助成内定の報が、九月には入稿していた原稿について北海道大学出版会企画委員会通過の報が相次いで届いたのだった。編集委員会は校正のメンバーを補強して最終の編集過程の体制も整え、「あとがき」を記すところにまで至ることが出来た。

本書の刊行に当たっては北海道大学クラーク記念財団、札幌農学振興会より出版助成に多大のご配慮をいただきました。厚く御礼申し上げます。北海道大学出版会、(株)アイワードの担当者の方々には出版に当たって様々に助言等をいただき感謝致しております。

多くの舎生OBの皆さんの御支持、御協力の下でこの出版計画を進めることが出来、本書の出版を実現出来たことについては編集関係者一同、大きな喜びとあわせて感謝の思いを厚くしているところです。

編集委員長　田端　宏

編集に参加した舎生OBの氏名(入舎年月日順)等を以下に掲げる。

角田和夫	昭和二三年四月入舎	工学部	財団法人青年寄宿舎理事	編集委員会委員
佐藤　章	二九年五月	理類・札医大	同　理事	同　委員
田端　宏	二九年九月	文学部	同　評議員	同　編集委員長
奥田利恒	二九年一一月	教育学部	同　理事長	同　幹事会
長谷川栄	三五年四月	法学部		同　委員
中橋正憲	三六年四月	経済学部		同　委員
澤田幸治	四二年四月	理学部	同　理事	同　委員

中川　徹	四三年四月	農学部	同　評議員　同　委員
田中敏滋	四四年四月	法学部	同　理事　同　幹事会
所　伸一	四五年三月	教育学部	同　理事　同　編集副委員長
草苅　健	四五年四月	農学部	同　評議員　同　幹事会
太田　実	四七年九月	工学部	編集委員会メンバーとして資料解読担当
大川健二	四八年四月	文類	同　資料解読担当
成田　孝	四八年四月	工学部	同　資料解読担当
菅原広剛	六一年四月	工学部	同　原稿デジタル化担当

編集後記

私は、昭和二二年、二三年、二四年の日誌の一部の解読を手伝いましたが、判読できない部分もあり、苦労しました。

しかし、私の在舎期間と重なっていたこともあり、当時一緒に暮らした懐かしい人や寄宿舎の生活が思い出され、誠に有意義な仕事をさせて貰ったと感謝しております。

特に、新入舎生歓迎会、退舎される先輩の送別会と演芸大会の様子、宮部先生の卒寿のお祝、月次会や記念祭、部屋の組替えや春秋の大掃除、他学生寮と卓球等の対抗試合、食糧難や舎の財政のことなど、当時の寄宿舎の生活が目に浮かぶようでした。

膨大な資料をまとめ編集された諸兄のご苦労に対し、深甚なる敬意を表します。


（角田和夫）


私が一〇七年の歴史を有する青年寄宿舎のＯＢとして記録され、且つ、記念誌編集作業の一部に関わる光栄を与えられたことに感謝申し上げたい。

私達のグループの任務は、先輩の残した日誌を解読し、原稿化することであったが、日誌を書いた人の意図を正しく読み解くことができたのかというと、少し自信がない。が幸いにして原文は保存されているので検証の機会は今後持ちうるものと思う。

担当した箇所の出来事の中で一番印象に残っているのは、雪中遭難により先輩舎生一名が若くして死亡した事件である。悲しむべき事件、教訓として語り継がれるべき事件として充分に分析検討されたのかという疑問が残ったが、このことについての記載はなかった。

（佐藤　章）

数十年前、在舎の頃、皆で廻覧して日誌を書いていた。日常茶飯の事のほか政治・社会の風潮を論じ、話題の映画を評論する名論卓説を書く人が何人もいた。八〇周年記念の集まりの時（一九七八年）、新築成って間もない舎屋を見せてもらうために皆で訪れると、応接室（？）で若干の説明があったが、最も印象的だったのは明治以来の日誌が展示されていたことだった。自分が書いた記事もすぐ見つかった。文字も下手くそ、内容も下らぬものでまさに汗顔の至りであったが、日誌がきちんと保存されている事がうれしかった。特別室（副舎長室）、食堂の書棚に埃にまみれて積んであった日誌と回覧雑誌を少し読んで関心を持ったことがあったが（小生は日本史学専攻であった）、すぐ忘れてしまっていた。しかし、閉舎ということになると様々な懐旧の思いの中でも日誌のことが忘れられず、閉舎記念事業の話し合いの中でも日誌の活字化、出版のことを持ち出してみたのだった。編集会議は数十回以上繰り返され、北大教育学部所研究室、英和法律事務所（田中敏滋委員）の会議室にお邪魔してお世話になり、編集上の検討のほか様々の雑談＋ビールで有意義且つ愉快な時を繰り返し持つことが出来たのだった。編集作業終了に伴う寂寥感を恐れている此の頃である。

（田端　宏）

青年寄宿舎の閉舎（平成一七年三月三一日）に伴う残務整理のため、寄宿舎をたびたび訪れて創立以来の関係資料や日誌・アルバムなどの保存状況を確かめた。

青年寄宿舎舎友会の第一回総会（平成一八年一一月三日）で、「日誌の翻刻・出版計画」を策定し、編集委員会を組織した。委員は全員が寄宿舎OBという親近感から、形式的な組織を意識的に避けてきた。

関係資料の読み下し、収集、解読、原稿化、執筆、編集等の困難性は尋常一様のものではなかった。このころ、在京の寄宿舎OBから、積極的に支援したいとの声が寄せられていた。舎のOBの意向を踏まえて、「青年寄宿舎記念基金」を開設したところ、予想を超える拠金が寄せられた。日誌の翻刻出版に向けての取り組みは一層勇気づけられた。

平成二二年五月の編集委員会で、「日誌」の全体構成、章、節がほぼ確定したときは、興味と関心をそそる満足感を味わった。そして、平成二四年七月には、北大出版会に入稿した旨の報告があり、寄宿舎OB共通の夢である「日誌」の刊行が確かなものとなり安堵した。

「日誌」の原稿作成の最終段階を迎えた平成二五年三月頃、脚注準備、必要な箇所の選定、原稿化など、厳しい意見が交わされた。安易に妥協しない熱意に辟易することもあった。六年余、七〇回に及んだ編集委員会は、各委員の識見が披歴しあう風景に頭が下がる思いであった。

いよいよ本書の編集作業が終わりに近づいてきたが、楽しかった編集委員会が一段落すると、一寸寂しくなると思っている。

（奥田利恒）


私は昭和三五年から三九年まで在舎し、昭和二四年から二五年までの日誌を担当しましたが、戦後間もない物資が充分でない時代に薪や食糧の調達、アルバイトと苦労しながらも観劇や麻雀、銭函での海水浴、野球、手稲山登山等青春を謳歌し、充実した寄宿舎生活を送っていたことが日誌から伺い知れ、当時の舎生の逞しさを感じました。

宮部金吾先生は長年に亘る舎長退任後も寄宿舎の行事に積極的に参加されており、昭和二五年一一月三日の第五三回の記念祭に九〇歳の高齢にもかかわらず出席され、コーラスと演劇の余興に興じ、舎生に訓示をなされ、当時の懸案であった寄宿舎の改築計画にも意見を述べられる等鑠矍としておりましたが、翌年三月逝去されました。
宮部金吾先生が青年寄宿舎の創設以来、終生寄宿舎の発展に尽力され、また、舎生の人生の師として、心の支えとして多大なる貢献をされたことに深く感銘いたしました。

（長谷川　栄）

戦時下の舎生は、太平洋戦争をどう捉え、どんな生活を送っていたのか。戦時下生まれの私は、そんな関心から、昭和一七、一八年の日誌原稿化を担当した。
そこでやや意外だったのは、この戦争への疑問は日誌の記述に一切なく、素直に「八紘一宇の理想実現」を信じていることだった。当時の国全体の風潮を映し出しているのだろう。その生活ぶりは、冬はスキー登山、夏は海水浴、春・秋には温泉旅行や他寮との野球試合などを満喫、まるで屈託が無い。
やがて戦雲は舎内外を覆い始め、生活も一変する。配給の食糧が不足し、自給のため舎周辺の耕作が日課になる。連日、空襲警報が鳴り響き防空訓練が行われる中、舎生が次々と応召され、駅頭で涙の別れが繰り広げられる。
出征した舎生はその後どうなったのか、戦局急迫の下、舎生の生活は――。そんなことを気に掛けながら原稿化を終えたが、これらは刊行本の中で確かめようと思う。

（中橋正憲）

私は、北大入学時に偶々大学から紹介された青年寄宿舎に入りました。昭和四四年から四五年約二年間の寮生活でしたがそこでの出会いが現在迄続き、私の貴重な宝となっております。当時大学紛争の最中で大学が一年間休校となるなど大変な時期でした。私は同室の同級生と岩波文庫を競って読んだりしたことを懐かしく思い出します。寮内には、外の争乱が持ち込まれず何時も和やかな感じで楽しくやっていたと記憶しております。

寮生達は、賄いのおばさんを雇い、地代を支払い、公共料金を支払い、寮の維持管理をし、寮生の食費を工面するなど日々の生活と、勉学と学費等の工面のためのアルバイトに追われ余裕がなかったと思います。

日記は、明治初期の「坂の上の雲」を目指した日本の勃興期から始まり、敗戦を経て戦後の日本の再生期あたりまでの寮生の生の声が生き生きと書き継がれてきたものです。宮部先生という偉大な人格者に見守られながらの学生の寮生活が目に浮かびます。

この日誌編纂のため約七年間、奥田利恒先生、歴史学者田端宏先生、教育学者所伸一先生が中心となって作業が進められました。編集会議とその後の酒席では、話題に花が咲き夜更けに及ぶこともしばしばでした。各編集委員の豊かな学識にふれ有意義で大変楽しい時間を過ごすことが出来ました。

日誌の出版は舎友会有志による自費出版の予定でスタートし、途中からクラーク財団と農学振興会からの多大な援助があり、安心して編集作業に専念出来ました。心より感謝申し上げます。

（田中敏滋）

ここに漕ぎ着くまでにはかなりの時間を要した。しかし思い返せば、それは楽しい発見の年月であった。いくつかを書き留めたい。始めは日誌を画像ＣＤから読み取り、全文をパソコンで打ち込む作業だった。学生達の判読困難な文字に出会うと作業は中断し継続の意欲に影響なくは無かったが、これは昔の北大生との「対話」だと自分に言い聞かせ、またウイットに富む文章や「お宝」のような段落に出会う楽しみと引き替えに、なんとか持続された。私の分担した日誌は昭和期・戦前の数年分だったが、これは学生達の社会批判意識が成長し、また文化・スポーツとの関わりも広がる、大学の質的な発展期の証拠のように思われた。

次の作業では、本としての内容プラン作りと分担ごとの編集・解題執筆のため、全時代を通読しなければならなかった。この中で最も印象的だったのは、宮部先生と「先輩」達の人間的度量や、例えば折に触れて自身の研究主題や海外出張の体験を舎生に語ろうとする中にもうかがえる、学生への高い期待であり、そして学生達の好奇心・素直さと親密ぶり、自尊心・戦略的な智恵等であった。私自身が読んで「わくわく」させられた、こういう学生の姿と日誌のことを現在の人々にも知らせたいという思いはますます強まった。このため(もあったであろう)編集委員会の会議では本に載せたいトピック、エピソードの提案が百出し、「うれしい悲鳴」が上がったのであった。

出版準備が進むと共に、本書には青年寄宿舎生がその後活躍した事例と私設寮なるものの概観情報が欲しいということになった。どちらも既刊本にはほとんど皆無のナマ事実から積み上げなければ書けない課題だった。これを大学を定年退職して時間を捻出できるようになった私が担当した(この結果、工学部の地下資料庫では第二次大戦下の舎生の卒論テーマや最初の就職先を、大学文書館では昭和初期の北大生向け県人寮建設の準備資料等を「発見」できた。北大生が専門家として強く期待されていたことが実によく分かった)。これらの作業の結果、もう一度青年寄宿舎とその出身者の優れたところを教えられたのである。私にとってこの寄宿舎は学生時代最後の一年余だけをお世話になった古い木造の寮だったが、その小さな寮がかくも輝かしい人間交流の蓄積を過去に持つところだったとは、もっと早くから知っていたかった。しかし、今本になるのも遅過ぎではないと信じる。大いに誇ってよい日本の大学の記憶、実績と教訓がここには詰まっていると思うからである。

（所　伸一）

このたびの発刊に当たっての私の仕事は、四、五年前の、手書き日誌稿のデジタル化の多くを、元パソコン教室の先生に廉価で依頼するところから本格化し、大川・太田の両氏らに分担のお願いをし、個人のホームページの一角に青年寄宿舎のホームページを併設し、年別に原文のデータベースサイトを作るあたりがピークで、その後は編集された原案をファイル管理し各章の小テーマを出し入れし編集していくというような、大好きな脇役の作業がもっぱらでした。だから俯瞰する時間も多いわけで、よくもまあ、こんなに大勢のパワーが集ったものだとしばしば驚きもしました。メインの執筆・編集の隙間を埋める些細なことばかりですが、最後に、寄宿舎の見取り図案を手がけました。どの手仕事もいいものでした。

（草苅　健）

太平洋戦争中の日誌解読？を手伝いました。時局がらみの重苦しい記述が目立ちますが概して舎生の意気は軒昂です。「比島戦闘苛烈！」（S二〇・一・一三）と案じつつ同じ筆で「明日はスキーに行く予定有、大いに有り」　心浮き立つ様子が伝わります。

開戦直前には「雨ノ夜ノ散歩、シカモ処ハ札幌ノ街――タマラナイ」（S一六・九・五）彼の地で青春の一時期を過ごした者なら思い当たるふしがあるでしょう。私にもそんな宵がありました。口ずさんでいたのは「彷徨える心のままに」あるいは「春雨に濡るる」だったか……。

かつての不良学生も還暦を越えました。担当した「解読」が些かなりとも役に立ち、在舎時代のツミホロボシができたとすれば幸甚です。

（太田　実）

日誌に触れたのは入舎二年目の晩秋。再建早々の昭和四九年だと記憶する。特別室に奥田先生特注で桜の木の真新しい本棚に整理されていた。その中の何冊かに目を通した程度で内容は殆ど記憶にない。爾来三四年、再び見えるとは……。主に昭和一六年から一八年の一部を担当させて頂いた。これは父が旧制高校在学の時とぴったり符合する。カタカナ交じりで旧字体の崩し字には同世代の父にも時に助言してもらった。朝夕一日一、二時間を約一年の間、ここに浸った。嗚呼、僕にも同じ空気に触れた一時があったのにも気づかず、なんと鈍感で脆弱な日々だったのか。遠い過去の「痛恨の行ったり来たり」は今に続く。せめて、せめて近い未来を大切に生きたい？

（大川健二）

田端先生が原文を判読し書き起こされた手書き原稿をＰＣに打ち込む電子テキスト化作業を分担した。担当は明治三一年の創立から三六年頃までの部分。現代とは言葉遣いも文字も異なり送り仮名はカタカナである。キー入力の速さには多少自負があったが、試しに数行入力してみると勝手が違い予想外に時間を要した。原稿の束を前に先の長さを思いつつ入力を進めたが、変換モードを設定し頻出語句・表現を変換辞書に登録すると大分効率が上がった。やがて文脈を追う余裕ができると、青年寄宿舎での生活が形作られていく様子が頭の中に活き活きと想い浮かんだ。最若年世代の私が最初期の入力を担当させてもらえたのは幸運であった。

（菅原広剛）

青年寄宿舎舎友会

青年寄宿舎とは札幌農学校―北海道大学の所有地内に建てられた私設学生寮で，その創立は1898(明治31)年であり，有名な恵迪寮よりも古い。北大付属植物園と道路一本へだてた，都心に在った。この寄宿舎は日本を代表する植物学者・宮部金吾教授の指導下に学生達のリベラルで且つ節度のある生活・運営スタイルを確立し，学内では「禁酒禁煙」の寮として知られていた。107年の歴史を刻み900名余を輩出，惜しまれて2005年に閉寮したが，学生達が書いたものとしてはレベルが高い『日誌』や『雑誌』が多数保存されていた。明治期以来の北大生の生活や思想を書きとめ，膨大な頁数に上るこの『日誌』が本書のオリジナル資料となった。
青年寄宿舎舎友会はこの寄宿舎の元舎生達の同窓会であるが，会則では，会員の親睦・研鑽と共にこの寄宿舎の資料についての調査研究・出版支援も目的に掲げる。舎友会は本書の出版のために編集委員会を組織すると共に，委員会の作業を支援してきた。

宮部金吾と舎生たち
青年寄宿舎 107 年の日誌に見る北大生
2013 年 11 月 3 日　第 1 刷発行

編　　者　青年寄宿舎舎友会
発 行 者　櫻井義秀

発行所　北海道大学出版会
札幌市北区北 9 条西 8 丁目 北海道大学構内(〒 060-0809)
Tel. 011(747)2308・Fax. 011(736)8605・http://www.hup.gr.jp/

㈱アイワード・石田製本㈱

ISBN978-4-8329-6784-7

冬用 四人部屋
（二室を四人で使う冬用。うち一室は
火の気のない寝室専用で室温はマイナス）

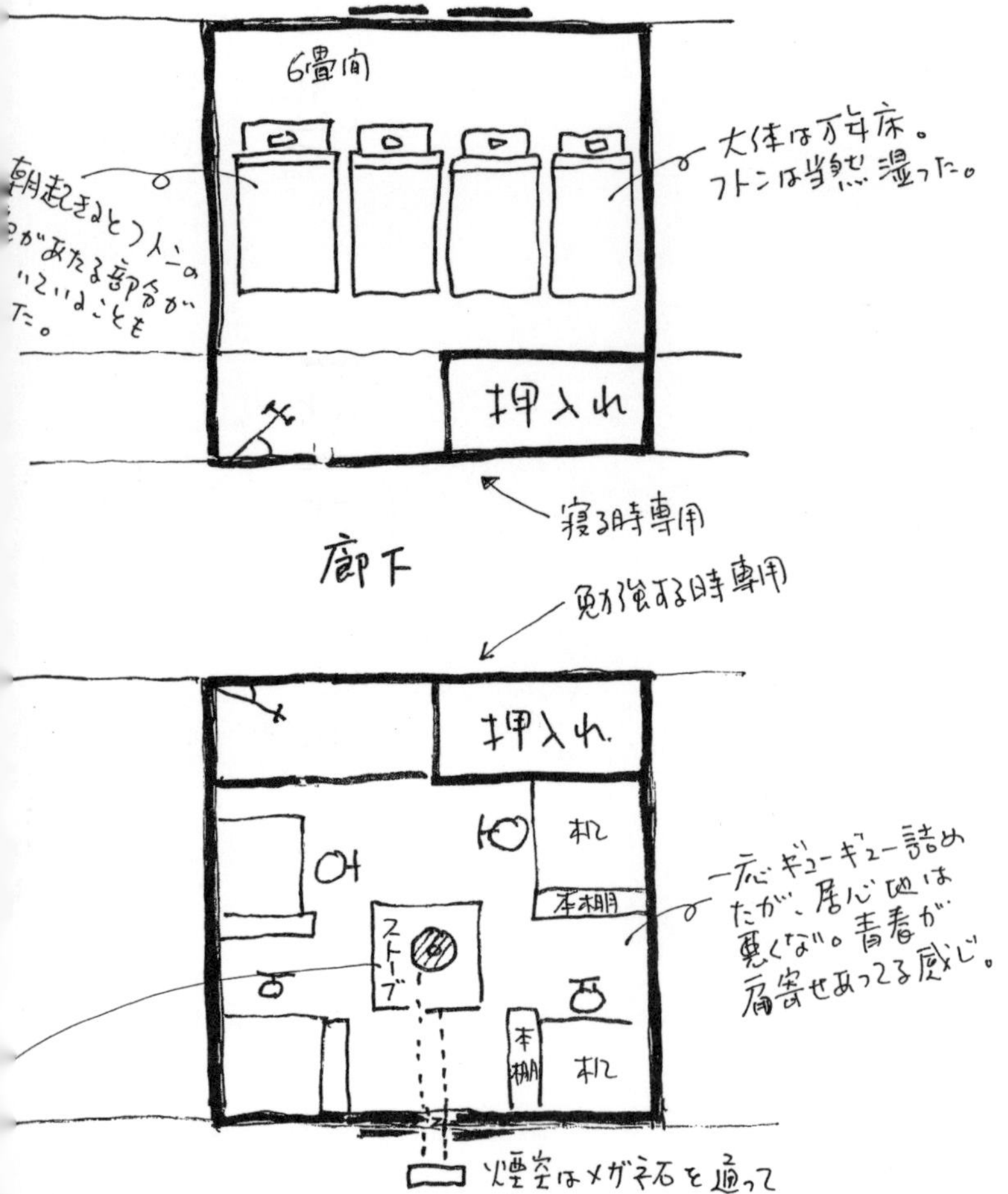
6畳間
大体は万年床。
フトンは当然湿った。
朝起きるとフトンの
があたる部分が
っていることも
た。
押入れ
寝る時専用
廊下
勉強する時専用
押入れ
机
本棚
ストーブ
本棚
机
一応ギューギュー詰め
たが、居心地は
悪くない。青春が
肩寄せあってる感じ。
煙突はメガネ石を通って
外に出る。
のルンペンストーブ。
ひとつ400円近かった
ないか。わたし（草苅）は
、石炭をまずコークスにして
調整するテクニックを
得した。

画：草苅健